中国史学要籍丛刊

史通

〔唐〕刘知幾 撰
〔清〕浦起龙 通释

上海古籍出版社

图书在版编目(CIP)数据

史通/(唐)刘知幾撰;(清)浦起龙通释. —上海:上海古籍出版社,2015.7(2021.10重印)
(中国史学要籍丛刊)
ISBN 978-7-5325-7604-3

Ⅰ.①史… Ⅱ.①刘… ②浦… Ⅲ.①史学理论—中国—唐代②《史通》—注释 Ⅳ.①K092.42

中国版本图书馆CIP数据核字(2015)第081139号

中国史学要籍丛刊
史 通
[唐]刘知幾 撰
[清]浦起龙 通释
上海世纪出版股份有限公司
上 海 古 籍 出 版 社 出版
(上海瑞金二路272号 邮政编码200020)
(1)网址:www.guji.com.cn
(2)E-mail:guji1@guji.com.cn
(3)易文网网址:www.ewen.co
上海世纪出版股份有限公司发行中心发行经销
江阴市机关印刷服务有限公司印刷
开本890×1240 1/32 印张17.625 插页5 字数490,000
2015年7月第1版 2021年10月第4次印刷
印数:2,251-2,800
ISBN 978-7-5325-7604-3
K·2025 定价:58.00元
如有质量问题,请与承印公司联系

史通原序

［唐］彭城刘知幾撰

长安二年，[1]余以著作佐郎兼修国史，寻迁左史，于门下撰起居注。会转中书舍人，暂停史任，俄兼领其职。今上即位，除著作郎、太子中允、率更令，其兼[2]修史皆如故。[3]又属大驾还京，以留后在东[4]都。无几，驿征入京，专知史事，仍迁秘书少监。[5]自惟历事二主，从宦[6]两京，遍居司籍之曹，久处载言之职。昔马融三入东观，汉代称荣；张华再典史官，晋朝称美。嗟予小子，兼而有之。是用职思[7]其忧，不遑启处。[8]尝以载削余暇，商榷[9]史篇，下笔不休，遂盈筐箧。于是区分类聚，编而次之。[10]

昔汉世诸儒，集论经传，定之于白虎阁，因名曰《白虎通》。予既在史馆而成此书，故便以《史通》为目。且汉求司马迁后，封为史通子，是知史之称通，其来自久。博采众议，爰定兹名。[11]凡为廿卷，列之如左，合若干言。旧注：除所阙篇，凡八万三千三百五十二字，注五千四百九十八字。[12]于时岁次庚戌，景龙四年[13]仲春之月也。

按：此刘氏《自序》，当冠正目之首，诸本错置后人序例之间，非体。观此一序，简明典切，即可征其史笔之洁。古者经疏、文选，凡有自序者，皆与正书同注。王本此篇亦有注，愚亦遵用之。

① 武后临朝第十九年，至此十六改元。

② 旧脱“兼”字。

③ 兼修史，以领职言，脱“兼”字则非。

④ 旧脱“东”字。

⑤ 释：首叙历官，即《自叙》篇所谓“三为史臣，再入东观”也。其注云：“今之史馆，即古之东观。”

⑥ 一作“官”。

⑦ 旧误作“司”。

⑧ 释：此总上历官，拈合当职撰史事，即以引起《史通》之作。

⑨ 一作“確”。

⑩ 释：此六句暗笼《史通》。

⑪ 释：此层明点《史通》，两引古史古事，以见命名所本。

⑫ 按：字数今不可定，姑仍旧本存之。

⑬ 中宗元，是时复辟六年矣。

大驾还京　注详集终《忤时》篇。

马融三入东观　《后汉书》本传：永初四年，应召，拜为校书郎中，诣东观典校秘书。忤太后旨，禁锢。安帝亲政，召还郎署，复在讲部拜议郎。桓帝时，忤大将军梁冀，免官。得赦还，复拜议郎，重在东观著述。

张华再典史官　《晋书》本传：华学业优博，朗赡多通。卢钦言之于文帝，除著作佐郎。惠帝即位，以华为太子少傅。数年，代下邳王晃为司空，领著作。

白虎通　《后汉·章帝纪》：建初四年，大夫、博士、议郎、郎官及诸生、诸儒会白虎观，讲议《五经》异同，作《白虎议奏》。《班固传》：天子会诸儒讲论《五经》，作《白虎通德论》，令固撰集其事。《隋·经籍志》：《白虎通》六卷。《唐·艺文志》“通”字下有“义”字。

史通子 《汉书·司马迁传》：太史公仍父子相继纂其职，作本纪、表、书、世家、列传，凡百三十篇，五十二万六千五百字。宣帝时，迁外孙杨恽祖述其书，遂宣布焉。至王莽时，求封迁后为史通子。

目 录

内篇

卷一

六家第一[①]

自古帝王编述文籍,《外篇》[②]言之备矣。古往今来,质文递变,诸史之作,不恒厥体。[③]榷而为论,其流有六:一曰《尚书》家,二曰《春秋》家,三曰《左传》家,四曰《国语》家,五曰《史记》家,六曰《汉书》家。今略陈其义,列之于后。

按:此篇序也。史体尽此六家,六家各有原委。其举数也,欲溢为七而无欠,欲减为五则不全,是《史通》总挈之纲领也。其辨体也,援驳偭纯而派同,移甲置乙则族乱,是六家类从之畛涂也。注家认"家"字不清,要领全没,今为显说之。一,[④]记言家也;二,[⑤]记事家也;三,[⑥]编年家也;四,[⑦]国别家也;五,[⑧]通古纪传家也;六,[⑨]断代纪传家也。会此分配,以观六章,观全书如视掌文矣。

① 合起结共八章。

② 谓《古今正史》篇。此二字一作"史"。

③ 释:二句首提"史"字,揭出全书眼目。

④《尚书》。

⑤《春秋》。

⑥《左传》。

⑦《国语》。

⑧《史记》。

⑨《汉书》。

《尚书》家者,[1]其先出于太古。《易》曰:"河出《图》,洛出《书》,圣人则之。"故知《书》之所起远矣。[2]至孔子观书于周室,得虞、夏、商、周四代之典,乃删其善者,定为《尚书》百篇。孔安国曰:"以其上古之书,谓之《尚书》。"《尚书璇玑钤》曰:"尚者,上也。上天垂文爲,[3]布节度,如天行也。"王肃曰:"上所言,下为史所书,故曰《尚书》也。"[4]推[5]此三说,其义不同。盖《书》之所主,本于号令,所以宣王道之正义,发话言于臣下,故其所载,皆典、谟、训、诰、誓、命之文。[6]至如《尧》、《舜》二典直序人事,《禹贡》一篇唯言地理,[7]《洪范》总述灾祥,[8]《顾命》都陈丧礼,兹亦为例不纯者也。[9]

又有《周书》者,[10]与《尚书》相类,[11]即孔氏刊约百篇之外,凡为七十一[12]章。上自文、武,下终灵、景。甚[13]有明允笃诚,典雅高义;时亦有浅末恒说,滓秽相参,殆似后之好事者所增益也。至若《职方》之言,与《周官》[14]无异;《时训》之说,比《月令》多同。斯百王之正书,《五经》之别录者也。[15]

自宗周既殒,《书》体遂废,迄[16]乎汉、魏,无能继者。[17]至晋广陵相鲁国孔衍,以为国史所以表言行,昭法式,至于人理常事,不足备列。乃删汉、魏诸史,取其美词典言,足为龟镜者,定以篇第,纂成一家。由是有《汉尚书》、《后汉尚书》、《汉[18]魏尚书》,凡为二十六卷。[19]至隋秘书监太原王劭,又录开皇、仁寿时事,编而次之,以类相从,各为其目,勒成《隋书》八十卷。寻其义例,皆准《尚书》。[20]

原夫《尚书》之所记也,若君臣相对,词旨可称,则一时之言，累篇咸载。如言无足纪，语无可述，若此[21]故事，虽有[22]脱略，[23]而观者不以为非。爰逮中叶，文籍大备，必剪截今文，摸拟古法，事非改辙，理涉守株。故舒元[24]所撰《汉》、《魏》等书，不行于代也。[25]若乃帝王无纪，公卿缺传，则年月失序，爵里难详，斯并昔之所忽，而今之所要。如君懋[26]《隋书》，虽欲祖述商、周，宪章虞、夏，观其所述，乃似《孔子家语》、临川《世说》，[27]可谓画虎不成，反类犬也。故其书受嗤当代，良有以焉。[28]

按：朱子尝言，古史之体可见者，《书》、《春秋》而已。《史通》首此二家，皆谈史不谈经。注家执经言经，繁引义疏，都无交涉。其首《尚书》家者，刘氏特以记言之体当之云尔。家不类，族不备，人非其伦，书是其体，则以其族归之。不特七十一篇之《周书》为其绪余，若衍若劭等书，皆是记言之族，故亦以类相从。郭本纷纷讥刘氏以狗尾续貂，正缘不识"家"字所由，胥动浮言也。

上古文字何例可说。专以《尚书》属言，其说始自郑、荀，讵云笃论。刘氏不此之辨，而疑《书》例之不纯，固哉言也。[29]

《尚书》固是史家开体，然不编年，不纪传，原非史体正宗，故后世难为其继，亦不必有继。刘氏讥衍、劭为守株画虎，洵通识也。

① 释：是为记言家。

② 释：上原《书》之所起，下表孔子所定。

③ 古"象"字，一作"以"。

④ 释：三引古语，皆释"尚"字名义。惟此王肃所云，乃与记言意合，是为本处"家"字所宗。

⑤ 一作"唯"。

⑥ 释：数语勒清记言。

⑦ 或作"里"。

⑧ 董、刘五行之说。

⑨ 释：数语以《书》有兼及记事之文，摘出言之。要之，自"孔于观书"至此，总以记言为立说之主也。

⑩ 谓世所传汲冢《周书》。

⑪ 释：亦是记言类也。

⑫ 或作"二"，非。

⑬ 一误作"其"。

⑭《周礼》。

⑮ 释：自"又有《周书》"至末所缀三书，皆属记言之体，正为"家"字博其类也。○此节述删余之《周书》，虽其中不无真伪相乱，要是本家绪余，故引而附之。

⑯ 一作"迨"。

⑰ 释：数语转递。

⑱ 衍。

⑲ 卷与《隋志》不合。释：《书》体久废之后，至晋而有孔衍诸书，是后来记言者一家。

⑳ 释：至隋而又有王劭《隋书》，亦是后来记言者一家。○上二家亦以类附，此下则就二家衡论。

㉑ 疑当作"止"。

㉒ 旧无"有"字。

㉓ 四句言有事无言者不收。

㉔ 孔衍字。

㉕ 释：此节论孔衍书也。上世事简，故言亦简；后世文烦，徒以剪弃事实，上拟记言，岂足成书。

㉖ 王劭字。

㉗ 谓体不类史。

㉘ 释：此节论王劭书也。既无纪传，又不编年，徒然掇拾琐言，岂得成史。〇二节之意，总谓记言一家，止可行于三古，后世不必仿为也。

㉙ 刘说盖本《尧典》孔《疏》。

尚书百篇　《汉·艺文志》：《易》曰："河出《图》，洛出《书》，圣人则之。"故《书》之所起远矣。至孔子纂焉，上断于尧，下讫于秦，凡百篇。按：《志》语本孔安国《尚书序》。百篇盖古《尚书》原数也。

孔安国　《史记·孔子世家》：孔子而下，历伯鱼、子思、子上、子家、子京、子高、子慎及鲋，凡八世。鲋弟子襄生忠，忠生武，武生延年及安国。安国为今皇帝博士。《汉·艺文志》：武帝末，鲁共王坏孔子宅，得《古文尚书》，孔安国悉得其书，献之。《尚书》孔《序》：以其上古之书，谓之《尚书》。百篇之义，世莫得闻。

璇玑钤　《后汉·方术传》：樊英善《河》、《洛》、《七纬》。章怀《注》：《七纬》者，《易纬》：《稽览图》、《乾凿度》、《坤灵图》、《通卦验》、《是类谋》、《辨终备》也；《书纬》：《璇玑钤》、《考灵耀》、《刑德放》、《帝命验》、《运期授》也；《诗纬》：《推度灾》、《汜历枢》、《含神雾》也；《礼纬》：《含文嘉》、《稽命征》、《斗威仪》也；《乐纬》：《动声仪》、《稽耀嘉》、《叶图徵》也；《孝经纬》：《援神契》、《钩命决》也；《春秋纬》：《演孔图》、《元命苞》、《文耀钩》、《运斗枢》、《感精符》、《合诚图》、《考异邮》、《保乾图》、《汉含孳》、《佑助期》、《握诚图》、《潜潭巴》、《说题辞》也。

王肃　《魏志·王朗传》：朗子肃，字子雍，中领军、散骑常侍。善贾、马之学，而不好郑氏。采会同异，为《尚书》、《诗》、《论语》、《三礼》、《左氏》解，及撰定父朗所作《易传》，皆列于学官。按：郭本引南齐奔魏之王肃，误。又按：王应麟《困学纪闻》云：《乐书》引《乐记》，《通典》引《大传》，并存王肃《注》，而《集说》以为元魏人，误也。在元魏者，字恭懿，不以经学名。然则误已在宋时矣。而王谓"不以经学名"，亦非。恭懿长于《三礼》，《北史》与刘石经同传，常相辩论往来也。

为例不纯　《汉·艺文志》：左史记言，言为《尚书》；右史记事，事为《春秋》。荀悦《申鉴》其说同。郑氏《六艺论》：左史所记为《春秋》，右史所记为《尚书》。是以《玉藻》云："动则左史书之，言则右史书之。"按：王者因事而有言，有言必有事，理势本自相连，珥笔如何分记！况左右配属，班、荀之与郑、戴，又各抵牾。此等皆出自汉儒，难可偏据。魏、晋以来，粘配相沿，杜预以《汉志》为误，《史通》则又以《汉志》为例，遂有"为例不纯"之议，并非。

又有周书 《汉·艺文志》：《周书》七十一篇。刘向云："周时诰、誓、号令，盖孔子所论百篇之余也。"《困学纪闻》：《隋》、《唐志》系之汲冢，然汲冢得竹书在晋咸宁五年，而太史公、郑康成、许叔重、马融皆引其文，皆在汉世。杜元凯解《左传》时，书亦未出也，亦以《周书》为据。《束皙传》及《左传正义》引王隐《晋书》所载竹书之目，亦无《周书》，然则系于汲冢误矣。今按：《史通》亦多引其书，皆不冠以汲冢，《隋》、《唐志》之误信矣。

职方时训 《逸周书·序》：王化虽弛，天命方永。四夷八蛮，攸遵王政，作《职方》。辩十二气之应，以明天时，作《时训》。按：浚仪王氏《纪闻》引此序，"十二气"作"二十四气"。

孔衍魏汉尚书 《晋·儒林传》：孔衍字舒元，孔子二十二世孙。中兴初，补中书郎，出为广陵郡。凡所撰述，百余万言。《唐·艺文志》：孔衍《汉尚书》十卷、《后汉尚书》六卷、《后魏尚书》十四卷。按：后魏"后"字衍文。

王劭隋书 《隋书》：王劭字君懋。授著作郎，迁秘书少监，专典国史。撰《隋书》八十卷，多录口敕，又采迂怪委巷之言，以类相从，为其题目。

守株 《韩非·五蠹》：宋人耕田，田中有株，兔走触株而死。因释耒而守株，冀复得兔。兔不可得，为宋国笑。《摸拟》篇用其语稍详。

家语 王肃《注》，《后序》：《孔子家语》者，与《论语》、《孝经》并时。弟子取其正实而切事者，别出为《论语》，其余则都集录之。晁氏《读书志》：凡四十四篇，刘向校录止二十七篇。王肃得此于孔猛家。朱子《与吕伯恭书》：《程氏遗书》若只暗地删却，久后易惑人。记《论语》者只为如此，留下《家语》，至今作病痛也。

临川世说 《宋书·宗室传》：临川王道规无子，以长沙景王子义庆为嗣。高氏《讳略》：义庆采撷汉、晋以来佳事佳话，为《世说新语》。《读书志》：刘知幾颇言此书非实录，予亦云。

《春秋》家者，[①]其先出于三代。[②]案《汲冢琐语》记太丁时事，目为《夏殷春秋》。[③]孔子曰："疏通知远，《书》教也。""属辞比事，《春秋》之教也。"知《春秋》始作，与《尚书》同时。《琐语》又有《晋春秋》，记献公十七年事。《国语》云：晋羊舌肸习于春秋，悼公使傅其太子。《左传》昭二年，晋韩宣子来聘，见《鲁春秋》曰："周礼尽在鲁矣。"斯则春秋之目，事匪一家。至于隐没无闻者，不可胜载。又案《竹书纪年》，其所纪事皆与《鲁春秋》同。《孟子》曰："晋谓之乘，楚谓之梼杌，而鲁谓之春秋，其实一也。"然则乘与纪年、梼杌，其皆春秋之别名者乎！故《墨子》曰"吾见百国春秋"，盖皆指此也。[④]

逮仲尼之修《春秋》也，乃观周礼之旧法，遵鲁史之遗文；据行事，仍人道；就败以明罚，因兴以立功；假日月而定历数，籍[⑤]朝聘而正礼乐；微婉其说，志[⑥]晦其文；为不刊之言，著将来之法，故能弥历千载，而其书独行。[⑦]

又案儒者之说春秋也，以事系日，以日系月；言春以包夏，举秋以兼冬，年有四时，故错举以为所记之名也。苟如是，则晏子、虞卿、吕氏、陆贾，其书篇第，本无年月，而亦谓之春秋，盖有异于此者也。[⑧]

至太史公著《史记》，始以天子为《本纪》，考其宗旨，如法[⑨]《春秋》。自是为国史者，皆用斯法。然时移世异，体式不同。其所书之事也，皆言罕褒讳，事无黜陟，故马迁所谓整齐故事耳，安得比于《春秋》哉！[⑩]

按：此《春秋》举经不举传，章意以记事为主，与《尚书》对举，而此为确配，非《尚书》强配记言比也。于编年意则带及之，至下章《左传》家尽之。其标义也，以孔子为宗法；其征名也，以前所稽者为原始，以后所附者为虚称；其苗裔也，以迁《史》所开诸帝纪为具体。合而观之，“家”字之原委离合备焉。

《本纪》取法《春秋》，一语破的。《纪》所加详者，惟在开创之世及凡诏令之文耳。后来朱子作《纲目》之纲，固是仰学《春秋》，亦大率取裁《本纪》。

① 释：此一家是言记事家也，止以经文为界，勿重拈编年意，致与《左传》家混。

② 释：原记事家古名所自。

③ 释：此下历引《春秋》古名见于诸书者以实之。

④ 释：此上叠引众说，总以证明古者历国史记皆号春秋，为推本命名之由，而其用则皆以记事为义也。

⑤ “藉”通。

⑥ 一作“隐”。

⑦ 释：此节正表孔子所修之《春秋》，寓书法于记事中，孤行千载，而他所谓春秋者皆废。

⑧ 释：此节带及编年，言记事必系之年月。若晏、虞、吕、陆辈所著，事无编系，何得假名！然编年意本章不重，特缘此以斥诸家耳。

⑨ 一作“昔”。

⑩ 释：末节指出后史之帝纪，为近《春秋经》体，是则本家正派，特书法未尽善耳。

春秋家者至尽在鲁矣　此段证据，与杜氏《左传序》首孔《疏》参错相同。

汲冢琐语　《隋书·经籍志》：《古文琐语》四卷，汲冢书。

羊舌肸　《外传·晋语》：悼公问德义，司马侯曰：“诸侯之为，日在君侧，以其善行，以其恶戒，可谓德义矣。”公曰：“孰能？”曰：“羊舌肸习于春秋。”乃召叔向，使傅太子彪。

竹书纪年　杜氏《左传后序》：余成《春秋释例》及《经传集解》始讫，会汲郡汲县有发其界内旧冢者，大得古书，皆简编，科斗文字，多杂碎怪妄，不可训知。《纪年》最为分了，起自夏、殷、周，皆三代王事，无诸国别也。唯特记晋事，起自殇叔，次文侯、昭侯，以至曲沃庄伯。庄伯之十一年十一月，鲁隐公之元年正月也。皆用夏正建寅之月为岁首，编年相次。晋国灭，独记魏事，下至魏哀王之二十年，盖魏国之史记也。推校哀王二十年，太岁在壬戌，是周赧王之十六年，秦昭王之八年，韩襄王之十三年，赵武灵王之二十七年，楚怀王之三十年，燕昭王之十三年，齐湣王之二十五年也。哀王二十三年乃卒，故特不称谥，谓之今王。其著书文意大似《春秋经》，推此足见古者国史策书之常也。按：汲冢书有目，详后《申左》篇。

百国春秋　北平黄氏《补注》：《公羊传·疏》云：昔孔子受端门之命，制《春秋》之义，使子夏等求周史记，得百二十国宝书。则墨子言百国春秋，当即是书也。

周礼旧法　杜《序》：周德既衰，官失其守，上之人不能使《春秋》昭明。仲尼因鲁史策书成文，考其真伪而志其典礼，上以遵周公之制，下以明将来之法。

微婉志晦　杜《序》：为例之情有五：一曰微而显，二曰志而晦，三曰婉而成章，四曰尽而不污，五曰惩恶而劝善。

系日系月　语见杜氏《序》。

包夏兼冬　杜《序》：史之所记，必表年以始事，年有四时，故错举以为所记之名也。《疏》：言春足以兼夏，言秋足以见冬。《鲁颂笺》云：春秋，犹言四时是也。

晏虞吕陆亦谓春秋　《史记·管晏列传赞》：吾读《晏子春秋》，欲观其行事，故次其传。《孔丛·执节》篇：《春秋》，经名。晏子书亦曰《春秋》，贵贱不嫌同名也。《史记》：虞卿说赵孝成王，为赵上卿，卒去赵。不得意，乃著书曰《节义》、《称号》、《揣摩》、《政谋》，凡八篇，曰《虞氏春秋》。《汉·艺文志》：《虞氏春秋》十五篇。高诱《吕览序》：吕不韦者，阴翟富贾，为秦相国。

集儒书，著其所闻，为十二纪、八览、六论，名《吕氏春秋》。暴之咸阳市门，悬千金其上，能增损一字者予千金。《后汉・班彪传》：汉兴，定天下。太中大夫陆贾纪录时功，作《楚汉春秋》九篇。《史记集解序索隐》：贾撰记项氏与汉高初起及惠、文间事。

《左传》家者，[1]其先出于左丘明。[2]孔子既著《春秋》，而丘明受[3]《经》作《传》。盖传者，转也，转受[4]经旨，以授后人。或曰传者，传平也，所以传示来世。案孔安国注《尚书》，亦谓之传，斯则传者，亦训释之义乎。[5]观《左传》之释经也，言见经文而事详传内，或《传》无而《经》有，或《经》阙而《传》存。其言简而要，其事详而博，信圣人之羽翮，而述者之冠冕也。[6]

逮孔子云没，经传不作。[7]于时文籍，唯有《战国策》及《太史公书》而已。[8]至晋著作郎鲁国乐资，乃追采二史，撰为《春秋后传》。其书[9]始以周贞王续前传鲁哀公后，至王赧[10]入秦，又以秦文王之继周，终于二世之灭，合成三十卷。[11]当汉代史书，以迁、固为主，而纪传互[12]出，表志相重，于文为烦，颇难周览。[13]至孝献帝，始命荀悦撮其书为编年体，依[14]《左传》著《汉纪》三十篇。[15]自是每代国史，皆有斯作，起自后汉，至于高齐。如张璠、孙盛、干宝、徐贾、[16]裴子野、吴均、何之元、王劭等，其所著书，或谓之春秋，或谓之纪，或谓之略，或谓之典，或谓之志。虽[17]名各异，大抵皆依《左传》以为的准焉。[18]

按：《春秋》经以提纲，传以述事，事必系年，编年之法，由是兴焉。然编年之义,《史通》不以系经而系传者,事待传而显也。传有三家,《史通》唯取《左氏》,不及《公》、《穀》者,《公》、《穀》主释义,《左》主载事,《公》、《穀》非史法,《左》具史法也。故《左传》一家,为编年家法之祖也。自左而后,乐资、荀悦以及张、孙、干、徐、裴、吴、何、王,诸所述撰,皆其流也。章内错举《国策》、迁、固,殆为乐《传》、荀《纪》起本。犹宋涑水氏采《十七史》以为《通鉴》,所本者纪传家,而所成者乃编年体也。此处观书略绰,定知辨类糊涂。

又唐之先,有王氏《元经》,薛收《传》正拟是家,《史通》曾不及之。因思隋、唐二史,皆不立王通传,至司马君实为之补传,谓其事其书出其家人,参差不实。然则书虽存,究在依托然否间,况其家所以推之者,越分无礼。有白牛溪序曰:"山似尼丘,泉似泗涘。"更为之作《文中子世家》以配迁《史》,是其淫名僭号,罪甚扬雄,法亦在所必斥也。

① 释:是为编年正家。

② 释:传为左撰,亦曰其先,志家之所始也。

③ 旧作"授",非。

④ 旧亦作"授"。

⑤ 释:首节空疏"传"字,只作注传意解。

⑥ 释:此节贴合左氏,递到传述古事之传,尚未说到编年。

⑦ 史而以经名者,至《左传》后遂绝。

⑧ 释:二书皆非编年,何忽引入?以其所载接《左》连秦,为下文乐《传》张本耳。

⑨ 一脱"书"字。

⑩ 同"赧"。

⑪ 释:乐资采《国策》、迁《史》为书,上接《春秋》,下迨汉初,亦名为传。〇已上不言编年而编年自见也。

⑫ 古"互"字。

⑬ 释:接入汉史,其初有纪传,无编年,此数语挑下。

⑭ 一有"附"字。

⑮ 释：此就荀《纪》之依《左》体，指出“编年”二字，为全章点眼。

⑯ 当是“广”字。

⑰ 当有“其”字。

⑱ 释：的准者，编年也。凡异名而同体者，悉罗列之，于“家”字乃无欠阙。

受经作传　杜氏《集解序》：左丘明受经于仲尼，以为经者不刊之书也，故传或先经以始事，或后经以终义，或依经以辩理，或错经以合异，随义而发其例之所重。

乐资　《晋书》无传。《隋·经籍志》：《春秋后传》三十一卷，晋著作郎乐资撰。按：资，晋时人，在荀悦后。而章内先举乐资者，资书接《左》迄秦，事在《汉纪》前，不以人次也。又：接《左》之年之周贞王，《史记》作定王，《左·疏》杂引存疑。

荀悦　《后汉·荀淑传》：淑孙悦，字仲豫。献帝时，官秘书监。帝以班固《汉书》文繁难省，乃令悦依《左氏传》体，为《汉纪》三十卷，辞约事详。其《序》曰：“中兴以前，明主贤臣得失之轨，亦足以观矣。”《正史》篇又有注。

张璠　国史无传。《隋·经籍志》：《后汉纪》三十卷，张璠撰。袁宏《后汉纪·自序》：暇日掇会汉纪，谢承《书》、司马彪《书》、华峤《书》、谢忱《书》、《汉山阳公记》、《汉灵献起居注》、《汉名臣奏》，旁及诸郡《耆旧先贤传》，凡数百卷，多不次叙。始见张璠所撰书，其言汉末之事差详，故复探而益之。

孙盛　《隋·经籍志》：《魏氏春秋》三十卷，《晋阳秋》三十卷，并孙盛撰。盛字安国，又见《论赞》、《直书》二篇。

干宝　《晋书》：宝字令升，祖统，吴奋武将军。宝以才器，召为著作郎，领国史。著《晋纪》，自宣迄愍，凡二十卷。直而能婉。郭《评》：杨诚斋尝与同舍谈于宝，一吏曰，“干”字非“于”，验书果然。按：语见《鹤林玉露》，谓韵书“干”字下注云“晋有干宝”也。诚斋喜曰：此吾一字之师。

徐贾　其人其书俱无考。按：《隋》、《唐》二志于干宝《晋纪》之后，裴子野《宋略》之前，有徐广《晋纪》四十五卷，与此处列名之次正同，而所列编年门类亦合。然则“贾”字即“广”字之讹也。《宋书》本传：徐广字野民，员外散骑，领著作。

裴子野　《梁书》：子野字几原。曾祖松之续修何承天《宋史》未成，子野更撰为《宋略》二十卷，叙事评论多善。

吴均　《梁书》：吴均字叔庠。文体清拔，好事者或斅之，谓为“吴均体”。除奉朝请。著《齐春秋》三十卷。《外篇·正史》篇谓其书称梁帝为齐明佐命，帝恶其实，诏燔之。然其私本竟行。

何之元　《陈书》：之元锐精著述，以为梁氏肇自武皇，终于敬帝。其兴亡盛衰之迹，足以垂鉴戒，定褒贬。究七十五年行事，草创为三十卷，号曰《梁典》。

王劭　见《尚书》家，但彼所引为《隋书》，是记言体；此所引则《北齐志》，乃编年体。章末所云，或谓之志，正指此也。旧注悉取其所著书混列一处，便使家数不清。《唐·艺文》编年类：王劭《北齐志》十七卷。《外篇·正史》篇：王劭凭起居注，广以异闻，造编年书，号曰《齐志》云云，分体甚明。

《国语》家者，[①]其先亦出于左丘明。既为《春秋内传》，又稽其逸文，纂其别说，分周、鲁、齐、晋、郑、楚、吴、越八国事，起自周穆王，终于鲁悼公，别为[②]《春秋外传·国语》，合为二十一篇。其文以方《内传》，或重出而小异。然自古名儒贾逵、王肃、虞翻、韦曜之徒，并申以注释，治其章句，此亦《六经》之流，《三传》之亚也。[③]

暨纵横互起，力战争雄，秦兼天下，而著《战国策》。其篇有东西二周、秦、齐、燕、楚、三晋、宋、卫、中山，合十二国，分为三十三卷。夫谓之策者，盖录而不序，[④]故即简[⑤]以为名。或云，汉代刘向以战国游士为之[⑥]策谋，因谓之《战国策》。[⑦]

至孔衍，又以《战国策》所书，未为尽善。乃引太史公所记，参其异同，删彼二家，[⑧]聚为一录，号为《春秋后语》。除二周及宋、卫、中山，其所留者，七国而已。始自秦孝公，终于楚、汉之际，比于《春秋》，亦尽二百三十余年行事。始衍撰《春秋时国语》，[⑨]复撰《春秋后语》，勒成二书，各为十卷。今行于世者，唯《后语》存焉。按其书《序》云："虽左氏莫能加。"世人皆尤其不量力，不度德。寻衍之此义，自比于丘明者，当谓《国语》，非《春秋传》也。必方以类聚，岂多嗤乎！[⑩]

当汉氏失驭，英雄角力。司马彪又录其行事，因为《九州春秋》，州为一篇，合为九卷。寻其体统，亦近代之《国语》也。[⑪]

自魏都许、洛，三方鼎峙；晋宅江、淮，四海幅裂。其君虽号同王者，而地实诸侯。所在史官，记其国事，为纪传者则规模班、马，创编年者则议拟荀、袁。于[⑫]是《史》、《汉》之体大行，而《国语》之风替矣。[⑬]

按：二《国》均为国别家，《史通》虽专以《外传》标目，其实走马递举。

自封建废而史统于一，靡事殊涂矣。其或光岳气分，各职记注，而编年纪传，小大相师，亦并不用条缀体式。若是乎《国语》一家，几将说部置之。《史通》不列为家而不可，列之为家而体非正用。章末笔参进退，不类他家，有以也。

① 释：此是国别家，惟分封分割之代有之。

② 此二字或作"列于"，或作"列为"，皆非。

③ 释：首节疏明国别之体，因推稽纂所由，兼及注家章句如此。

④ 谓时序。

⑤ 简策。

⑥ 一脱“之”字。

⑦ 释：继《国语》而起者，《国策》正其流派，故连及之，而以两义疏明“策”字也。

⑧ 谓《国策》、迁《史》。

⑨ 因述其《后语》，并标其前作。

⑩ 释：此节因《国策》敷衍而出。在舒元作之，殊觉多事；在《史通》引之，却是类推。盖此家述者绝少，故及之也。

⑪ 释：此书乃是本家的派，《国语》一家从此止矣。

⑫ 一作“为”。

⑬ 释：末节正见《国语》家久废，虽自魏、晋以来，多有分国之史，大都祖述班、荀，均之国别，而体则非矣。

内传外传　韦昭《国语序》：昔孔子修旧史以垂法，左丘明因圣言以摅意，可谓博物善作者也。其雅思未尽，复采录前世穆王以来，下讫鲁悼、智伯之诛，以为《国语》。其文不止于经，故号曰《外传》。又云：切不自料，复为之解，参之以《五经》，检之以《内传》。

贾逵注　《后汉书》：贾逵字景伯，九世祖谊。逵身长八尺二寸，诸儒为之语曰：“问事不休贾长头。”尤明《左氏传》、《国语》，为之《解诂》五十一篇。《注》：《左氏传》三十篇，《国语》二十一篇也。

王肃注　三国时人，见《尚书》家。按：《魏志》本传，于诸经解后，又有《三传》、《国语》、《尔雅》诸注。《隋·经籍志》：《春秋外传章句》一卷，王肃撰。

虞翻注　《三国·吴志》：虞翻字仲翔。孙权以为骑都尉。徙交州，虽处罪放，而讲学不倦。为《老子》、《论语》、《国语》训注，皆传于世。

韦曜注　《吴志》：韦曜字弘嗣。为尚书郎，迁太子中庶子。孙皓即位，封高陵亭侯。《注》：曜本名昭，史为晋讳改之。宋《崇文总目》：昭参引郑众、贾逵、虞翻、唐固，合五家为注，自发正者三百十事。按：唐固注《国语》，见《吴志·阚泽传》。或作"唐因"，非。

战国策　刘向原叙：所校中《战国策》书，臣向因国别者，略以时次之，得三十三篇。中书本号，或曰《国策》，或曰《国事》，或曰《短长》，或曰《事语》，或曰《修书》，或曰《长书》。臣向以为战国时游士策谋，宜为《战国策》。继春秋以后，讫楚、汉之起，二百四十五年间之事，皆定以杀青书。《隋·经籍志》：刘向录者三十二卷，高诱撰注者二十(二)一卷。

孔衍后语　《唐·艺文志》：孔衍《春秋时国语》十卷，又《春秋后国语》十卷。按：《史通》云：今行世者，唯《后语》存。是知《新唐·志》特因旧史原文，非皆有其书也。

九州春秋　《隋·经籍志》，《九州春秋》十卷，司马彪撰。陈氏《书录解题》：彪记汉末州部之乱，司、冀、徐、兖、青、荆、扬、凉、益、幽，凡盗贼僭叛皆纪之。《晋书》：彪字绍统，高阳王睦之子，官秘书郎。

魏都许洛　《三国·魏志》：建安元年，洛阳残破，董昭等劝太祖都许。二十五年至洛阳。文帝黄初元年营洛阳宫。按：时言曹魏者，通谓之许、洛，如《吴志》朱桓言"进取寿春，以规许、洛"是也。

晋宅江淮　《晋·元帝纪》：帝，琅琊恭王觐之子，嗣位琅琊。永嘉初，镇建邺。愍帝即位，西都不守。建武元年，依魏、晋故事为晋王，立宗庙社稷于建康。按：是为东晋之始。建康即建邺，吴大帝始都此，江、淮其界也，亦吴之通称。如《吴志》，周鲂本阳羡人，而言"生长江、淮"是也。

《史记》家者，①其先出于司马迁。自《五经》间行，百家竞列，事迹错糅，②前后乖舛。③至迁乃鸠集国史，采访家人，④上起黄帝，下穷汉武，纪传以统君臣，书表以谱年爵，合百三十卷。因鲁史旧名，目⑤之曰⑥《史记》。自是汉世史官所续，皆以《史记》为名。迄乎东京著书，犹称《汉记》。⑦

至梁武帝，又敕其群臣，上自太初，下终齐室，撰成《通史》六百二十卷。其书自秦以上，皆以《史记》为本，而别采他说，以广异闻；至两汉已还，则全录当时纪传，而上下通达，臭味相依；又吴、蜀二主皆入世家，五胡及拓拔氏列于《夷狄传》。大抵其体皆如《史记》，其所为异者，唯无表而已。⑧

其后元魏济阴王晖业，⑨又著《科录》二百七十卷，其断限亦起自上古，而终于宋年。其编次多依放《通史》，而取其行事尤相似者，共为一科，故以《科录》为号。⑩皇家显庆中，符玺郎陇西李延寿抄撮近代诸史，南起自宋，终于陈，北始自魏，卒于隋，合一百八十篇，号曰《南》、《北史》。其君臣流例，⑪纪传群分，皆以类相⑫从，各附于本国。⑬凡此诸作，皆《史记》之流也。⑭

寻《史记》疆宇辽阔，年月遐长，而分以纪传，散以书表。每论家国一政，而胡、越相悬；叙君臣一时，而参、商是隔。此其为体之失者也。兼其所载，多聚旧记，⑮谓采《国语》、《世本》、《国策》等。⑯时采⑰杂言，故⑱使览之者事罕异闻，而语饶重出。此撰录之烦者也。⑲况《通史》以降，芜累尤深，遂使学者宁习本书，而怠窥新录。且撰次无几，而残缺遽⑳多，可谓劳而无功，述者所宜深诫也。㉑

按：此章乃是著述家深识利病之言。闻人通患，率在夸多，代远文庞，荒诞滋炽。"无田甫田"，诗人所以诫也。《史通》盖为《通史》、《科录》芜编纷出，滥觞实由司马，故重诫之。其别家于班，正复为此。评者不察，认是诋諆迁《史》，误矣。

《南》、《北史》之为体也，析置纪传，越代粘连，而一姓数传，多系家不系国，于画代为紊例。设若八朝各立限断，如承祚《国志》之式，则子玄不以入《史记》家，延寿亦不受此诃矣。至欧阳《五代史》，年祚太促，不得以此例绳之。

尝谓昔人所以甄综古近，通为一书者，为其时未有汇刊群史定本故耳。识者鉴此，乃有《十七史》之刻，嗣是而为廿一，为廿二，循代接编，各还原帙，既无篡合之劳，亦免离散之患，实自斯言发之，刘氏岂非史部功臣！

① 释：此是纪传家之祖，而刘氏以《史记》通古为体，故别为一家。

② 通作“揉”。

③ 释：此四句伏下辽远难稽病源。

④ 或作“家乘”，恐非。

⑤ 一本“目”字在上。

⑥ 一无“曰”字。

⑦ 一作“纪”。释：数语递下。

⑧ 释：自此节起，连述后代之拟《史记》者。〇本节述《通史》也。梁武贪慕《史记》之为，敕撰辽阔之编也。

⑨ 撰人误，辩详后注。

⑩ 释：此节述《科录》也。元晖贪慕《史记》之为，亦著此辽阔之编也。

⑪ 恐当作“别”。

⑫ 一无“相”字。

⑬ 释：此节述《南》、《北史》，亦综数代为一书者。

⑭ 释：已上三节是述案，已下出议。

⑮ 一作“纪”。

⑯ 按：此注旧在“杂言”下，非。

⑰ 一作“插”。

⑱ “故”字俗本误作细书，缀于小注末。

⑲ 释：凡此诸病，皆由世代悬隔，载记庞杂所致。盖是诫辞，非贬辞也。

⑳ 或作“遂”。

㉑ 释：结言规模《史记》者，无其笔力，贪其博远，非芜即缺，病所必致，此通古一家所以当诫。欲令作史者于纪传家以断代为正，下章《汉书》家是已。

采访家人　此句又见《采撰》及《正史》篇，言巴西谯周以《太史迁书》周、秦以上，或采家人诸子，不专据正经，于是作《古史考》云云。是知改“人”为“乘”者，非。

鲁史旧名史记　语见《春秋》家。

通史　《梁·吴均传》：均免职，寻召撰《通史》，起三皇，迄齐代。均草本纪、世家功毕，列传未就，卒。又《武帝纪》：太清三年，《通史》成，躬制赞序，凡六百卷。天情睿敏，下笔成章。

科录　《北史·魏宗室传》：常山王遵曾孙晖，雅好文学，招集儒士崔鸿等，撰录百家要事，以类相从，名为《科录》，凡二百七十卷。上起伏羲，下迄于晋，凡十四代。表上之。按：本文误以撰人为济阴王元晖业，郭延年辩之，谓晖业所撰乃《辨宗录》，非《科录》也。《史通》既误，王伯厚《玉海》再误云。

断限　亦曰“限断”。二字所始，见《断限》篇注。

南北史　《旧唐书·李延寿传》：延寿，贞观中补崇贤馆学士。尝删补宋、齐、梁、陈及魏、齐、周、隋八代史，谓之《南》、《北史》，凡一百八十卷。《读书志》：延寿父大师，尝谓宋、齐逮周、隋，分隔南北，南谓北为“索虏”，北谓南为“岛夷”，欲改正为编年，未就而卒。延寿究悉旧事，更依马迁体，总序八代，北二百四十二年，南百七十年，为二史。《通志·艺文略》别立《通史》一门，以延寿书与梁《通史》同列，良是。

胡越　《汉书》：邹阳《狱中上梁孝王书》云：“意合则胡、越为兄弟”，“不合则骨肉为仇敌。”

参商　《左传·昭元年》：子产曰：“昔高辛氏有二子，伯曰阏伯，季曰实沈，居于旷林，不相能也。后帝迁阏伯于商丘，主辰，商人是因，故辰为商星;迁实沈于大夏,主参,唐人是因,以服事夏、商,故参为晋星。”

《汉书》家者,[①]其先出于班固。马迁撰《史记》,终于今上。[②]自太初已下,阙而不录。班彪因之,演成《后记》,以续前编。[③]至子固,乃断自高祖,尽于王莽,[④]为十二纪、十志、八表、七十列传,勒成一史,目为《汉书》。[⑤]昔虞、夏之典,商、周之诰,孔氏所撰,皆谓之“书”。夫以“书”为名,亦稽古之伟称。寻其创造,皆准子长,但不为“世家”,改“书”曰“志”而已。[⑥]自东汉以后,作者相仍,皆袭其名号,无所变革,唯《东观》曰“记”,《三国》曰“志”。然称谓虽别,而体制皆同。[⑦]历观自古,史之所载也,《尚书》记周事,终秦穆,《春秋》述鲁文,[⑧]止哀公,[⑨]《纪年》[⑩]不[⑪]逮于魏亡,《史记》唯论于汉始。[⑫]如《汉书》者,究西都之首末,穷刘氏之废兴,包举一代,撰成一书。[⑬]言皆精练,事甚该密,故学者寻讨,易为其功。[⑭]自尔[⑮]迄今,无改斯道。[⑯]

按:纪传家自隋、唐以来,经籍、艺文诸志,皆列史部首科,谓之正史。先马次班,此定例也。刘氏以时近者易为功,代远者难为力,有鉴于《通史》、《科录》之芜累,故特标举“断限”,借《史》、《汉》二家以示适从云尔。夹漈持论,有意矫枉,其言既悖,至评者认此为乙马甲班,直不晓文义矣。

自孟坚有断代之书,自知幾有无改班《书》之论,向后诸史,靡弗由之。言出而为定式,夫岂孟浪之言!

① 释:此为纪传正家,断代为书始于此。

② 谓孝武帝,依太史公语也。

③ 释:彪《书》初稿,犹非全代。

④ 释:《汉书》全举西京。此二句为本章主句,是断限正式。

⑤ 释:点题毕。

⑥ 释:此释“书”字名目及体制所由。

⑦ 释:自首至此,总言纪传为体,皆准子长,但起高尽莽,后史皆仍其断代之式耳。可悟前章致戒,非贬辞也。

⑧ 一作“史”。

⑨ 旧误作“定公”。

⑩ 即《竹书纪年》。

⑪ 一作“下”,非。

⑫ 释:“历观”以下,皆论断之辞。○此先推言前史,或累代连举,或一代不完,从无断限全代者。

⑬ 一作“家”。释:唯《汉书》为断代正体。

⑭ 释:此之易,对《史记》之难。

⑮ 一作“迹”,一作“古”。

⑯ 释:章末总从断代处下赞。○旧连下结尾,今分出。

彪固 《汉书·叙传》:班彪字叔皮,年二十,遭王莽败。世祖即位于冀州,天下云扰,著《王命论》。有子曰固。固以为汉绍尧运,以建帝业,至于六世,史官乃追述功德,私作本纪,编于百王之末,厕于秦、项之列。太初已后,阙而不录。故探纂前记,缀缉所闻,以述《汉书》。起元高祖,终于孝平王莽之诛,十有二世,二百三十年。综其行事,旁贯《五经》,上下洽通,为纪、表、志、传,凡百篇。按:《叙传》竟不及父彪续史事,欺所生,欺万世,纠班史者当以是为首款。《后汉书》本传:彪断采前史遗事,傍贯异闻,作《后传》数十篇。

东观曰记 《书录解题》:《东观汉记》,汉谒者仆射刘珍、校书郎刘騊駼等撰。初,班固在显宗朝,尝撰《世祖本纪》、功臣列传、载纪二十八篇。至永初中,珍、騊駼等著作东观,撰集《汉记》。其后庐植、蔡邕、马日磾等皆尝补续。按:《外篇·正史》篇详述其书,宜参看。

三国曰志 《晋书·陈寿传》:寿字承祚,仕蜀,为馆阁令史。及蜀平,司空张华爱其才,举为孝廉,除著作,撰魏、吴、蜀《三国志》,凡六十五篇。

纪年不逮魏亡 谓《竹书纪年》年未尽魏哀而止,正与《汉书》全代对照。或讹"不"为"下",失之。

于是考兹六家,商榷千载,盖史之流品,亦穷之于此矣。而朴散淳销,时移世异,《尚书》等四家,①其体久废,所可祖述者,唯《左氏》及《汉书》二家而已。②

按:是篇如弈者开枰布子,通领全局,以该史家之体,即以辨史体之家。该体故备陈,辨家在协用,就于篇尾,预作转枢。记言③而不著岁序也,记事④而不详颠末也,国别⑤而不归典式也,⑥代远⑦而不立限断也,此所谓四家体废者也。若乃经年纬月,叙时事则铨次分明,⑧纪、志、表、传,举一朝则起讫完具,⑨此则所谓祖述惟有二家者矣。即结本篇"六"字,即提下篇"二"字,脉理连络。《史通》通部为全局,即此可见。

①《尚书》、《春秋》、《国语》、《史记》。

② 释:此六家总结也。以配篇序,故应另条单立。旧连《汉书》家章末者,非是。

③《尚书》。

④《春秋经》。

⑤《国语》。

⑥ 非编年,非纪传。

⑦《史记》。

⑧《左传》。

⑨《汉书》。

卷二

二体第二[1]

三、五之代，书有《典》、《坟》，悠哉邈矣，不可得而详。自唐、虞以下迄于周，是为《古文尚书》。然世犹淳质，文从简略，求诸备体，固以[2]阙如。[3]既而丘明传《春秋》，[4]子长著《史记》，[5]载笔之体，于斯备矣。[6]后来继作，相与因循，假有改张，变其名目，区域有限，孰能逾此！盖荀悦、张璠，丘明之党也；班固、华峤，子长之流也。[7]惟此[8]二家，各相矜尚。必辨其利害，可得而言之。[9]

夫《春秋》者，[10]系日月而为次，列时岁以相续，中国外夷，同年共世，莫不备载其事，形于目前。理尽一言，语无重出。此其所以为长也。[11]至于贤士贞女，高才俊德，事当冲要者，[12]必盱衡而备言；迹在沉冥者，[13]不枉道而详说。如绛县之老，杞梁之妻，或以酬晋卿而获记，或以对齐君而见录。[14]其有贤如柳惠，仁若颜回，终不得彰其名氏，显其言行。[15]故论其细也，则纤芥无遗；语其粗也，则丘山是弃。此其所以为短也。[16]

《史记》者，[17]纪以包举大端，传以委曲细事，表以谱列[18]年爵，志以总括遗漏，逮于天文、地理、国典、朝章，显隐必该，洪纤靡失。此其所以为长也。[19]若乃同为一事，分在数篇，断续相离，前后屡出，于《高纪》[20]则云语在《项传》，[21]于《项传》[22]则云事具《高纪》。[23]又编次同类，[24]不求年月，[25]后生而擢居首帙，先辈而抑归末章，遂使汉之贾谊将楚屈原同列，鲁之曹沫与燕荆轲并编。此其所以为短也。[26]

考兹胜负，互有得失。而晋世干宝著书，乃盛誉丘明而深抑子长，其义云：能以三十卷之约，括囊二百四十年之事，靡有遗也。寻其此说，可谓劲挺之词乎？[27]案春秋时事，入于左氏所书者，盖三分得其一耳。丘明自知其略也，故为《国语》以广之。然《国语》之外，尚多亡逸，安得言其括囊靡遗者哉？[28]向使丘明世为史官，[29]皆仿《左传》也，至于前汉之严君平、郑子真，后汉之郭林宗、黄叔度，[30]晁[31]错、董生之对策，刘向、谷永之上书，[32]斯并德冠人伦，名驰海内，识洞幽显，言穷军国。或以身隐位卑，不预朝政；[33]或以文烦事博，难为次序。[34]皆略而不书，斯则可也。[35]必情有所吝，不加刊削，则汉氏之志传百卷，并列于十二纪中，[36]将恐碎琐多芜，阑单失力者矣。[37]故班固[38]知其若此，设纪传以区分，使其历然可观，纲纪有别。[39]荀悦厌其迂阔，又依左氏成书，剪截班史，篇才三十，历代褒[40]之，有逾本[41]传。[42]

然则班、荀二体，角力争先，欲废其一，固亦难矣。后来作者，不出二途。故晋史有王、虞，[43]而副以干《纪》，[44]《宋书》有徐、沈，[45]而分为裴《略》。[46]各有其美，并行于世。[47]异夫令升之言，唯守一家而已。[48]

按：此篇与《六家》顶接。《六家》举史体之大全，《二体》定史家之正用。先分论其得失，不以有失而不行；后合勘其两行，不得偏任而废一。以“左、荀”等字当“编年”字观，以“班、马”等字当“纪传”字观，会此替身，乃得县解。自后秘省敕撰，唯此二途；艺文史部，必先二类。知幾是篇，诚百代之质的也。

或问：替身云云，何谓也？曰：错举多书，总归二体。盖揭二体之两行，非评诸书之优劣也。其利害短长，体中应有，亦不妨两有，非此利彼害之谓，更非利优害劣之谓。但谓二体既立，一以诠岁时，一以管事行，国史乃无偏缺耳。旧评不会作替身字看，遂皆抛体而议书，体两书烦，臆揣都错。

“干宝”一节，能因单得互，才是善读书人。

“二体”两字，贯彻全书，纲维群史。

人言自袁机仲枢《纪事本末》出，史体参而三矣。余曰：亦从二体出，非别出也。且降史书为类书，法不参立。故其书不由史馆，不奉敕亦编。

① 二体者，一编年，一纪传也。

② 一作“已”。

③ 释：篇首揭过非编年、非纪传者。

④ 编年之祖。

⑤ 纪传之祖。

⑥ 释：“既而”四语，通幅全提。

⑦ 释：已上总为二体标出原委大意。言自得左、马分创，史家千古宗之。

⑧ 旧脱“此”字。

⑨ 释：四语又一提。下分编年、纪传两扇，各言其利害。

⑩ 谓《左传》也。此一扇论编年。

⑪ 释：长即利也，谓其胜纪传也。其所以胜，本编年之体自所应有也。

⑫ 其人有关国政。

⑬ 其人无预国事。

⑭ 冲要故也。

⑮ 沉冥故也。

⑯ 释：短即害也，是其不及纪传处也。其所以不及，亦编年之体自所不免也。

⑰ 举《史》该《汉》。此一扇论纪传。

⑱ 一作"序其"。

⑲ 释：此其胜编年处，故长而利也，亦纪传之体自应有也。

⑳ 涉及项事。

㉑ 高主项宾故。

㉒ 涉及高祖。

㉓ 项主高宾故。

㉔ 如屈、贾，曹、荆。

㉕ 谓时代。

㉖ 释：此其不及编年处，故短而害也，亦纪传之体自不免也。○两扇利害，皆对较而出。

㉗ 释：前幅分扇立论，此借宝语一诘，诘起二体合勘。

㉘ 释：此八句只就宝语一驳，以下申穷之。○驳左单驳编年，文若偏诃，意实互勘也。

㉙ 一作"而"，非。

㉚ 身隐位卑者。

㉛ 古作"鼂"。

㉜ 文烦事博者。

㉝ 严、郑、郭、黄。

㉞ 晁、董、刘、谷。

㉟ 此是掉句。

㊱ 一作"事"，非。

㊲ 释：至此一勒。言设使左为汉史，仍用编年，则如上所云，不载既不安，载之又费力，有不得不变为纪传者矣。

㊳ 以固例迁。

㊴ 释：四句勒过，变为纪传。

㊵ 旧作“保”，恐误。

㊶ 恐当作“纪”。

㊷ 释：此数语抵前驳干宝一长段。言世又有厌迁阔而褒剪截者，则又转而效编年焉。由是观之，改来改去，总不出此二体也。〇互勘之文止此。

㊸ 纪传。

㊹ 编年。

㊺ 纪传。

㊻ 编年。

㊼ 释：结尾平收。

㊽ 释：缴应借诘之词。

荀悦张璠　见《左传》家，皆编年体。

华峤　《晋书·华表传》：表子峤，字叔骏。元康初，为内台中书、散骑、著作，门下撰集皆典统之。初，峤以《汉纪》烦秽，慨然有改作之意。会为台郎，典官制事，得遍观秘籍，遂就其绪，为纪、典、传、谱，凡九十七卷，改名《汉后书》。文质事核，有迁、固之规。

绛县老　《左传》襄三十：晋悼夫人食舆人之城杞者，绛县人或年长矣，无子，而往与于食。有与疑年，使之年。曰：“臣生之岁，正月甲子朔，四百有四十五甲子矣。”吏走问之朝。师旷曰：“七十三年矣。”赵孟召之而谢过焉，曰：“使吾子辱在泥途久矣，武之罪也。”与之田，使为君复陶。

杞梁妻　《左传》襄二十三：齐侯袭莒，杞殖载甲宿于莒郊。莒子亲鼓之，获杞梁。齐侯归，遇杞梁之妻于郊，使吊之。辞曰：“殖之有罪，何辱命焉？若免于罪，犹有先人之敝庐在，下妾不得与郊吊。”齐侯吊诸其室。杜《注》：杞梁即杞殖。

柳惠不彰　《左传》僖二十六：齐孝公伐我北鄙。公使展喜犒师，使受命于展禽。杜《注》：柳下惠也。按：惠见《左传》，有此明文。今云不彰不显，与颜子并说，是《史通》疏处。

贾谊屈原 《史记·屈原贾生列传》第二十四：原，楚怀王时人。谊，汉文帝时人。

曹沫荆轲 《史记·刺客列传》第二十六：沫，鲁庄公时人。轲，卫人，游燕，在燕王喜时。按：曹沫，《左氏》、《穀梁》并作曹刿。

前汉严郑 《王贡龚鲍传》叙：谷口有郑子真，蜀有严君平，皆修身自保。成帝时，元舅大将军王凤以礼聘子真，子真不诎。君平卜筮于成都市，人有邪恶非正之问，各因势导之以善。日阅数人，得百钱足自养，则闭肆下帘而授《老子》。扬雄著书，称此二人。

后汉郭黄 《郭太传》：太字林宗，家世贫贱。游于洛阳，见河南尹李膺。后归乡里，与膺同舟而济，众宾以为神仙焉。举有道，不应。《黄宪传》：宪字叔度，父为牛医。颍川荀淑遇宪于逆旅，与语移日。既而至袁闳所，曰："子国有颜子，宁识之乎？"闳曰："见吾叔度耶！"太守王龚不能屈。郭林宗少过袁闳不宿，从宪累日方还。或问之，林宗曰："奉高之器，譬之氿滥，清而易挹。叔度汪汪，若千顷陂，澄之不清，淆之不浊，不可量也。"按：林宗此语，本传亦载，故《史通》二人合举。

晁董对策 《汉书·晁错传》：错为人峭直刻深。孝文时，拜太子家令，号为"智囊"。后诏举贤良文学士，错在选中。上亲策之，以明国体、通人事、能直言三道之要对策，惟错为高第。《董仲舒传》：仲舒，广川人。少治《春秋》，孝景时为博士。下帷讲诵，三年不窥园。武帝即位，举贤良文学，凡三问，仲舒三对。天子以为江都相。

向永上书 《汉书·楚元王传》：向字子政，本名更生。元帝初，为宗正，外戚许、史放纵，宦官弘恭、石显弄权，乃上封事谏。成帝即位，显等服辜，更生更名向。召拜中郎，数奏封事，迁光禄大夫。时上无继嗣，政由王氏，上封事极谏。天子召见，叹息，以为中垒校尉。《谷永传》：永字子云。博学经书。为太常丞，数上疏言得失。后为刺史，奏事京师。时有黑龙见，天子问所欲言，永对切谏。永自知有内应，展意无所依违。

阑单 未详。大抵是当日方言，涣散不振摄之意。卢照邻《释疾文》云："草木扶疏兮如此，予独兰骍兮不自胜。"疑即此二字之别写也。《集韵》：骍，他干切。按：今俗亦有“阑阑滩滩”之语。

王虞　《晋书·王隐传》：隐字处叔。父铨有著述之志，每私录晋事及功臣行状，未就而卒。元帝召隐为著作郎，令撰晋史。时著作郎虞预私撰《晋书》，数访于隐，所闻渐广。《虞预传》：预字叔宁。《唐·艺文志》：王隐《晋书》八十九卷。虞预《晋书》五十八卷。

干纪　即干宝《晋纪》，见《左传》家。

徐沈　《徐爰传》，见《正史》篇注。《书录解题》：《宋书》，本何承天、山谦之、苏宝生所撰，至徐爰勒为一史，起义熙，迄大明。自永光以来，阙而不录。《梁书·沈约传》：约字休文，吴兴人。高祖勋业既就，约尝叩其端，曰：今不可以淳风期万物。攀龙附凤者莫不云明公其人也。高祖受禅，为尚书仆射，卒，谥曰隐。著《宋书》百卷，其目详《外篇·正史》篇。

裴略　即裴子野《宋略》，见《左传》家。

载言第三[①]

古者言为《尚书》，事为《春秋》，左右二史，分尸其职。盖桓、文作霸，纠[②]合同盟，春秋之时，事之大者也，而《尚书》阙纪。[③]秦师败绩，缪公诫誓，《尚书》之中，言之大者也，而《春秋》靡录。此则言、事有别，断可知矣。[④]

逮左氏为书，不遵古法，言之与事，同在传中。然而言事相兼，烦省合理，故使读者寻绎不倦，览讽忘疲。[⑤]

至于《史》、《汉》则不然，凡所包举，务存恢博，文辞入[⑥]记，繁富为多。是以《贾谊》、《晁错》、《董仲舒》、《东方朔》等传，唯上[⑦]录言，罕逢载事。[⑧]夫方述一事，得其纪纲，[⑨]而隔以大篇，分其次序。[⑩]遂令披阅之者，有所懵然。后史相承，不改其辙，交错分[⑪]扰，古今是同。[⑫]

案迁、固列君臣于纪传，统遗逸于表志，虽篇名甚广而[13]言无独[14]录。愚谓凡为史者，宜于表志之外，更立一书。[15]若人主之制册、诰令，群臣之章表、移檄，收之[16]纪传，悉入书部，题为“制册”、[17]“章表书”，以类区别。他皆放此。亦犹志之有“礼乐志”、“刑法志”者也。[18]又诗人之什，自成一家。故风、雅、比、兴，非《三传》所取。自六义不作，文章生焉。若韦孟讽谏之诗，扬雄出师之颂，马卿之书封禅，贾谊之论过秦，诸如此文，皆施纪传。窃谓宜从古诗例，断入书中。[19]亦犹《舜典》列《元首之歌》，《夏书》包《五子之咏》者也。[20]夫能使[21]史体如是，庶几《春秋》、《尚书》之道备矣。[22]

昔[23]干宝议撰晋史，以为宜准[24]丘明，其臣下委曲，仍为谱注。于时议者，莫不宗之。故前史之所未安，后史之所宜革。[25]是用敢同有识，爰立兹篇，庶世之作者，睹其利害。如谓不然，请俟来哲。

按：上二篇标列史体已备，自此而下，别出己议也。彼编年一体，绪无杂出，而纪传则名类多门，商榷宜审。是篇盖就列传而言，方铨事状，忽夹长篇，未免文气隔越，故设此论。尝窃计之，就如贾生、董傅、方朔、马卿未作要官，无他政迹，其生平不朽，正在陈书、对策、诗颂、论著等文，设检去之，以何担重？且使此册果立，几与挚虞《流别》同科。即刘于《载文》篇，亦言非复史书，更成文集，不且自矛乎？况乎后世，著述如林，弥滋轇轕矣。此论不可行。

① 此篇以下，皆就纪传一体中分条著论。

② “纠”通。

③ 载也。一作“记”。

④ 泥古太甚，于《尚书》家已论之。释：首节推原记事、记言，古体本不相合，以引下文。

⑤ 释：至左氏，则言、事两收矣。然非传体，无隔越之患，其势自可兼行也。此上下转递之文。

⑥ 或讹作“之”。

⑦ “尚”通，或作“止”。

⑧ 释：自此归到纪传，约举专载文辞之篇，以发论端。

⑨ 一作“纲纪”。

⑩ 一作“序次”。

⑪ 一作“纷”。

⑫ 释：承上，言以长篇夹入叙事中，阅者苦之，逼起本指。

⑬ 一作“唯”。

⑭ “无独”旧作“独无”，误。

⑮ 释：数语揭本指。

⑯ 谓收出之。

⑰ 当有“书”字。

⑱ “者也”二字，于文势当有，对下段亦当有，旧脱。释：此段制册、章表等，皆朝典颁奏之言。

⑲ 据前例，亦当有“题为某书”之文，疑脱。

⑳ 释：此段诗、颂、书、论等，是词人著述之言。

㉑ 一无“使”字。

㉒ 释：以上二项为一节。意谓当于书志帙中，加立“载言”一条也。

㉓ 一作“晋”，误。

㉔ 一多“左”字。

㉕ 释：此借宝言，以见酌更旧体，成例可援。

韦孟讽谏　《汉书·韦贤传》：韦贤，邹人也。其先韦孟，家本彭城，为楚元王傅。及孙王戊，荒淫不遵道，孟作诗讽谏。后遂去位，徙家于邹，又作一篇。其诗,或曰子孙好事,述先人之志而作也。

扬雄出师 按:《汉书·扬雄传》载《河东》、《长杨》等赋,《反离骚》、《解嘲》等词,《太玄》、《法言》等序,而无《出师颂》。郭《注》引《文选》注云:成帝时,西羌有警,上思将帅之臣,追美赵充国,乃召雄,即《充国图》颂之。《文选·充国颂》后,编有《出师颂》,则史孝山作,岂《史通》误以为雄耶?

马卿封禅 《汉书》:司马相如字长卿。见上好仙,遂奏《大人赋》。天子大悦,飘飘有凌云气游天地之间意。病免,家居茂陵。天子使取其书,使所忠往,而相如已死。问其妻,对曰:"长卿未死时,为一卷书,曰:'有使来求书,奏之。'"其遗札书,言封禅事,所忠奏焉。

贾谊过秦 按:《汉书·贾谊传》不载《过秦论》,于《陈胜项籍传赞》取《史记》褚少孙所述之文录之,止三篇之一。又按:《史通》所举韦、扬、马、贾诸篇,或置传首,或出他书,或入传中,或附赞内,举非一例,其意只取有关劝戒,传颂艺林,法当采入史中者,用示择言之例耳。

本纪第四

昔汲冢竹书是曰《纪年》,《吕氏春秋》肇立纪号。[①] 盖纪者,纲纪庶品,网罗万物。考篇目之大者,其莫过于此乎?[②] 及司马迁之著《史记》也,又列天子行事,以本纪名篇。后世因之,守而勿失。譬夫行夏时之正朔,服孔门之教义者,[③] 虽地迁陵谷,时变质文,而此道常行,终莫之能易也。[④]

然迁之以天子为本纪,诸侯为世家,斯诚谠矣。但区域[⑤] 既定,而疆理[⑥] 不分,遂令后之学者罕详其义。[⑦] 案姬自后稷至于西伯,嬴自伯翳至于庄襄,[⑧] 爵乃诸侯,而名隶本纪。[⑨] 若以西伯、庄襄以上,别作周、秦世家,持殷纣以对[⑩] 武王,拔秦始以承周赧,使帝王传授,昭然有别,岂不善乎?[⑪] 必以西伯以前，其事简约，别加一目，不足成篇。[12]则伯翳之至庄襄，其书先成一卷，[13]而不共世家等列，辄与本纪同编，此尤可怪也。[14]项羽僭盗而死，未得成君，[15]求之于古，则齐无知、卫州吁之类也。[16]安得讳其名字，呼之曰王者乎？[17]春秋吴、楚僭拟，书如列国。假使羽窃帝名，正可抑同群盗，[18]况其名曰西楚，号止霸王者乎？霸王者，即当时诸侯。[19]诸侯而称本纪，求名责实，再三乖谬。[20]

盖纪之为体，犹《春秋》之经，系日月以成岁时，书君上以显国统。[21]曹武虽曰人臣，实同王者，以未登帝位，国不建元。陈《志》权假汉年，编作《魏纪》，亦犹《两汉书》首列秦、莽之正朔也。[22]后来作者，宜准于斯。两陆机《晋书》，列纪三祖，直序其事，竟不编年。年既不编，何纪之有？[23]夫位终北面，一概人臣，傥追加大号，止入传限，是以弘嗣[24]吴史，不纪孙和，缅求故实，非无往例。[25]逮伯起[26]之次《魏书》，[27]乃编景穆于本纪，以戾园[28]虚谥，间厕武、昭，欲使百[29]世之中，若为鱼贯。[30]

又纪者，既以编年为主，唯叙天子一人。有大事可书者，则见之于年月；其书事委曲，付之列传。此[31]其义也。如近代述者魏著作、李安平之徒，其撰《魏》、《齐》二史，旧注：魏彦渊撰《后魏书》，李百药撰《北齐书》。[32]于诸帝篇，或杂载臣下，或兼言他事，巨细毕书，洪纤备录。旧注：如彦渊帝纪载沙苑之捷，百药帝纪述淮南之败是也。全为传体，有异纪文，迷而不悟，无乃太甚。世之读者，幸为详焉。[33]

按:《史记索隐》释本纪曰:"本其事而记之,故曰本纪。"若是,则凡纪人事皆可通称,不已泛乎?《史通》则曰:"系日月以成岁时,书君上以显国统。"其于《列传》篇又曰:"纪者,编年。""编年者,历帝王之岁月。"盖言用其纪元,纪其时事也。似此析义,则凡混假是名,如项羽前附秦年,后附汉年,全与本身无与,不待辩而其非灼然矣。裴世期论《史目》云:"天子称本纪,诸侯曰世家。"系其本系,故曰本。是则刘说之所因欤?

侪项于州吁、无知,初看似过。细按其意,特以未成君等之耳,非以逆例也。或曰:魏武权假汉年,纪是乎?曰:帝魏为文者,势所必然,犹晋三祖也,尊创业也。非是,则唐高、宋太之先世矣。莫讹于元魏,《称谓》篇斥之。

孙和、元晃一条,断制严明,濮议、兴献议,聚讼可息。

自此至《题目》篇,条疏抽论,皆是纪传体中之体例。

① 其书有十二纪。

② 释:首原"纪"字来历。

③ 二句喻言本纪,法立而分定。

④ 释:自"及司马"至此,赞其创立纪名,专归天子,至当不易,无容混冒。

⑤ 犹言门类。

⑥ 犹言界画。

⑦ 释:数语转意。

⑧ "襄"旧作"王",下同。

⑨ 释:此下言自名之而自乱之,摘周、秦起案。

⑩ 递代之义。

⑪ 释:先设平论。

⑫ 其书不过两番。

⑬ 甚不简矣。

⑭ 释:此正驳之,而文义侧注周之先事,少卷促耳。秦未帝前,卷长另

立，何亦混称乎？

⑮ 大业未就。

⑯ 未成君也。

⑰ 二句言岂等于讳名而奉尊称者。

⑱ 群盗即胜、广辈，《汉书》胜、广、项籍同传，句盖准以为言。

⑲ 即如彭、韩之类，谓其号正同也。

⑳ 释：前节就帝王上世乱例驳之，此节就身未成帝乱例驳之。

㉑ 释：二句正透出命名的旨。上无压制，自得纪年，方许题为本纪，名义相符。

㉒ 秦、莽举例，据《光武纪》。

㉓ 释：此与下节皆摘后史之不符纪例者。○本节就开代言。

㉔ 韦曜。

㉕ 即下文戾园也。

㉖ 魏收。

㉗ 一脱“书”字。

㉘ 诸本讹作“国”。

㉙ 一作“下”。

㉚ 释：此节摘继体追尊为言。○已上总就“本”字、“纪”字名义发挥。

㉛ “此”郭本作“则”。

㉜ 按：“渊”为唐讳，恐非原注，下同。

㉝ 释：末节乃从纪体立论，体似《春秋》之经，事止提纲，书其大者，杂载他兼则亵矣，可谓搜义无穷。

后稷至西伯　按：《史记·周本纪》，后稷以下，曰不窋，曰鞠，曰公刘，曰庆节，曰皇仆，曰差弗，曰毁隃，曰公非，曰高圉，曰亚圉，曰公叔祖类，曰古公亶父，曰公季，曰西伯。凡十五世，文幅甚简。附按：罗氏《路史》云：夏十七世，商三十世，盖四十七世而后有周文王。此叙止十五世，疏脱甚矣。

伯翳至庄襄　按：《史记·秦本纪》，伯翳本名大费，与禹平水土。传至非子，当周孝王时，始封为附庸，邑之秦。至襄公，平王封为诸侯，赐之岐以西之地，于是始国。至缪公，开地千里，遂霸西戎。至孝公，天子致伯。子惠文，始称王，以至庄襄。通为纪一卷，编《始皇纪》之前。

无知州吁　《左传》庄八：齐公孙无知有宠于僖公，襄公绌之。公田而反，贼入，弑之，立无知。九年，雍廪杀无知。又隐四：卫州吁弑桓公而立，卫人使右宰丑莅杀州吁于濮。

权假汉年　《魏志·武帝纪》：纪年起汉献帝初平元年，尽建安二十五年。

陆机晋纪　《晋书》本传：机字士衡，吴郡人。祖逊，父抗。太康末，与弟云俱入洛。成都王颖劳谦下士，机委身焉。宦人孟玖谮机于颖，遂遇害。所著文章二百余篇。按：传不言作《晋纪》，而《隋》、《唐》二志，郑、马二《通》并有陆机《晋纪》四卷，并入编年门。今《史通》云“历纪三祖，直叙其事”，以为不合本纪之体。得毋机书之以纪名，原是荀、袁《汉纪》之“纪”，而非本纪之“纪”欤？识以存疑。三祖，谓所追尊宣帝懿、景帝师、文帝昭也。

弘嗣吴史　弘嗣，韦曜字，即韦昭也。见《国语》家。《吴志·曜传》：孙皓即位，欲为父和作纪，曜执以和不登帝位，宜名为传，如是者非一。皓积嫌愤，遂诛曜。按：今《吴志·孙和传》在五子之列，殆因曜之旧欤？

伯起魏书　《北史》：魏收字伯起，小字佛助。与温子昇、邢子才齐誉，世号“三才”。齐天保元年，除中书令，兼著作郎。二年，诏撰魏史。《魏书》纪：恭宗景穆皇帝讳晃，太武皇帝长子也。薨于东宫，即柩谥曰景穆。高帝即位，追尊皇帝庙号。史臣曰：“恭宗明德令闻，夙世殂夭，其戾园之悼欤？”按：此纪继《太武纪》下，是僭纪也。当附《太武纪》末，不合分篇。

戾园　《汉·宣帝纪》：武帝戾太子纳史良娣，产子史皇孙。皇孙生帝。巫蛊事起，太子亡至湖，遇害。《武五子传》：宣帝初即位，诏曰：“故皇太子在湖，未有号谥、岁时祠，其议谥，置园邑。”有司奏请，谥曰戾，置奉邑二百家，湖阌乡邪里聚为戾园。后又益戾园满三百家。

魏著作　《北史·魏季景传》：季景子澹，字彦深，仕齐殿中郎、中书舍人。入隋，迁著作郎。帝以魏收所撰《后魏书》褒贬失实，诏澹别成魏史。义例与魏收多所不同。按：澹本字彦渊，唐讳为“深”。

李安平 《唐书》：李百药字重规，定州安平人，隋内史令德林子也。幼多病，祖母赵以“百药”名之。七岁能属文，号“奇童”。贞观元年，拜中书舍人，封安平县男。所撰《齐史》行于世。

世家第五

自有王者，便置诸侯，列以五等，疏为万国。当[①]周之东迁，王室大坏，于是礼乐征伐自诸侯出。迄乎秦世，分为七雄。司马迁之记诸国也，其编次之体，与本纪不殊。[②]盖欲抑彼诸侯，异乎天子，故假以他称，名为世家。[③]

案世家之[④]为义也，岂不以开国承家，世代相续？至如[⑤]陈胜起自群盗，称王六月而死，子孙不嗣，社稷靡闻，无世可传，无家可宅，而以世家为称，岂当然乎？夫史之篇目，皆迁所创，岂以自我作故，[⑥]而名实无准。[⑦]

且诸侯、大夫，家国本别。三晋之与田氏，自未为君而前，齿列陪臣，屈身藩后，而前后一统，俱归世家。使君臣相杂，升降失序，何以责季孙之八佾舞庭，管氏之三归反坫？[⑧]又[⑨]列号东帝，抗衡西秦，地方千里，高视六国，而没其本号，唯以田完制名，谓《田完世家》也。求之人情，孰谓其可？[⑩]

当汉氏之有天下也，其诸侯与古不同。夫古者诸侯，皆即位建元，专制一国，绵绵瓜瓞，卜世长久。至于汉代则不然。其宗子称王者，皆受制京邑，自同州郡；异姓封侯者，必从宦[⑪]天朝，不临方域。[⑫]或传国唯止一身，或袭爵才经数世，虽名班[13]胙土，而礼异人君，必编世家，实同列传。而马迁强加别录，以类相从，虽得画一之宜，讵识随时之义？[14]

盖班《汉》知其若是，厘革前非。至如萧、曹茅土之封，荆、楚葭莩之属，并一概称传，无复世家，事势当然，非矫枉也。[15]自兹已降，年将四百。及魏有中夏，而扬、[16]益[17]不宾，终亦受屈中朝，见称伪主。为史者必题之以纪，则上通帝王；榜之以传，则下同臣妾。梁主敕撰《通史》，定为吴、蜀世家。持彼僭君，比诸列国，去太去甚，其得折中之规乎！[18]次有子显《齐书》，北编《魏虏》；牛弘《周史》，南记萧詧。考其传体，宜曰世家。[19]但近[20]古著书，通无此称。用使马迁之目，[21]湮没不行；班固之名，相传靡易者矣。[22]

按：由周而来，五等相仍。当子长时，汉封犹在，故立此名目，以处夫臣人而亦君人者。自兹以降，去古益远，藩微封耗，史无世家，时为之也。“随时之义”四字，乃持论主句。

三国、南、北朝，体势相埒，各为一史，理事当然。宋之辽、金，亦犹是也。晋十六国，载记统之；唐之藩镇，是不一姓。凡此诸朝，都无置世家处。独唐末五代，十国擅世，庐陵远法龙门，继列兹体，比于扬、益、《魏虏》之云，似较檃当，亦时之适逢也。然设以十国拟诸载记，亦殊妥协。

帝魏则传蜀，帝蜀则纪汉，蜀不得与吴例，故独不可世家。

位孔子以世家，先儒非之。愚谓《史记》乃从其世及而世家之也，故叙后系独长，至十一传安国，而与己同时，继以子卬孙欢而止。厥后褒成、褒亭、宗圣、奉圣、崇圣、恭圣、绍圣、褒圣、衍圣之封，与世无极焉。乃悟“世家”二字，千古唯孔氏颠扑不破。《史通》纠史，于孔子无缀词，其亦有会于斯欤？[23]

① 一无“当”字。

② 各国自用其年。

③ 释：首标世家创设名义之故，已下皆即迁《史》搜驳。

④ 一无此四字，易一“其”字。

⑤ 一作“于”。

⑥ 一作“古”，集内屡见此语，并作“故”。

⑦ 释：既立世家一门，陈胜最难安放，故作第一驳。

⑧ 三晋，田齐之先，犹帝纪之上世也。

⑨ 当有“田齐”二字。

⑩ 释：第二驳，本是三晋、田齐总驳，而田完题上独缺“齐”字，故多一层。

⑪ 一作“官”。

⑫ 汉初不尽然。

⑬ 一多“爵”字，非。

⑭ 释：第三驳，专举汉封为言。○“随时”二字，具有通识。

⑮ 释：落到班史，废去世家，事势当然，正是为时所转。

⑯ 吴。

⑰ 蜀。

⑱ 此论于蜀未允。

⑲ 释：自汉而后，代多分据，宜若可用，然亦不为决词也。

⑳ 或作“今”，误。

㉑ 或讹作“册”。

㉒ 释：末以舍马从班结之。

㉓《宋史》袭欧，诸国世家，夹置传内，名类杂糅。

三晋　《史记·赵世家》：叔带去周如晋，事晋文侯，始建赵氏于晋国。五世，晋献公赐赵夙耿。晋悼公立，赵武续赵宗。晋顷公年，赵简子出，有人当道，曰：“主君之子，且必有代。”晋懿公年，赵襄子与韩、魏灭知氏，于是北有代，南有知氏。襄子卒，献侯立；卒，子烈侯籍立。韩、魏、赵皆相立为诸侯。《魏世家》：毕万事晋献公，献公以魏封万。卜偃曰："万，满数也；魏，大名也。以是始赏，天开之矣。"晋文公令武子袭魏氏。晋悼公任魏绛政。其后魏桓子与韩康子、赵襄子共伐灭知伯，分其地。桓子之孙曰文侯都，与赵、韩列为诸侯。《注》：《世本》曰："都，斯也。"《韩世家》：韩之先与周同姓，其后事晋，得封于韩原，曰韩武子。后三世有韩厥，从封姓为韩氏。晋作六卿，而韩厥在一卿之位，号为献子。子宣子徙居州。子贞子徙居平阳。至康子，与赵襄子、魏桓子共败知伯，分其地，地益大。子武子，武子子景侯虔，与赵、魏俱得立为诸侯。

田氏　《田敬仲完世家》：陈完者，陈厉公佗之子也。奔齐，齐桓公使为工正。完卒，谥为敬仲。敬仲之如齐，以陈字为田氏。按：完之后九世为太公和，迁齐康公于海上。与魏文侯会浊泽，求为诸侯。魏使使言周天子，天子许之。田和立为齐侯，列于诸侯。

葭莩　《汉书》：中山靖王胜对曰："群臣非有葭莩之亲，鸿毛之重。"《注》：莩者，葭莆中白皮，至薄，喻薄。

去太去甚　《老子·无为章》：圣人去甚、去奢、去泰。

子显编魏虏　《梁书·萧子恪传》：子恪弟子显，字景阳。启撰齐史，书成，表奏之。子显《齐书》列传第三十八，题为《魏虏》。

牛弘周史　《隋书》本传：弘字里仁。开皇初，授秘书监。拜礼部尚书，敕修撰《五礼》，勒成百卷。有文集十三卷。按：弘撰《周史》，本传缺书。《隋·经籍志》：《周史》十八卷，未成，牛弘撰。亦见《外篇·正史》篇。《读书志》：苏绰秉政，军国词令，多准《尚书》。牛弘为史，尤务清言。

萧詧　《后周书》：萧詧字理孙，梁武帝之孙，昭明太子之第三子。昭明卒，武帝舍詧兄弟而立简文。大同元年，除持节，都督雍、梁、随诸军事。詧以襄阳梁武创基之所，志存绥养。侯景作乱，梁元帝时镇江陵，詧与构隙，恐，乃称藩于魏。江陵平，太祖立詧为梁主，资以江陵一州之地。詧遂称帝于其国，在位八载，薨。又命其太子岿嗣位。岿字仁远。有文学，善抚御，在位二十三载，薨。又命其太子琮嗣位。琮字温文，倜傥善弓马。二年，隋征入朝，废梁国。自詧初即位，至是岁三十有三年矣。按：詧于后周，若题以世家，实为宜称。

列传第六

夫纪传之兴，肇于《史》、《汉》。盖纪者，编年也；传者，列事也。编年者，历帝王之岁月，犹《春秋》之经；列事者，录人臣之行状，犹《春秋》之传。《春秋》则传以解经，《史》、《汉》则传以释纪。[①]

寻兹例草创，始自子长，而朴略犹存，区分未尽。如项王宜[②]传，而以本纪为名，非惟羽之僭盗，不可同于天子；且推其序事，[③]皆作传言，[④]求谓之纪，不可得也。或曰：迁纪五帝、夏、殷，亦皆列事而已。[⑤]子曾不之怪，何独尤于《项纪》哉？对曰：不然。夫五帝之与夏、殷[⑥]也，正朔相承，子孙递及，虽无年可著，纪亦何伤！如项羽者，事起秦余，身终汉始，殊夏氏之后羿[⑦]似黄帝之蚩尤。譬诸闰位，容可列纪；[⑧]方之骈拇，难以成编。[⑨]且夏、殷之纪，不引他事。[⑩]夷、齐谏周，实当纣日，而枏[⑪]为列传，不入殷篇。《项纪》则上下同载，君臣交杂，[⑫]纪名传体，所以成嗤。[⑬]

夫纪传[⑭]之不同，犹诗赋之有别，而后来继作，亦多所未详。案范晔《汉书》记[⑮]后妃六宫，其实传也，[⑯]而谓之为纪；陈寿《国志》载孙、刘二帝，其实纪也，[⑰]而呼之曰传。考数家之所作，其未达纪传之情乎？苟上智犹且若斯，则中庸故可知矣。[⑱]

又传之为体，大抵相同，而述者多方，有时而异。[⑲]如二人行事，首尾相随，则有一传兼书，包括令尽。若陈馀、张耳合体成篇，陈胜、吴广相参并录是也。亦有事迹虽寡，名行可崇，寄在他篇，为其标冠。若商[20]山四皓，事列王阳之首；庐江毛义，名在刘平之上是也。[21]

自兹已后，史氏相承，述作虽多，斯道都[22]废。其同于古者，唯有附出而已。[23]寻附出之为义，攀列传以垂名，若纪季之入齐，颛臾之事鲁，皆附庸自托，得厕[24]朋流。然世之求名者，咸以附出为小。盖以其因人成事，不足称多故也。窃以书名竹素，岂限详略，但问其事竟如何耳。借如召平、纪信、沮授、陈容，或运一异谋，树一奇节，并能传之不朽，人到于今称之。岂假编名作传，然后播其遗烈也！[25]嗟乎！自班、马以来，获书于国史者多矣。其间则有生无令闻，[26]死无异[27]迹，用使游谈者靡征其事，讲习者罕记其名，而虚班史传，妄占篇目。若斯人者，可胜纪哉！古人以没而不朽为难，盖为此也。[28]

按：初谓列传宜无紊例之患，又疑《史通》何多牵涉之辞，久而后知其解也。拈出本纪，连为互文，透顶直指，曰：纪者，纪年也。年仰他人者，虽纪实传；年得自主者，虽传实纪。片言折狱，纪法定而后传例清焉。迨乎文胜益流，甚者腾声秽史，纵谤书其或免，宁实录之靡惭。篇后发药，又是传者通病。子长之倡传首也，曰：非附青云，乌施后世。子玄之严传例也，曰：生无令闻，虚占篇目。举意故殊，赠言弥远，国史体尊，可使夷于家乘哉！

① 释：此篇论列传也。其以本纪并提者何？盖纪传之为书，其中有表有志，而言者皆约举两端以名之，故并提以析其义也。一则纪以配《经》，传

以配《左》,以明详略之攸分,如本节所云也;一则传无他体淆讹,偏与本纪出入,宜审义例之各当,如下文所辩也。

② 旧讹作“立”。

③ 一脱“事”字。

④ 年从秦、汉,便是传体。

⑤《史记》此三纪皆无年。

⑥ 旧作“殷、夏”。

⑦ 羿世无君。

⑧ 谓羿。

⑨ 谓蚩尤。

⑩ 纪体尊严。

⑪ 古“析”字。

⑫ 多端时事,尽入篇中。

⑬ 一作“孅”。释:此段所言,《本纪》篇先已论过,似乎复出而非也。在纪言纪,惟讥僭置。此乃详研纪文,实皆传体,去名存实,定合收还。盖彼篇虽有书君显国之言,而于论项之处未畅斯旨,留此尽之也。

⑭ 一作“传纪”。

⑮ 或作“纪”。

⑯ 从君之年。

⑰ 用其国年。

⑱ 释:已上两层皆是借纪剔传,先纠《史记》,次及范、陈。年托他人者,反不入传;年由我纪者,反以传名,皆失实也。论传例之失,至是止。

⑲ 旧有“耳”字。

⑳ 一作“南”。

㉑ 释:单行传体,可以不论。合传、寄传,变体也,故抽论之。合传谓二人合事,非儒林、循吏之类;寄传谓别列传头,非召平、沮授之类。

㉒ 一作“多”。

㉓ 释:附出,谓附见传中,因合、寄二项触类及之。

㉔ 旧有“于”字。

㉕ 释：假附出之可传，引滥登之可鄙。

㉖ 一作“问”。

㉗ 一作“遗”。

㉘ 释：自“自兹以后”至末，寓情尤远。果可片端不朽，奚须扬厉滋多。儆后波靡，屹然砥柱。

后羿　见《书·五子之歌》，又见《左传》襄四年、哀元年。

蚩尤　《史记·五帝纪》：轩辕之时，神农氏世衰，诸侯相侵伐。于是轩辕乃习用干戈，以征不享，而蚩尤最为暴。《索隐》：蚩尤，盖诸侯号也。

范后妃纪　范晔《后汉书》以《皇后纪》列帝纪之后，其叙曰：“考列行迹，以为《皇后本纪》。虽成败事异，而同居正号者，并列于篇。”“亲属别事，各依列传。”

陈志孙刘　陈寿《吴志》：权曰《吴主传》，改元五，曰黄武、黄龙、嘉禾、赤乌、太元。亮、休、皓曰《三嗣主传》，亮改元三，曰建兴、五凤、太平，休改元曰永安，皓元八，元兴、甘露、宝鼎、建衡、凤皇、天册、天玺、天纪。《蜀志》：先主曰《先主传》。传略曰：魏文帝称尊号，改元黄初。传闻汉帝见害，先主乃发丧制服。议郎阳泉侯刘豹等上言，宜即帝位，以纂二祖，谨上尊号。即皇帝位于成都武担山之南。为文曰：“惟建安二十六年四月丙午，皇帝备敢用玄牡，昭告皇天后土。汉有天下，历数无疆。曩者王莽篡盗，光武皇帝震怒致诛，社稷复存。今曹操阻兵安忍，戮杀主后。”“操子丕载其凶逆，窃居神器。群臣将士以为社稷隳废，备宜修之，嗣武二祖，龚行天罚。”“率土式望，在备一人。”“谨择元日，与百寮登坛，受皇帝玺绶。”建元章武。《后主传》：元四，建兴、延熙、景耀、炎兴。按：二国主传皆不用魏年，实纪体也。

馀耳胜广　《史记》、《汉书》并两人合一传。

四皓列王阳之首　《汉书·王吉》等传，传首有叙，叙内云：汉兴有园公、绮里季、夏黄公、角里先生。此四人者，当秦之世，避而入商山。自高祖闻而召之，不至。吕氏用留侯计，使皇太子卑辞安车，迎而致之。四人从太子见，高祖客而敬待之。太子得以为重，遂用自安。王吉本传：吉字子阳，与贡禹为友。世称“王阳在位，贡公弹冠”。

毛义在刘平之上　《后汉·刘平》等传，传首亦有叙，叙内云：中兴，庐江毛义少节家贫，以孝行称。南阳张奉慕其名，往候之，而府檄适至，以义守令。义奉檄而入，喜动颜色，奉心贱之。及义母死，去官行服。后举贤良，公车征，遂不至。张奉叹曰：“贤者固不可测。往日之喜，乃为亲屈也。”刘平本传：平字公子，本名旷，显宗后改为平。

纪季入齐　《左传》庄、三《经》：纪季以酅入于齐。杜《注》：酅，纪邑。季以邑入齐为附庸，先祀不废。按：《史通》与鲁附庸颛臾并举，皆以喻传之附出者。

召平纪信　《汉书》：召平附见《萧何传》，纪信附见《项籍传》。

沮授　《后汉·袁绍传》：绍领冀州牧，引沮授为别驾。授进曰：将军忠义奋发，威陵河、朔，迎大驾于长安，复宗庙于洛邑，号令天下，其功不难。兴平二年，车驾为李傕等所追，沮授曰：“西迎大驾，即宫邺都，挟天子而临诸侯，蓄士马以讨不庭，谁能御之？”“若不早定，必有先之者。”绍不从。绍攻许，沮授为操军所执，大呼曰：“授不降也，为所执耳！”操曰：“国家未定，方当与君图之。”授曰：“速死为福。”乃诛之。章怀《注》：《献帝传》曰：“沮授，广平人。”《存研楼集》：近宜兴储会元大文撰有《沮授补传》。

陈容　《魏志·臧洪传》：洪领东郡，袁绍兴兵杀之。洪邑人陈容，少为书生，亲慕洪，随洪为东郡丞。见洪当死，谓绍曰：“将军欲为天下除暴，而专先诛忠义，岂合天意？”绍使人牵出，谓曰：“汝非臧洪俦，空尔为！”容顾曰：“仁义岂有常，蹈之则君子，背之则小人。今日宁与臧洪同日而死，不与将军同日而生。”复见杀。在绍坐者无不叹息，窃相谓曰：“如何一日杀二烈士！”

卷三

表历第七[①]

盖谱之建名，起于周代，[②]表之所作，因谱象形。故桓君山有云："太史公《三代世表》旁行邪[③]上，并效周谱。"此其证欤？[④]

夫以表为文，用述时事，施彼谱牒，[⑤]容或可取，载诸史传，未见其宜。何则？《易》以六爻穷变化，《经》[⑥]以一字成褒贬，《传》包五始，《诗》含六义。故知文尚简要，语恶烦芜，何必款曲重沓，方称周备。[⑦]

观[⑧]马迁《史记》则不然矣。[⑨]天子有本纪，诸侯有世家，公卿以下有列传，至于祖孙昭穆，年月职官，各在其篇，具有其说，用相考核，居然可知。而重列之以表，成其烦费，岂非谬乎？[⑩]且表次在篇第，编诸卷轴，得之不为益，失之不为损。用使读者莫不先看本纪，越至世家，表在[⑪]其间，缄而不视，语其无用，可胜道哉！[⑫]

既而班、《东》二史，《东》谓《东观汉记》。各相祖述，迷而不悟，无异逐狂。[⑬]必曲为铨择，强加引进，则列国年表或可存焉。何者？当春秋、战国之时，天下无主，群雄错峙，各自年世。若申之于表以统其时，则诸国分年，一时尽见。如两汉御历，四海成家，公卿既为臣子，王侯才比郡县，何用表其年数以别于天子者哉![14]

又有甚于斯者。异哉，班氏之《人表》也！区别九品，网罗千载，论世则异时，语姓则他族。自可方以类聚，物以群分，使善恶相从，先后为次，何藉而为表乎？且其书上自庖牺，下穷嬴氏，不言汉事，而编入《汉书》，鸠居鹊巢，茑施松上，附生疣赘，不知剪截，何断而为限乎？[15]

至法盛书载中兴，改表为注，名目虽巧，芜累亦多。[16]当晋氏播迁，南据扬、越，魏宗勃起，北雄燕、代，其间诸伪，十有六家，不附正朔，自相君长。[17]崔鸿著表，颇有甄明，比于《史》、《汉》群篇，其要为切者矣。[18]

若诸子小说，编年杂记，如韦昭《洞纪》、陶弘景《帝代年历》，[19]皆因表而作，用成其书。既非国史之流，故存而不述。[20]

按：表自三国而下，暨乎南、北朝，皆无之。[21]刘氏谓分国时可有，一统时不必有，故是酌分寸、刊枝叶之言，然亦难以概后世矣。揆之史法，参以时宜，亲若宗房，贵如宰执，传有所不登，名未可竟没，胥以表括之，亦严密得中之一道哉！归安吴提学大受言，国史有表似烦文，实省文。

《外篇·杂说》云：观太史公之创表也，燕、越万里，而径寸之内犬牙可接；昭穆九代，而方尺之中雁行有序。使读者举目可详。郭《评》据此以驳兹篇，良是。大抵《内》、《外篇》非出一时，互有未定之说，两存参取，折衷用之，不为无助。

近时四明万季野氏补作《历代史表》六十卷，论者推为史氏功臣云。

① 表以世系、年月为行次，故曰历。

② 一作“氏”。

③ 通“斜”。

④ 释：首原表所由起与其格式。

⑤ 旧本作“历”。

⑥《春秋》。

⑦ 释：此节泛提史家不必有表。

⑧ 一作“睹”。

⑨ 一作“夫”，属下句。

⑩ 释：此层贴到迁《史》，申说上意。

⑪ 一有“乎”字。

⑫ 释：此层就编次言，嫌其夹置本纪、世家之间，观者往往越过。

⑬ 释：递到后史效之，勒住。○已下疏论。

⑭ 释：此节疏言《史记》所综，在列国时代则可用之，至一统之世则不必有。

⑮ 一脱“乎”字。释：此又摘出班史中《人表》加一驳，真属可怪。

⑯ 释：言他史改其名目亦无谓。

⑰ 一作“臣”。

⑱ 释：此推到东晋五胡，国分土裂，宜用之。然而唐修《晋书》不为十六国立表，亦阙典也。

⑲ 旧作“帝王历”。

⑳ 释：末以表代单行之书结之。

㉑《后汉书》初亦无表，宋熊方补入。今本既有，故断自三国言之。

桓君山　《后汉·桓谭传》：谭字君山，沛国相人。世祖即位，征待诏。会议灵台所处，帝曰：“吾欲谶决之。”谭极言谶之非经。帝怒，出为六安郡丞。初，谭著书二十九篇，号曰《新论》。

周谱　《史记·十二诸侯年表叙》云：“太史公读《春秋历谱牒》。”《梁书·刘杳传》：王僧孺被敕撰谱，访杳血脉所因。杳云：“桓谭《新论》云：‘《三代世表》旁行邪上，并效周谱。’以此而推，当起周代。”按：欧阳《五代》

诸世家名谱，本此。

六义五始　六义，见子夏《诗序》。五始，《公羊》隐元《注》：即位者，一国之始。政莫大于正始，故先言正月而后言即位，先言王而后言正月，先言春而后言王，先言元而后言春。五者同日并见，乃天人之大本。《疏》：大正始，是以《春秋》作五始。

法盛　《唐·艺文志》：何法盛《晋中兴书》八十卷。

诸伪十六家　详见《外篇·正史》篇崔鸿《十六国春秋》条。

韦昭洞纪　韦昭即韦曜。《吴志·曜传》：孙皓收曜付狱，曜因狱吏上辞曰："愚情缕缕，窃有所怀，贪令上闻。昔见世间有古历注，其所纪载既多虚无，在书籍者亦复错见。囚寻按传纪，考合异同，采摭耳目所及，以作《洞纪》。起自庖牺，至于秦、汉，凡为三卷。当起黄武以来，别作一卷，事尚未成。"

帝代年历　《南史·隐逸传》：陶弘景字通明，秣陵人。明五行、星算、地理、医术。著《帝代年历》，推知汉熹平三年丁丑冬至加时在日中，而天实以乙亥冬至加时在夜半，凡差三十八刻，是汉历后天二日十二刻也。卒，谥贞白先生。《通志略》：作《帝王年历》。

书志第八序论　论天文　论艺文　论五行　后论[①]

夫刑法、礼乐、风土、山川，求诸文籍，出于《三礼》。及班、马著史，别裁书志。考其所记，多效《礼经》。且纪[②]传之外，有所不尽，只字片文，于斯备录。语其通博，信作者之渊海也。[③]

原夫司马迁曰书，班固曰志，蔡邕曰意，[④]华峤曰典，张勃曰录，何法盛曰说。[⑤]名目虽异，体统不殊。亦犹楚谓之[⑥]梼杌，晋谓之乘，鲁谓之春秋，其义一也。[⑦]

于其编目,[8]则有前曰《平准》,[9]后云《食货》;[10]古号《河渠》,[11]今称《沟洫》;[12]析《郊祀》[13]为《宗庙》,[14]分《礼乐》[15]为《威仪》;[16]《悬象》[17]出于《天文》,[18]《郡国》[19]生于《地理》。[20]如斯变革,不可胜计,或名非而物是,或小异而大同。但作者爱奇,耻于仍旧,必寻源讨本,其归一揆也。[21]

若乃《五行》、《艺文》,班补子长之阙;[22]《百官》、《舆服》,谢[23]拾孟坚之遗。[24]王隐后来,加以《瑞异》;[25]魏收晚进,弘以《释老》。[26]斯则自我作故,出乎胸臆,求诸历代,不过一二者焉。[27]

大抵志之为篇,其流十五六家而已。[28]其间则有妄入编次,虚张部帙,而积习已久,不悟其非。[29]亦有事应可书,宜别标[30]题,而古来作者,曾未觉察。[31]今略陈其义,列于下云。[32]

按:此为序论。序中含议,推美该备之意居多。后乃笼下之辞也。

① 五项旧注未协,本非原文,今刊正。

② 一讹“记”。

③ 释:统提书志之该博以发端。

④ 旧作“《东观》曰记”,非。

⑤ 按:欧阳《五代史记》又曰考。

⑥ 一无“之”字。

⑦ 释:一层。书志名色,更改不一。

⑧ 旧作“次”,非。

⑨《史记》中名。

⑩《汉书》改名。

⑪《史记》中名。

⑫《汉书》改名。

⑬《汉书》中名。

⑭《后汉》有此篇名,然非总类名。

⑮《汉书》中名。

⑯《隋志》之礼名《礼仪》。

⑰《魏书》作《天象》。

⑱《汉书》中初名。

⑲《后汉》改名。

⑳《汉书》中初名。

㉑ 释:一层。志中条目,同事而异名。

㉒ 八书中无此也。

㉓ 谢承。

㉔ 班有《百官》,无《舆服》也。

㉕ 隐书无考,《新晋书》删去。《宋书》有《符瑞》。

㉖《魏志》末篇。

㉗ 释:一层。后来志目渐有增加。〇已上三层为一大节。盖缘诸史中,独书志一门命名条目析补日多,故特数而出之。

㉘ 释:二句转递。

㉙ 释:四语笼起中幅三条。

㉚ 一有"篇"字。

㉛ 释:四语笼起后尾一条。

㉜ 此下或注"已上总序",或注"书志序",皆非原文,可删也。中后同。

曰书曰志六句　按:此六句,郑氏《通志略》两引之。一在总序,则"《东观》"句作"蔡邕曰意";一在起卷之首,则"蔡邕"句又作"《东观》曰记"。缘知迪功家所藏《史通》有二本,两时采用,随手检录,遂异其文也。但《东观汉记》一书总名,而此论书志,乃一门之名,不得以总名混之,毕竟作"蔡邕"句为是。今用总序篇文刊正之。

夫两曜百星，丽于玄象，非如九州万国，废置无恒。故海田可变，而景纬无易。古之天犹今之天也，今之天即古之天也，必欲刊之国史，施于何代不可也？[①]

但《史记》包括所及，区域[②]绵长，故书有《天官》，读者竟忘其误，榷而为论，未见其宜。班固因循，复以天文作志，志无汉事而隶入《汉书》，寻篇考限，睹其乖越者矣。降及有晋，迄于隋氏，或地止一隅，或年才二世，而彼苍列志，其篇倍多，流宕忘归，不知纪极。方于《汉史》，又孟坚之罪人也。[③]

窃以国史所书，宜述当时之事。必为志而论天象也，但载其时彗孛氛祲，薄食晦明，裨灶、梓慎之所占，京房、李郃之所候。至如[④]荧惑退舍，宋公延龄，中台告坼，晋相速祸，星集颍川而贤人聚，月犯少微而处士亡，如斯之类，志之可也。[⑤]若乃体分蒙澒，色著青苍，丹曦、[⑥]素魄[⑦]之躔次，黄道、[⑧]紫宫[⑨]之分野，既不预于人事，辄编之于策书，故曰刊之国史，施于何代不可也。[⑩]其间唯有袁山松、[⑪]沈约、[⑫]萧子显、[⑬]魏收[⑭]等数家，颇觉其非，不遵旧例。凡所记录，多合事宜。寸有所长，贤于班、马远矣。[⑮]

按：此条就书志中抽出天文论之。所论非谓历数也，谓日月列星之象也。日之黄道，月之九行，千古不变。三垣之鼎立，四七之棋布，亦千古不变。见之一史足矣，何必凡史悉陈？但当取其变者志之。刘氏之意如此。然历术屡更，而宫度改移，宫名革易，亦未可不约举其目。

盖为《晋》、《隋》二志而发。二志成于李淳风，标著悬象，最为精整。然所列天体、经星、七曜诸条，二书两载。修既并时，复由一手，以此蒙诮也。

顾此事愈推而愈精，近法推尊郭术矣。至西法起，而体象俱为改观，⑯见端于晚明，而大阐于昭代，乃为千古立极。是其发端表象，有不可不特书者。

① 释：首节函举大意。天字，指体度星象言。

② 指世代言。

③ 释：此节言《史记》之作，该代甚广，故首列天体星象之文。班史不应袭书而越限。而小朝促祚，尤无取铺张也。

④ 一作“于”。

⑤ 释：此言天变代异，乃可断限志之。

⑥ 日也。

⑦ 月也。

⑧ 日行之道。

⑨ 紫微宫垣。

⑩ 释：缴应复陈体象之非。

⑪ 著《后汉书》。

⑫ 著《宋书》。

⑬ 著《南齐书》。

⑭ 著《魏书》。

⑮ 释：四人皆专志本朝象变者。

⑯ 西术言三垣、四七间诸星，有古今、多少、有无之异，则恒星亦有变时矣。详见《明史·天文志》。

裨灶梓慎　注见下《五行》条。

京房　《汉书》：京房字君明。治《易》，事焦延寿赣。其说长于灾变，分六十四卦，更直日用事，以风雨寒温为候，各有占验，房用之尤精。以孝廉为郎。

李郃　《后汉·方术传》：李郃字孟节，南郑人。县召署幕门候吏。和帝分遣使者微服单行，各至州县观采风谣。使者二人当到益部，投郃候舍。

时夏夕露坐，郃因仰观，问曰："二君发京师时，宁知朝廷遣二使邪?"二人惊相视，曰："何以知之?"郃指星示云："有二使星向益州分野，故知之耳。"

荧惑退舍　《吕氏春秋·季夏纪》：宋景公时，荧惑在心，公召子韦问焉。子韦曰："祸当君。虽然，可移于相。"公曰："相所与治国家也。"曰："可移于民。"公曰："民死，寡人将谁为君?"曰："可移于岁。"公曰："岁害则民必死，谁以我为君乎?"子韦曰："君有至德之言三，天必三赏君。荧惑其徙三舍，舍行七星，星当一年，君延年二十一矣。"荧惑果徙三舍。

中台告坼　《晋书·张华传》：华字茂先。惠帝即位，为太子少傅。初，赵王伦谄事贾后，求录尚书事，华执不可，由是致怨。华少子韪以中台星坼，劝华逊位。华曰："天道玄远，惟修德以应之耳。"及伦将废贾后，华遂被收。

星集颍川　《世说·德行》篇：陈太丘诣荀朗陵，使元方将车，季方持杖，长文尚小，载著车中。既至，荀亦使叔慈应门，慈明行酒，余六龙下食。文若亦小，坐著膝前。《注》：于时德星聚，太史奏："五百里贤人聚。"

月犯少微　《世说·栖逸注》：《续晋阳秋》曰：会稽谢敷入太平山中，征博士，不就。初，月犯少微星。时戴逵先敷著名，时人忧之。俄而敷死，会稽人士嘲之曰："吴中高士，求死不得。"《晋·天文志》：少微四星在太微西，一名处士星。

伏羲已降，文籍始备。逮于战国，其书五车，传之无穷，是曰不朽。夫古之所制，我有何力，而班《汉》定其流别，编为《艺文志》。论其妄载，事等上篇。[①]《续汉》已还，祖述不暇。夫前志已录，而后志仍书，篇目如旧，频烦互出，何异以水济水，谁能饮之者乎?[②]

且《汉书》之志《天文》、《艺文》也，盖欲广列篇名，示存书体而已。文字既少，披阅易周，故虽乖节文，而未甚秽累。既而后来继述，其流日广。天文则星占、月会、浑图、[③]周髀[4]之流，艺文则四部、七录、中经、秘阁之辈，莫不各逾三箧，自成一家。史臣所书，宜其辍简。而近世有著《隋书》者，乃广包众作，勒成二志，骋其繁富，百倍前修。非唯循覆车而重轨，亦复加阔眉以半额者矣。[5]

但自史之立志，非复一门，其理有不安，多从沿革。唯艺文一体，古今是同，详求厥义，未见其可。愚谓凡撰志者，宜除此篇。[6]必不能去，当变其体。近者宋孝王《关东风俗传》亦有《坟籍志》，其所录皆邺下文儒之士，雠校之司。所列书名，唯取当时撰者。习兹楷则，庶免讥嫌。语曰："虽有丝麻，无弃菅蒯。"于宋生得之矣。[7]

按：此条抽论艺文也，为文史日多而发。与天文同旨，故双举言之。盖《艺文》之志，始自汉班，硎谷灰烬，藜昭丛残，有幸心焉。陈、范以还，斯志中绝。唐初敕撰《隋书》，于、李、颜、孔分编史志，复有《经籍》之目。故篇内所指，唯此两家。其言有砥澜之功，亦有惩噎之弊。

书有五厄，里仁牛氏三致志焉。宋《崇文》、《秘省》诸目，仍登国史。而《明史》则只载一朝撰述，毋亦仪监于《史通》，抑烦不胜丛录乎？自迩学士、购藏家，往往私为目录，继轨晁、陈，藉是以当史补。续《通考》者所宜亟收也。

① 释：《艺文》之志，始自班史，故首言之。

② 释：递到后史，函下《隋书》。

③ 浑天。

④ 盖天。

⑤ 释：此言书益增多，史益汗漫，用天文陪说。

⑥ 释：此节单折到除艺文。

⑦ 释：结到单录近籍为是。

五车 《庄子·天下篇》：惠施多方，其书五车。

四部 《隋·经籍志》：魏氏代汉，采摭遗亡，藏在秘书中外三阁。郑默始著《中经》。荀勖又因《中经》更著《新簿》，分为四部：一曰甲部，六艺、小学等书；二曰乙部，诸子、兵书、术数；三曰丙部，史记、旧事、皇览簿、杂事；四曰丁部，诗赋、图赞、汲冢书。

七录 《梁书·处士传》：阮孝绪字士宗。所著《七录》等书行于世。《隋·经籍志》：孝绪博采宋、齐以来，王公之家凡有书记，参校官簿，更为《七录》：一《经典录》，二《记传录》，三《子兵录》，四《文集录》，五《技术录》，六《佛录》，七《道录》。

阔眉半额 《后汉书》：马援子廖，上疏长乐宫，述长安语曰："城中好高髻，四方高一尺；城中好广眉，四方且半额；城中好大袖，四方全匹帛。"章怀《注》：当时谚也。

宋孝王 《北史·宋隐传》：族裔世景从孙孝王，为北平王文学。非毁朝士，撰《朝士别录》二十卷。会周武灭齐，改为《关东风俗传》，更广见闻，成三十卷。

虽有丝麻二句 见《左传》成九年。

夫灾祥之作，以表吉凶。此理昭昭，不易诬也。然则麒麟斗而日月蚀，鲸鲵死而彗星出，河变应于千年，山崩由于朽壤。又语曰："太岁在酉，[①] 乞浆得酒；太岁在巳，贩妻鬻子。"[②]则知吉凶递代，如盈缩循环，此乃关诸天道，不复系乎人事。[③]

且周王决疑，龟焦蓍折；宋皇誓众，竿坏幡亡。枭止凉[④]师之营，鹏集贾生之舍。斯皆妖灾著象，而福禄来钟，愚智不能知，晦明莫之测也。然而古之国史，闻异则书，未必皆审其休咎，详其美恶也。故诸侯相赴，有异不为灾，见于《春秋》，其事非一。[5]

洎汉兴，儒者乃考《洪范》以释阴阳。[6]其事也如江璧传于郑客，[7]远应始皇；卧柳植于上林，近符宣帝。门枢白发，元后之祥；桂树[8]黄雀，新都之谶。举夫一二，良有可称。[9]至于蜚蜮蝝螽，震食崩坼，陨霜雨雹，大水无冰，其所证明，实皆迂阔。[10]故当春秋之世，其在于鲁也，如有旱雩舛侯，螟螣伤苗之属，是时或秦人归禭，或毛伯赐命，或滕、邾入朝，或晋、楚来聘。皆持此恒事，应彼咎征，昊穹垂谪，厥罚安在？探赜索隐，其可略诸。[11]

且史之记载，难以周悉。近者宋氏，年唯五纪，地止江、淮，书满百篇，号为繁富。作者犹广之以《拾遗》，加之以《语录》。况彼《春秋》之所记也，二百四十年行事，夷夏之国尽书，而《经传集解》[12]卷才三十。则知其言[13]所略，盖亦多矣。而汉代儒者，罗灾眚于二百年外，讨符会于三十卷中，安知事有不应于人，应而人[14]失其事？何得苟有变而必知其兆者哉！[15]

若乃采前文而改易其说，谓王札子之作乱，在彼成年；《春秋》成公元年二月，无冰。董仲舒以为其时王札子杀召伯、毛伯。案今《春秋经》，札子杀毛伯事在宣十五年，非成公时。[16]夏征舒之构逆，当夫昭代；《春秋》昭公九年，陈灾。董仲舒以为楚庄王为陈讨夏征舒，因灭陈，陈之臣子毒恨，故致火灾。案楚庄王之灭陈，在宣十一年，如昭九年所灭者，乃楚灵王时。且庄王卒，恭王立；恭王卒，康王立；康王卒，夹敖立；夹敖卒，灵王立。相去凡五世。[17]楚庄作霸，荆国始僭称王；《春秋》桓公三年，日有食之，既。京房《易传》以为后楚庄称王，兼地千里。案自武王始僭号，历文、成、穆三王，始至于庄。然则楚之称王已四世矣，何得言庄始称哉！又鲁桓薨后，世历庄、闵、釐、文、宣，凡五君，而楚庄作霸，安有桓三年日食而应之邪？⑱高宗谅阴，亳都实生桑谷。《书序》曰："伊陟相太戊，亳有桑谷共生。"刘向以为殷道衰，高宗承弊而起，尽谅阴之哀，天下应之。既获显荣，怠于政事，而国将危亡，故桑谷之异见。案太戊崩，其后嗣有仲丁、河亶甲、祖乙、盘庚，凡历五世，始至武丁，即高宗是也。桑谷自太戊时生，非高宗事。高宗又本不都于亳。⑲晋悼临国，六卿专政，以君事臣；董仲舒以为成公十七年六月甲戌朔，日有食之，时宿在毕，晋国象也。晋厉公诛四大夫，四大夫欲杀厉公。后莫敢责大夫，六卿遂相与比周专晋，国君还事之。案《春秋》成公十二月丁巳朔，日食，非是六月。⑳鲁僖末年，三桓世官，杀嫡立庶。《春秋》釐公三十三年十二月，陨霜，不杀草。刘向以为是时公子遂专权，三桓始世官。向又曰：嗣君微，失秉事之象也。又釐公二十九年秋，大雨雹。刘向以为釐公末年信用公子遂，专权自恣，至于杀君，故阴胁阳之象见。釐公不悟，遂终专权。后二年，杀子赤，立宣公。案此事乃文公末世，不是釐公时也。遂即东门襄仲。赤，文公太子，即恶也。㉑斯皆不凭章句，直取胸怀，或以前为后，以虚为实。移的就箭，曲取相谐；掩耳盗钟，自云无觉。讵知后生可畏，来者难诬者邪！㉒

又品藻群流，题目庶类，谓莒为大国，菽为强草，鹙著青㉓色，㉔负蠜非中国之虫，《春秋》庄公二十九年，有蜚。刘歆以为蜚，负蠜也。刘向以为非中国所有。南越盛暑，男女同川浴，淫风所生。是时庄公取齐淫女为夫人，既入，淫于两叔，故蜚至。案负蠜，中国所生，不独出南越。㉕鸜鹆为夷狄之鸟。《春秋》昭公二十五年，鸜鹆来巢。刘向以为夷狄之禽。案鸜鹆，中国皆有，唯不逾济水耳。事见《周官》。㉖如斯诡妄，不可殚论。而班固就加纂次，曾靡铨择，因以五行编而为志，不亦惑乎？㉗

且每有叙一灾，推一怪，董、京之说，前后相反；向、歆之解，父子不同。桓公三年，日有食之。董仲舒、刘向以为鲁、宋杀君，易许田。刘歆以为晋曲沃庄伯杀晋侯。京房以为后楚庄称王，兼地千里也。又：庄公七年，夜中星陨如雨。刘向以为夜中者，即中国也。刘歆以为昼象中国，夜象夷狄。刘向又以为蜮生南越。刘歆以为盛暑蜮所生，非自越来也。㉘遂乃双载其文，两存厥理。言无准的，事益烦费，岂所谓撮其机要，收彼菁华者哉！㉙

自汉中兴已还，迄于宋、齐，其间司马彪、㉚臧荣绪、㉛沈约、㉜萧子显㉝相承载笔，竞志五行。虽未能尽善，而大较多实。何者？如彪之徒，皆自以名惭汉儒，才劣班史，凡所辩论，务守常途。既动遵绳墨，故理绝河汉。兼以古书从略，求征应者难该；近史尚繁，考祥符者易洽。此昔人所以言有乖越，后进所以事反㉞精审也。㉟

然则天道辽远，裨灶焉知？日蚀不常，文伯所对。至如梓慎之占星象，赵达之明风角，单扬识魏祚于黄龙，董养征晋乱于苍鸟，㊱斯皆肇彰先觉，取验将来，言必有中，语无虚发。苟志之竹帛，其谁曰不然。若乃前事已往，后来追证，课彼虚说，成此游词，多见其老生常谈，徒烦翰墨者矣。㊲

子曰："盖有不知而作之者，我无是也。"又曰："君子于其所不知，盖阙如也。"又曰："知之为知之，不知为不知，是知㊳也。"呜呼！世之作者，其鉴之哉！谈何容易，驷不及舌，无为强著一书，㊴受嗤千载也。㊵

按：此条抽论班志《五行》也。汉自广川董氏，湛深经术，颇杂纬书。伏胜、更生，后起应和，率取《春秋》、《洪范》，影附粘连，其流益蕃矣。世祖中兴，喜征符谶，孟坚撰史，特志五行，亦会逢其适欤？其文博而奥，其说臆而胶，盖史部之奇文，而经学之死句也。刘论明通，与欧《史·司天》合契，可作《外篇·错误》题辞。

杜岐公《通典》无天文、五行门，《辽史》不志天文。

① 旧作“丑”，误。

② 皆贴气数说。

③ 释：首节领起天人不相杂揉之意。

④ 一作“梁”，一作“京”，并非。

⑤ 释：此节申举休咎不相符应之证。

⑥ 释：三句提起后文，盖指董、刘等书，即《五行志》所本也。

⑦ 一作“谷”，误。

⑧ 一作“梓柱”。

⑨ 释：欲夺之，先予之，是开笔。

⑩ 释：数语急转，是正夺之。

⑪ 释：此以咎征无应证明所夺之指。“其可略诸”者，不必附会深求也。

⑫ 杜预注本。

⑬ 一无“言”字。

⑭ 旧作“人而”。

⑮ 释：借刘宋近书与《左》相衡，见狭者繁而阔者简。舒、向辈执简本以穷天变，考证于漏略之中，势有难于悉协者。○自“其事也”至此，皆约举五行家大致统折之。已下拈条摘驳。

⑯ 在《志》中下，又见《五行杂驳》。

⑰ 在《志》之上，亦见《五行杂驳》。

⑱ 在《志》下下，亦见《五行杂驳》。

⑲ 在《志》中下。“书序曰”旧作“尚书”，脱“序”字，今照《志》改。

⑳ 在《志》下下，亦见《五行杂驳》。但此一占，《志》作昭公，注作成公，误在注。而晋厉事本在成世，不在昭世，误实在班。至案中所纠，只纠月

舛，不纠占舛，则更因误入误矣。留在《杂驳》篇并详之。

㉑ 在《志》中下。

㉒ 释：此段驳其任意迁就。

㉓ 一作“素”。

㉔ 疑脱偶句四字。

㉕ 在《志》中下。

㉖ 在《志》中下。

㉗ 释：此段驳其状物不实。

㉘ 按“桓公三年”一条，旧本在“董、京相反”之下。今详条内亦有向、歆不同之语，故移而并之。又按：“刘向又以”之上，当有“庄公十七年秋有蜮”八字。今补此。

㉙ 释：此段驳其占论歧迕。○统上三段，皆是正斥《五行志》之不足泥。

㉚《续汉书》。

㉛《晋书》。

㉜《宋书》。

㉝《齐书》。

㉞ 一讹作“不”。

㉟ 释：后史之志五行，差少穿凿，此以宽后史者甚班《志》也。

㊱ 一作“鹅”。

㊲ 释：此节数人皆非作史者，盖以前事先见之明，剔彼后来强附之术，仍是以宽为甚之词。

㊳ 或作“智”。

㊴ 一作“言”。

㊵ 释：作诫辞结。

麟斗鲸死　二语见《淮南子・天文训》。

河变　《拾遗记》：丹丘千年一烧，黄河千年一清。

山崩　《左传》成五：梁山崩。绛人曰："山有朽壤而崩。"

太岁在酉四句　马总《意林》：袁准《正书》曰："太岁在酉，乞浆得酒；太岁在巳，贩妻鬻子。"知灾有自然之理。

周王决疑　《说苑·权谋》篇：武王伐纣，至于有戎之隧，大雨，卜而龟熸。散宜生曰："此其妖欤？"武王曰："不利祷祀，利以击众，是熸之已。"武王顺天地犯妖而禽纣，其所独见者精也。按：其事亦见《齐太公世家》。《书·泰誓·正义》引之，云《周本纪》太公曰："枯骨朽蓍，不逾人矣。"误以《齐世家》为《周本纪》也。

宋皇誓众　《宋·武纪》上：公征卢循，至左里，公所执麾竿折，折旛沈水。众惧，公欢笑曰："往年覆舟之战，旛竿亦折。今者复然，贼必破矣。"即攻栅而进，循单舸走。

枭止凉营　《晋》前凉《张轨传》：重华以谢艾为中坚将军，配步骑五千击麻秋。引师出振武，夜有二枭鸣于牙中。艾曰："六博得枭者胜，克敌之兆。"于是进战，大破之。

鹏集贾舍　《汉书》：贾谊为长沙傅三年，有鹏飞入谊舍。鹏似鸮，不祥鸟也，乃为赋以自广。后岁余，文帝思谊，征之。

江璧　《汉·五行志》中上：《史记》秦始皇三十六年，郑客从关东来，至华阴，望见素车白马从华山上下，持璧与客曰："为我遗滈池君，……今年祖龙死。"忽不见。郑客奉璧，即始皇二十八年过江所湛璧也。

柳植　荀悦《汉纪》：昭帝元凤三年，上林苑中枯柳断而自起，复生。有虫食其叶成文，曰"公孙病已当立"。符节令眭弘上书，言"当有匹庶兴"。坐妖言诛。及宣帝起民间立，以弘子为郎。按：宣帝初名病已。

门枢白发　《汉·五行志》下上：哀帝建平四年，京师、郡国民聚会里巷仟佰，博具，歌舞祠西王母。又传书曰：母告百姓，佩此书者不死。不信，视门枢下，当有白发。杜邺曰：外家丁、傅并侍帷幄，指象以觉圣朝。一曰此异乃王太后、莽之应。

桂树黄雀　成帝时谣："邪径败良田，谗口乱善人。桂树华不实，黄雀巢其颠。故为人所羡，今为人所怜。"郭茂倩《注》：桂，赤色，汉家象；王莽自谓黄也。见《五行志》。

春秋恒事应咎征　秦人归禭在文九，毛伯锡命在文元，滕朝鲁者五，郑七，晋聘鲁十一、楚三，皆所谓恒事也。其间灾咎不绝书。

宋氏百篇　沈约《宋书》，凡一百卷。

拾遗语录　《隋志》：《宋拾遗》十卷，梁少府卿谢绰撰。郑樵《艺文略》：《宋齐语录》十卷，孔思尚撰。

移的盗钟　"移的"句未详所本。《淮南·说山》：范氏之败，有窃其钟负而走者，铿然有声。惧人闻之，遽掩其耳。憎人闻之可也，自掩其耳悖矣。

后生可畏二句　见魏文帝《与吴质书》。

裨灶　《左传》昭十七：有星孛于大辰。郑裨灶曰："宋、卫、陈、郑将同日火。若我用瓘斝玉瓒，郑必不火。"子产弗与。十八年夏，宋、卫、陈、郑皆火。裨灶曰："不用吾言，郑又将火。"子产曰："天道远，人道迩，灶焉知天道！"遂不与，亦不复火。

文伯　《左传》昭七：夏四月，日有食之。士文伯曰：鲁、卫恶之，卫大鲁小。其大咎其卫君乎？鲁将上卿。八月，卫襄公卒。十一月，季武子卒。晋侯曰："日食从矣，可常乎？"对曰："同始异终，何可常也。"

梓慎　《左传》昭十七：冬，有星孛于大辰，西及汉。申须曰："诸侯其有火灾乎？"梓慎曰："火出而见。今兹火出而章，必火入而伏。其居火也久矣。火出于夏为三月，于商为四月，于周为五月，夏数得天。若火作，其四国当之，在宋、卫、陈、郑乎？"

赵达　《吴志》：赵达，河南人，渡江。治九宫一算之术。此术微妙，头乘尾除。常笑诸星气风术者曰："当回算帷幕，不出户牖以知天道，而反昼夜暴露以望气祥，不亦难乎！"

单扬　《后汉·方术传》：单扬字武宣。善明天官、算术。熹平末，黄龙见谯。桥玄问："何祥？"扬曰："其国当有王者兴。不及五十年，龙当复见。"魏郡人殷登密记之。至建安二十五年春，黄龙复见谯。其冬，魏受禅。

董养　《晋·隐逸传》：董养字仲道。到洛下，杨后废，因游太学，升堂叹曰："建斯堂也何为乎？人理灭，大乱作矣。"永嘉中，洛城东北步广里地陷，有二鹅出。其苍者飞去，白者不能飞。养闻叹曰：昔周时盟狄泉地也。苍者胡象，白者国家之象，其可尽言乎！乃与妻荷担入蜀，莫知所终。《哀江南赋》：出狄泉之苍鸟。

或以为《天文》、《艺文》，虽非《汉书》所宜取，而可[①]广闻见，难为删削也。对曰：苟事非其限，而越理成[②]书，自可触类而长，于何不录？又有要于此者，今可得而言焉。[③]夫圆首方足，[④]含灵受气，吉凶形于相皃，[⑤]贵贱彰于骨法，生人之所欲知也。四支六府，痾瘵所缠，苟详其孔穴，则砭灼无误，此养生之尤急也。且身名并列，[⑥]亲疏自明，岂可近昧形骸，而远求辰象！既天文有志，何不为人形志乎？[⑦]茫茫九州，言语各异，大汉[⑧]輶轩之使，译导而通，足以验风俗之不同，示皇威之广被。且事当炎运，尤相关涉，《尔雅》释物，非无往例。既艺文有志，何不为方言志乎？[⑨]但班固缀孙卿之词以序《刑法》，探孟轲之语用裁《食货》，《五行》出刘向《洪范》，《艺文》取刘歆《七略》，因人成事，其目遂多。至若许负《相经》、扬雄《方言》，并当时所重，见传流俗。若加以二志，幸有其书，何独舍诸？深所未晓。[⑩]

历观众史，诸志列名，或前略而后详，或古无而今有。虽递补所阙，各自以为工，榷而论之，皆未得其最。[⑪]

盖可以为志者，其道有三焉：一曰都邑志，二曰氏族志，三曰方物志。[⑫]何者？京邑翼翼，四方是则。千门万户，[⑬]兆庶仰其威神；虎踞龙蟠，[⑭]帝王表其尊极。兼复土阶卑室，好约者所以安人；阿房、未央，穷奢者由其败国。此则其恶可以诫世，其善可以劝后者也。且宫阙制度，朝廷轨仪，前王所为，后王取则。故齐府[15]肇建，诵魏都以立宫；代国[16]初迁，写吴京而树阙。故知经始之义，卜揆之功，经百王而不易，无一日而可废也。至如[17]两汉之都咸、洛，[18]晋、宋之宅金陵，魏徙伊、瀍，齐居漳、滏，[19]隋氏二世，分置两都，此并规模宏远，名号非一。凡为国史者，宜各撰都邑志，列于舆服之上。[20]

金石、草木、缟纻、丝枲之流，鸟兽、虫鱼、齿革、羽毛之类，或百蛮攸税，或万国是供，《夏书》则编于《禹贡》，《周书》则托于《王会》。亦有图形九牧之鼎，[21]列状四荒之经。[22]观之者擅其博闻，学[23]之者骋其多识。自汉氏拓境，无国不宾，则有邛竹传节，蒟酱流味，大宛献[24]其善马，条支致其巨雀。爰及魏、晋，迄于周、隋，咸亦遐迩来王，任土作贡。异物归于计吏，奇名显于职方。凡为国史者，宜各撰方物志，列于食货之首。[25]

帝王苗裔，公侯子孙，余庆所钟，百世无绝。能言吾祖，郯子见师于孔公；不识其先，籍谈取诮于姬后。故周撰《世本》，式辨诸宗；楚置三闾，实掌王族。逮乎晚叶，谱学尤烦。用之于官，可以品藻士庶；施之于国，可以甄别华夷。自刘、曹受命，雍、豫为宅，世胄相承，子孙蕃衍。及永嘉东渡，流寓扬、越；代氏南迁，革夷从夏。于是中朝江左，[26]南北混淆；华壤边民，虏汉相杂。隋有天下，文轨大同，江外、[27]山东，[28]人物殷凑。其间高门素[29]族，非复一家；郡正州曹，[30]世掌其任。凡为国史者，宜各撰氏族志，列于百官之下。[31]

盖自都邑以降，氏族而往，实为志者所宜先，而诸史竟无其录。如休文《宋籍》，广以《符瑞》；伯起《魏篇》，加之《释老》。徒以不急为务，曾何足云。惟此数条，粗加商略，得失利害，从可知矣。庶夫后来作者，择其善而行之。[32]

或问曰：子以都邑、氏族、方物宜各纂[33]次，以志名篇。夫史之有志，多凭旧说，苟世无其录，则阙而不编，此都邑之流所以不果列志也。[34]对曰：案帝王建国，本无恒所，作者记事，亦在相时。远则汉有《三辅典》，近则隋有《东都记》。[35]于南则有宋《南徐州记》、《晋宫阙名》，[36]于北则有《洛阳伽蓝记》、《邺都故事》。[37]盖都邑之事，尽在是矣。[38]谱牒之作，盛于中古。汉有赵岐《三辅决录》，晋有挚虞《族姓[39]记》。[40]江左有两王《百家谱》，[41]中原有《方司殿[42]格》。[43]盖氏族之事，尽在是矣。[44]自沈莹著《临海水土》，周处撰《阳羡风土》，[45]厥类众夥，谅非一族。是以《地理》为书，陆澄集而难尽；《水经》加注，郦元编而不穷。[46]盖方物之事，尽在是矣。[47]凡此诸书，代不乏作，必聚而为志，奚患无文？譬夫涉海求鱼，登山采木，至于鳞介修短，柯条巨细，盖在择之而已。苟为鱼人、匠者，何虑山海之贫罄哉？[48]

按：此为篇后余论。人形、方言二项是设辞，特假设以决天文、艺文之当除耳。四者相衡，洪纤雅俗，学究能辨之，知幾顾为此戏论乎？其后三说，乃是商语。然尝考之，都邑则略具于地理，非同舆服之无附。方物则杂出于外域，岂比食货之有经。至如氏族一门，自是魏、晋相沿，四姓尚官之习，而任子积轻，后世尤不可通行。[49]知幾议论，大率偏于枯克，不图此处忽生葛藤。

所言虽不行于史家，然后来渔仲、贵与诸人，已被他爬动痒处。

① 一作“有”。

② 旧讹作“来”。“来”、“成”二字，行草相类也。

③ 释：借前二项衍出后二项，皆非质言也。解在后。

④ 一作“趾”。

⑤ 古“貌”字。

⑥ 身谓人形，名谓天象。

⑦ 释：因天衍人是一项，然技流岂反大于历象乎？

⑧ 依班史所称。

⑨ 释：因文衍言是一项，然鄙语岂反重于经籍乎？

⑩ 释：此节是轻绰之文，盖言彼二项当志，则此二项亦可志矣。

⑪ 释：此节乃缴落前文，转入下文，谓前所云云，日增日多，实皆不必也。唯下三项，或可酌补耳。

⑫ 释：三项提纲。

⑬ 长安。

⑭ 建邺。

⑮ 高齐。

⑯ 元魏初，国号代。

⑰ 一作“于”。

⑱ 咸阳、洛阳。

⑲ 邺都。

⑳ 释：此节议补都邑志，与舆服类列。

㉑《左》宣三年。

㉒《山海经》。

㉓ 此二字一本倒刊。

㉔ 一作“输”。

㉕ 释：此节议补方物志，与食货类列。

㉖ 一作“右”。

㉗ 南兼陈氏。

㉘ 东并高齐。

㉙ 一作“贵”。

㉚ 旧作“都”。

㉛ 释：此节议补氏族志，与百官类列。

㉜ 释：此总结三项之当补。○此下旧本另条，非。

㉝ 一作“缵”。

㉞ 释：此总上三项设问，见考证之难。

㉟ 并记一统之都。

㊱ 记南朝。

㊲ 记北朝。

㊳ 释：答言都邑有考。

㊴ 旧作“姓族”。

㊵ 记一统世族。

㊶ 记南族。

㊷ 疑当作“选”。

㊸ 记北族。

㊹ 释：答言氏族有考。

㊺ 旧作“土风”。○二者举其始作。

㊻ 总括续撰。

㊼ 释：答言方物有考。

㊽ 释：结言有考则取材不难，但当择而用之耳。

㊾ 独《魏书·官氏志》兼及氏族。

尔雅释物　按：《尔雅》无释物篇，即谓《释草》、《释木》、《释虫、鱼、鸟、兽》等篇也。

缀孙卿探孟轲　此四句《宋书》志序之文。

刘向洪范　王《训故》：《汉书》云：刘向集上古以来，历春秋、六国至秦、汉符瑞、灾异之记，推迹行事，著其占验，比类相从，各有条目。凡十一篇，号曰《洪范五行传论》。

七略　《汉·艺文志》：成帝时，刘向校诸书，辄条其篇目，撮其指意，奏之。向卒，子歆卒父业。于是总而奏其《七略》，故有《辑略》、《六艺略》、《诸子略》、《诗赋略》、《兵略》、《术数略》、《方技略》。

许负相经　旧注：孔衍《汉春秋》：许负，温县妇人。裴松之云，今东人呼母为负，衍以许负为妇人，如有据。《艺文类聚·方术部》：陶弘景、刘孝标俱有许负《相经序》。

扬雄方言　《读书志》：《方言》十三卷。雄赍油素问上计孝廉异语，悉集之，题其首曰《輶轩使者绝代语释别国方言》。

齐颂魏都　《北齐·文宣纪》：天保九年，营三台于邺下。因其旧基而高博之，大起宫室。改铜爵曰金凤，金兽曰圣应，冰井曰崇光。帝登三台，朝宴群臣，并命赋诗。

代写吴京　《后魏·孝文纪》：太和十七年，幸洛阳，定迁都之计，诏司空经始洛邑。《南史·崔祖思传》：齐武帝时，魏使蒋少游至，祖思从弟元祖曰："少游有班、倕之巧，今来必[令]模写宫掖。"少游果图画而归。

王会　《逸周书序》：周室既宁，八方会同，各以职来献。欲垂法厥后，作《王会》。

邛竹蒟酱宛马巨雀　并见《史记·大宛》及《汉书·西域》二传。

郯子　《左传》昭十七：郯子来朝，公与之宴。昭子问焉，曰："少皞氏鸟名官，何故也?"郯子曰："吾祖也，我知之。""我高祖少皞挚之立也，凤鸟适至，故纪于鸟，为鸟师，而鸟名"云云。仲尼闻之，见于郯子而学之。

籍谈　《左传》昭十五：晋荀跞如周，籍谈为介。王曰："诸侯皆有以镇抚王室，晋独无有，何也?"籍谈对曰："晋居深山，戎狄之与邻，而远于王室。拜戎不暇，其何以献器?"王曰："叔氏，而忘诸乎？唐叔，成王之母弟也，其反无分乎？且昔而高祖孙伯黡司晋之典籍，故曰籍氏。及辛有之二子董之晋，于是乎有董史。女，司典之后也，何故忘之!"籍谈不能对。宾出，王曰："籍父其无后乎？数典而忘其祖。"

世本　《后汉·班彪传》：唐、虞、三代，世有史官，以司典籍。有记录黄帝以来至春秋时帝王公侯卿大夫，号曰《世本》，一十五篇。

三闾　王逸《离骚注》：屈原与楚同姓，仕于怀王，为三闾大夫。三闾之职，掌王族三姓，曰昭、屈、景，屈原序其谱属，以厉国士。

符瑞释老　沈约《宋书》：志四十卷，其《五行志》之前有《符瑞志》三卷。魏收《魏书》：志三十卷，其末曰《释老志》。

汉三辅典　按：《隋》、《唐》二志俱无"三辅典"之名，疑即谓《三辅黄图》也。汉人撰，亡撰人名。其书所载，皆都城、宫苑、辟雍、明堂、宗庙、郊社、库厩、桥陵之属，与所引正合。

隋东都记　《隋》、《唐》二志皆不载。《通志略》载有《东都记》三十卷，邓世隆撰，未审即是否？

宋南徐州记　《唐志》地理类：山谦之《南徐州记》二卷。

晋宫阙名　按：此指东晋者，《隋》、《唐》二志亦不载。

洛阳伽蓝记　《读书志》：《记》三卷，元魏羊衒之撰。魏迁都洛阳，一时王公大人多造佛寺，或舍其私第为之，故僧舍多为天下最。衒之载其本末及事迹甚备。《书录解题》：以尔朱之乱，城廓丘墟，追述斯记。

邺都故事　无考。黄《补注》：《唐志》有马温《邺都故事》二卷。按：注云："肃、代时人。"其书后出，非刘所云。

三辅决录　《后汉·赵岐传》：岐字邠卿，初名嘉，字台卿。拜太常，著《三辅决录》。《自序》云：三辅，本雍州地。世世徙公卿吏二千石及高资者以陪诸陵，五方杂会，非一国之风。其士贵于名行，其俗失则趋势进权。余尝梦黄发之士姓玄名明，字子真，与余寤言，善恶之间无所依违，命操笔者书之。从建武至于斯，玉石朱紫由此定矣，故谓之《决录》矣。

挚虞族姓　《晋书·挚虞传》：虞字仲洽，太子舍人。以汉末丧乱，谱传多亡失，虽其子孙不能言其先祖，撰《族姓昭穆》十卷，上疏进之，以为足以备物致用，广多闻之益。

两王谱　《隋志》谱系类：《百家集谱》十卷，王俭撰。《百家谱》三十卷，《百家谱集钞》十五卷，并王僧孺撰。

方司选格　《唐志》谱牒类：《后魏方司格》一卷。又《柳冲传》：魏太和时，诏诸郡中正，各列本土姓族次第为举选格，名曰《方司格》。

临海水土 《唐志》地理类：沈莹《临海水土异物志》一卷。按：志曰夷州在临海东南，去郡二千里。地无霜雪，草木不死，四面山溪，人皆髡发穿耳，女人不穿耳。地有铜铁，唯摩砺青石以作弓矢。

阳羡风土 《晋书·周处传》：处字子隐，阳羡人。少孤，驰骋恣肆，州曲患之，曰："三害未除。"处曰："何谓也？"曰："南山白额兽，长桥下蛟，并子为三矣。"曰："吾能除之。"乃入山杀猛兽，投水杀蛟，而入吴寻二陆学。入洛，以身殉国，赠平西将军。著《默语》及《风土记》，并撰集《吴书》。《隋志》：《风土记》三卷。

地理书 《南齐·陆澄传》：澄字彦深。王俭戏之曰："陆公，书厨也。"撰《地理书》，死后乃出。《隋志》：《地理书》一百四十九卷，录一卷，陆澄合《山海经》以来一百六十家以为此书。

水经注 《读书志》：《水经》，汉桑钦撰，成帝时人，《水经》三卷。后魏郦道元历览奇书，注《水经》。《魏书》本传：道元字善长，范阳人，御史中尉、关右大使。

卷四

论赞第九[1]

《春秋左氏传》每有发论，假君子以称之。二传云公羊子、穀梁子，《史记》云太史公。既而班固曰赞，[2]荀悦曰论，《东观》曰序，谢承曰诠，陈寿曰评，王隐曰议，何法盛曰述，扬雄曰撰，[3]刘昺曰奏，袁宏、裴子野自显姓名，皇甫谧、葛洪列其所号。[4]史官所撰，通称史臣。其名万殊，其义一揆。必取便于时者，则总归论赞[5]焉。[6]

夫论者[7]所以辩疑惑，释凝滞。若愚智共了，固无俟商榷。丘明"君子曰"者，其义实在于斯。[8]司马迁始[9]限以篇终，各书一论。必理有非要，则强生其文，史论之烦，实萌于此。[10]夫拟《春秋》成史，持论尤[11]宜阔略。其有本无疑事，辄设论以裁之，此皆私徇笔端，苟炫文采，嘉辞美句，寄诸简册，岂知史书之大体，载削之指归者哉？[12]

必寻其得失，考其异同，子长淡泊[13]无味，承祚偄[14]缓不切，贤才间出，隔世同科。孟坚辞惟温雅，理多惬当。其尤美者，有典诰之风，翩翩奕奕，良可咏也。仲豫[15]义理虽长，失在繁富。自兹以降，流宕忘返，大抵皆华多于实，理少于文，鼓其雄辞，夸其俪事。必择其善者，则干宝、范晔、裴子野是其最也，沈约、臧荣绪、萧子显抑其次也，[16]孙安国都无足采，习凿齿时有可观。若袁彦伯[17]之务饰玄言，谢灵运之虚张高论，玉卮无当，曾何足云。王劭志在简直，言兼鄙野，苟得其理，遂忘其文。观过知仁，[18]斯之谓矣。大唐修《晋书》，作者皆当代词人，远弃史、班，近宗徐、庾。夫以饰彼轻薄之句，而编为史籍之文，无异加粉黛于壮夫，服绮纨于高士者矣。[19]

史之有论也，盖欲事无重出，[20]文省[21]可知。[22]如太史公曰：观张良貌如美妇人；[23]项羽重瞳，岂舜苗裔？此则别加他语，以补书中，所谓事无重出者也。又如班固赞曰：石建之浣衣，[24]君子非之；杨王孙裸葬，贤于秦始皇远矣。此则片言如约，而诸义甚备，所谓文省可知者[25]也。[26]及后来赞语之作，多录纪传之言，其有所异，唯加文饰而已。至于甚者，则天子操行，具诸纪末，继以论曰，接武前修，纪论不殊，徒为再列。[27]

马迁《自[28]序》传后，历写诸篇，各叙其意。[29]既而班固变为诗体，号之曰述。[30]范晔改彼述名，呼之以赞。寻述赞为例，篇有一章，[31]事多者则约之[32]使少，理寡[33]者则张之令大，名实多爽，详略不同。且欲观人之善恶，史之褒贬，盖无假于此也。[34]

然固之总述合在一篇，使其条贯有序，历然可阅。蔚宗《后书》，实同班氏，乃各附本事，书于卷末，篇目相离，断绝失次。而后生作者不悟其非，如萧、[35]李[36]《南》、《北齐[37]史》，大唐新修《晋史》，皆依范《书》误本，篇终有赞。夫每卷立论，其烦已多，而嗣论以赞，为黩弥甚。亦犹文士制碑，序终

而续以铭曰；释氏演法，义尽而宣以偈言。苟撰史若斯，难以议夫简要者矣。㊳

至若与夺乖宜，是非失中，如班固之深排贾谊，范晔之虚美隗嚣，陈寿谓诸葛不逮管、萧，魏收称尔朱可方伊、霍，或言伤其实，或拟非其伦。必备加击难，则五车难尽。故略陈梗概，一言以蔽之。㊴

按：是篇不分编年、纪传，仍是纪传为多。论赞二字截讲：其于论也，辞严而不摈；于论后之赞，则辞决而加绝。自是唐后诸史，有论无赞，皆阴奉其诫。可知刘说之当理也。

子长淡泊无味，盖对限篇书论，非要强文为言。观“事无重出”，“文省可知”八字，三昧仍首马次班也。

又因此知纪传跋尾当名史论，不当云赞。赞，铭类也，韵体也。人以扶风史论皆作“赞曰”，遂因之。必也正名，宜与读此。

《元史》纪传不缀论赞，其凡例述敕旨云：据事具文，善恶自见也。

① 论谓篇末论辞，赞谓论后韵语。

② 旧作“讚”。

③ 句末的，详注中。

④ 玄晏先生、抱朴子。

⑤ 旧讹作“著”。

⑥ 一脱“赞”字，一无“焉”字。释：首撮史传之论赞异名，为发议总案。

⑦ 一失此三字。释：此下先言史论。

⑧ 谓非每传皆有。

⑨ 或讹作“殆”。

⑩ 篇必有论，自《史记》始。

⑪ 当从“犹”义。

⑫ 释：此推史论成例始自《史记》，非理所必需也。

⑬ 一作“薄”。

⑭ 一作“懦”。

⑮ 荀悦字。

⑯ 就繁俪中所取如此，非以为准的也。

⑰ 宏字。

⑱ 一作“人”。

⑲ 释：此节就诸论品其高下。大意谓宜尚典实，无取浮靡。

⑳ 谓补传所无。

㉑ 旧作“省文”，下同。

㉒ 谓单词已足。

㉓ 旧有“耳”字。

㉔ 此句旧作“万石君之为父浣衣”，非。

㉕ 旧脱“者”字。

㉖ 释：事无重出，文省可知，是为史论上乘。准的在此。

㉗ 释：此翻转言失之复与支者，后史大率然也。〇上言论，下言赞，此处分截。

㉘ 一无“自”字。

㉙ 在《自序》之后，文仍散体。

㉚ 在《叙传》之后，文皆四言。

㉛ 分缀自此始。

㉜ 一有“以”字，下同。

㉝ 一作“小”。

㉞ 一无“也”字。释：此节递到史赞，亦是发议之案。

㉟ 子显。

㊱ 百药。

㊲ 旧脱“齐”字。

㊳ 释：此节摘诸史之加赞者言之，论而又赞，尤非史家贵洁之体也。

㊴ 释：更以议论乖违者作收局。

谢承 《吴志·妃嫔传》：吴主权谢夫人弟也。《隋·经籍志》：《后汉书》一百三十卷，无帝纪，吴武陵太守谢承撰。

扬雄 《法言》：其目云撰《学行》，撰《吾子》，撰《修身》，撰《问道》，撰《问神》，撰《问明》，撰《寡见》，撰《五百》，撰《先知》，撰《重黎》，撰《渊骞》，撰《君子》，撰《孝至》。按：撰自第一至第十三，其上皆有四言序，然非论赞体也。《华阳国志》则以"撰曰"为论赞。扬雄当作常璩。

刘昺 《北史》：刘延明，敦煌人。凉武昭王征为儒林祭酒，著《三史略记》八十四卷，《敦煌实录》二十卷。按：延明，昺字也。《北史》讳唐嫌名，以字行。

袁宏 撰《后汉纪》，详见《外篇·正史》篇。

列其所号 《晋书·皇甫谧传》：谧字士安，安定人。沈静寡欲，自号玄晏先生。撰《帝王世纪》、《年历》、《高士》、《逸士》、《列女》等传，《玄晏春秋》，并重于世。挚虞其门人也。《葛洪传》：洪字稚川，句容人。从祖玄得仙，号葛仙公，洪悉得其法。干宝荐洪领著作，洪固辞。求为句漏令，曰："非欲为荣，以有丹耳。"自号抱朴子，因以名书。所著《神仙》、《良吏》、《集异》等传，《金匮》、《肘后方》，篇章富于班、马。

臧荣绪 撰《晋书》，详见《外篇·正史》篇。

孙安国 《晋书·孙盛传》：盛字安国，太原人。十岁避难渡江。及长，善言名理。补长沙太守，迁秘书监。著《魏氏春秋》、《晋阳秋》。按：《宋书·州郡志》，晋简文郑太后讳春，改"春"曰"阳"。是知凡曰阳秋，本皆春秋也。

习凿齿 《晋书》：凿齿字彦威，为荥阳太守，在郡著《汉晋春秋》，起汉光武，终晋愍帝。其言谓三国时蜀以宗室为正，魏虽受汉禅晋，尚为篡逆。至文帝平蜀，乃为汉亡，而晋始兴焉。引世祖讳炎兴为禅受，以明天心不可以势力强也。按：炎兴谓继汉而兴。禅受者，禅为蜀后主讳，谓受汉禅也。

谢灵运 《宋书》：灵运性奢华，世称谢康乐。太祖登祚，征为秘书，使撰晋氏一代书。粗立条流，书竟不就。

玉卮无当 《韩非·外储右》：千金之玉卮，通而无当，不可以盛水；有瓦器而不漏，可以盛酒。

唐修晋书皆词人 《旧唐·房玄龄传》：史官多文咏之士，好采碎事，竞为绮艳。详《正史》篇晋史节。

浣衣裸葬 《汉书·万石传》：建老白首，谒亲，入子舍，窃问侍者，取亲中裙厕牏，身自浣洒。赞曰：至石建之浣衣，周仁为垢污，君子讥之。《杨王孙传》：病且终，先令其子曰："吾欲裸葬，以反吾真，必无易吾意。"赞曰：昔仲尼称不得中行，则思狂狷。观杨王孙之志，贤于秦始皇远矣。

班排贾谊 《汉书》本传赞：欲改定制度，以汉为土德，色上黄，数用五，及欲试属国，施五饵三表以系单于，其术固以疏矣。按：表饵之术实疏，班论非过。

范美隗嚣 《后汉书》本传论：若嚣命会符运，敌非天力，虽坐论西伯，岂多嗤乎？《赞》：公孙习吏，隗王得士。

寿谓诸葛 《蜀志》本传赞评曰：诸葛亮之为相国也，可谓识治之良才，管、萧之亚匹矣。然连年动众，未能成功，盖应变将略，非其所长与。

收称尔朱 《魏书·尔朱荣传》史臣曰：苟非荣之克夷大难，不知几人称帝，几人称王，功烈亦已茂乎！向使荣无奸忍之失，修德义之风，则彭、韦、伊、霍，夫何足数。《北史·魏收传》：收以高氏出自尔朱，且纳荣子金，故减其恶而增其善。

序例第十

孔安国有云：序者，所以叙[①]作者之意也。窃以《书》列典谟，《诗》含比兴，若不先叙其意，难以曲得其情。故每篇有序，敷畅厥义。[②]降逮《史》、《汉》，以记事为宗，至于表志杂传，亦时复立序。文兼史体，状若子书，然可与诰誓相参，风雅齐列矣。[3]

迨华峤《后汉》，多同班氏。如《刘平》、《江革》等传，其序先言孝道，次述[4]毛义养亲。此则《前汉·王贡传》体，其篇以四皓为始也。峤言辞简质，叙致温雅，味其宗旨，亦孟坚之亚欤？[5]

爰洎范晔，始革其流，遗弃史才，矜炫文采。后来所作，他皆若斯。于是迁、固之道忽诸，微婉之风替矣。[6]若乃《后妃》、《列女》、《文苑》、《儒林》，凡此之流，范氏莫不列序。夫前史所有，而我书独无，世之作者，以为耻愧。故上自《晋》、《宋》，下及《陈》、《隋》，每书必序，课成其数。盖为史之道，以古传今，古既有之，今何为者？滥觞肇迹，容或可观；累屋重架，无乃太甚。譬夫[7]方朔始为《客难》，续以《宾戏》、[8]《解嘲》；[9]枚乘首唱《七发》，加以《七章》、《七辩》。音辞虽异，旨趣皆同。此乃读者所厌闻，老生之恒说也。[10]

夫史之有例，犹国之有法。国[11]无法，则上下靡定；史无例，则是非莫准。[12]昔夫子修经，始发凡例；左氏立传，显其区域。科条一辨，彪炳可观。降及战国，迄乎有晋，年逾五百，史不乏才，虽其体屡变，而斯文终绝。[13]唯令升[14]先觉，远述丘明，重立凡例，勒成《晋纪》。邓、[15]孙[16]已下，遂[17]蹑其踪。史例中兴，于斯为盛。若沈《宋》[18]之志序，萧《齐》[19]之序录，虽皆以序为名，其实例也。[20]必定其臧否，征其善恶，干宝、范晔，理切而多功，邓粲、道鸾，词烦而寡要，子显虽文伤蹇踬，而义甚优长。斯一二家，皆序例之美者。[21]

夫事不师古，匪说攸闻，苟模楷曩贤，理非可讳。而魏收作例，全取蔚宗，贪天之功以为己力，异夫范依叔[22]骏，[23]班习子长。攘袂公行，不[24]陷穿窬之罪也？[25]

盖凡例既立，当与纪传相符。[26]案皇[27]朝《晋书》例云："凡天子庙号，唯书于卷末。"依检孝武崩后，竟不言庙曰烈宗。[28]又案百药《齐书》例云："人有本字行者，今并书其名。"依检如高慎、斛律光之徒，多所仍旧，谓之仲密、明月。[29]此并非言之难，行之难也。[30]又[31]《晋》、《齐》史例皆云："坤道卑柔，中宫不可为纪，今[32]编同列传，以戒牝鸡之晨。"窃惟录皇后者既为传体，自不可加以纪名。二史之以后为传，虽云允惬，而解释非理，成其偶中。所谓画蛇而加足，反失杯中之酒也。[33]至于题目失据，褒贬多违，斯并散在诸篇，此可得而略矣。

按：此所谓序，皆篇序，非总序。其所谓例，则兼序中附出之例，及总立发凡之例。大指谓序贵简质，例贵严明也。中间虽带引左氏，其实皆言纪传家。

后幅皇后一条，当从前卷《本纪》、《列传》两篇入解，不尔不明。

① 一作"序"。

② 即《书序》、《诗小序》。

③ 释：首言序之为道，主于序明篇指，马、班有作，犹存经序之遗。

④ 一作"入"。

⑤ 释：班后节取一篇，以示学班之准。

⑥ 释：此言繁缛是尚，自范而开。

⑦ 一作"如"。

⑧ 班固作。

⑨ 扬雄作。

⑩ 释：此言后史宗范为课，相习成套，数见无奇矣。〇已上止就篇序言。

⑪ 一有“之”字，下同。

⑫ 释：此下言史例。

⑬ 释：此言例之为体，左后中绝。

⑭ 干宝字。

⑮ 粲。

⑯ 盛。

⑰ 一作“遽”。

⑱ 沈约《宋书》。

⑲ 子显《齐书》。

⑳ 释：此言例之为体，晋后复兴。

㉑ 释：数语括一时各见之短长，要皆自出条理者。

㉒ 一作“政”，非。

㉓ 华峤字。

㉔ 岂不也。

㉕ 释：至魏收竟以剽掠为能，风斯下矣。

㉖ 释：此下乃按例绳文。

㉗ 旧作“唐”，非。

㉘ 释：文不准例者一。

㉙ 释：文不准例又一。

㉚ 释：二句束上。

㉛ 一作“及”。

㉜ 一作“令”。

㉝ 释：此又指出例合而序误者，谓后从帝年，故不称纪，序乃取义卑柔，失命名之意矣。

刘江王贡　注见《列传》篇。其处止举传首刘、王，不及江、贡。《后汉书》：江革字次翁，临淄人。客下邳，裸跣行佣以供母，乡里称之曰江巨孝。建初中，拜谏议大夫。《前汉书》：贡禹字少翁，琅玡人。以明经洁行著闻，征为博士，后为御史大夫，数言得失。按：《刘、江传》篇叙《注》云，以上并华峤之词。

滥觞　《家语·三恕》：江始出于岷山，其源可以滥觞。王肃《注》：觞可以盛酒，言其微也。按：滥觞谓始出之微，后人多误用。

七　《文选·七发》注：犹《楚辞·七谏》之流。按：《文心雕龙》自《七发》而下，有傅毅《七激》，崔骃《七依》，张衡《七辨》，崔瑗《七厉》，陈思《七启》，仲宣《七释》，桓麟《七说》，左思《七讽》，枝附影从，十有余家。又《文苑英华》有《七契》、《七励》、《七召》。又旧注广列《七谟》、《七征》、《七华》、《七绎》、《七引》，以及《兴》、《款》、《蠲》、《举》诸名，而独无《七章》，俟考。又按：《崔瑗传》名《七苏》，非《七厉》。

夫子修经凡例　《左传》成十四：《春秋》之称微而显，志而晦，婉而成章，尽而不污，惩恶而劝善，非圣人谁能修之。杜氏《序》：为例之情有五，是也。

邓粲　《晋书》本传：邓粲，长沙人。以高洁著名，著《元明纪》十篇。按：元、明谓晋中兴初中宗元帝、肃宗明帝。

道鸾　《南史·文学·檀超传》：超叔父道鸾，字万安，国子博士，永嘉太守，撰《续晋阳秋》。

不言烈宗　《晋书·孝武纪》：太元二十年，时张贵人有宠，年几三十，帝戏之曰："汝以年当废矣。"贵人潜怒。向夕，帝醉，遂暴崩。按：纪末缺书庙号。《通鉴》题烈宗孝武皇帝。

仲密明月　仲密，高慎字。明月，斛律光字。按：百药《齐书》高慎附见兄《高乾传》中。斛律光在其父《斛律金传》后。二人皆无"以字行"之文，传内亦不书字。其书字处，间于他传有之，无甚不准例之病，《史通》似误。

画蛇　《战国策》：楚有祠者，赐其舍人卮酒。舍人相谓曰："请画地为蛇，先成者饮酒。"一人蛇先成，乃左手持卮，右手画蛇，曰：足未成。一人夺其卮，曰："蛇固无足。"遂饮其酒。

题目第十一[①]

上古之书有《三坟》、《五典》、《八索》、《九丘》，其次有春秋、尚书、梼杌、志[②]乘。[③]自汉已下，其流渐繁，大抵史名多以书、记、纪、略为主。后生祖述，各从所好，沿革相因，循环递习。盖区域有限，莫逾于此焉。[④]

至孙盛有《魏氏春秋》，孔衍有《汉魏[⑤]尚书》，陈寿、王劭曰志，何之元、刘璠曰典。此又好奇厌俗，习旧捐新，虽得稽古之宜，未达从时之义。[⑥]

榷而论之，其编年月[⑦]者谓之纪，[⑧]列纪[⑨]传者谓之书，[⑩]取顺于时，斯为最也。夫名以定体，为实之宾，苟失其途，有乖至理。案吕、陆二氏，[⑪]各著一书，唯次篇章，不系时月。此乃子书杂记，而皆号曰春秋。鱼豢、姚察著《魏》、《梁》二史，巨细毕载，芜累甚多，而俱榜之以略，考名责实，奚其爽[⑫]欤！[⑬]

若乃史传杂篇，区分类聚，随事立号，谅无恒规。[⑭]如马迁撰皇后传，而以外戚命章。案外戚凭皇后以得名，犹宗室因天子而显称，若编皇后而曰外戚传，则书天子而曰宗室纪，可乎？[⑮]班固撰《人表》，以古今为目。寻其所载也，皆自秦而往，非汉之事，古诚有之，今则安在？[⑯]子长《史记》别创八书，孟坚既以《汉》为书，不可更标书号，改书为志，义在互文。而何氏《中兴》[⑰]易志为记，此则贵于革旧，未见其能取新。[⑱]

夫战争方殷，雄雌未决，则有不奉正朔，自相君长。必国史为传，宜别立科条。至如陈、项诸雄，寄编[19]汉籍；董、袁群贼，附列《魏志》。既同臣子之例，孰辨彼此之殊？唯《东观》以平林、下江诸人列为载记，顾[20]后来作者，莫之遵效。逮《新晋》[21]始以十六国主持[22]载记表名，可谓择善而行，巧于师古者矣。[23]

观夫旧史列传，题卷靡恒。文少者则具出姓名，若司马相如、东方朔是也。字烦者唯书姓氏，若毋将、盖、陈、卫、诸葛传是也。必人多而姓同者，则结定其数，若二袁、四张、二公孙传是也。如此标格，足为详审。[24]

至范晔举例，始全录姓名，历短行于卷中，丛细字于标外，其子孙附出者，注于祖先之下，乃类俗之文案孔目、药草经方，烦碎之至，孰过于此？窃[25]以《周易》六爻，义存象内；《春秋》万国，事具传中。读者研寻，篇终自晓，何必开帙解带，便令昭然满目也。[26]

自兹已降，多师蔚宗。魏收因之，则又甚矣。其有魏世邻国编于魏史者，于其人姓名之上，又列之以邦域，申之以职官，至如江东帝主[27]则云僭晋司马睿、岛夷刘裕，河西酋长则云私署[28]凉州牧张寔、私署凉王李暠。[29]此皆篇中所具，又于卷首具列。必如收意，使其撰《两汉书》、《三国志》，题诸盗贼传，亦当云僭西楚霸王[30]项羽、伪宁朔王隗嚣。自余陈涉、张步、刘璋、袁术，其位号皆一一[31]具言，无所不尽者[32]也。[33]

盖法令滋章，古人所慎。若范、魏之裁篇目，可谓滋章之甚者乎？苟忘彼大体，好兹小数，难与议夫“婉而成章”，“一字以为褒贬”者矣。[34]

按：此亦截讲格，前论统名，兼二体言；后论篇帙题名，专主纪传体言。就中列传名类烦多，分条抽论，尤所加意。

假号不臣，都归载记，《史通》殊有理据。但陈、项辈流，于胜国为寇，于兴代则非，拟诸刘、石，未便同科。况载记例载卷终，而群雄先事发难，为我驱除，列之传首，于分非越。故李密、王世充、韩林儿、徐寿辉等，《唐书》、《明史》并袭兰台，不宗《东观》也。读者于此宜审从违。又柳州有言：每读古人一传，数纸已后，再三申卷，复观姓氏，旋又废失。钝器正多患此，题目加详，宜勿深责也。自余皆定判矣。

此上八篇，大抵多就纪传体抽论，可以都为一帙。

后有《序传》篇在第九卷，方以类聚，亦应移置于此。

① 题目有二义：一谓全书统名，一谓篇帙诸名。

② 如“志曰丧祭从先祖”之“志”。

③ 释：前半就统名立说。○首言古自成其古名。

④ 释：言书、记、纪、略四者，是为后史正名。

⑤ 一脱“魏”字，一误作“隋”。

⑥ 释：拟古求异皆可不必。○已上罗列名目，得失并举。

⑦ 一多“日”字。

⑧ 荀、袁《汉纪》之类。

⑨ 或作“记”，非。

⑩《前》、《后汉书》之类。

⑪ 吕不韦、陆贾。

⑫ 一作“丧”。

⑬ 释：此总上言二体唯荀、班所名为正，余皆强名而失其实者。○自

五代而后，纪传总名为史，编年则本名长编，锡名《通鉴》，就中又创纲目矣。〇论统名止此。

⑭ 释：此下析言篇帙诸名。

⑮ 释：史迁篇题之失有然。

⑯ 释：班史篇题之失有然。

⑰《晋中兴书》。

⑱ 释：何法盛改易帙名，亦属无谓。

⑲ 一作“篇”。

⑳ 一作“赖”，非。

㉑《晋书》唐初新定，故曰《新晋》。

㉒ 一作“特”。

㉓ 释：此言非国朝臣，当从《新晋书》用《东观》载记之例。

㉔ 释：此言列传人少人多，题可随之详略，引起下文。

㉕ 一作“切”。

㉖ 释：范史则务尽其详矣。

㉗ 旧讹“王”。

㉘ 一讹“置”。

㉙ 并见《魏书》目录。

㉚ 一脱此二字。

㉛ 别作“一二”。

㉜ 一无“者”字。

㉝ 释：魏收更夸己斥邻，多缀名目，尤可嗤也。

㉞ 释：自“观夫旧史列传”至此，通为一大节，以此数语总结之。

何之元刘璠　何之元撰《梁典》，见《左传》家。《周书》：刘璠字宝义。世宗初，掌纶诰，著《梁典》三十卷。

鱼豢　《外篇·正史》篇：魏时京兆鱼豢私撰《魏略》，事止明帝。《唐志》杂史类：鱼豢《魏略》五十卷。按：《三国·魏志》无传。

姚察 《陈书》：察字伯审，有至性，领著作，撰梁、陈史未毕功。隋开皇时，遣内史舍人虞世基索本，且进上。有所阙者，临亡之时，以体例诫约子思廉博访续撰。按：史无“梁略”之名，而刘氏云尔，定是察稿初名。

外戚命章 按：《史记》之立《外戚世家》，其中所载，实皆后妃氏讳及其事迹。至如魏其、武安之属，反别立传，不以外戚名篇，最为非体。班史因之，易名《外戚列传》，置在臣传之后，尤为失之。文亦应加并纠班失之语。

平林下江 《后汉·刘玄传》：王莽末，新市人王匡、王凤为渠帅，诸亡命马武、王常、成丹等从之，藏于绿林中。地皇三年，大疫，分散。常、丹西入南郡，号下江兵。匡、凤、武及其支党朱鲔、张卬北入南阳，号新市兵。平林人陈牧、廖湛复聚众，号平林兵，以应之。

断限第十二

夫书之立约，其来尚矣。如尼父之定《虞书》也，以舜为始，而云“粤若稽古帝尧”；丘明之传鲁史也，以隐为先，而云“惠公元妃孟子”。此皆正其疆里，开其首端。因有沿革，遂相交互，事势当然，非为滥轶也。[①]过此已往，可谓狂简不知所裁者焉。[②]

夫[③]子曰：“不在其位，不谋其政。”若《汉书》之立表志，[④]其殆侵官离局[⑤]者乎？[⑥]考其滥觞所出，起于司马氏。案马《记》以史制名，班《书》持汉标目。《史记》者，载数千年之事，无所不容；《汉书》者，纪十二帝之时，有限斯极。固既分迁之记，判其去取，纪传所存，唯留汉日；[⑦]表志所录，乃尽牺年，举一反三，岂宜[⑧]若是？胶柱调瑟，不亦谬欤！[⑨]但固之踳驳，既往不谏，而后之作者，咸习其迷。[⑩]《宋史》则上括魏朝，[⑪]《隋书》则仰包梁代。求其所书之事，得十一于千百。

一成其例，莫之敢移；永言其理，可为叹息！[12]

当魏武乘时拨乱，电扫群雄，锋镝之[13]所交，网罗之所及者，盖唯二袁、刘、[14]吕而已。若[15]进鸩行弑，燃脐就戮，总关王室，[16]不涉霸图，[17]而陈寿《国志》引居传首。夫汉之[18]董卓，犹秦之赵高，昔车令[19]之诛，既不列于《汉史》，何太师[20]之毙，遂独刊于《魏书》乎？兼复臧洪、陶谦、刘虞、孙[21]瓒生于季末，自相吞噬。其于曹氏也，非唯理异犬牙，固亦事同风马，汉典所具，而魏册仍编，岂非流宕忘归，迷而不悟者也？[22]

亦有一代之史，上下相交，若已见它记，则无宜重述。故子婴降沛，其详取验于《秦纪》；伯符[23]死汉，其事断入于《吴书》。沈录金行，上羁刘主；魏刊水运，下列高王。唯蜀与齐各有国史，越次而载，孰曰攸宜？[24]

自五胡称制，四海殊宅。江左既承正朔，斥彼魏胡，[25]故氐、羌有录，索虏成传。魏本出于杂种，窃亦自号真君。[26]其史党附本朝，思欲凌驾[27]前作，遂乃南笼典午，[28]北吞诸伪，[29]比于群盗，尽入传中。但当有晋元、明[30]之时，中原秦、[31]赵[32]之代，[33]元氏膜拜稽首，自同臣妾，[34]而反列之于传，何厚颜之甚邪！又张、[35]李[36]诸姓，据有凉、蜀，其于魏也，校年则前后不接，论地则参商有殊，何预魏氏而横加编载？[37]

夫《尚书》者，七经之冠冕，百氏之襟袖。凡学者必先精此书，次览群籍。譬夫行不由径，[38]非所闻焉。修国史者，若旁采异闻，用成博物，斯则可矣。如班《书·地理志》，首[39]全写《禹贡》一篇。降为后书，持续前史。盖以水济水，床上施床，徒有其烦，竟无其用，岂非惑乎？昔春秋诸国，赋诗见意，《左氏》所载，唯录[40]章名。如地理为书，论自古风俗，至于夏世，宜云《禹贡》已详，何必重述古文，益其辞费也？[41]

若夷狄本系，[42]种落所兴，北貊起自淳维，南蛮出于槃[43]瓠，高句丽以鳖桥获济，吐谷浑因马斗徙居。诸如此说，[44]求之历代，何书不有？而作之[45]者曾不知前撰已著，[46]后修宜辍，遂乃百世相传，一字无改。盖骈指在手，不加力于千钧；附赘居身，非广形于七尺。为史之体，有若于斯，苟滥引它事，丰其部帙，以此称博，异乎吾党[47]所闻。[48]

陆士衡有云："虽有爱而必捐。"[49]善哉斯言，可谓达作者之致矣。夫能明彼断限，定其折中，历选自古，唯萧子显近诸。然必谓都无其累，则吾未之[50]许也。

按：国史纪传为正，纪传断代为正。刘子频频提阐，是其截断众流句。故首于《史记》外，别立《汉书》家，此于条目后亟缀《断限》篇也。向者极表班《书》，今者首纠越限，向以标法式，今为辨封畛，有相济，无相背也。

评者云：《高纪》不书子婴，《魏书》不序高欢，未见其可。此误解也。班《书·高纪》显带子婴，刘非不见，刘但谓不复为婴立纪耳。魏收铨叙献、武，崇饰其词，非所施于臣子。刘氏以为几同齐纪，无复限制耳，岂谓上下交涉处不须及之耶？又有以董卓、臧、陶皆非与操无因，而讥刘说为过者，亦是误解，与前评正同。《卢循传》不入《宋》，《黄巢传》不入《梁》，讵曰疏脱。

① 释：篇首标义，言代有定限，但交关处须相涉耳。

② 释：二句转局。

③ 一作"又"。

④ 班传除沿袭《史记》二、三篇外，皆无越限，故单言表志。

⑤ 或作“扃”。

⑥ 释：提出《汉书》断限不清来。断代自班始，故首及之。

⑦ 或作“目”，非。

⑧ 或作“不”，误。

⑨ 释：束班《书》，引后史。

⑩ 一作“途”。

⑪ 曹魏。

⑫ 释：此言《宋》、《隋》二志越限之非，虽所侵无几，而例已不清矣。〇当与《正史》篇互参。此议彼叙，此论限，彼原史也。而彼篇举《隋》不举《宋》，合此可知史志无缺。

⑬ 一无“之”字，下同。

⑭ 刘表。

⑮ 一作“至”，旧讹作“各”。

⑯ 谓汉。

⑰ 谓曹。

⑱ 一有“有”字，下同。

⑲ 中车府令。

⑳ 卓自为太师。

㉑ 公孙。

㉒ 释：此下就纪传言。董、臧诸人，《魏志》皆阑入传首，是更不明断限者也。

㉓ 孙策字。

㉔ 释：此指沈约、魏收二书，言晋连蜀汉，魏逮高齐，犹汉之前婴后策耳。约书无考。如收之推隆献、武，似作齐纪者然，虽不别立篇目，可以越限律之矣。

㉕ 一作“朝”，非。胡兼五胡言也。

㉖ 魏太武元太平真君。

㉗ 一作“架”。

㉘ 传收东晋。

㉙ 匈奴、羯、徒河、氐、羌等。

㉚ 二帝。

㉛ 氐苻、羌姚。

㉜ 匈刘、羯石。

㉝ 并在魏前。

㉞ 其时尚微。

㉟ 寔。

㊱ 雄。

㊲ 释：此痛斥《魏书》越载东晋及十六国也。晚出称尊，跨压往代，徒增可丑。

㊳ 作"路"字训。

㊴ 旧有"遂"字。

㊵ 旧有"其"字。

㊶ 释：复驳《汉志·地理》全写《禹贡》，此更溢出断限外矣，故推类列后。

㊷ 四字截句。旧作"係"，非。

㊸ 亦作"盘"。

㊹ 一多"者"字。

㊺ 一无"之"字。

㊻ 一多"而"字。

㊼ 一有"之"字。

㊽ 释：此更推到外域种系久载前史者，后史不知裁限，全录旧文，尤为骈赘也。

㊾ 语见《文赋》。

㊿ 一无"之"字。

传首董卓　按：《魏志》本传居臣传之首，所叙事实，无一语与魏武相及。直至傕、汜、暹、承附传之末，始有“太祖乃迎天子都许”之文。是《卓传》于《魏》未有处也，宜《史通》訾之。

臧陶刘孙 《魏志·臧洪传》：洪字子源，广陵人。太守张超请洪为功曹。董卓图危社稷，洪说超纠合义兵，辞气慷慨。洪为东郡太守，太祖围张超于雍丘。洪徒跣，从袁绍请兵救超，绍不听。超灭，洪怨绍，绍兴兵围之，生执洪杀之。《陶谦传》：谦字恭祖，丹阳人。为徐州刺史，刑政失和。太祖征谦，以粮少引军还。谦病死。《公孙瓒传》：瓒字伯珪，辽西人。除辽东属国长史，迁涿令。辽西乌丸丘力居等叛，瓒不能御。朝议以宗正刘虞为幽州牧。丘力居等遣译自归。瓒害虞有功，稍相恨望。天子遣段训增虞邑，督六州，瓒诬虞欲称尊号，胁训斩虞。虞从事鲜于辅等欲报瓒，袁绍又遣兵与辅合击瓒。瓒军数败，乃为堑十重，筑京，为楼其上。绍悉军围之，瓒自杀。按：此诸人范史自应有传，《魏志》但于事有关涉处带及数语足矣，安用传为？

沈录金行 《梁·沈约传》：著《晋书》百一十卷。《隋志》：《晋史草》注，梁有郑忠《晋书》七卷，沈约《晋书》一百一十一卷，庾铣《东晋新书》七卷，并亡。《晋·五行志》：白者金行，马者国族。《文选》陆士衡《宣猷堂诗》云：“黄晖既渝，素灵承祐。”善《注》：魏土德曰黄，晋金行曰素。程猗《说石图》曰：“金者，晋之行也。”

魏刊水运 魏谓魏收。《魏书·律历志》：以皇魏运水德，所上九家，共成一历，元起壬子，律起黄钟。壬子北方，水之正位，实符魏德。

典午 《蜀志·谯周传》：典午忽兮，月酉没兮。典午，谓司马也。

膜拜 《穆天子传》：膜拜而受。《注》：长跪拜也。又《注》：胡人礼佛，交手称南谟者，即此。

校年论地 《甲子会纪》：晋惠帝之十一年，流人李特据广汉，进攻成都。十三年，罗尚破李特，斩之，子雄僭号称成。是后兄子班，班弟期，雄弟寿，寿子势。桓温入蜀，势降，李氏亡，实穆帝之三年。又：愍帝之二年，张轨为凉州牧，卒时在州已十三年矣。子寔嗣，是为前凉。嗣是寔弟茂，寔子骏，骏子重华，华子耀灵，灵伯父祚，灵弟玄靓，至靓叔天锡降于秦，前凉亡，实孝武之四年。按：张、李兴灭并在魏道武未称帝之前，而魏都平城又极东北，所谓“校年不接，论地有殊”也。

行不由径　用《列子》语，注见《杂说》上篇。

淳维　《史记·匈奴传》：匈奴，其先夏后氏之苗裔也，曰淳维。《汉书·匈奴传》全录其文。

槃瓠　《后汉·南蛮传》：昔高辛氏有犬戎之寇，募能得犬戎之将吴将军头者，妻以少女。时有畜狗，名曰槃瓠，下令之后，槃瓠遂衔人头造阙下，乃吴将军首也。帝不得已，以女配槃瓠。槃瓠负而走入南山，止石室中，生子六男六女，因自相夫妻。其后滋蔓，号曰蛮夷，今长沙武陵蛮是也。《南史·蛮传》亦云槃瓠种落。《路史·发挥》：《伯益经》云：黄帝曾孙卞明生白犬，是为蛮祖。白犬乃其子之名，而应劭、干宝、范晔枝叶其说。

鳖桥　《魏书·高句丽传》：先祖朱蒙，母河伯女，夫馀王闭于室中，为日所照，孕生一卵。母置暖处，一男破壳而出。及长，字之曰朱蒙。“朱蒙”者，善射也。夫馀之臣谋杀之，朱蒙东南走，道遇大水，鱼鳖并浮成桥，得渡。至纥升骨城居焉，号曰高句丽，因以为氏。《隋书·高丽传》文略同。

马斗　《魏书·吐谷浑传》：辽东鲜卑涉归，一名奕洛韩，有二子，庶长曰吐谷浑，少曰若洛廆。若洛廆别为慕容氏。浑与廆二部马斗相伤，廆怒，浑曰：“马，畜也。斗在马，而怒及人邪？乖别甚易，今当去汝万里之外。”按：其文亦见《宋书》，至唐编《晋书》复采用之。

断限　《晋·贾充传》：朝廷议立《晋书》限断，荀勖谓宜以魏正始起年，王瓒欲引嘉平以下朝臣尽入晋史，贾谧请从泰始为断，事下三府议。按：限断即断限也，二字见史传始此。

编次第十三

昔《尚书》记言，《春秋》记事，以日月为远近，年世为前后，用使阅之者雁行鱼贯，皎然可寻。[①]至马迁始错综成篇，区分类聚。班固踵武，仍加祖述。于其间则有统体不一，名目相违，朱紫以之混淆，冠履于焉颠倒，盖可得而言者矣。[②]

寻子长之列传也，其所编者唯人而已矣。至于龟策异物，不类肖形，而辄与黔首同科，俱谓之传，不其怪乎？且龟策所记，全为志体，向若与八书齐列，而定以书名，庶几物得其朋，同声相应者矣。[③]

孟坚每一姓有传，多附出[④]余亲。[⑤]其事迹尤异者，则分入它部。故博陆、去病昆弟非复一篇，外戚、元后妇姑分为二录。至如元王[⑥]受封于楚，至孙戊而亡。案其行事，所载甚寡，而能独载[⑦]一卷者，实由向、歆之助耳。但交封汉始，地启列藩；向居刘末，职才卿士。昭穆既疏，家国又别。适使分楚王子孙于高、惠之世，与荆、[⑧]代[⑨]并编；析刘向父子于元、成之间，与王、[⑩]京[⑪]共列。方于诸传，不亦类乎？[⑫]

又自古王室虽微，天命未改，故台名逃责，[⑬]尚曰[⑭]周王；君未系颈，且云秦国。况神玺在握，火德犹存，而居摄[⑮]建年，不编《平纪》之末；孺子主祭，咸书《莽传》之中。遂令汉余数岁，湮没无睹，求之正朔，不亦厚诬？[⑯]

当汉氏之中兴也，更始升坛改元，寒暑三易。世祖称臣北面，诚节不亏。既而兵败长安，祚归高邑，兄亡[⑰]弟及，历数相承。作者乃抑圣公于传内，登文叔于纪首，事等跻僖，位先不窋。夫《东观》秉笔，容或谄于当时，后来所修，理当刊革者也。[⑱]

盖逐兔争捷，瞻乌靡定，群雄僭盗，为我驱除。是以史传所分，真伪有别，陈胜、项籍见编于高祖之后，隗嚣、孙[19]述不列于光武之前。而陈寿《蜀书》首标二牧，[20]次列先主，以继焉、璋。岂以蜀是伪朝，遂乃不遵恒例。但鹏、鷃一也，何大小之异哉？[21]

《春秋》嗣子谅暗，未逾年而废者，既不成君，故不别加篇目。是以鲁公十二，恶、视不预其流。及秦之子婴，汉之昌邑，咸亦因胡亥而得记，附孝昭而获闻。而吴均《齐春秋》乃以郁林为纪，事不师古，何滋章之甚与！[22]

观梁、唐二朝，撰《齐》、《隋》两史，东昏[23]犹在，而遽列和年；炀帝未终，而已编恭纪。原其意旨，岂不以和为梁主所立，恭乃唐氏所承，所以黜永元[24]而尊中兴，[25]显义宁[26]而隐大业。[27]苟欲取悦当代，遂乃轻侮前朝。行之一时，庶叶权道；播之千载，宁[28]为格言！[29]

寻夫本纪所书，资传乃显；[30]表志异体，不必[31]相涉。旧史以表志之帙介于纪传之间，降及蔚宗，肇加厘革，沈、魏继作，相与因循。[32]既而子显《齐书》、颖达《隋史》，不依范例，重遵班法。盖择善而行，何有远近；闻义不徙，是吾忧也。[33]

若乃先黄、老而后"六经"，[34]后外戚而先夷狄；[35]老子与韩非并列，[36]贾诩将荀彧同编；[37]《孙弘[38]传赞》，宜居《武、宣[39]纪》末；宗庙迭毁，枉入《玄成传》终。[40]如斯舛谬，不可胜纪。今略其尤甚者耳，故不复一一而详之。[41]

按：错举纪传表志中离合收除诸义例，比而论之。苟非大段创通，那能有此即事分拨。

郁林固昌邑之续，萧鸾非博陆之伦，而改元易岁，亦与不盈月者有别，斥之纪外，论似未安。若更始之于光武，其直钧入关先王，上轶重瞳，建号书年，下殊二牧。升传作纪，非瞽说也。[42]

陈氏《书录解题》谓范晔《后汉书》志，借旧志注补之，其后纪传孤行，至本朝孙奭始议合之。今观蔚宗厘革之语，知唐时旧本尚自合行，但附置纪传后耳，不知何时析去。再观《外篇·正史》篇云，晔十志未成而死，则此云蔚宗厘革者，只就现行范本指其位置如此，勿泥作范自手定也。陈氏说详《正史》篇注。

篇尾《公孙》、《玄成传》议太板。

① 释：首借编年托起纪传。言其体本无越次，可置勿论也。

② 释：纪传则体例条分，编次宜求整确矣。此是总挈。

③ 释：一条，言《史记》龟策是志体，宜归书例，不宜入传例。

④ 一作“出附”。

⑤ 一讹作“观”。

⑥ 高祖从弟交。

⑦ 疑当作“成”。

⑧ 高祖从父兄。

⑨ 当作“赵”，高祖子。

⑩ 王吉。

⑪ 京房。

⑫ 释：一条，言班史附向、歆于《楚元王传》，代不相接，封不相袭，宜以类离立。

⑬ 古通“债”。

⑭ 一作“书”。

⑮ 王莽年。

⑯ 释：一条，言莽元宜革，而班史《莽传》竟纪莽年，其失甚矣。

⑰ 亡谓失位。

⑱ 释：一条，言后汉中兴，更始先建位号，宜纪不宜传，范史因仍不改。

⑲ 公孙。

⑳ 谓益州牧，即焉、璋也。

㉑ 释：一条，言《蜀志》宜首纪先主，而陈寿乃先以二牧比高、光，为违例矣。

㉒ 释：一条，言嗣代之不君者不纪，吴均纪郁林可议。

㉓ 齐废帝。

㉔ 东昏元。

㉕ 和帝元。

㉖ 恭帝元。

㉗ 炀帝元。

㉘ 一作"末"。

㉙ 释：一条，言《齐》、《隋》二史阿徇兴朝，于前代末造，私拥立而没旧君，纪不以实也。○此下或分章另起，非。

㉚ 一作"列传仍显"。

㉛ 一误作"必不"。

㉜ 今止《魏书》志编传后，范、沈二书，后人易置矣。

㉝ 释：一条，言纪传相接，翻阅为便，表志不妨次后，史多不然。○已上分纠失宜，凡八条。

㉞《史记》。

㉟《汉书》。

㊱《史记》。

㊲《魏志》。

㊳ 公孙弘。

㊴ 旧作"宣武"，不合。

㊵ 一作"中"。○并《汉书》。

㊶ 释：末复撮举，以概未尽者。

㊷ 其说汉已有之，张平子曰：更始居位，光武为其部将，然后即真，宜

以更始之号建于光武之初也。

逃责　《帝王世纪》：赧王虽天子，为诸侯所役逼，负责于民，无以得归，乃上台避之，故周人名曰逃责台。

祚归高邑　《光武帝纪》：光武北击尤来、大抢、五幡于元氏，进至安次。诸将议上尊号。行至鄗，彊华自关中奉《赤伏符》，曰："刘秀发兵拥不道，四夷云集龙斗野，四七之际火为主。"群臣因复奏受命之符。光武于是设坛场于鄗南，即皇帝位，建元为建武，改鄗为高邑。

跻僖　《左》文二年：秋，大事于太庙，跻僖公，逆祀也。君子以为失礼。子虽齐圣，不先父食。故禹不先鲧，汤不先契，文、武不先不窋。

恶视　《左》文十八：文公二妃敬嬴生宣公。敬嬴嬖而私事襄仲。襄仲欲立之，叔仲不可。仲杀恶及视而立宣公。书曰"子卒"，讳之也。夫人姜氏归于齐，大归也。将行，哭而过市，曰："天乎！仲为不道，杀嫡立庶。"杜《注》：恶，太子。视，其母弟。夫人姜氏，恶、视之母，出姜也。

郁林为纪　《南齐书》纪：郁林王，世祖武帝皇太孙也。即位改元隆昌，期年之间，恣意淫乱。镇军萧鸾定谋，使萧谌等领兵入宫，舆接出西弄，杀之。鸾即明帝。

颖达隋史　《通志略》：唐贞观中，诏诸臣分修《五代史》，颜师古、孔颖达撰次隋事。

孙弘传赞　按：《公孙弘传赞》：是时，汉兴六十余载，海内艾安，群士向慕，汉之得人，于兹为盛。因历举公孙、董、兒等二十七人。又云：孝宣承统，纂修洪业，亦讲论六艺，招选茂异。下复历举萧、梁丘、夏侯等二十四人。一赞之中，盛称二世人才，故曰"宜居《武、宣纪》末"。

玄成传终　《韦贤传》：本始三年，代蔡义为丞相。子玄成，字少翁，永光中，代于定国为丞相。封侯故国，荣当世焉。按：本传既毕，历述诸郡国所立太祖、太宗、世宗等庙罢毁诏议，其文皆列侯、中二千石、博士等共议。例当收载《礼志》中，故曰枉入《玄成传》终。又按：《新唐书·韦绍传》罗列一时朝士祭器、丧服等议，正仿《玄成传》法也。

称谓第十四

孔子曰:“唯名不可以假人。”又曰:“名不正则言不顺。”[①]“必也正名乎!”是知名之折中,君子所急。况复列之篇籍,传之不朽者邪!昔夫子修《春秋》,吴、楚称王而仍旧曰子。此则褒贬之大体,为前修之楷式也。[②]

马迁撰《史记》,项羽僭盗而纪之曰王,此则真伪莫分,为后来所惑者也。自兹已降,讹谬相因,名讳所施,轻重莫等。至如更始中兴汉室,光武所臣,虽事业不成,而历数终在。班、范二史皆以刘玄为目,不其慢乎?[③]

古者二国争盟,晋、楚并称侯伯;七雄力战,齐、秦俱曰帝王。其间虽胜负有殊,大小不类,未闻势穷者即为匹庶,力屈者乃成寇贼也。[④]至于近古则不然,当汉氏云亡,天下鼎峙,论王道则曹逆而刘顺,语国祚则魏促而吴长。但以地处函夏,人传正朔,度长絜短,魏实居多。二方之于上国,[⑤]亦犹秦缪、楚庄,与文、襄[⑥]而并霸。蜀昭烈主可比秦缪公,吴大帝可比楚庄王。[⑦]逮作者之书事也,乃没吴、蜀号谥,呼权、备姓名,谓鱼豢、孙盛等。方于魏邦,悬隔顿尔,惩恶劝善,其义安归。[⑧]

续以金行版荡,戎、羯称制,[⑨]各有国家,实同王者。晋世臣子党附君亲,嫉彼乱华,比诸群盗。此皆苟徇私忿,忘夫至公。自非坦怀爱憎,无以定其得失。至萧方等始存诸国名谥,僭帝者皆称之以王。此则赵犹人君,[⑩]加以主[⑪]号;杞用夷礼,贬同子爵。变通其理,事在合宜,小道可观,见于萧氏者矣。⑫

古者天子庙号，祖有功而宗有德，始自三代，迄于两汉，名实相允，今古共传。降及曹氏，祖名多滥，必无惭德，⑬其唯武王。⑭故陈寿《国志》独呼武曰祖，至于文、明，但称帝而已。自晋已还，窃号者非一。如成、⑮穆两帝，刘、萧二明，⑯梁简文兄弟，兼言孝元帝也。齐⑰武成昆季，兼文宣、孝昭也。斯或承家之僻王，或亡国之庸主，不谥灵缪，为幸已多，犹曰祖宗，孰云其可？而史臣载削，曾无辨明，每有所书，必存庙号，何以申劝沮之义，杜渝⑱滥之源者乎？⑲

又位乃人臣，迹参王者，如周之亶父、季历，晋之仲达、师、昭，追尊建名，比诸天子，可也。必若当涂⑳所出，宦官携养，帝号徒加，人望不惬。故《国志》所录，无异匹夫，应书其人，直云皇之祖考而已。至如元氏，㉑起于边㉒朔，其君乃一部之酋长耳。道武追崇所及，凡二十八君。自开辟已来，未之有也。而《魏书·序纪》，㉓袭其虚号，生则㉔谓之帝，死则谓之崩，何异沐猴而冠，腐鼠称璞者矣！㉕

夫历观自古，称谓不同，缘情而作，本无定准。至若诸侯无谥者，战国已上谓之今王；天子见黜者，汉、魏已后谓之少帝。周衰有共和之相，楚弑㉖有郏敖之主，赵佗而曰尉佗，英布而曰鲸布，豪杰则平林、新市，寇贼则黄巾、㉗赤眉，㉘园、绮友朋，共云四皓，奋、建父子，都称万石。凡此诸名，㉙皆出㉚当代，史臣编录，无复张弛。盖取叶随时，不藉稽古。及后来作者，㉛颇慕㉜斯流，亦时采新名，列㉝成篇题。音第。若王《晋》㉞之《十士》、《寒俊》，沈《宋》㉟之《二凶》、《索虏》，即其事也。唯魏收远不师古，近非因俗，自我作故，无所宪章。其撰《魏[36]书》也，乃以平阳王为出帝，[37]司马氏为僭晋，桓、刘已下，通曰岛夷。夫其谄齐则轻抑关右，[38]党魏则深诬江外，[39]爱憎出于方寸，与夺由其笔端，语必不经，名惟骇物。昔汉世原涉大修坟墓，乃开道立表，署曰南阳阡，欲以继迹京兆，齐声曹尹，[40]而人莫之肯从，但云原氏阡而已。故知事非允当，难以遵行。如收之苟立诡名，不依故实，虽[41]复刊诸竹帛，终罕[42]传于讽诵也。[43]

抑又闻之，帝王受命，历数相承，虽旧君已没，而致敬无改，岂可等之凡庶，便书之以名者乎？近代文章，实同儿戏。有天子而称讳者，若姬满、刘庄[44]之类是也。有匹夫而不名者，若步兵、彭泽之类是也。史论立言，理当雅正。如班述[45]之叙圣卿[46]也，而曰董公惟亮；范赞之言季孟[47]也，至[48]曰隗王得士。习谈汉主，则谓昭烈为玄德。习氏《汉晋春秋》以蜀为正统，其编目叙事皆谓蜀先主为昭烈皇帝，至于论中语则呼为玄德。裴引魏室，则目文帝为曹丕。夫以淫[49]乱[50]之臣，忽[51]隐其讳；正朔之后，反[52]呼其名。意好奇而辄为，文逐韵而便作，班固《哀纪述》曰："宛娈董公，惟亮天功。"《隗嚣公孙述传赞》曰："公孙习吏，隗王得士。"[53]用舍之道，其例无恒。但近代为史，通多此失。上才犹且[54]若是，而况中庸者乎？今略举一隅，以存标格云尔。[55]

按：篇内所详凡五项，一斥鱼、孙三国名备名权也，一辩志十六国直书为盗也，一议晋后嗣世概加庙号也，一讥二魏开国追尊可笑也，一鄙收书题目创名骇见也，其前后二条乃带及之。

承祚志蜀，实用纪体，二主皆不书名；志吴，则坚、策以后仍书名。斟酌权宜，愈于鱼豢辈远矣。

传曰：至敬无文，至文尚质。礼，祖有功而宗有德，古之制也。汉不虚尊，晋加弥广，由唐而来，庙冠谥前，遂为世典。礼时为上，毋亦质文之流于既溢者欤？称祖称宗一节，可作庙谥议，悬之册府。

① 一衍“云云”二字。

② 释：首引圣经为慎重名称之证。

③ 释：类举二事皆旋起旋灭者，其文从略。

④ 一脱“也”字。

⑤ 或作“若方之于七国”，非。

⑥ 比魏于晋、宋。

⑦ 按：以中原西东所据之地为比。

⑧ 释：此论三国旧史之称谓，凭地势而蔑统祚，最为颠倒。

⑨ 统言五胡。

⑩ 武灵王。

⑪ 一作“王”，非。

⑫ 释：此论晋沦中夏，诸戎迭兴，作史者准胡服用夷之赵、杞，存其国谥可也，而竟等萑苻，亦非得实。

⑬ 犹言必欲加之。

⑭ 谓庙号止可及操。

⑮ 旧作“康”，非。

⑯ 或作“朝”，误。

⑰ 北齐。

⑱ 一作“偷”。

⑲ 释：此论“祖宗”二字，最为隆号，相仍嗣世，古不虚尊，魏、晋而下，渝滥已极，持论不磨。

⑳ 曹魏。

㉑ 元魏。

㉒ 一作“沙”。

㉓ 首卷篇名。

㉔ 一少“则”字,下同。

㉕ 释:此论开国追尊号谥,世数有纪,世类必稽,无若二魏之妄而过制者,法在必斥。〇前节以庙号言,此节以谥号言,勿混。

㉖ 旧作“煞”。

㉗ 巨鹿张角。

㉘ 琅邪樊崇等。

㉙ 今本失此四字。

㉚ 旧多“于”字。

㉛ 一作“所作”。

㉜ 一作“纂”。

㉝ 一作“务”。

㉞ 王隐《晋书》。

㉟ 沈约《宋书》。

㊱ 一脱“魏”字。

㊲ 魏孝武西入关,依宇文故。

㊳ 宇文。

㊴ 即晋、宋。

㊵ 一误作“伊”。

㊶ 一讹作“难”。

㊷ 一作“靡”。

㊸ 释:此论前史杂出名称,皆本当时口语,笔之史乘,正复多姿。若北魏之指斥矫诬,真成恶札矣。

㊹ 汉明帝。

㊺ 班史名赞为述。

㊻ 董贤。

㊼ 隗嚣。

㊽ 一讹“止”，一脱去。

㊾ 董贤。

㊿ 隗嚣。

(51) 一作“总”。

(52) 一作“乃”。

(53) 按：公、功，吏、士，皆逐韵也。

(54) 一作“其”。

(55) 释：末言讳名、书名，尊卑分定，作文作史，宽严法殊，因约举混称，用垂标准。○此条附及。

萧方等 《隋》、《唐》二志：萧方《三十国春秋》三十卷。按：二志误削“等”字，辩详《杂说》中篇。

赵君主号 《甲子会记》：周显王之季，韩、燕皆称王，赵武灵独不肯，令人谓己曰君。赧王时，赵武灵胡服招骑射，寻废其太子章而传位少子，自号主父。

杞夷子爵 事在《左传》僖二十七年，注见《惑经》篇。

成穆两帝 《晋·成帝纪》：成皇帝讳衍，明帝长子也，庙号显宗。史臣曰：成帝政出渭阳，声乖威服，凶徒既纵，神器阽危。《穆帝纪》：穆皇帝讳聃，康帝子也，庙号孝宗。史臣曰：孝宗因襁抱之姿，用母氏之化，中外无事，十有余年。按：康帝史无庙号，故旧本作“康穆”者，非。

刘萧二明 《南史·宋·明帝纪》：太祖明皇帝讳彧，文帝第十一子也。末年好鬼神，多忌讳，殿内埋钱以为私藏，天下骚然。宋氏之业，自此衰矣。《齐·明帝纪》：高宗明皇帝讳鸾，始安王道生之子也。性猜忌，亟行诛戮，简于出入，将南则诡言北，皆不以实，竟不南郊。

当涂 《史记·建元以来侯者年表》：当涂魏不害以捕淮阳反者侯。《后汉·袁术传》：谶书言“代汉者当涂高”。又：献帝时，李云言许昌气见于当涂高，象魏者两阙也。当涂而高者魏，魏当代汉。

宦官携养 袁绍讨曹檄：司空曹操，祖父腾，故中常侍，与左悺、徐璜并作妖孽。父嵩，乞丐携养，输货权门，窃盗鼎司，倾覆重器。操赘阉遗丑，本无令德，僄狡锋侠，好乱乐祸。

腐鼠称璞 《战国·秦策》：应侯曰：郑人谓玉未理者璞，周人谓鼠未腊者朴。周人怀朴过郑，贾曰：欲买朴乎？郑贾曰：欲之。出其朴，乃鼠也。

共和 《史记·周本纪》：厉王出奔于彘，周公、召公二相行政，号曰“共和”。《注·正义》：共音巨用反。《汉书·人表》：共伯和。师古《注》：共，国名也。伯，爵也。和，共伯之名也。共音恭。按：是说本之《汲冢纪年》。

郏敖 《左》昭元年：楚公子围将聘于郑，未出竟，闻王有疾而还。入问王疾，缢而弑之。葬王于郏，谓之郏敖。杜《注》：郏敖，楚子麇。按：“麇”，《史记·楚世家》作“员”，音云。

十士寒俊 按：文与《二凶》、《索虏》对举，亦列传中之篇名也。王隐《晋书》已亡，无可考证。

平阳王 《魏书》帝纪：出帝讳脩，封平阳王，齐献武奉王即帝位。三年，帝为斛斯椿等谄佞间阻，贰于齐，托讨萧衍，盛暑征发，天下怪恶之。七月，遂出于长安。十二月，为宇文黑獭所害。《周·文帝纪》：魏孝武帝将图齐神武，诏太祖为大都督，深仗太祖。七月丁未，遂从洛阳率轻骑入关，太祖奉迎，谒见东阳驿。按：以孝武为出帝，魏收目之云尔。

原氏阡 《汉·游侠传》：原涉字巨先。涉父哀帝时为南阳太守。父死，行丧冢庐。初，京兆尹曹氏葬茂陵，民谓其道为京兆仟。涉慕之，乃买地开道，立表署曰南阳仟，人不肯从，谓之原氏仟。按：“仟”通“阡”。

卷五

采撰第十五

子曰："吾犹及史之阙文。"是知史文有阙，其来尚矣。自非博雅君子，何以补其遗逸者哉？[①] 盖珍裘以众腋成温，广厦以群材合构。自古探穴藏山之士，怀铅握椠之客，何尝不征求异说，采摭群言，然后能成一家，传诸不朽。观夫丘明受[②]经立传，广包诸国，盖当时有《周志》、《晋乘》、《郑书》、《楚杌》等篇，遂乃聚而编之，混成一录。向使专凭鲁策，独询孔氏，何以能殚见洽闻，若斯之博也？马迁《史记》，采《世本》、《国语》、《战国策》、《楚汉春秋》。至班固《汉书》，则全同太史。自太初已后，又杂引刘氏《新序》、《说苑》、《七略》之辞。此并当代雅言，事无邪僻，故能取信一时，擅名千载。[③]

但中世作者，其流日烦，虽国有册书，杀青不暇，而百家诸子，私存撰录，寸有所长，实广闻见。其失之者，则有苟出异端，虚益新事，至如禹生启石，伊产空桑，海客乘槎以登汉，姮娥窃药以奔月。如斯踳驳，不可殚论，固难以污南、董之片简，沾班、华[④]之寸札。而嵇康《高士传》，好聚七国寓言；玄晏[⑤]《帝王纪》，多采《六经》图谶。引书之误，其萌[⑥]于此矣。[⑦]

至范晔增损东汉一代，自谓无惭良直，而王乔凫履，出于《风俗通》，[8]左慈羊鸣，传于《抱朴子》。[9]朱紫不别，秽莫大焉。沈氏著书，好诬先代，于晋则故造奇说，在宋则多出谤言，前史所载，已讥其谬矣。而魏收党附北朝，尤苦南国，[10]承其诡妄，重以加诸。[11]遂云[12]马睿出于牛金，王劭曰：沈约《晋书》造奇说云，瑯琊国姓牛者，与夏侯妃私通，生中宗，因远叙宣帝以毒酒杀牛金，符证其状。收承此言，乃云：司马睿，晋将牛金子也。宋孝王曰：收以睿为金子，计其年，全不相干。案前史尚如此误，况后史编录者耶？刘骏上淫路氏。沈约《宋书》曰：孝武于路太后处寝息，时人多有异议。《魏书》因云骏烝其母路氏，丑声播于瓯、越也。可谓助桀为虐，幸人之灾。寻其生绝胤嗣，死遭剖斫，[13]盖亦阴过之[14]所致也。[15]

晋世杂书，谅非一族，若《语林》、[16]《世说》、《幽明录》、[17]《搜神记》[18]之徒，其所载或恢谐小辩，或神鬼怪物。其事非圣，扬雄所不观；其言乱神，宣尼所不语。皇[19]朝新[20]撰《晋史》，多采以为书。夫以干[21]、邓[22]之所粪除，王、[23]虞[24]之所糠秕，持[25]为逸史，用补前传，此何异魏朝之撰《皇览》，梁世之修《遍略》，务多为美，聚博为功，虽取说于[26]小人，终见嗤于君子矣。[27]

夫郡国之记，谱谍之书，务欲矜其州里，夸其氏族。读之者安可不练其得失，明其真伪者乎？至如江东"五俊"，始自《会稽典录》；[28]颍川"八龙"，出于《荀氏家传》。[29]而修晋、汉史者，皆征彼虚誉，定为实录。苟不别加研核，何以详其是非？[30]

又讹言难信，传闻多失，至如曾参杀人，不疑盗嫂，翟义不死，诸葛犹存，此皆得之于行路，传之于众口，傥无明白，其谁曰[31]然。故蜀相薨于渭滨，《晋书》称呕血而死；魏君崩于马圈，《齐史》云中矢而亡；沈炯骂[32]书，河北以为王伟；魏收草檄，关西谓之邢邵。夫同说一事，而分为两家，盖言之者彼此有殊，故书之者是非无定。[33]

况古今路阻，视听壤隔，而谈者或以前为后，或以有为无，泾、渭一乱，莫之能辨。而后来穿凿，喜出异同，不凭国史，别讯流俗。及其记事也，则有师旷将轩辕并世，公明与方朔同时；[34]尧有八眉，夔唯一足；乌白马角，救燕丹而免祸；犬吠鸡鸣，逐刘安以高蹈。[35]此之乖滥，往往有旃。[36]

故作者恶道听涂说之违理，街谈巷议之损实。观夫子长之撰《史记》也，殷、周已往，采彼家人；安国[37]之述《阳秋》也，梁、益旧事，访诸故老。夫以刍荛鄙说，刊为竹帛正言，而辄欲与《五经》方驾，《三志》竞爽，斯亦难矣。呜呼！逝者不作，冥漠九泉；毁誉所加，远诬千载。异辞疑事，学者宜善思之。[38]

按：此篇持论正大方严，刘子尝言作史三难，首尚学识，即此可以证其本领。

① 释：首引阙文不补之义，领起采撰宜慎之旨。

② 旧作“授”，误。

③ 释：此节提出丘明、马、班诸史，非不博征，必求雅正，所以可贵也。

④ 一作“晔”，非。

⑤ 皇甫谧。

⑥ 一多“始”字。

⑦ 释：此节言后来杂撰益多，人情好怪，史体所必禁，而其萌自此不可遏矣。

⑧ 应劭撰。

⑨ 葛洪撰。

⑩ 尤苦，谓污蔑之。

⑪ 一作“重加诬语”。

⑫ 一多“司”字。

⑬ 一讹作“割断”。

⑭ 一无“之”字。

⑮ 释：此节言范《书》既猥，沈《书》多诬。至魏之秽史，借词污蔑，身受殃僇，所深恶在此也。

⑯ 裴荣撰。

⑰ 刘义庆撰。

⑱ 干宝撰。

⑲ 旧作“唐”。

⑳ 或作“所”。

㉑ 宝。

㉒ 粲。

㉓ 隐。

㉔ 预。

㉕ 一作“以”。

㉖ 一无“于”字，下同。

㉗ 释：此节言国朝敕修前史，择亦不精，所规在此也。〇下皆散摘。

㉘ 郡国记也。

㉙ 谱谍书也。

㉚ 释：此层言褊狭之志乘宜择。

㉛ 王本《注》：疑脱“不”字。

㉜ 一作“荐”。

㉝ 释：此层言一时之讹传宜择。

㉞ 承前后言。

㉟ 承有无言。

㊱ 释：此层言旧说之舛讹宜择。

㊲ 孙盛。

㊳ 释：末节缴上三层，为采撰者致诫。

杀青 《后汉·吴祐传》：父恢，为南海太守，欲杀青简以写经书。《注》：以火炙简，令汗，去其青，易书，复不蠹，谓之杀青，亦曰汗简。字已见《国语》篇《战国策》注中。

禹生启石 《路史·余论》：夏后氏生而母化为石，说见《世纪》。盖原禹母获月精石，吞之而生禹也。《淮南·修务》云："禹生于石。"而今登封庙有一石，号"启母石"。汉元封元年，武帝幸缑氏，制曰：朕至中岳，见启母石。云化石启生，地在嵩北。按：《韵府》言禹通轘辕，谓涂山氏：欲饷，闻鼓乃来。禹跳石，误中鼓，涂山忽至，见禹方作熊，惭而去，至嵩山下化为石。禹曰："归我子。"石破北方，生启云云。谓是《淮南》之文，《淮南》实无其文，亦编书家不根之一征也。

伊产空桑 《列子·天瑞》：后稷生乎巨迹，伊尹生乎空桑。《吕览·本味》：有侁氏女得婴儿于空桑，察其所以，曰：其母居伊水之上，孕，梦神告曰："臼若出水，而东走。"明日，视臼出水，东走十里，顾其邑尽为水，身因化为空桑，故命之曰伊尹。

海客 《博物志》：天河与海通，近世有人居海渚者，年年八月有浮槎去来，不失期。此人乘槎而去，至一处，屋舍甚严，遥望宫中多织妇，见一丈夫，牵牛渚次饮之。后至蜀，问严君平。曰："某年月日，有客星犯牵牛宿也。"

姮娥 《后汉·天文志》注：张衡《灵宪》曰："羿请无死之药于西王母，姮娥窃之以奔月。将往，枚筮之，曰'翩翩归妹，独将西行'，'毋惊毋恐，后其大昌'。遂托身于月，是为蟾蠩。"

王乔左慈　《后汉·方术传》：王乔，显宗时为叶令，每月朔望，自县诣台朝。帝怪其来数，密令太史伺望。言其临至，辄有双凫从东南飞来。于是举罗张之，但得一双舄。诏尚方诊视，则四年中所赐尚书官属履也。又：左慈字元放，少有神道。曹操欲收杀之，慈却入壁中，霍然不知所在。后又逢慈于阳城山头，因复逐之，入走羊群。操乃令就羊中告之曰："不复相杀，欲试君术耳。"忽有一老羝，屈前两膝，人立而言，曰："遽如许。"即竞往赴之，而群羊数百，皆变为羝，并屈前膝人立，云："遽如许。"

非圣不观　《汉书·扬雄传》：雄自有大度，非圣哲之书不好也。按：语本《法言》。

皇览　《魏志·刘劭传》：劭字孔才，黄初中，为散骑侍郎，受诏集《五经》群书，以类相从，作《皇览》。旧注：《魏略》云：常侍王象，受诏撰《皇览》，藏于秘府，合四十余部，部有数十卷。

遍略　《梁·文学传》：何思澄字元静。天监十五年举学士，入华林，撰《遍略》。徐勉举思澄等五人应选。又《刘杳传》：徐勉举杳及顾协等五人撰《遍略》。又《钟嵘传》：弟屿亦预。按：诸传错举，止及四人，其一人无考。《南史·刘峻传》：梁安成王给其书籍，使撰《类苑》一百二十卷。帝命诸学士撰《华林遍略》以高之。旧注：《遍略》七百卷。

五俊　《晋书·薛兼传》：兼字令长，丹阳人。清素有器宇，少与同郡纪瞻、广陵闵鸿、吴郡顾荣、会稽贺循齐名，号为"五俊"。初入洛，司空张华见而奇之，曰："皆南金也。"

八龙　《后汉·荀淑传》：淑字季和，颍川人，有子八人：俭、绲、靖、焘、汪、爽、肃、旉，并有名称，时人谓之"八龙"，颍阴令苑康改其里曰高阳里。

曾参杀人　《战国·秦策》：有与曾子同名族者而杀人，人告曾子母，母织自若。有顷又告，尚织自若。顷之又告，母惧，投杼而走。

不疑盗嫂　《汉书·直不疑传》：人或毁不疑曰："不疑状貌甚美，然毋奈其善盗嫂何也？"不疑闻，曰："我乃无兄。"然终不自明也。

翟义不死　《汉书·翟方进传》：少子义，字文仲，为东郡守。王莽居摄，义移檄讨莽，军破而亡。《后汉·王昌传》：昌一名郎，莽篡位，郎诈称成帝子,檄州郡曰:天命佑汉,使东郡太守翟义,拥兵征讨。郎以百姓思汉,多言翟义不死,故诈称之。

诸葛犹存　《蜀志·魏延传》:亮出北谷口,病。延密与杨仪、姜维作身殁之后退军节度。亮适卒,秘不发丧。《亮传》注:杨仪等整军而出,宣王追焉。姜维令反旗鸣鼓。宣王退,不敢逼。百姓为之谚曰:"死诸葛走生仲达。"宣王曰:"吾能料生,不便料死也。"按:"诸葛犹存"似是成语,俟再详之。

呕血　《蜀志·诸葛传》注:《魏书》曰:"亮粮尽势穷,忧恚呕血。一夕烧营遁走,入谷道,发病卒。"臣松之以为亮在渭滨,魏人蹑迹,胜负之形,未可测量。而云呕血,盖因亮亡而自夸大也。夫以孔明之略,岂为仲达呕血乎?

马圈　《魏书·高祖纪》:萧宝卷遣太尉陈显达寇荆州,攻陷马圈戍。车驾南伐,至马圈,破之。帝疾甚,北次谷塘,崩于行宫。按:今萧子显《齐书》无中矢之文。宝卷,齐废帝东昏讳也。

沈炯骂书　《史通》云:沈炯骂书,河北以为王伟。按:《陈书·炯传》:炯,武康人。梁侯景之难,王僧辩购得炯。羽檄军书,皆出于炯。《梁书·侯景传》:景围守宫阙,抗表言陛下贪臣汝、颖,绝好河北,檄詈高澄。《南史·贼臣传》:王伟,魏行台郎。高澄以书招景,伟为景报书。澄问谁作,左右称是伟文。据此,则炯为僧辩檄,乃檄侯景,非檄河北也。梁武詈澄,是受愚于景,决不假手于伟也。至北人之称伟文,本是伟作,非炯作也。《史通》似误。

魏收草檄　《史通》云:魏收草檄,关西谓之邢邵。按:《北史·魏收传》:侯景叛入梁,文襄令收为檄,五十余纸,不日而就。《周书·独孤信传》:东魏侯景之南奔也,魏收为檄梁文,矫称无关西之忧,欲以威梁也。《北史·邢邵传》:邵字子才,人称北间第一才子。巨鹿魏收,年事在后,称邢、魏焉。历考魏、齐、周诸史,其言草檄及收、邵并称处,大略如此,皆无收檄邵作,出自关西人语之文。《史通》或别有据耶?

师旷轩辕并世　《列子·汤问》:焦螟集于蚊睫,师旷俯耳,弗闻其声。唯黄帝与容成子居空峒之上,砰然闻之若雷霆。又《齐民要术》:师旷占曰:

黄帝问曰："吾欲占药善一心可知否?"对曰：岁欲雨，雨草先生，藕；欲旱，旱草先生，蒺藜；欲荒，荒草先生，蓬；欲病，病草先生，艾。《史记》：黄帝，少典之子，名轩辕。

公明方朔同时　公明，魏管辂字。其语未详。

尧八眉　《淮南·修务训》：尧眉八采。高诱《注》：尧母庆都出观于河，有赤龙负图而至，奄然阴云。尧生，眉有八采之色。《尚书大传》：尧八眉，舜四瞳子。

夔一足　王《训故》：《韩子》：哀公问于孔子曰："吾闻夔一足，信乎?"曰：夔无他异，独通于声。尧曰："夔一而足矣。"使为乐正，非一足也。按：此事所见非一，《吕氏春秋》、《风俗通》皆有之。

乌白马角　语见《史记·刺客传赞》。《博物志》：燕丹质于秦，欲归。秦王谬言曰："乌头白，马生角，乃可。"丹仰而叹，乌即头白；俯而嗟，马亦生角。秦王不得已而遣之。

犬吠鸡鸣　葛洪《神仙传》：汉淮南王刘安者，高帝之孙也。好儒学方术，有八公诣门，皆须眉皓白，门吏白王，八公皆变为童子。王迎，烧百和香，八童子复为老人，授王丹经。药成，雷被、伍被共诬安谋反。八公谓安曰："可以去矣。"安登山，白日升天。人传去时余药器，鸡犬舐啄之，尽得升天。故鸡鸣天上，犬吠云中也。

载文第十六

夫观乎人文，以化成天下；观乎国风，以察兴亡。是知文之为用，远矣大矣。若乃宣、僖善政，其美载于周诗；怀、襄不道，其恶存乎楚赋。读者不以吉甫、奚斯为谄，屈平、宋玉为谤者，何也？盖不虚美，不隐恶故也。①是则文之将史，其流一焉，固可以方驾南、董，俱称良直者矣。②

爰洎中叶，文体大变，树理者多以诡妄为本，饰辞者务以淫丽为宗。[3]譬如[4]女工之有绮縠，音乐之有郑、卫。[5]盖语曰：不作无益害有益。至如史氏所书，固当以正为主。是以虞帝思理，夏后失御，《尚书》载其元首、禽荒之歌；郑庄至孝，[6]晋献不明，《春秋》录其大隧、狐裘之什。其理谠而切，其文简而要，足以惩恶劝善，观风察俗者矣。若马卿之《子虚》、《上林》，扬雄之《甘泉》、《羽猎》，班固《两都》，马融《广成》，喻过其体，词没其义，繁华而[7]失实，流宕而忘返，无裨劝奖，有长奸诈，而前后《史》、《汉》皆书诸[8]列传，不其谬乎![9]

且汉代词赋，虽云虚矫，自余它文，大抵犹实。至于魏、晋已下，则讹谬雷同。榷而论之，其失有五：一曰虚设，二曰厚颜，三曰假手，四曰自戾，五曰一概。[10]

何者？昔[11]大道为公，以能而授，故尧咨尔舜，舜以命禹。自曹、马已降，其取之也则不然。若乃上出禅书，下陈让表，其间劝进殷勤，敦谕重沓，迹实同于莽、卓，言乃类于虞、夏。且始自纳陛，迄于登坛。彤弓卢矢，新君膺九命之锡；白马侯服，旧主蒙[12]三恪之礼。徒有其文，竟无其事。此[13]所谓虚设也。[14]

古者两军为敌，二国争雄，自相称述，言无所隐。何者？国之得丧，[15]如日月之蚀焉，非由饰辞矫说所能掩蔽也。逮于近古则不然。[16]曹公叹蜀主之英略，曰“刘备吾俦”；周帝美齐宣之强盛，云“高欢不死”。或移都以避其锋，或斫[17]冰以防其渡。及其申诰誓，降移檄，便称其智昏菽麦，识昧玄黄，列宅建都若鷦鷯之巢苇，临戎贾勇犹螳螂之拒辙。[18]此所谓厚颜也。[19]

古者国有[20]诏命，皆人主所为，故汉光武时，第五伦为督铸钱掾，见诏书而叹曰："此圣主也，一见决矣。"至于近古则不然。凡有诏敕，皆责成群下，但使朝多文士，国富辞人，肆其笔端，何事不录。是以每发玺诰，下纶言，申恻隐之渥恩，叙忧勤之至意。其君虽有反道败德，唯顽与暴。观其政令，则辛、癸不如；读其诏诰，则勋、华再出。此所谓假手也。[21]

盖[22]天子无戏言，苟言之有失，则取尤天下。故汉光武谓庞萌"可以托六尺之孤"，及闻其叛也，乃谢百官曰：诸君得无笑朕乎？是知褒贬之言，哲王所慎。至于近古则不然。凡百具寮，王公卿士，始有褒崇，则谓其珪璋特达，善无可加；旋有贬黜，则比诸[23]斗筲下[24]才，罪不容责。夫同为一士之行，同取一君之言，愚智生于倏忽，是非变于俄顷，帝心不一，皇鉴无恒。此所谓自戾也。[25]

夫国有否泰，世有污隆，作者形言，本无定准。故观猗与之颂，而验有殷方兴；睹《鱼藻》之刺，而知宗周将殒。至于近代[26]则不然。夫谈主上之圣明，则君尽三、五；述宰相之英伟，则人皆二八。国止方隅，而言并吞六合；[27]福不盈眥，[28]而称感致百灵。虽人事屡改，而文理无易，故善之与恶，其说不殊，欲令观者，畴为准的？此所谓一概也。[29]

于是考兹五失，以寻文义，虽事皆形似，而言必凭虚。夫镂冰为璧，不可得而[30]用也；画地为饼，不可得而食也。是以行之于世，则上下相蒙；传之于后，则示[31]人不信。而世之作者，恒[32]不之[33]察，聚彼虚说，编而次之，创自起居，[34]成于国史，连章疏[35]录，一字无废，非复史书，更成文集。[36]

若乃历[37]选众作，求其秽累，王沈、鱼豢，是其甚焉；裴子野、何之元，抑其次也。陈寿、干宝，颇从简约，犹时载浮讹，罔[38]尽机要。唯王劭撰《齐》、《隋》二史，其所取也，文皆诣[39]实，理多可信，至于悠悠饰词，皆不之取。此实得去邪从正之理，捐华摭实之义也。[40]

盖山有木，工则度之。况举世文章，岂无其选，但苦作者书之不[41]读耳。至如诗有韦孟《讽谏》，赋有赵壹《嫉邪》，篇[42]则贾谊《过秦》，论则班彪《王命》，张华述箴于女史，张载题铭于剑阁，诸葛表主以出师，王昶书字[43]以诫子，刘向、谷永之上疏，晁错、李固之对策，荀伯子之弹文，[44]山巨源之启事，此皆言成轨则，为世龟镜。求诸历代，往往而有。苟书之竹帛，持以[45]不刊，则其文可与三代同风，其事可与《五经》齐列。古犹今也，何远近之有哉？[46]

昔夫子修《春秋》，别是非，申黜陟，而贼臣逆子惧。凡今之[47]为史而载文也，苟能拨浮华，采贞[48]实，亦可使夫雕虫小技者，闻义而知徙矣。此乃禁淫之堤防，持雅之管辖，凡为载削者，可不务乎？[49]

按：前之《载言》，欲掣出篇文；此之《载文》，就择言著论。五失大半皆纂乱徧小时文字，标而出之，信"禁淫之堤防，持雅之管辖"也。其于贾、班诸人之作，不复以隔越叙事为言，足可弥缝前语之隙。著书家参互相救，视诸此矣。

唐置中书省，宋设内外制，大抵王言胥归官掌，"假手"一条不可泥。然读此亦足当训词尔雅之箴。

余读五失而恧然也，间尝泛滥史材，凡九锡禅代之文，檄诰扬言之作，撮其艳句，用备荒谷，以为不虚度矣。而此种学问，古人鄙之，谓之流宕。伊川玩物丧志之诃，亦为读史不知择言者戒与！

① 释：以文之不载于史者引起。

② 释：四语牵文搭史。〇已上为载文起因。

③ 一多“故作者”三字。

④ 一作“以”。

⑤ 释：数语仍从文引入，下乃递及史之所载。

⑥ 二字谬许。

⑦ 一无“而”字，下同。

⑧ 一脱“诸”字。

⑨ 释：已上是发凡，一正一反，为载文表式。

⑩ 释：揭出五失之纲，“失”字贴载者说。

⑪ 一无“昔”字。

⑫ 一作“加”。

⑬ 一脱“此”字。

⑭ 释：其一，举得国而言。魏、晋、南、北，无非攘窃，乃以禅让锡恪之文载之史策，岂非虚设？

⑮ 句，以兵形胜负言。

⑯ 一有“至如”二字。

⑰ 一作“断”。

⑱ 并当时诰檄中语。

⑲ 释：其二，举当敌而言。忌胜则叹彼英强，张词则侈为诰檄，以此诸篇载入史中，岂非厚颜？

⑳ 一脱此二字。

㉑ 释：其三，举书诏而言。恭主多逊辞，谀臣饰恩意。近史所载，尽出文人，是假手也。

㉒ 一无“盖”字。

㉓ 旧脱“诸”字。

㉔ 一作“不”。

㉕ 释：其四，举驭下而言。鉴识靡定，前后相违，史并载之，非自戾而何？

㉖ 一作“古”。

㉗ 一作“国”，非。

㉘ 或讹作“旹”。

㉙ 释：其五，举颂上而言。时有隆污，词无进退，史等载之，非一概而何？

㉚ 一无此二字，下同。

㉛ 一作“世”。

㉜ 一作“复”。

㉝ 一作“知”。

㉞ 起居注。

㉟ 一作“毕”。

㊱ 释：此节总括五失，如上所载，则史也而集矣。史体严，集家备也。

㊲ 一作“类”。

㊳ 一作“本”。

㊴ 一作“谙”。

㊵ 释：前皆统论所载之失，此节拈出诸史，约指其优劣以实之。

㊶ 恐当有“皆可”二字。

㊷ 上中下分篇，故曰“篇”。

㊸ 旧作“家”，误。

㊹ 此所取未允，其人好讦沽直。

㊺ 一作“之”。

㊻ 释：此节又约举旧文，以示准的。言文必似此，自当登载耳。

㊼ 一无“之”字。

㊽ 一作“真”。

㊾ 释：末仍缴归载者，转借载者以警作者。

绮縠郑卫 王《训故》：汉宣帝曰：“辞赋，大者与古诗同义，小者辨丽可喜。辟如女工有绮縠，音乐有郑、卫。”

两都 《后汉·班固传》：建初中，京师修宫室，而关中耆老犹望西顾。固感前世文辞讽劝，乃上《两都赋》，盛称洛邑制度，以折西宾之论。

广成 《后汉·马融传》：融字季长。邓太后临朝，世士以为文德可兴，武功宜废。马融以为文、武之道，圣贤不坠，五材之用，无或可废，上《广成颂》以讽谏。注：广成，苑名。

刘备吾俦 《魏·武纪》注：《山阳公载记》曰：曹公船舰为备所烧，引军从华容道步归，死者甚众。既而出，谓诸将曰：“刘备吾俦也。但得计少晚，向使早放火，吾徒无类矣。”

高欢不死 《北齐·文宣纪》：周文帝率众出陕城，分骑北渡至建州。帝亲戎出次。周文帝闻帝军容严盛，叹曰：“高欢不死矣。”遂退师。

移都 《蜀志·关羽传》：羽攻曹仁于樊，威震华夏，曹公议徙都许，以避其锐。

斫冰 《北史·齐文宣纪》：周人常惧齐兵西渡，恒以冬月中河椎冰。

智昏菽麦 曹魏檄吴文：孙权小子，未辨菽麦。按：语本《左氏》，谓晋悼公兄。刘则借曹之诮吴以例诮蜀也。再按：“识昧玄黄”，定是宇文诮高语，未覯其文，俟补。

古诏命 厚斋《纪闻》：汉诏令，人主自亲其文，光武诏曰：“司徒，尧也。赤眉，桀也。”明帝诏曰：“方今上无天子，下无方伯。”岂代言者所为哉？按：此可证不假手之说。

第五伦读诏 《后汉书》：伦字伯鱼，为督铸钱掾，领长安市，每读诏书，常叹息曰：“此圣主也，一见决矣。”

庞萌 《后汉·刘永传》：庞萌为人逊顺，甚见信爱，帝尝称曰：“可以托六尺之孤，寄百里之命者，庞萌是也。”拜平狄将军。击董宪而萌反，帝闻之，大怒。与诸将书曰："吾尝以庞萌社稷之臣，将军得无笑其言乎？"

猗与之颂　《商颂》首篇。《那》小序：《那》，祀成汤也。

鱼藻之刺　小序：《鱼藻》，刺幽王也。言万物失其性，王居镐京，将不能以自乐，故君子思古之武王焉。

起居　荀悦《申鉴》：先帝故事，有起居注，动静之节必书焉。《书录解题》：起居注，自汉明德马皇后始，汉、魏以来因之。《唐·艺文志》：凡实录、诏令等，并入起居注类。《西京杂记》：葛洪家有《汉武禁中起居注》一卷。

讽谏嫉邪　韦孟《讽谏诗》，见《载言》篇。《后汉·文苑传》：赵壹字元叔，作《刺世疾邪赋》，上计到京师，司徒袁逢受计，执其手，延置上坐，谓坐中曰："此人汉阳赵元叔也，""吾请为诸君分坐。"

过秦王命　贾谊《过秦论》，见《载言》篇。《汉书·叙传》：彪遭王莽败，光武即位于冀州。时隗嚣据陇，辑英俊。嚣曰：往者周亡，战国并争，天下分裂，抑者纵横之事复起于今乎？彪愍狂狡之不息，乃著《王命论》以救时难。

张华箴女史　《晋书》：华惧后族之盛，作《女史箴》以讽。按：今《晋书》本传不载。《文选》注引曹嘉之《晋纪》为征，盖曹《纪》载之也。

张载铭剑阁　《文选》善注：臧荣绪《晋书》曰："张载父收，为蜀郡太守，载随父入蜀，作《剑阁铭》。益州刺史张敏见而奇之，乃表上其文。世祖遣使镌石记焉。"按：载字孟阳，铭见《晋书》本传。

诸葛表　按：《蜀志》：建兴五年，亮率诸军北驻汉中，临发上疏，即此表也。又六年裴《注》：《汉晋春秋》曰：亮闻魏兵东下，关中虚弱，十一月上言云云，于是有散关之役。此表《亮集》所无，出张俨《默记》。

王昶诫　《魏志》：王昶字文舒，为兄子及子作名字，皆依谦实。兄子默，字处静，沈字处道；其子浑，字玄冲，深字道冲。遂书戒之曰：欲使汝曹遵儒者之教，履道家之言，顾名思义，不敢违越也。谚曰："救寒莫如重裘，止谤莫如自修。"斯言信矣。

刘谷晁李　刘向、谷永、晁错，并见《二体》篇。《后汉·李固传》：固字子坚。阳嘉二年，有地动、山崩、火灾之异，公卿举固对策。诏又特问当世之敝，为政所宜。固对云云。

荀伯子弹文 《宋书》：伯子官御史中丞，莅职勤恪，有匪躬之称。立朝正色，外内惮之。凡所奏劾，莫不深相诃毁，或延及祖祢，示其切直。

山巨源启事 《晋书》：山涛字巨源。武帝受禅，为吏部尚书，前后选举，并得其才。所奏甄拔人物，各为题目，时称《山公启事》。

雕虫 《法言·吾子》：或问：吾子好赋？曰："童子雕虫篆刻。"俄而曰："壮夫不为也。"

补注第十七

昔《诗》、《书》既成，而毛、孔立传。传之时义，以训诂为主，亦犹《春秋》之传，配经而行也。降及中古，始名传曰注。盖传者转也，转授于无穷；注者流也，流通而靡绝。进[①]此二名，其归一揆。[②]如韩、戴、服、郑，钻仰《六经》，裴、李、应、晋，训解"三史"，开导后学，发明先义，古今传授，是曰儒宗。[③]

既而史传小书，人物杂记，若挚虞[④]之《三辅决录》，陈寿之《季汉辅臣》，周处之《阳羡风土》，[⑤]常璩之《华阳士女》，文言美辞列于章句，委曲叙事存于细书。此之注释，异夫儒士者矣。[⑥]

次有好事之子，思广异闻，而才短力微，不能自达，庶凭骥尾，千里绝群，遂乃掇众史之异辞，补前书之所阙。若裴松之《三国志》，陆澄、刘昭《两汉书》，刘彤《晋纪》，刘孝标《世说》之类是也。[⑦]

亦有躬为史臣，手自刊补，虽志存该博，而才阙伦叙，除烦则意有所吝，毕载则言有所妨，遂乃定彼榛楛，列为子注。[8]若萧大圜《淮海乱离志》，羊衒之《洛阳伽蓝记》，宋孝王《关东风俗传》，王劭《齐志》之类是也。[9]

権其得失，求其利害，少期[10]集注《国志》，以广承祚所遗，而喜聚异同，不加刊定，恣其击难，坐长烦芜。观其书成表献，自比蜜蜂兼采，但甘苦不分，难以味同萍实者矣。[11]陆澄所注班史，多引司马迁之书，若此缺一言，彼增半句，皆采摘成注，标为异说，有昏耳目，难为披[12]览。[13]窃惟范晔之删《后汉》也，简而且周，疏而不漏，盖云备矣。而刘昭采其所捐，以为补注，言尽非要，事皆不急。譬夫人有吐果之核，弃药之滓，而愚者乃重加捃拾，洁以登荐，持此为工，多见其无识也。[14]孝标善于攻缪，博而且精，固以[15]察及泉鱼，辨穷河豕。嗟乎！以峻之才识，足堪远大，而不能探赜彪、峤，网罗班、马，方复留情于委巷小说，锐思于流俗短书。可谓劳而无功，费而无当者矣。[16]自兹已降，其失逾甚。若萧、羊[17]之琐杂，王、宋之鄙碎，言殊拣金，事比鸡肋，异体同病，焉可胜言。[18]大抵撰史加注者，或因人成事，[19]或自我作故，[20]记录无限，规检不存，难以成一家之格言，千载之楷则。凡诸作者，可不详之？[21]

至若郑玄、王肃，述《五经》而各异，何休、马融，论《三传》而竞爽。欲加商榷，其流实繁。斯则义涉儒家，言非史氏，今并不书于此焉。[22]

按：篇首云：传者转也，注者流也，以训诂为主。此三言者，即本篇立说之主。乃若聚异同以长烦芜，拾吐弃以侈登荐，皆非刘氏所喜。后世顾以摭遗录别为多知博辩之资。韩子曰:"古今人不相及。"此之谓与!

宋人著《班马异同》一书,分校字句之间,足资参互之用。而刘云:此缺彼增,采摘成注,有昏耳目。其言太执。虽考对之小辩,亦注例之一端也。㉓

① 一作"惟"。

② 释:首原训诂之体,名殊义一。

③ 释:此节举注经之家,陪注史之家。〇儒宗者,即训诂为主之意,是注家正体也。

④ 一作"赵岐"。

⑤ 旧二字倒。

⑥ 释:此节入史注类,异夫儒士者,于本文外增补事绪,是注家之变体。〇已上标举领局。

⑦ 释:此节列史注三家,说部注一家。自此以下,后有论断。〇于述史处别出《世说》者,谓孝标才堪注史,而惜其小用之也。观后文论断,自分晓。

⑧ 注列行中,如子从母。

⑨ 释:此节是官居史职,而著为杂录,又复加注者。后亦有论断。

⑩ 松之字。

⑪ 释:此论松之之注《三国》。

⑫ 一作"搜"。

⑬ 释:此论陆澄之注《前汉》。

⑭ 释:此论刘昭之注《后汉》。〇依前所列,此下当有刘彤注《晋纪》论断,今缺。

⑮ "已"通。

⑯ 释:此论孝标之注《世说》。

⑰ 旧误"杨"。

⑱ 释:此论萧、羊、宋、王四人杂志。

⑲ 依文设训者。

⑳ 另出意见者。

㉑ 释：此节总结。

㉒ 释：末仍收缴经注，与前文应。

㉓ 附见：杨正衡注《晋书》，窦苹、董冲注《唐书》，废。徐无党注《五代史》，今行。

韩戴服郑　《汉·儒林传》：韩婴，燕人，推诗人之意，作《内、外传》数万言。又：《后苍曲台记》，授梁戴德延君、戴圣次君，德号大戴，圣号小戴，以博士论石渠。《后汉·儒林传》：服虔字子慎，荥阳人。作《春秋左传解》，又以《左传》驳何休之所驳。《郑玄传》：玄字康成，高密人。所注《易》、《书》、《诗》、《仪礼》、《礼记》、《论语》、《孝经》、《尚书大传》，又著《礼禘祫义》、《六艺论》、《毛诗谱》，凡百余万言。郑兴父子传：兴字少赣，开封人。少学《公羊》，尤明《左氏》、《周官》，自杜林、桓谭、卫宏之属，莫不斟酌焉。子众，字仲师，从父受《左氏春秋》，作《难记条例》，兼通《易》、《诗》，为大司农，作《春秋删》十九篇。

裴李应晋　裴骃《史记集解叙注》：《索隐》曰：骃字龙驹，宋兵曹参军。《正义》曰：骃采经史及众书之目而注《史记》。颜师古《汉书注叙例》：李斐，不详所出。李奇，南阳人。应劭，后汉太山太守。晋灼，河南人，晋尚书郎。

挚虞三辅　挚虞注赵岐《三辅决录》，见《书志》篇。

陈寿季汉　《蜀志·杨戏传》：戏著《季汉辅臣赞》，其所颂述，今多载于《蜀书》。其赞而不作传者，余皆注疏本末于其辞下。

周处风土　即《阳羡风土记》，见《书志》篇。

常璩华阳　吕大防《华阳国志序》：晋常璩作《华阳国志》，自先汉至晋初，逾四百岁，士女可书者四百人。《晋书》：璩字道将，散骑常侍。按：周、常二书注，皆无考。

松之三国　《宋书》：裴松之字世期，中书侍郎。上使注陈寿《三国志》。松之《表》：窃惟缋事以众色成文，蜜蜂以兼采为味，臣实顽乏，顾惭二物。

按：世期，《史通》作少期。北平本云：避唐讳也。

陆澄　见《书志》篇。《隋·经籍志》：《汉书注》一卷，齐金紫光禄大夫陆澄撰。《困学纪闻》：其书不传。

刘昭刘肜　《南史·文学传》：刘昭字宣卿。临川王记室。初，昭伯父肜集众家《晋书》，注干宝《晋纪》为四十卷。至昭，集《后汉》同异以注范晔《后汉》，世称博悉，一百八十卷。

孝标世说　《世说》见《尚书》家。《梁·文学传》：刘峻字孝标。荆州户曹参军。高祖招文学之士，峻不能随众沉浮，故不任用。高氏《纬略》：孝标注此书，引援汉、魏诸史，如晋氏一代，凡一百六十七家，皆出于正史之外。

萧大圜　《周书》：大圜字仁显，梁简文帝子。客长安，太祖开麟趾殿，招集学士，大圜预焉。《隋志》：《淮海乱离志》四卷，萧世怡撰，叙侯景之乱。《新》、《旧唐志》并作萧大圜撰，世怡岂即其人欤？按：本传缺录其书，而志亦不言有注。

羊衒之　见《书志》篇。按：《洛阳伽蓝记序》：余才非著述，多有遗漏，后之君子，详其阙焉。亦不言记内有注。

萍实　《家语》：孔子曰：吾闻童谣曰："楚王渡江得萍实，大如斗，赤如日，剖而食之，甜如蜜。"

王肃　见《尚书》家。

何休　《后汉·儒林传》：何休字邵公，任城人。精研《六经》，作《春秋公羊解诂》。

马融　《后汉》本传：拜议郎，著《三传异同说》，注《孝经》、《论语》、《易》、《诗》、《三礼》、《尚书》。融为梁冀草奏李固，颇为正直所羞。

因习第十八①

盖闻三王各异礼，五帝不同乐，故传称因俗，《易》贵随时。况史书者，记事之言耳。夫事有贸迁，而言无变革，此所谓胶柱而调瑟，刻船以求剑也。[2]

古者诸侯曰薨，卿大夫曰卒。故《左氏传》称楚邓曼曰："王薨于行，国之福也。"[3]又郑子产曰：文、襄之伯，君薨，大夫吊。[4]即其证也。案夫子修《春秋》，实用斯义。而诸国皆卒，鲁独称薨者，此略外别内之旨也。马迁《史记》西伯已下，与诸列国王侯，[5]凡有薨者，同加卒称，此岂略外别内邪？何贬薨而书卒也？[6]

盖著鲁史者，不谓其邦为鲁国；撰周书者，不呼其上[7]曰周王。如《史记》者，事总古今，势无主客，故言及汉祖，多为汉王，斯亦未为累也。班氏既分裂《史记》，定名《汉书》，至于述高祖为公、王之时，皆不除沛、汉之字。凡有异方降款者，以归汉为文。肇自班《书》，首为此失；迄于仲豫，[8]仍踵厥非。积习相传，曾无先觉者矣。[9]

又《史记·陈涉世家》，称其子孙至今血食。《汉书》复有《涉传》，乃具载迁文。案迁之言今，实孝武之世也；固之言今，当孝明之世也。事出百年，语同一理。即如是，岂陈氏苗裔祚流东京者乎？斯必不然。《汉书》又云：严君平既卒，蜀人至今称之。皇甫谧全录斯语，载于《高士传》。夫孟坚、士安，年代悬隔，至今之说，岂可同云？夫班之习马，其非既如彼；谧之承固，其失又如此。迷而不悟，奚其甚乎！[10]

何法盛《中兴书·刘隗[11]录》，称其议狱事具《刑法志》，依检志内，了无其说。既而臧氏[12]《晋书》、梁朝《通史》，于大连[13]之传，并有斯言，志亦无文，传仍[14]虚述。此又不精之咎，同于玄晏也。[15]

寻班、马之为[16]列传，皆具编其人姓名，如行状尤相似者，则共归一称，若《刺客》、《日者》、《儒林》、《循吏》是也。范晔既移题目于传首，列姓名于卷中，[17]而犹于列传之下，注为列女、高隐等目。苟姓名既书，题目又显，是则[18]邓禹、寇恂之首，当署为公辅者矣；岑彭、吴汉之前，当标为将帅者矣。触类而长，实繁其徒，何止列女、孝子、高隐、独行而已。[19]

魏收著书，标榜南国，桓、刘诸族，咸曰岛夷。是则自江而东，尽为卉服之地。至于《刘昶》、《沈文秀》等传，叙其爵里，则不异诸华。《刘昶》等传皆云：丹徒县人也。《沈文秀》等传则云：吴兴武康人。[20]岂有君臣共国，父子同姓，阖闾、季札，便致土风之殊；[21]孙策、虞翻，乃成夷夏之隔。[22]求诸往例，所未闻也。[23]

当晋宅江、淮，实膺正朔，嫉彼群雄，称为僭盗。故阮氏[24]《七录》，以田、范、裴、段诸记，刘、石、苻、[25]姚等书，别创一名，题为"伪史"。及隋氏受命，海内为家，国靡爱憎，人无彼我，而世有撰《隋书・经籍志》者，其流别群书，还依[26]阮《录》。案国之有伪，其来尚矣。如杜宇作帝，勾践称王，孙权建鼎峙之业，萧詧为附庸之主，而扬雄撰《蜀纪》，子贡著《越绝》，虞裁《江表传》，蔡述《后梁史》。考斯众作，咸是伪书，自可类聚相从，合成一部，何止取东晋一世十有六家而已乎？[27]

夫王室将崩，霸图云构，必有忠臣义士，捐生殉节。若乃韦、耿谋诛曹武，钦、诞问罪马文，[28]而魏、晋史臣书之曰贼，此乃迫于当世，难以直言。至如荀济、元瑾兰摧于孝[29]靖之末，王谦、尉迥玉折于宇文之季，而李[30]刊齐史，颜[31]述隋篇，时无逼畏，事须矫枉，而皆仍旧不改，谓数君为叛逆。书事如此，褒贬何施？[32]

昔汉代有修奏记于其府者，遂盗葛龚所作而进之，既具录他文，不知改易名姓，时人谓之曰："作奏虽工，宜去葛龚。"及邯郸氏撰《笑林》，载之以为口实。嗟乎！历观自古，此类尤多，其有宜去而不去者，岂直葛龚而已！何事于斯，独致解颐之诮也。凡为史者，苟能识事详审，措辞精密，举一隅以三隅反，告诸往而知诸来，[33]斯庶几可以无大过矣。

按：本篇"因"字，该义不同。有在昔为是，而在后因之则非者；有前人既疏，而后人因之仍误者；有因往例，而不尽因者；有自为例，而不自因者；有当代书例则然，而异代不必因、不当因者。条分乃晰，混举则蒙。

伪史一节，猝难会悟。议者大率于十六国史牢执"伪"字，于《越绝书》牢执"子贡作"三字，遂生多少惊疑。愚初亦锲舟以求，不能洒脱。至第三易稿，乃始悟刘之意不过曰：凡方隅偏据之史，皆可收归一门。语最平直也。盖东晋之十六国，正如残唐之十国也。考《宋史·艺文志》，于史类之末，分置霸史一门，首列《越绝》、《九州春秋》等书，次则常璩、和苞、范亨诸志记，其后则南唐、蜀、闽、吴、越、荆、湘、湖、楚诸小史，以及刘恕之《十国纪年》，并录无遗，兼该数代。以是知子玄所言，早为《宋史》辟其藩篱也。历览前后史诸志艺籍者，从无一门止收一时之册，而《隋志》独立此狭门，《唐志》复因之，狃于阮《录》，不能自出，宜为通识所嗤矣。

崔鸿《十六国春秋》，《唐志》有，《宋志》无，不知何年散佚。

① 一作"因习上"，与下篇同题分次。○习与"袭"通。

② 释：领起随时变通大意，反对"因"字。

③ 庄四。

④ 昭三。

⑤ 谓诸世家。

⑥ 释：此节指迁《史》书卒误因之失。

⑦ 一作“王”。

⑧ 荀悦字。

⑨ 释：此节指班、荀二史沛、汉误因之失。〇《魏志·武纪》，起事之时，直书太祖。至建安初，封武平侯，改书公。二十一年进爵魏王，遂书王。凡公、王之上，皆不安“魏”字。刘盖准此立论也。况班固身为汉臣，体更应尔。近有以除沛、汉二字为非者，为参取其文证之。

⑩ 释：此节指固、谧二书误因“今”字之失。

⑪ 一作“魏”，误。

⑫ 荣绪。

⑬ 刘隗字。

⑭ 一讹作“乃”。

⑮ 释：此节言何《书》既脱志事于前，臧、《通》二书，因仍其误于后也。

⑯ 一无“为”字。

⑰ 卷中，谓传中也。

⑱ 一脱“则”。

⑲ 释：此节指范史既用司马标类之例，而又添列姓名，则因而不因矣。按：此与《题目》篇后幅意同，其论太泥。

⑳ 按：《魏书·刘昶传》，无丹徒人句，盖据刘宋祖籍而言。

㉑ 二句顶父子。

㉒ 二句顶君臣。

㉓ 释：此节指魏收例斥南朝为岛夷，至如南士来归等传，并且不能自因矣。

㉔ 孝绪。

㉕ 旧作“符”。

㉖ 一作“同”。

㉗ 释：此节“伪史”二字，只当“偏纪”二字用。古近偏纪，皆可依类同编。而《隋志》泥定晋人遗录，专收刘、石等书，是亦滞于因习，而不知适变者。

㉘ 司马昭。

㉙ 一讹作“李”。

㉚ 百药。

㉛ 师古。

㉜ 释：此节言胜国拒命之士，兴代被以恶名，后来修史，应申其节，李、颜辈因仍曲笔，大非也。〇条驳止此，已下总结。

㉝ 一多“者”字。

胶柱刻船　《史记·廉蔺传》：赵王以赵括代廉颇，蔺相如曰：“王以名使括，若胶柱而鼓瑟耳。”按：调瑟又用《淮南子》语。《吕览·察今》篇：楚人涉江，剑坠水，遽契其舟，曰：吾剑所从坠也。《广韵》：契、锲通，刻也。

曰薨曰卒　《公羊》隐三：天子曰崩，诸侯曰薨，大夫曰卒，士曰不禄。

刘隗　《晋书》：刘隗字大连。避乱渡江，元帝以为从事中郎。迁丞相司直，委以刑宪。按：今《晋书》议狱事，收入本传，窜去“具刑法志”一语，不袭臧《书》、《通史》之误矣。

刘昶沈文秀　《魏书·刘昶传》：昶字休道，义隆第九子也。又《沈文秀传》：文秀字仲远，吴兴武康人。按：义隆者，宋文帝之讳也。文秀则世为宋臣，《宋书》亦有传。二人皆出奔仕魏者，《魏书》岛夷其君父，而邑里其子臣，是使父子君臣异籍也。

阖闾季札　按：《史记》吴大伯十九世至寿梦，寿梦四子，长诸樊，季季札。诸樊子光，是为阖闾，于季札为子行也。

孙策虞翻　按《吴志》孙策字伯符，汉讨逆将军。弟权称尊号，追谥策长沙桓王。虞翻为孙策功曹。

田范裴段　《隋·经籍》霸史志：《赵书》十卷，一曰《二石集》，伪燕太傅田融撰。《燕书》二十卷，伪燕尚书范亨撰。《秦记》十一卷，宋殿中将军裴景仁撰。《凉记》十卷，伪凉著作郎段龟龙撰。

刘石苻姚　前赵起刘渊，后赵起石勒，前秦起苻洪，后秦起姚弋仲。按：田、范句错举十六国书，刘、石句错举十六国姓，总统之词也。并详《外篇·正史》篇。又按："苻"旧作"符"，有参证语，亦具《正史》篇。

杜宇　《华阳国志》：有王曰杜宇，教民务时。朱提有梁氏女利，宇纳以为妃。自号曰望帝，更名蒲卑。

蜀记越绝　《隋·经籍志》：《蜀王本记》一卷，扬雄撰。《越绝书》十六卷，子贡撰。《越绝本事》：绝谓句践时也，贵其内能自约，外能绝人也。吴、越贤者所作。按：书内有春申、秦皇、汉祖诸人，又有毗陵、无锡、盐官、太末、丹阳、豫章诸地，皆后世名，其非子贡撰可知。

江表后梁　《晋书》：虞溥字允源。鄱阳内史，撰《江表传》。《唐书》：蔡允恭仕隋，为起居舍人，著《后梁春秋》十卷。后梁，萧詧也。见《世家》篇。

韦耿　《后汉·献帝纪》：建安二十三年，少府耿纪、丞相司直韦晃，起兵诛曹操，不克，夷三族。《魏志·武纪》：汉太医令吉本与少府耿纪、司直韦晃等反，攻许，烧丞相长史王必营，必与严匡讨斩之。

钦诞　《魏志·毌丘俭传》：扬州刺史前将军文钦与俭矫太后诏，罪状大将军司马景王，举兵反。大将军统兵讨破之。钦亡入吴，吴以钦为镇北将军。又《诸葛诞传》：诞字公休，景王东征，使诞督军向寿春。钦之破也，诞累见夷灭，惧不自安，遂反。吴人与文钦来应。大将军司马文王讨之。钦与诞有隙，诞杀钦。大将军乃自临围，击斩诞。诞麾下不降，皆曰："为诸葛公死不恨。"

荀济元瑾　延寿《齐文襄纪》：尚书祠部郎中元瑾与梁降人荀济及淮南王宣洪等谋害文襄，事发，伏诛。又《荀济传》：济字子通，及见执，杨愔谓曰："迟暮何为然？"济曰："叱叱气耳。"

王谦尉迥　师古《隋·高祖纪》：相州总管尉迟迥，自以重臣宿将，志不能平，遂举兵东夏。高祖命韦孝宽讨。破迥，传首阙下。初，迥之乱也，上柱国王谦为益州总管，见幼主在位，政由高祖，遂起巴蜀之众，以匡复为辞，进屯剑阁，陷始州。命梁睿讨平之。按：《周书》王谦字敕万。尉迟迥字薄居罗。又按：师古叙谦、迥事，在本传殊得体。但于他臣，如《高颎》、《王述》、《李德林》、《梁士彦》等传，每及此二人，皆书贼书逆，曰“王谦作乱”，曰“尉迟迥反”，不一而足，宜《史通》摘之。

葛龚　《后汉·文苑传》：葛龚字元甫，以善文记知名。按：篇末所引，具章怀《注》中。

笑林　《隋·经籍志》：《笑林》三卷，后汉给事中邯郸淳撰。

邑里第十九[1]

昔《五经》、诸子，广书人物，虽氏族可验，而邑里难详。逮太史公始革兹体，凡[2]有列传，先述本居。[3]至于国有弛张，乡有并省，随时而载，用明审实。案夏侯孝若撰《东方朔赞》云：[4]“朔字曼倩，平原厌次人。魏建安中，分厌次为乐陵郡，故又为郡人焉。”夫以身没之后，地名改易，犹复追书其事，以示后来。则知身[5]生之前，故宜详录者矣。[6]

异哉！晋氏之有天下也。自洛阳荡覆，衣冠南渡，江左侨立州县，不存桑梓。由是斗牛之野，郡有青、徐；吴、越之乡，州编冀、豫。欲使南北不乱，淄、渑可分，得乎？[7]系虚名于本土者，虽百代无易。[8]既而天长地久，文轨大同。[9]州郡则废置无恒，名目则古今各异。而作者为人立传，[10]每云某所人也，其地皆取旧号，施之于今。近代史为王氏传，云“瑯琊临沂人”；为李氏传，曰“陇西成纪人”之类是也。非惟王、李二族久离本居，亦自当时无此郡县，皆是晋、魏已前旧名号。欲求实录，不亦难乎！[11]

且人无定质，[12]因地而化。故[13]生于荆者，言皆成楚；居于晋者，齿便从黄。涉魏而东，已经七叶；历江而北，[14]非唯一世。[15]而犹以本国为是，此乡为非。是则孔父里于昌平，[16]阴氏家于新野，而系纂微子，源承管仲，乃为齐、宋之人，非关[17]鲁、邓之士。求诸自古，其义无闻。时修国史，予被配纂《李义琰传》。琰家于魏州昌乐，已经三代，因云："义琰，魏州昌乐人也。"监修者大笑，以为深乖史体，遂依李氏旧望，改为陇西成纪人。既言不见从，故有此说。[18]

且自世重高门，人轻寒族，竟[19]以姓望所出，邑里相矜。若仲远之寻郑玄，先云汝南应劭；文举之对曹操，自谓鲁国孔融是也。爰及近古，其言多伪。至于碑颂所勒，茅土定名，虚引他邦，冒为己邑。若乃称袁则饰之陈郡，言杜则系之京邑，姓卯金者咸曰彭城，氏禾女者皆云巨鹿。今有姓邴者、姓弘者，以犯国讳，皆改为李氏，如书其邑里，必曰陇西、赵郡。夫以假姓犹且如斯，则真姓者断可知矣。又今西域胡人，多有姓明及卑者，如加五等爵，或称平原公，或号东平子，为明氏出于平原，卑氏出于东平故也。夫边夷杂种，尚窃美名，则诸夏士流，固无惭德也。在诸史传，多与同风。如《隋史·牛弘传》云："安定鹑觚人也，本姓尞氏。"至它篇所引，皆谓之陇西牛弘。《唐史·谢偃传》云：本姓库汗氏，续谓陈郡谢偃，并其类也。此乃寻流俗之常谈，忘著书之旧体矣。[20]

又近世有班秩不著[21]者，始以州壤自标，若楚国龚遂、渔阳赵壹是也。至于名位既隆，则不从此列，若萧何、邓禹、贾谊、董仲舒是也。观《周》、《隋》二史，每述王、庾诸事，高、杨数公，必云瑯琊王褒，新野庾信，弘农杨素，渤海高颎，以此成言，岂曰省文，从而可知也。[22]

凡此诸失，皆由积习相传，寖以成俗，迷而不返。盖语曰："难与虑始，可与乐成。"夫以千载遵行，持为故事，而一朝纠正，必惊愚俗。此庄生所谓“安得忘言之人而与之言”，斯言已得之矣。庶知音君子，详其得[23]失者焉。[24]

按：详篇内注语，为当日身预史局，书地招笑而作。邑里从今不从旧，定理也。好议论者云：侨置本州，犹存丘首，欧阳寓颍，仍署庐陵。以谓子玄失豺獭之义。夫论事者，亦论其所归而已，请即近者征之。由宋迨明，国史班班，任举一人一传，其曰某处人者，有不书当代郡邑者乎？假令明冒宋州，宋蒙唐县，有不起而非笑之者乎？小言詹詹，徒多事耳。

《野客丛谈》载高从所跋昌黎《盘谷序》，称陇西李愿，隐者也云云。陇西去太行数千里，而序之文曰“居之”，其题曰“送归”，殊不相合。此亦举其郡望之一征也。即此可悟袭旧之不足从矣。

① 或作“因习下”。

② 旧作“惟”。

③ 一作“太古”。

④ 一少“云”字。

⑤ 或讹“生”，或作“在”。

⑥ 释：首揭书里之法，贵原委详明得实。

⑦ 此二字一作“其于”，属下句。

⑧ 二句有讹脱，文亦可省。释：此层为贴身引端，从晋家东渡，侨置纷淆起议。

⑨ 二句入唐。

⑩ 指现在事。

⑪ 释：此层正述现在事，承侨置之遗，而书里袭旧，讵云得实。

⑫ 旧讹作“所”。

⑬ 一无“故”字。

⑭ 一作“左”。

⑮ 四句谓南北互徙，本唐而言，不蒙南渡。

⑯ 旧讹“平昌”。

⑰ 一作“曰”。

⑱ 释：此层即申透上意，通三层为一节。自诉书里从实，而反招时议，为可怪也。

⑲ 即“竞”字，或误“竟”。

⑳ 释：此层推出病根，为晋、宋俗尚门籍，故因习如此。此岂得为体要乎！

㉑ 一多“姓”字，非。

㉒ 释：此层亦从上意申出，以当时口号证之，每举一人，必带地望，殊觉词费。通两层为一节。

㉓ 一脱“得”字。

㉔ 释：末仍绾到本身，悯通识之难遇也。

江左侨立　《晋·地理志》：晋都河南，仍魏名为司州。元帝渡江，侨置于徐，非本所也。后于寻阳侨立弘农郡，于武陵侨立河东郡。兖州则侨置于京口，后改广陵为南兖州，又侨置青州，又分立陈留郡、山阳郡。雍州则侨立于襄阳，又于襄阳分立京兆、扶风、河南、广平等郡。至志徐、荆、扬三州，则凡幽、冀、青、并、雍、凉、兖、豫诸州邑名，错寄其中，多不胜录。

居晋齿黄　嵇康《养生论》：虱处头而黑，麝食柏而香，颈处险而瘿，齿居晋而黄。推此而言，凡所食之气，蒸性染身，莫不相应。按《文选》善《注》，虱、麝、颈，并有义证，而齿黄独无，盖当时已莫详矣。《史通》直用康语也。

昌平　《史记》世家：孔子生鲁昌平陬邑，其先宋人也，曰孔防叔。《索隐》：《家语》曰：宋微子之后。宋襄公至孔父嘉，五世亲尽，别为公族，姓孔氏。至防叔，畏华氏之逼而奔鲁，故孔氏为鲁人。

阴氏　《通鉴·光武纪》：帝在宛，纳新野阴氏之女丽华。胡三省《注》：《风俗通》云：“管修自齐适楚，为阴大夫，其后氏焉。”《氏族大全》：修，管仲七世孙也。《后汉·阴识传》：秦、汉之际，始家新野。《汉·地理志》：新野邓，属南阳郡。

应劭孔融　《后汉·郑玄传》：袁绍要玄，大会。时汝南应劭亦归于绍，因自赞曰："故太山太守应仲远，北面称弟子，何如？"《杨彪传》：曹操奏收彪，孔融往见操，曰：杨公四世清德，公今横杀，孔融鲁国男子，便当拂衣而去。融本传：融字文举。

龚遂赵壹　《汉书》：龚遂字少卿，山阳南平阳人也。《后汉书》：赵壹字元叔，汉阳西县人也。按：遂非楚国而曰楚国，壹非渔阳而曰渔阳，标所望也。

王庾高杨　《后周书》：王褒字子渊，瑯琊临沂人。庾信字子山，南阳新野人。《隋书》：高颎字昭玄，渤海蓨人。杨素字处道，弘农华阴人。按：《史通》本节引萧、邓、贾、董，汉世称其人，皆不举地望。而近时王、庾、高、杨，必以郡称，文滋烦重矣，故曰"岂曰省文"。

卷六

言语第二十[1]

盖枢机之发，荣辱之主，言之不文，行之不远，则知饰词专对，古之所重也。[2]夫上古之世，人惟朴略，言语难晓，训释方通。是以寻理则事简而意深，考文则词艰而义释，若《尚书》载伊尹之[3]训，皋陶之[4]谟，《洛诰》、《康诰》、《牧誓》、《泰誓》是也。[5]周监[6]二代，郁郁乎文。大夫、行人，尤重词命，语微婉而多切，言流靡而不淫，若《春秋》载吕相绝秦，[7]子产献捷，[8]臧孙谏君纳鼎，[9]魏绛对戮杨干[10]是也。[11]战国虎争，驰说云涌，人持"弄丸"之辩，家挟《飞钳》之术，剧谈者以谲诳为宗，利口者以寓言为主，若《史记》载苏秦合从，张仪连横，范雎反间以相秦，[12]鲁连解纷而全赵是也。[13]

逮汉、魏已降，周、隋而往，世皆尚文，时无专对。运筹画策，自具于章表；献可替否，总归于笔札。宰我、子贡之道不行，苏秦、张仪之业遂废矣。[14]假有忠言切谏，《答戏》、《解嘲》，其可称者，若朱云折槛以抗愤，张纲埋轮而献直。[15]秦宓之酬吴客，王融之答虏使，此[16]之小辩，曾何足云。[17]是以历选载言，[18]布诸方册，自汉已下，[19]无足观焉。[20]

寻夫战国已前，其[21]言皆可讽咏，非但笔削所致，良由[22]体质素美。何以核诸？至如"鹑贲"、"鸲鹆"，童竖之谣也；

"山木"、"辅车",时俗之谚也,"皤腹弃甲",城者之讴也;"原田是谋",舆人之诵也。斯皆刍词鄙句,犹能温润若此,况乎束带立朝之士,加以多闻博古之识[23]者哉!则知时人出言,史官入记,虽有讨论润色,终不失其[24]梗概者也。[25]

夫三《传》之说,既不习[26]于《尚书》;两汉之词,又多违于《战策》。足以验氓俗之递改,知岁时之不同。而后来作者,通无远识,记其当世口语,罕能从实而书,方复追效昔人,示其稽古。是以好丘明者,则偏摸[27]《左传》;爱子长者,则全学史公。用使周、秦言辞见于魏、晋之代,楚、汉应对行乎宋、齐之日。而伪修混沌,失彼天然,今古以之不纯,真伪由其相乱。故裴少期[28]讥孙盛录曹公平素之语,而全作夫差亡灭之词。虽言似《春秋》而事殊乖越者矣。[29]

然自[30]咸、洛不守,龟鼎南迁,江左为礼乐之乡,金陵实图书之府,故其俗犹能语存规检,言喜风流,颠沛造次,不忘经籍。若《梁史》载高祖在围中,见萧正德而谓之曰:"啜其泣矣,何嗟及矣。"湘东王闻世子方等见杀,谓其次子方诸曰:"不有其废,君何以兴?"皆其类也。而史臣修饰,无所费功。[31]

其于中国[32]则不然。何者?于斯时也,先王桑梓,翦为蛮貊,被发左衽,充牣神州。其中辩若驹支,[33]学如郯子,[34]有时而遇,不可多得。而彦鸾[35]修伪国诸史,收、[36]弘[37]撰《魏》、《周》二[38]书,必讳[39]彼夷音,变成华语,等杨由之听雀,如介葛之闻牛,斯亦可矣。而于其间,则有妄益文采,虚加风物,援引《诗》、《书》,宪章《史》、《汉》。遂使沮渠、[40]乞伏,[41]儒雅比于元封;[42]拓跋、[43]宇文,[44]德音同于正始。[45]华而失实,过莫大焉。[46]

唯王、宋著书，叙元、高时事，[47]抗词正笔，务存直道，方言世语，由此毕彰。而今之学者，皆尤二子以言多滓秽，语伤浅俗。夫本质如此，而推过史臣，犹鉴[48]者见嫫姆多媸，而归罪于明镜也。[49]

又世之议者，咸以北朝众作，《周史》为工。盖赏其记言之体，多同于古故也。夫以枉饰虚言，都捐实事，便号以良直，师其模楷，如周太祖实名黑獭，魏本索头，故当时有童谣曰："狐非狐，貉非貉，燋梨狗子啮断索。"又曰："獾獾头团栾，河中狗子破尔菀。"又西帝下诏骂齐神武，数其罪二十。诸如此事，难可弃遗。而《周史》以为其事非雅，略而不载。赖君懋编录，故得权闻于后。其事不传于《北齐》，因而埋没者，盖亦多矣。是则[50]董狐、南史，举目可求，班固、华峤，比肩皆是者矣。[51]

近有敦煌张太素、中山郎余令，并称述者，自负史才。郎著《孝德传》，张著《隋后略》。凡所撰今[52]语，皆依仿旧辞。若选言可以效古而书，其难[53]类者，则忽而不取，料其所弃，可胜纪哉？[54]

盖江芊骂商臣曰："呼！役夫，宜君王废汝而立职。"[55]汉王怒郦生曰："竖儒，几败乃公事。"[56]单固谓杨康曰："老奴，汝死自其分。"乐广叹卫玠曰："谁家生得宁馨儿！"斯并当时侮嫚之词，流俗鄙俚之说。必播以唇吻，传诸讽诵，而世人皆以为上之二言[57]不失清雅，而下之两句[58]殊为鲁朴者，何哉？盖楚、汉世隔，事已成古，魏、晋年近，言犹类今。已古者即谓其文，犹今者乃惊其质。夫天地长久，[59]风俗无恒，后之视今，亦犹今之视昔。而作者皆怯书今语，勇效昔言，不其惑乎！苟记言[60]则约附《五经》，载语则依凭《三史》，是春秋之俗，战国之风，亘[61]两仪而并存，经千载其[62]如一，奚以今来古往，质文之屡变者哉？[63]

盖善为政者，不择人而理，故俗无精粗，咸被其化；工为史者，不选事而书，故言无美恶，尽传于后。若事皆不谬，言必近真，庶几可与古人同居，何止得其糟粕而已。[64]

按：元人采遗山史稿撰《金源史》，特载《国语解》一册，谓其有古人尚质之风，不可文也。其得子玄氏之意者欤！子玄于拓跋、六浑、黑獭诸史，屡惜其遗落国语，掩覆本色，自此篇始。

裴松之有言：凡记言之体，当使若出其口。辞胜而无实，君子所不取也。此语可概此下诸篇。

《梦溪笔谈》载庆历中河北大水，有公事使臣到阙，仁宗召问水灾何如？对曰："怀山襄陵。"又问百姓何如？对曰："如丧考妣。"上默然。既退，诏阁门：今后武臣奏事，并须直说。读此因触及之，不觉失笑。北平云：信史务在纪实。语从其实，史法也。

① 谓口说之语，若方言之类，载在史中者。

② 释：起以言贵修饰，反振篇意。

③ 一作"立"。

④ 一作"矢"。

⑤ 释：三古时口语一层。

⑥ 一多"于"字。

⑦ 成十三。

⑧ 襄二十五。

⑨ 桓二。

⑩ 襄三。

⑪ 释：春秋时口语一层。

⑫ 间太后、穰侯。

⑬ 连言：天下士为人排患难、解纷乱。释：战国时口语一层。〇此三层为言语举似其类，由浑朴而流婉，而谲辩，皆是应声而出，非若后世假章札以为工者。

⑭ 释：数语总挈，自汉及隋，变口陈为笔达矣。

⑮ 此下必有阙文。盖此二句所谓忠言可称者，宜有缴句，而其下又宜有"他如"等字转接也。

⑯ 一作"比"。

⑰ 二句单缴酬吴答虏也。

⑱ 一多"而"字。

⑲ 谓两汉之后。

⑳ 释：束上。言虽或间载口语，而庄谐递降，亦且无多。

㉑ 一脱"其"字。

㉒ 旧讹"用"。

㉓ 旧作"说"。

㉔ 一无"其"字。

㉕ 释：此节虽专举《左》文，却是统证首幅，用以形起后史所载口语，皆由倩饰也。

㉖ 作"袭"。

㉗ 与"摹"同。一作"模"。

㉘ 松之字世期，唐讳"世"作"少"。

㉙ 释：此节正递到后史载言，皆藉古词饰成。

㉚ 旧多"晋"字。

㉛ 释：此处南北转侧。

㉜ 中原也。谓北朝。

㉝ 襄十四。注见《探赜》篇。

㉞ 昭十七。注见《书志》篇。

㉟ 崔鸿。

㊱ 魏收。

㊲ 牛弘。

㊳ 旧脱“二”字。

㊴ 旧作“谓”。

㊵ 北凉。

㊶ 西秦。

㊷ 汉武元。

㊸ 元魏。

㊹ 北周。

㊺ 魏文元。

㊻ 释：自此节起，侧注北朝诸史，掩其国语，文以古辞，失实较多，乃是篇情所主。

㊼ 一作“也”。〇王劭《齐志》、宋孝王《关东风俗传》。

㊽ 当有“形”字。

㊾ 释：此与下节箴贬时论，皆贴北史说。

㊿ 旧误“以”。

(51) 释：上节谓王、宋记言得实则罪之，本节谓《周史》记言失真则赏之，时情恶质好华，类如此也。

(52) 讹作“人”。

(53) 此二字一本作“杂”字。

(54) 释：此举近时著述，弃今语仿旧词者以例之，见时尚之难反。

(55)《左传》文元。

(56)《史记·留侯世家》。

(57) 役夫、竖儒。

(58) 老奴、宁馨。

(59) 二字一本倒。

(60) 一作“事”。

(61) 一作“与”。

㉜ 一作“而”。

㉝ 释：此节推出时情坐病，由于矜远谩近，遂至取赝遗真，是欲使天地无古今矣，岂不谬哉！

㉞ 释：末节正告之。

弄丸飞钳 《文心·论说》篇：《转丸》骋其巧辞，《飞钳》伏其精术。尹知章《鬼谷序》：苏秦、张仪受《捭阖》之术，又受《转丸》、《胠箧》三章。按：弄丸兼用《庄子》市南宜僚事。《鬼谷子》有《飞箝》篇。箝、钳通。

折槛 《汉书》本传：朱云字游。成帝时，云上书求见，公卿在前，云曰：“臣愿赐尚方斩马剑，断佞臣一人，以厉其余。”上问：“谁也？”对曰：“安昌侯张禹。”上大怒。御史将云下，云攀殿槛，槛折。左将军辛庆忌免冠叩头争，上意解。后当治槛，上曰：“勿易，因而辑之，以旌直臣。”

埋轮 《后汉·张皓传》：子纲，字文纪，为御史。汉安元年，选遣八使徇行风俗。余人受命之部，纲独埋其车轮于洛阳都亭，曰：“豺狼当路，安问狐狸！”遂奏大将军梁冀、河南尹不疑。书御，京师震悚。

秦宓酬吴客 《蜀志》本传：秦宓字子勑。拜左中郎将、长水校尉。吴遣使张温来聘，往饯焉。温问曰：“君学乎？”宓曰：“五尺童子皆学，何必小人。”温复问曰：“天有头乎？”宓曰：“有之，在西。《诗》曰：‘乃眷西顾。’”温曰：“天有耳乎？”宓曰：“天处高而听卑，《诗》曰：‘鹤鸣于九皋，声闻于天。’”温曰：“天有足乎？”宓曰：“有。《诗》曰：‘天步艰难，之子不犹。’”温曰：“天有姓乎？”宓曰：“有。姓刘。”温曰：“何以知之？”答曰：“天子姓刘。”温曰：“日出于东乎？”宓曰：“虽生于东，而没于西。”答问如响，应声而出，于是温大敬服。

王融答虏使 《南齐》本传：王融字元长。上使兼主客，接虏使房景高、宋弁。弁见融年少，问王：“主客年几？”融曰：“五十之年，久逾其半。”后日，上以虏献马不称，使融问曰：“秦西冀北，实多骏骥。所献良马，乃驽骀不若。将旦旦信誓，有时而爽；驷驷之牧，遂不能嗣？”宋弁曰：“当是不习土地。”融曰：“周穆马迹遍于天下。若骐骝之性，因地而迁，则造父之策，有时而蹶。”弁不能答。

鹑贲 《左传》僖五：童谣曰："丙之晨，龙尾伏辰。均服振振，取虢之旗。鹑之贲贲，天策焞焞。火中成军，虢公其奔。"

鸲鹆 《左》昭二十五：文、武之世，童谣有之曰："鸲之鹆之，公出辱之。鸲鹆之羽，公在外野，往馈之马。鸲鹆跦跦，公在乾侯，征褰与襦。鸲鹆之巢，远哉遥遥，稠父丧劳，宋父以骄。鸲鹆鸲鹆，往歌来哭。"

山木 《左》隐十一：周谚有之曰："山有木，工则度之。宾有礼，主则择之。"

辅车 《左》僖五：谚所谓"辅车相依，唇亡齿寒"者，其虞、虢之谓也。

皤腹 《左》宣二：睅其目，皤其腹，弃甲而复。于思于思，弃甲复来。

原田 《左》僖二十八：听舆人之诵曰："原田每每，舍其旧而新是谋。"

混沌 《庄子·天地》篇：子贡南游于楚，过汉阴，见一丈人方将为圃畦，凿隧而入井，抱瓮而出灌，搰搰然用力甚多而见功寡。子贡曰：有械于此，凿木为机，后重前轻，挈水若抽，其名为槔。为圃者作色而笑曰：吾闻之，有机械者必有机事，有机事者必有机心，吾羞而不为也。子贡反于鲁，以告孔子。孔子曰："彼假修浑沌氏之术者也。识其一不知其二，治其内不治其外。"按：浑、混通。

裴讥孙盛 《魏·武纪》注：孙盛《魏氏春秋》云：答诸将曰："刘备人杰也，将生忧寡人。"臣松之以为孙盛制书，多用《左氏》以易旧文，后之学者将何取信哉？且魏武方以天下励志，而用夫差分死之言，尤非其类。

中国 《谈苑》：雍熙中校"九经"，杜镐述贞观敕云：经籍讹舛，由五胡之乱，学士多南迁，中国经术浸微。按：唐初语称中原为中国，此一证也。然其称起汉、魏间。《世说·识鉴》：裴潜谓刘备，使居中国，能乱人。又《容止》注：明帝得吴降人，问江东闻中国名士为谁。皆是也。

杨由听雀 《后汉·方术传》：杨由，成都人，为郡文学掾。时有大雀集于库楼上，太守廉范以问由。由对曰："此占郡内当有小兵。"按：郭《评》云：杨由占雀，非听雀也。听雀是益部杨宣事。愚以为太泥。凡禽占之术，未有不以鸣声为占者。范史书"集"，不书"鸣"，省文耳。"听"字无害。

介葛闻牛 《左》僖二十九：介葛卢来朝，闻牛鸣，曰："是生三牺，皆用之矣。其音云。"问之而信。

张太素　《唐书·张公瑾传》：子太素，龙朔中，东台舍人，兼修国史，著书百余篇。《通志略》：太素著《北齐书》二十卷、《隋书》三十二卷、《隋后略》十卷、《敦煌张氏家传》二十卷。又见《史官建置》篇。

郎余令　《唐·儒学传》：郎余令授霍王元轨府参军事，从父知年亦为王友。元轨每曰：郎家二贤皆入府，不意培塿而松柏为林。余令以梁元帝有《孝德传》，更撰《后传》数十篇。改著作佐郎。

单固杨康　《魏志·王凌传》注：《魏略》曰：山阳单固字恭夏，有器实。兖州刺史令狐愚辟为别驾，与从事杨康并为腹心。后愚与王凌通谋，康、固皆知其计。康至洛阳，露其事。太傅东取凌。[固见太傅]，问曰："卿知其事邪？令狐及乎？"固故云无有。康与固对相诘，乃骂康曰："老庸，既负使君，又灭我族，顾汝当活耶！"初，杨康自以白其事，冀得封拜，后亦并斩。临刑，固又骂康曰："老奴，汝死自分耳……何面目行地下也！"

乐广卫玠　《晋书·乐广传》：广字彦辅，与王衍俱宅心事外，天下言风流者，王、乐称首焉。《卫玠传》：玠字叔宝，风神秀异，妻父即乐广也。时谓妇公冰清，女婿玉润。按：二传俱无"宁馨儿"语，其语今见《王衍传》。衍总角造山涛，涛嗟叹，目而送之，曰："何物老妪，生宁馨儿。"《史通》似误。《通雅》：宁馨，呼语词，今读能亨，亦云那向。

浮词第二十一

夫人枢机之发，亹亹不穷，必有徐音[①]足句，为其始末。是以伊、惟、夫、盖，发语之端也；[②]焉、哉、矣、兮，断句之助也。[③]去之则言语不足，加之则章句获全。而史之叙事，亦有时类此。[④]故将述晋灵公厚敛雕墙，则且以不君为称；[⑤]欲云司马安四至九卿，而先以巧宦标目。所谓说事之端也。[⑥]又书重耳伐原示信，而续以一战而霸，文之教也；[⑦]载匈奴为偶人象郢都，令驰射莫能中，则云其见惮如此。[8]所谓论事之助也。[9]

昔尼父裁经，义在褒贬，明如日月，持[10]用不刊。而史传所书，贵乎博录而已。至于本事之外，时寄抑扬，此乃得失禀于片言，是非由于一句，谈何容易，可不慎欤![11]但近代作者，溺于烦富，则有发言失中，[12]加字不惬，[13]遂令后之览者，难以取信。[14]盖《史记》世家有云：赵鞅诸子，无恤最贤。夫贤者当以仁恕为先，礼让居本。至如伪会邻国，进计行戕，俾同气女兄，摩笄引决，此则诈而安忍，贪而无亲，鲸鲵是俦，犬豕不若，[15]焉得谓之贤哉！又《汉书》云：萧何知韩信贤。案贤者处世，夷险若一，不陨获于贫贱，不充诎于富贵。《易[16]传》曰：知进退存亡者，其唯圣人乎！如淮阴初在仄微，堕业无行，后居荣贵，满盈速祸；躬为逆上，[17]名隶恶徒。周身之防靡闻，知足之情安在？美其善将，呼为才略则可矣，必以贤为目，不其谬乎？[18]又云：[19]严延年精悍敏捷，虽子贡、冉有通于政事，不能绝也。夫以编名《酷吏》，列号"屠伯"，而辄比孔门达者，岂其伦哉！且以春秋至汉，多历年所，必言貌取人，耳目不接，又焉知其才术相类，锱铢无爽，而云不能绝乎？[20]

盖古之记事也，或先经张本，或后传终言，分布虽疏，错综逾密。[21]今之记事也则不然。或隔卷异篇，遽相矛盾；或连行接句，顿成乖角。是以《齐史》之论魏收，良直邪曲，三说各异；李百药《齐书序》论魏收云：若使子孙有灵，窃恐未挹高论。至《收传·论》又云：足以入相如之室，游尼父之门。但志存实录，好抵阴私。于《尔朱畅传》又云：收受畅财贿，故为荣传多减其恶。是谓三说各异。[22]《周书》之评太祖，宽仁好杀，二理不同。令狐德棻《周书·元伟传》称文帝不害诸元，则云："太祖天纵宽仁，性罕猜忌。"于《本纪论》又云："渚宫制胜，阖城孥戮；茹茹归命，尽种诛夷。虽事出权道，而用乖于德教。"是谓二理不同。[23]非惟言无准的，固亦事成首鼠者矣。夫人有一言，[24]而史辞再三，良以好发芜音，不求谠理，而言之反覆，观者惑焉。[25]

亦有开国承家，美恶昭露，皎如星汉，非靡沮所移，[26]而轻事尘点，曲加粉饰。求诸近史，此颣[27]尤多。如《魏书》称登国以鸟名官，则云"好尚淳朴，远师少皞"；述道武结婚蕃落，则曰"招携荒服，追慕汉高"。自余所说，多类于此。案魏氏始兴边朔，少识《典》、《坟》，作俪蛮夷，抑惟秦、晋。而鸟官创置，岂关郯子之言？髦头而偶，奚假奉春之策？奢言无限，何其[28]厚颜！又《周史》称元行恭因齐灭得回，庾信赠其诗曰："虢亡垂棘反，[29]齐平宝鼎归。"陈周弘正来聘，在馆赠韦敻诗曰："德星犹未动，真[30]车讵肯来？"其为信、弘正所重如此。夫文以害意，自古而然，拟非其伦，由来尚矣。必以庾、周所作，皆为实录，则其所褒贬，非止一人，咸宜取其指归，何止采其四句而已？[31]若乃题目不定，首尾相违，则百药、德棻是也；《齐史》，李百药所撰。《周史》，令狐德棻所撰也。心挟爱憎，词多出没，则魏收、牛弘是也。《魏书》，魏收所撰。《周史》载元行恭等，此本牛弘所撰也。斯皆鉴裁非远，智识不周，而轻弄笔端，肆情高下。故弥缝虽洽，而厥迹更彰，取惑无知，见嗤有识。[32]

夫词寡者出一言而已周，才芜者资数句而方浃。案《左传》称绛父论甲子，隐言于赵孟；班《书》述楚老哭龚生，莫识其名氏。苟举斯一事，则触类可知。至嵇康、皇甫谧撰《高士记》，各[33]为二叟立传，全采左、班之录，而其传论[34]云："二叟隐德容身，不求名利，避远乱害，安于贱役。"夫探揣古意，而广足子愈反。新言，此犹子建之咏三良，延年之歌秋妇。至于临穴泪下，闺中长叹，虽语多[35]本传，而事无异说。盖凫胫虽短，续之则悲；史文虽约，增之反累。加减前哲，岂容易哉！[36]

昔夫子断唐、虞以下迄于周，剪截浮词，撮其机要，故帝王之道，坦然明白。嗟乎！自去圣日远，史籍逾多，得失是非，孰能刊定？假有才堪厘革，而以人废言，此绕朝所谓"勿谓秦无人，吾谋适不用"者也。[37]

按：浮之云者，溢辞也，歧辞也，而先之以徐音足句，最为理致周圆。但篇中所摘，离合参半。如云隔卷连行，不容殊趣，而有若三论二评，失则歧矣浮矣。又云轻尘曲粉，无取杂施，而假以邃皇词客，失则溢矣浮矣。皆法言也。独其前此之论称贤、论况古，后此之论《高士传赞》，其失则滞而闲，刊而去之，乃纯锦也。《史通》此等，故应分别观之。

批摘所主，仍在北书，通前后篇一气。

① 音在语前，故当言徐。旧作"余音"，误。

② 徐音也。

③ 足句也。

④ 释：首借文句起止助字，引出史之浮词，盖用诗家比兴体也。

⑤ 宣二。

⑥ 此犹语端。

⑦ 僖二十七。

⑧《史记·酷吏传》。

⑨ 此犹句助。释：二层所引，似于语前语后各有浮出之文，而实非有泛滥也。

⑩ 旧作“特”。

⑪ 释：此段领下。

⑫ 去声。○谓语前。

⑬ 一作“快”，非。○谓语后。

⑭ 释：以发言、加字二句分挈下文。

⑮《史通》每多碍眼丑句。

⑯ 误作“又”。

⑰ 一作“臣”。

⑱ 释：以此二事为语前失中之证。然执论“贤”字滞甚，且与浮词不伦。

⑲《汉书·酷吏传》。

⑳ 释：以此一事为语后不惬之证，而所言亦带稚气，拟古岂在笑貌间哉！○二节虽以证前，其实可削。

㉑ 释：此五句束上起下。

㉒ 按：《北齐书》，畅双名文畅，受金语在其弟文略传，文亦不同。

㉓ 按：本注句复字脱，多不成语，今据《周书》改正。因此益悟集内篇文注语，时苦不通，皆窜乱所致，非其质也。

㉔ 一无“言”字。按：此句当作“人惟一格”。

㉕ 释：此节举百药、德棻之浮饰。

㉖“靡沮”或作“磨涅”，俱未稳。此二句竟可省去。

㉗ 即“累”字，或作“类”，后多有之，仿此。

㉘ 旧作“甚”。

㉙ 一作“灭”，误。

㉚ 一作“直”，误。

㉛ 释：此节举魏收、牛弘之浮饰。

㉜ 释：此总缴二节之文，乃斥浮正文也。

㉝ 一作“名”。

㉞ 一误作“词”。

㉟ 赢也。

㊱ 释：此以《高士传》论为浮词，是篇尾余波，无关正史，亦似赘及。

㊲ 语见《左传》文十三。释：结处自寓。

伊惟焉哉　按：此四句化用《雕龙·章句》篇文。其原文云：“夫、惟、盖、故，发端之首唱。”“乎、哉、矣、也，送末之常科。”

巧宦　《史记·汲黯传》：黯姑姊子司马安，少与黯为太子洗马。安文深巧，善宦，官四至九卿。按：传文“深巧”截句，“善宦”二字另读。而潘岳《闲居赋序》破句作“巧宦”之目，后遂习用之。

摩笄　《史记》：赵简子尽召诸子与语，无恤最贤，乃以为太子，是为襄子。襄子姊前为代王夫人。简子葬，未除服，北登夏屋，请代王。使厨人操铜枓以食代王，行斟，阴令宰人雒以枓击杀代王，遂兴兵平代地。其姊闻之，泣而呼天，摩笄自杀。代人怜之，名死地为摩笄之山。

知韩信贤　项羽封沛公蜀汉。《魏叔子集·熊养及字说》曰：汉高不肯之国。萧何曰：“臣愿大王王汉中，养其民以致贤人。”张良自韩来，韩信、陈平自楚往。故曰：“养民以致贤。”按：语见《汉书·萧何传》。而良遇在先，平至在后。魏冰叔浑统言之。汉中所致，固止一信。但萧何致贤之语，却是泛词。《史通》指实韩信，殊属牵合，非止拈义之滞也。

陨获充诎　此《礼记·儒行》之文。郑《注》：陨获，困迫失志之貌。充诎，欢喜失节之貌。

屠伯　严延年本传：巧为狱文，奏可论死，奄忽如神，流血数里，河南号为“屠伯”。

首鼠　《史记·灌夫传》：武安侯召御史大夫载，怒曰：“与长孺共一老秃翁，何为首鼠两端？”

登国名官师少皞　《魏书·官氏志》：天赐元年，欲法古纯质，每于制定官号，皆拟远古云鸟之义。诸曹走使谓之凫鸭，取飞之迅疾；以伺察为候官，谓之白鹭，取其延颈远望。自余诸官，义皆类此。按：登国，道武初元，举以概后也。少皞事，见《书志》篇。

道武结婚慕汉高 《魏书·崔玄伯传》：太祖曾引玄伯讲《汉书》，至娄敬说汉祖以鲁元公主妻匈奴，善之，嗟叹者良久。是以诸公主皆厘降于宾附之国。

髦头 《晋·天文志》：昴七星，天之耳[目]也。又为髦头，胡星也。《魏·天象志》：皇始元年六月，有星彗于髦头。是秋，太祖启冀方之地。

奉春之策 《汉书·刘敬传》：上曰："本言都秦地者娄敬，'娄'者乃'刘'也。"赐姓刘氏，拜为郎中，号奉春君。冒顿数苦北边，刘敬曰："陛下诚能以适长公主妻之，厚奉赂之，彼知汉女送厚，蛮夷必慕以为阏氏，生子必为太子，代单于。""岂尝闻外孙敢与大父抗礼者哉？"

元行恭得回 《周书》：元伟字猷道。为使主，报聘于齐。是秋，高祖亲戎东讨，伟为齐所执。齐平，伟方见释。伟性好虚静，政事之暇，未尝弃书。初，自邺还也，庾信赠其诗云云。按："猷道"，《史通》作"行恭"，岂牛弘本然耶？

周弘正来聘 《周书》：韦夐字敬远。志尚夷简，所居之宅，枕带林泉。明帝号之曰逍遥公。陈遣其尚书周弘正来聘，造夐，后请夐至宾馆，弘正赠诗云云。按：《世说》：陈太丘诣荀朗陵，元方将车。于时太史奏真人东行，弘正诗"真车"语用此也。

绛楚二老 绛父即绛县老，见《二体》篇。《汉书·两龚传》：两龚皆楚人也。胜字君宾，舍字君倩，世谓之楚两龚。王莽既篡国，遣使者奉玺书，即拜。胜不复开口饮食，死。有老父来吊，哭甚哀，既而曰："嗟乎！薰以香自烧，膏以明自销。"遂趋而出，莫知其谁。按：嵇康、皇甫谧作《二叟传》，皆采左、班语也。

咏三良 《文选》：曹子建《三良诗》云："揽涕登君墓，临穴仰天叹。"

歌秋妇 《宋书》：颜延之字延年。独酌郊野，当其得意，旁若无人。按：《秋胡诗》有"岁暮临空房"句，所谓闺叹也。秋胡事详后《品藻》篇。

凫胫 《庄子·骈拇》篇：凫胫虽短，续之则忧；鹤胫虽长，断之则悲。

叙事第二十二序一章，尚简、用晦、妄饰三章。[①]

夫史之称美者，以叙事为先。至若书功过，记善恶，文而不丽，质而非野，使人味其滋旨，怀其德音，三复忘疲，百遍无斁，自非作者曰圣，其孰能与于此乎？[②]昔圣人之述作也，上自《尧典》，下终获麟，是为属词比事之言，[③]疏通知远之旨。[④]子夏曰："《书》之论事也，昭昭然若日月之代明。"扬雄有云："说事者莫辨乎《书》，说理者莫辨乎《春秋》。"然则意指[⑤]深奥，诰[⑥]训成义，[⑦]微显阐幽，婉而成章，[⑧]虽殊途异辙，亦各有差[⑨]焉。谅以师范亿载，规模万古，为述者之冠冕，实后来之龟镜。[⑩]既而马迁《史记》，班固《汉书》，继圣而作，抑其次也。故世之学者，皆先曰《五经》，次云《三史》，[⑪]经史之目，于此分焉。[⑫]

尝试言之曰：经犹日也，史犹星也。夫杲日流景，则列星寝耀；桑榆既夕，而辰象粲然。故《史》、《汉》之文，当乎《尚书》、《春秋》之世也，则其言浅俗，涉乎委巷，[⑬]垂翅不举，懘籥无闻。[⑭]逮于战国已降，去圣弥远，然后能露其锋颖，倜傥不羁。[⑮]故知人才有殊，相去若是，校其优劣，讵可同年？自汉已降，几将千载，作者相继，非复一家，求其善者，盖亦[⑯]几矣。夫班、马执简，既《五经》之罪人；[⑰]而《晋》、《宋》杀青，又[⑱]《三史》之不若。譬夫王霸有别，粹驳相悬，才难不其甚乎！[⑲]

然则[⑳]人之著述，虽同自一手，其间则有善恶不均，精粗非类。若《史记》之[21]《苏》、《张》、《蔡泽》等传，是其美者。至于《三、五本纪》，《日者》、《太仓公》、《龟策传》，固无所取焉。又《汉书》之帝纪，《陈》、《项》诸篇，是其最也。至于《淮南王》、《司马相如》、《东方朔传》，又安足道哉！[22]岂绘事以丹素成妍，帝京以山水为助。故言媸者其史亦拙，事美者其书亦工。必时乏异闻，世无奇事，英雄不作，贤俊不生，区区碌碌，抑惟恒理，而责史臣显其良直之体，申其微婉之才，盖亦难矣。[23]故扬子有云："虞、夏之书，浑浑尔；商书，灏灏尔；周书，噩噩尔；下周者，其书憔悴乎？"观丘明之记事也，当桓、文作霸，晋、楚更盟，则能饰彼词句，成其文雅。及王室大坏，事益纵横，则《春秋》美辞，几乎翳矣。观子长之叙事也，自周已往，言所不该，其文阔略，无复体统。洎[24]秦、汉已下，条贯有伦，则焕炳可观，有足称者。至若荀悦《汉纪》，其才尽于十帝；陈寿《魏书》，其美穷于三祖。触类而长，他皆若斯。[25]

夫识宝者稀，知音盖寡。近有裴子野《宋略》，王劭《齐志》，此二家者，并长于叙事，无愧古人。而世人[26]议者皆雷同，誉裴而共诋王氏。夫江左事雅，裴笔所以专工；中原迹秽，王文由其屡鄙。且幾原[27]务饰虚辞，君懋[28]志存实录，此美恶所以为异也。设使丘明重出，子长再生，记言于贺六浑之朝，书事于士尼干[29]之代，将恐辍毫栖牍，无所施其德音。而作者安可以今方古，一概而论得失？[30]

夫叙事之体，其流甚多，非复片言所能覼缕，今辄区分类聚，定为三篇，列之于下。[31]

按：此一章《叙事》之叙也。远远说来，纯取宽境。大指言时风递降，则文亦随之。马、班不袭二经，正是各成信史。后有作者，就事叙事，宁实无虚，宁今而真，无古而赝。彼浮议之为誉为诋，不足徇矣。苞笼后三，注射北四。

① 题下注与行本小异。

② 释：从叙事大意宽起，提出“作者曰圣”，起下《尚书》、《春秋》。

③《春秋》。

④《尚书》。

⑤ 旧作“複”，误。

⑥ 一讹“诂”。

⑦《尚书》。

⑧《春秋》。

⑨ 旧讹作“美”。

⑩ 一作“鉴”。

⑪ 一有“故”字。

⑫ 释：此节推《尚书》、《春秋》为叙事祖法，举马、班二家为史体宗法。

⑬“其言”八字亦可芟。

⑭ 如杲日星寝也。

⑮ 如既夕星粲也。

⑯ 一有“无”字。

⑰ 二字过当。

⑱ 一脱“又”字。

⑲ 释：蒙上意，从二经跌落二史，以迨于后史之递降。

⑳ 作“然而”用。

㉑ 旧无“之”字，据下《汉书》偶句，当有“之”。

㉒ 其中多靡文故，然见亦过僻。

㉓ 释：此节转局起议，就《史》、《汉》拈示，大抵文貌有殊，都因事状非

一，强欲同之，不能也。

㉔ 一作“自”。

㉕ 释：此再申透上意，以见时当驳杂，只好就事叙事。

㉖ 一作“之”。

㉗ 子野。

㉘ 王劭。

㉙ 当作“俟尼于”。

㉚ 释：此节蒙上说下，才透指意。世人以饰为工，以质为陋，不知史固贵实录，不尚虚词也。侧注北朝，挈起三论。

㉛ 旧本次行有“右叙事篇序”五字，非刘氏自署也，今削之。后三条仿此。

微显阐幽 《左传》杜《序》：其微显阐幽，裁成义类者，皆据旧例而发义，指行事以正褒贬。按：《史通》本此，非用《易》文也。

浑浑灏灏噩噩 扬子《问神》篇之文。

贺六浑 《北齐·神武纪》：姓高名欢，字贺六浑，渤海蓨人也。世仕慕容氏，慕容败，归魏。神武既累世北边，故习其俗，遂同鲜卑。

士尼干 黄本作“士于尼”。其《补注》云：《北史》齐显祖讳洋，字子进。武明太后孕帝时，有赤光照室，及产，命之曰：“俟尼于”，鲜卑言有相子也。“士于尼”宜作“俟尼于”。

覼缕 “覼”本作“覶”，通作“罗”。左思《吴都赋》：嗟难得而覶缕。《晋书》傅咸疏：臣前所以不罗缕者，冀因结奏得从私愿也。《金壶字考》：次序也。

夫国史之美者，以叙事为工，而叙事之工者，以简要[①]为主。简之时义大矣哉！[②]历观自古，作者权舆。《尚书》发踪，所载务于寡事；《春秋》变体，其言贵于省文。斯盖浇淳殊致，前后异迹。然则[3]文约而事丰，此述作之尤美者也。[4]始自两汉，迄乎三国，国史之文，日伤烦富。逮晋已降，流宕逾远。[5]寻其冗句，摘其烦词。一行之间，必谬增数字；尺纸之内，恒[6]虚费数行。夫聚蚊成雷，群轻折轴，况于章句不节，言词[7]莫限，载之兼两，曷足道哉？[8]

盖叙事之体，其别有四：有直纪其才行者，有唯书其事迹者，有因言语而可知者，有假赞论而自见者。[9]至如《古文尚书》称帝尧之德，标以“允恭克让”；《春秋左传》言子太叔之状，目以“美秀而文”。[10]所称如此，更无他说，所谓直纪其才行者。[11]又如《左氏》载申生为骊姬所谮，自缢而亡；[12]班史称纪信为项籍所围，代君而死。[13]此则不言其节操，而忠孝自彰，所谓唯书其事迹者。[14]又如《尚书》称武王之罪纣也，其誓曰：“焚炙忠良，刳剔孕妇。”《左传》纪随会之论楚也，其词曰：“荜辂[15]蓝缕，以启山林。”[16]此则才行事迹，莫不阙如，而言有关涉，事便显露，所谓因言语而可知者。[17]又如《史记·卫青传》后，太史公曰：苏建尝责大将军不荐贤待士。《汉书·孝文纪》末，其赞曰：“吴王诈病不朝，赐以几杖。”[18]此则传之与纪，[19]并所不书，而史臣发言，别出其事，所谓假赞论而自见者。[20]然则才行、事迹、言语、赞论，凡此四者，皆不相须。[21]若兼而毕书，则其费尤广。近史纪传欲言人居哀毁损，则先云至性纯孝；欲言人尽夜观书，则先云笃志好学；欲言人赴敌不顾，则先云武艺绝伦；欲言人下笔成篇，则先云文章敏速。此则既述才行，又彰事迹也。如《穀梁传》云：骊姬以鸩为酒，药脯以毒。献公田来，骊姬曰：“世子已祀，故致福于君。”君将食，骊姬跪曰：“食自外来者，不可不试也。”覆酒于地，而地坟；以脯与犬，犬毙。骊姬下堂而啼呼曰：“天乎！天乎！国，子之国也，子何迟乎为君！”

又《礼记》云：阳门之介夫死，司城子罕入而哭之哀。晋人之觇宋者反报于晋侯曰："阳门之介夫死，而子罕哭之哀，而民说，殆不可伐也。"此则既书事迹，又载言语也。又近代诸史，人有行事，美恶皆已具其纪传中，续以赞论，重述前事。此则才行事迹，纪传已书，赞论又载也。[22]但自古经史，通多此颣。[23]《公》、《梁》、《礼》、《新序》、《说苑》、《战国策》、《楚汉春秋》、《史记》，迄于皇家所撰《五代史》皆有之。能获免者，盖十无一二。唯左丘明、裴子野、王劭无此也。[24]

又叙事之省，其流有二焉：一曰省句，二曰省字。[25]如[26]《左传》宋华耦来盟，称其先人得罪于宋，鲁人以为敏。夫以钝者称敏，鲁人，谓钝人也。《礼记》中已有注解。则明贤达所嗤，此为省句也。《春秋经》曰："陨石于宋五。"[27]夫闻之陨，视之石，数之五。加以一字太详，减其一字太略，求诸折中，简要合理，此为省字也。[28]其有[29]反于是者，若《公羊》[30]称郄[31]克眇，季孙行父秃，孙良夫跛，齐使跛者逆[32]跛者，秃者逆秃者，眇者逆眇者。盖宜除"跛者"已下句，[33]但云"各以其类逆"。[34]必事加再述，则于文殊费，此为烦句也。《汉书·张苍传》云："年老，口中无齿。"盖于此一句之内去"年"及"口中"可矣。夫此六文成句，而三字妄加，此为烦字也。[35]然则省句为易，省字为难，洞识此心，始可言[36]史矣。苟句尽余剩，字皆重复，史之烦芜，职由于此。[37]

盖饵巨鱼者，垂其千钓，而得之在于一筌；捕高鸟者，张其万罝，而获之由于一目。夫叙事者，或虚益散辞，广加闲说，必取其所要，不过一言一句耳。苟能同夫猎者、渔者，既执而[38]罝钓必收，其所留者唯一筌一目而已，则庶几骈枝[39]尽去，而尘垢都捐，[40]华逝而实存，滓去而渖在矣。嗟乎！能损之又损，而玄之又玄，轮扁所不能语斤，伊挚所不能言鼎也。[41]

按：上一章言叙事尚简也。四别二流，指证简法，得间入微，是《史通》全提之正令，是叙事不二之法门。行之维艰，识法者惧。

高、赤、《檀弓》，复调取致，原非史部家言，刘公特拈句示的耳，勿以不知文诟之。

论古考言，贵设身处地。刘公时所睹诸近史，如何、臧之两《晋》，南北之八朝，其所载记，太半皆骈章俪句，嘲已哗世之篇，展卷烂然，浮文妨要。公有激于此，柬之窄傔之途，所谓矫枉者直必过，读者谅之而已。

① 一无“要”字。

② 释：本章言叙事尚简也。起便提明。

③ 作“然而”用。

④ 释：以二经标简体之大源。

⑤ 旧多“必”字。

⑥ 一作“必”。

⑦ 一多“言既”二字。

⑧ 释：以近史当不简之流宕。〇以上通章总冒。

⑨ 释：叙事之体，四别尽之。四句提纲。

⑩ 襄三十一。

⑪ 释：第一缴句。

⑫ 僖四。

⑬《汉·高纪》。

⑭ 释：第二缴句。

⑮《传》作“路”。

⑯ “其誓曰”、“其词曰”，是言语二字点眼处。

⑰ 释：第三缴句。

⑱ “太史公曰”、“赞曰”，是“赞论”二字点眼处。

⑲ “传纪”二字旧倒。

⑳ 释：第四缴句。

㉑ 用一省三。

㉒ 按：此注旧本多讹，今照《传》、《记》改正。

㉓ 此九字一本混入注中。

㉔ 释：四别所举简烦利病，疏论止此。

㉕ 释：续从四别列出二流。

㉖ 一无“如”字。

㉗ 僖十六。

㉘ 释：已上正征省。

㉙ 一无“有”字。

㉚ 当作“穀梁”。

㉛ 传作“却”。

㉜《穀梁》作“御”，下同。

㉝ 旧作“字”，误。

㉞ 旧多“者”字。

㉟ 释：以上反征烦。

㊱ 一有“于”字。

㊲ 释：二流所举省烦利病，疏论止此。○正文已竟。

㊳ 此三字恐有讹脱文，当是广置之义。

㊴ 王《注》云：诸本作“胼胝”，误。

㊵ 一作“陨”。

㊶ 释：设喻结所言太窄。北平云：如行地者，碾足之外，不留寸土，尚可以行乎？○此章当云“尚简”，下章当云“用晦”也。旧本标“简要隐晦”，非是。

权舆　《广韵》：造衡自权始，造车自舆始。

成雷折轴　《汉·中山靖王传》：众呴漂山，聚蟁成雷。《注》：蟁，古“蚊”字。《国策》：张仪说魏，积羽沉舟，群轻折轴，众口铄金。

筚辂蓝缕　《左》宣十二：栾武子曰：楚自克庸以来，在军，无日不讨军实而申儆之，训之以荜路蓝缕，以启山林。按：是栾书语，非士会语也。二人皆称武子，所以误也。又：昭十二年，右尹子革语亦有筚路句。皆是言语，非书事迹。

卫青传　《史记·赞》：大将军不敢亲附士大夫，招贤者，侵人主之柄，奉法遵职而已。按：其文全出苏建口语，史公运之为赞，事举而传文省矣，故刘氏引之。

孝文纪　《汉书·赞》：孝文皇帝约身弛民，怀南越，和匈奴。又：吴王诈病而赐几杖，专务德化。按：凡此数事，本皆《史记》纪中正文，班氏取以为赞，又一运化省笔之法，故刘氏类引之。

鲁人以为敏　《左》文十五：宋华耦来盟，公与之宴，辞曰：“君之先臣督，得罪于宋殇公，名在诸侯之策。臣承其祀，其敢辱君？”鲁人以为敏。杜《注》：无故扬其祖恶是不敏，鲁人以为敏，君子不与也。按：“鲁”字之训，刘云“《礼记》中亦有是注”，但大、小戴《记》皆无是语，唯孔《疏》有其文，曰：“鲁人，鲁钝之人。”

眇秃跛　《穀梁》成元：季孙行父秃，晋郤克眇，卫孙良夫跛，同时而聘于齐云云。《公羊》成二：客或跛或眇，于是使跛者迓跛者，眇者迓眇者。按：《史通》所引，是《穀》非《公》，传写误。

口中无齿　《汉书·张苍传》：免相后，口中无齿，食乳。按：句上无“年老”字。又按：本传全录《史记》。《史记》有“老”字，无“年”字，岂唐初写本《汉书》有此二字耶？

一筌一目　鱼豢《典略》云：得鸟者，罗之一目也，然张一目之罗，终不得鸟矣。《史通》翻用其文，然失之迫隘，不若原文之善喻也。按：鱼豢之言，本《淮南·说山训》。

轮扁　《庄子·天道》：斫轮，徐则甘而不固，疾则苦而不入，不疾不徐，得之于手，而应于心，口不能言。按：文兼使郢人运斤事，故曰不能语斤。

伊挚 《史记·殷本纪》：伊尹名阿衡。《索隐》：《孙子兵书》：伊尹名挚。孔安国亦曰伊挚。《吕览·本味》：伊尹说汤以至味，曰："鼎中之变，精妙微纤，口弗能言，志弗能喻。"按："轮扁"二句，本《文心·神思》篇成语。

夫饰言者为文，编文者为句，句积而章立，章积而篇[①]成。篇目既分，而一家之言备矣。[②]古者行人出境，以词令为宗；大夫应对，以言文为主。况乎列以章句，刊之竹帛，安可不励精雕饰，传诸讽诵者哉？[③]自圣贤述作，是曰经典，句皆韶、夏，言尽琳琅，秩秩德音，洋洋盈耳。譬夫游沧海者，徒惊其浩旷；登太山者，但嗟其峻极。[④]必摘以尤最，不知何者为先。然章句之言，有显有晦。[⑤]显也者，繁词缛说，理尽于篇中；晦也者，省字约文，事溢于句外。然则晦之将显，优劣不同，较可知矣。[⑥]夫能略小存大，举重明轻，一言而巨细咸该，片[⑦]语而洪纤靡漏，此皆用晦之道也。[⑧]

昔古[⑨]文义，务却浮词。《虞书》云："帝乃殂落，百姓如丧考妣。"[⑩]《夏书》云："启呱呱而泣，予不子。"[⑪]《周书》称"前徒倒戈"，"血流漂杵"。[⑫]《虞书》云："四罪而天下咸服。"[⑬]此皆文如阔略，而语实周赡。故览之者初疑其易，而为之者[⑭]方觉其难，固非雕虫小技所能斥苦[⑮]其说也。[⑯]既而丘明受[⑰]经，师范尼父。夫经以数字包义，而传以一句成言，虽繁约有殊，而隐晦无异。故其纲纪而言邦俗也，则有士会为政，晋国之盗奔秦；[⑱]邢迁如归，卫国忘亡。[⑲]其款曲而言人事也，则有[⑳]犀革裹之，比及宋，手足皆见；[㉑]三军之士，皆如挟纩。[㉒]斯皆言近而旨远，辞浅而义深，虽发语已殚，而含意未尽。使夫读者望表而知里，扪毛而辨骨，睹一事于句中，反三隅于字外。晦之时义，不亦大哉！[23]洎班、马二史，虽多谢《五经》，必求其所长，亦时值斯语。至若高祖亡萧何，如失左右手；[24]汉兵败绩，睢水为之不流；[25]董生乘马，三年不知牝牡；[26]翟公之门，可张雀罗，[27]则其例也。[28]

自兹已降，史道陵夷，作者芜音累句，云蒸泉涌。其为文[29]也，大抵编字不只，捶句皆双，修短取均，奇偶相配。故应以一言蔽之[30]者，辄足为二言，应以三句成文者，必分为四句。弥漫重沓，不知所裁。是以处道[31]受责于少期，《魏书·邓哀王传》曰：容貌姿美，有殊于众，故特见宠异。裴松之曰：一类之言而分以为三，亦叙属之一病也。子升取讥于君懋，王劭《齐志》曰：时议恨邢子才不得掌兴魏之书，怅快温子升，亦若此而撰《永安记》，率是支言。[32]非不幸也。[33]

盖作者言虽简略，理皆要害，故能疏而不遗，俭而无阙。譬如用奇兵者，持一当百，能全克敌之功也。若才乏俊颖，思多昏滞，费词既甚，叙事才周，亦犹售铁钱者，以两当一，方成贸迁之价也。[34]然则《史》、《汉》已前，省要如彼；《国》、《晋》已降，《国》谓《三国志》，《晋》谓《晋书》也。烦碎如此。必定其妍媸，甄其善恶。[35]夫读古史者，明[36]其章句，皆可咏歌；[37]观近史者，悦[38]其绪言，直求事意而已。[39]是则一贵一贱，不言可知，无假榷扬，而其理自见矣。[40]

按：右一章言叙事用晦也。用晦之道，尤难言之。简者词约事丰，晦者神余象表。词约者犹有词在，神余者唯以神行，几几无言可说矣。叙事至此，岂复望之《五经》、《三史》后哉？故止得前幅举似如《尚书》、《左传》、

《史》、《汉》数条，惬合章旨，向后著语，便殚一针。何也？如所云不只皆双，及处道、子升受责取讥，诸注只从烦省比量，移置前章背面亦得。此则反拈互勘，取道稍松，亦弥见晦法入微，无文对举也。故曰尤难言之。

① 一多“目”字。

② 释：本章言叙事用晦也，先泛然说起。

③ 释：已上是开势。

④ 释：此层亦是挑剔之文。

⑤ 释：此方点出章旨，又将“显”字剔“晦”字。晦之云者，意到而笔不到也。

⑥ 释：测注在晦一边。

⑦ 一作“三”，非。

⑧ 释：正提用晦作起笔。

⑨ 犹云“古昔”。

⑩ 德盛、民戴皆见。

⑪ 忧国、忘家皆见。

⑫ 纣虐、民愤皆见。

⑬ 凶德、公心皆见。

⑭ 一无“者”字。

⑮ 旧作“斥非”，于文不顺，当是“斥苦”之讹。

⑯ 释：此节从《尚书》指出晦法。

⑰ 旧作“授”。

⑱ 政善可知。

⑲ 安集可知。

⑳ 此下诸本多讹，详注在后。

㉑ 勇闷可知。

㉒ 感悦可知。

㉓ 释：此节从《左传》指出晦法。

㉔《史记·淮阴侯传》。○倚任可知。

㉕《史记·项羽本纪》。○败形可知。

㉖ 专业可知。

㉗ 凉态可知。

㉘ 释：此节从《史》、《汉》指出晦法，正文扣住。

㉙ 一作"史"。

㉚ 旧脱"之"字。

㉛ 旧本作"承祚"，误。

㉜ "支言"，旧讹"六言"。

㉝ 释：此节撇尽后史简且不能，更何处说起用晦耶？今试取诸史读之，信有八代之衰之叹也。

㉞ 释：此节双绾双收。

㉟ 此下似有脱句。

㊱ 一作"阅"。

㊲ 对晦而言，故须求明也。"明"字胜。

㊳ 一作"得"。

㊴ 意无余蓄，惟言句可悦耳。"悦"字胜。

㊵ 释：结是长言咏叹之法。○旧本二章装柄"简要"，义犹可通，"隐晦"直无理矣。叙事正贵明显，而顾反之，果何说乎？且隐晦岂文家美词，而与简要对举乎？决是妄填，故削之。

言文　《左》襄二十五：仲尼曰：志有之：言以足志，文以足言。不言，谁知其志？言之无文，行之不远。慎辞哉！

斥苦　《庄子》逸篇：绋讴所生，必于斥苦。司马彪《注》：引绋讴歌，为力不齐，而迫促之。按：本文盖竭力求及之意。

晋盗奔秦　《左》宣十六：晋侯请于王，以黻冕命士会将中军，且为太傅。于是晋国之盗逃奔于秦。

如归忘亡　《左》闵二：僖之元年，齐桓公迁邢于夷仪。二年，封卫于楚丘。邢迁如归,卫国忘亡。

犀革至挟纩 《左》庄十二:宋万弑闵公于蒙泽,奔陈。宋人请万于陈,以赂。陈人使妇人饮之酒,而以犀革裹之。比及宋,手足皆见。宋人醢之。又宣十二:楚子伐萧,申公巫臣曰:"师人多寒。"王巡三军,拊而勉之。三军之士,皆如挟纩。〇按:本文于"则有"之下,一本云:"使妇人饮之酒,以犀革裹之。比及宋,手足皆见。援庙桷,动于甍。师人多寒,王拊而巡之。三军之士,皆如挟纩。"一本削去"援庙桷"六字,以"宋人醢之萧溃"六字填之。反覆参观,二本皆谬。何也?章言用晦,所引皆含蓄句法。此条神趣只在"手足见"、"如挟纩"两言,而多赘冗文,全乖晦体。谬一也。《史通》一书,纯用偶体,此条与"盗奔"、"邢迁"作配,而溢添"援桷",则体不均;改缀"萧溃",又义不属。谬二也。再按:"援桷"事见襄二十八。此六字似是"犀革"改本失删彼文,自余羡句,则缘后人夹注,传写混入,致兹乖谬耳。既僭刊之,仍列异本原文于右。难者曰:"'三军挟纩'八字不太割截乎?"应之曰:"'如归、忘亡'八字连缀上文否?"

不知牝牡 王《训故》:《邹子》:董仲舒勤学,三年不窥园,乘马不知牝牡。按:《史记》、《汉书》止有"不窥园"一句。

可张雀罗 《汉书·汲郑传》:两人中废,宾客益落。先是,下邽翟公为廷尉,宾客亦填门,及废,门外可张爵罗。后复为廷尉,客欲往,翟公大署其门曰:"一死一生,乃知交情;一贫一富,乃知交态;一贵一贱,交情乃见。"

处道 《晋书》:王沈字处道,典著作,与荀觊、阮籍共撰《魏书》,多为时讳,未若陈寿之实录也。按:本文句下原注,本引裴评王沈书语,或妄意裴是注《三国》者,遂改"处道"为"承祚",并改注内"魏书"为"魏志",而又脱去"有殊于众"两言,使"一类分三"句无著傍,头面全失矣。亟是正之,不惮多事云。

子升 《魏书·文苑传》:温子升字鹏举,永熙中散骑常侍。济阴王晖业尝云:江左文人有颜延之、谢灵运、沈约、任昉,我子升足以陵颜轹谢,吐沈含任。宋游道集其文笔为三十五卷。

昔文章既作，比兴由生，鸟兽以媲贤愚，草木以方男女，诗人骚客，言之备矣。[①]洎乎中代，其体稍殊，或拟[②]人必以其伦，或述事多比于古。当汉氏之临天下也，君实称帝，理异殷、周；子乃封王，名非鲁、卫。而作者犹谓帝家为王室，公辅为王臣。盘[③]石加建侯之言，带河申俾侯之誓。[④]而史臣撰录，亦同彼文章，假托古词，翻易今语。润色之滥，萌于此矣。[⑤]

降及近古，弥见其甚。至如诸子短书，杂家小说，论逆臣则呼为问鼎，称巨寇则目以长鲸。邦国初基，皆云草昧；帝王兆迹，必号龙飞。斯并理兼讽谕，言非指斥，异乎游、夏措词，南、董显书之义也。[⑥]如魏收《代[⑦]史》，吴均《齐[⑧]录》，或牢笼一世，或苞举一家，自可申不刊之格言，弘至公之正说。而收称刘氏纳贡，则曰"来献百牢"；均叙元日临轩，必云"朝会万国"。夫以吴征鲁赋，禹计涂山，持彼往事，用为今说，置于文章[⑨]则可，施于简册[⑩]则否矣。[⑪]

亦有方以类聚，譬诸昔人。如王隐称诸葛亮挑战，冀[⑫]获曹咎之利；崔鸿称慕容冲见幸，为有龙阳之姿。[⑬]其事相符，言之说矣。而卢思道称邢邵丧子不恸，自东门吴已来，未之有也；李百药称王琳雅得人心，虽李将军恂恂善诱，无以加也。斯则虚引古事，妄足庸音，苟矜其学，必辨而非当者矣。[⑭]

昔《礼记·檀弓》，工言物始。夫自我作故，首创新仪，前史所刊，后来取证。是以汉初立轉，[⑮]子长[⑯]所书；鲁始为髽，丘明是记。河桥可作，元凯取验于毛《诗》；男子有笄，伯支远征于《内则》。即其事也。案裴景仁《秦记》称苻[17]坚方食，抚盘而诟；王劭《齐志》述[18]洛干感恩，脱帽而谢。及彦鸾[19]撰以新史，重规[20]删其旧录，乃易“抚盘”以“推案”，变“脱帽”为“免冠”。夫近世通无案食，胡俗不施冠冕，直以事不类古，改从雅言，欲令[21]学者何以考时俗之不同，察古今之有异？[22]

又自杂种称制，充牣神州，事异诸华，言多丑俗。[23]至如翼犍，[24]道武原[25]讳；黑獭，周文本名。而伯起革[26]以他语，德棻阙而不载。[27]盖厖降、蒯聩，字之媸也；重耳、黑臀，名之鄙也。旧皆列[28]以《三史》，传诸《五经》，未闻后进谈讲，别加刊定。况齐丘[29]之[30]犊，彰于载谶；杜台卿《齐记》载谶云“首牛入西谷，逆犊上齐丘”也。河边之狗，著于谣咏。王劭《齐志》载谣云“獾獾头团圞，河中狗子破尔菀”也。明如日月，难为盖藏，此而不书，何以示后？[31]亦有氏姓本复，减省从单，或去“万纽”而留“于”，[32]或止存“狄”而除“库”。[33]求诸自古，罕闻兹例。[34]

昔夫子有云：“文胜质则史。”故知史之为务，必藉于文。自《五经》已降，《三史》而往，以文叙事，可得言焉。而今之所作，[35]有异于是。其立言也，或虚加练饰，轻事雕彩；或体兼赋颂，词类俳优。文非文，史非史，譬夫乌孙造室，杂以汉仪，而刻鹄不成，反类于鹜者也。[36]

按：上一章论叙事妄饰也，通旨归结在此为元、高、宇文而作，历详厥指：一言词令之出，幅员不可欺；一言服物之制，通称不必变；一言名号之传，谣谶不容掩。所争在借与直，非贪俗恶典也。与《言语》篇同意。论者不审，几疑提塘邸抄，弹词宾白，亦可班之国史矣，岂谓是哉！

① 释：本章论叙事妄饰，谓假古名以饰今称也。首原比体所由兴，作开局。

② 记作“似”。

③ 亦作“磬”。

④ 旧作“称”。

⑤ 释：此节说到假古为饰，自汉初始，而史亦因之。

⑥ 释：此承前言。诸名虽饰，犹皆切当，况是杂书，无关国典也。

⑦ 元魏初国号代。

⑧ 北齐。

⑨ 不关史册之文。

⑩ 谓史。

⑪ 一脱“矣”字。释：此折转言。若收、均任修国史，恣行夸饰则妄矣。

⑫ 一作“真”。

⑬ 拈事猥亵。

⑭ 此亦未允。释：此与下节皆两层转折。○此言诸所比拟，王、崔为得，若卢、李则过饰矣。

⑮ 当作“槽”。

⑯ 当作“孟坚”。

⑰《世说》注引裴《记》，本作“符”。

⑱ 一有“受纥”二字，一有“受”字。

⑲ 崔鸿。

⑳ 李百药。

㉑ 一脱“令”字。

㉒ 释：此以制物言，亦两层转折。若槽、髦等皆有征，若盘、帽等则不必假古为饰矣。

㉓ 一作“孔丑”。

㉔ 旧有“魏”字。

㉕ 旧作“所”，非。

㉖ 一讹“草”。

㉗ 考二史，皆不讳。

㉘ 一讹“例”。

㉙ 注语甚明，旧讹“愁山”。

㉚ 或讹“定”。

㉛ 释：此节乃推到无可饰者，如犍、獭、谣、谶等诸名色；不能饰而讳之，亦饰也。

㉜ 旧讹“去方纫而留于”，又讹“去万而留千”。

㉝ 如作“存扶而除乞”亦可，旧作“存扶而除厚”，非。

㉞ 释：此因讳而类及之。此虽非文士为政，然当时操史笔者，固有惮烦从改之习也。

㉟ 一多“者”字。

㊱ 释：结言史亦尚文，但虚设不可耳。

刘氏献百牢 《魏书》：太武帝太平真君十一年，舆驾南伐。刘义隆使献百牢，贡其方物。按：用《左传》哀七年会鄫语。又见《杂说》中篇“佛狸入寇”注。

元日会万国 按：《魏书》太宗神瑞二年春正月，赐附国大渠帅朝岁首者缯帛、金罽有差，而文乃言高齐事。考《齐书》无“元日会万国”明文，当是臣僚贺表中语。惜吴均《齐录》不可得见也。

诸葛挑战 《魏志》注：《晋阳秋》曰：诸葛亮寇于郿，据渭水南。亮挑战，遗高祖巾帼，欲以激怒，冀获曹咎之利。《史记·项羽纪》：项王谓大司马曹咎曰：“谨守成皋，汉欲挑战，慎勿与战。”汉果数挑楚军战，楚军不出，使人辱之。大司马怒，渡兵汜水。半渡，汉击之，大破楚军。咎自刭。

慕容冲 《晋书》载记：苻坚灭燕，慕容冲姊为清河公主，年十四，有殊色，坚纳之，宠冠后庭。冲年十二，亦有龙阳之姿，坚又幸之。姊弟专宠，长安歌之曰：“一雌复一雄，双飞入紫宫。”《战国·魏策》：魏王与龙阳君共船而钓，得为王拂枕席。

邢邵丧子 《北齐书》：邢邵字子才。养孤子恕，慈爱特深。在兖州，有都信云恕疾，便忧之，颜色贬损。及卒，痛悼虽甚，不再哭。其高情达识，开遣滞累，东门吴以还，所未有也。《战国·秦策》：梁人有东门吴者，其子死而不忧。其相室曰：公子，爱子也，死而不忧，何也？东门吴曰：吾尝无子，无子之时不忧。今与无子时同也，奚忧焉？

王琳得人心 《北齐书》：王琳字子珩。镇寿阳，轻财爱士，得将卒之心。既及于难，当时田夫野老，知与不知，莫不为之歔欷流涕。观其诚信感物，虽李将军之恂恂善诱，殆无以加焉。李将军广事具《史记》。郭《评》：子才丧孤不恸，何异于吴？王琳会葬千人，李广不啻，岂为虚引故事？

汉初立轊 《汉书·高纪》：八年十一月，令士卒从军死者为槥，归其县，县给衣衾棺葬具。《注》：应劭曰："槥，小棺也。"郭《评》：《史通》作"轊"。轊，车轴也。又考《史记》无此事，当改云"汉初立槥，孟坚所书"。

鲁始为髽 《左》襄四：邾、莒伐鄫，臧纥救鄫，败于狐骀。国人从丧者皆髽，鲁于是乎始髽。杜《注》：髽，麻发合结也。丧多不能备凶服。《檀弓》郑《注》：去缅而紒曰髽。缅，黑韬。紒音计。按：《左传》合男女言，《檀弓》以为妇人吊也。

作河桥 《晋·杜预传》：预字元凯，杜陵人。预以孟津渡险，请建河桥于富平津。议者以为殷、周所都，历圣贤而不作者，必不可立故也。预曰："'造舟为梁'，则河桥之谓也。"及桥成，帝从百僚临会，举觞属预。

男子笄 《魏书》：刘芳字伯文，彭城人。北徙，通直常侍。王肃之来奔也，宴于华林。肃语次曰：古者妇人有笄，男子则无。《丧服》，男子冠而妇人笄。芳曰：冠尊，故夺其笄称也，非男子无笄。《礼·内则》称，子事父母，鸡初鸣，栉缅笄总。男子有笄明矣。肃以为然。时人号为刘石经。按："伯文"，《北史》作"伯支"。

易盘以案 按：裴之《秦记》，崔之十六国书，皆无考。《晋》载记：苻坚讨姚苌，苌军渴，有死者。俄而降雨，苌营三尺，营外寸余而已。苌军大振。坚方食，去案，怒曰：天何故降泽贼营！

变帽为冠 《北齐·万俟普传》：子洛，字受洛干。战有功，高祖亲扶上马。洛干免冠稽首曰:"愿出死力。"按:《北史》亦同,而劭《志》亦无考矣。

翼犍黑獭　《魏书·序纪》:昭成帝讳什翼犍。《周书·帝纪》:文帝,宇文氏,讳泰,字黑獭。

字嬗名鄙　旧注:厖降,八凯中一人。蒯聩,卫庄公名。《刺客传》亦有赵人蒯聩。重耳,晋文公名。黑臀,晋成公名。成公之生也,其母梦神规其臀以黑,曰:"使有晋国三,而畀欢之孙。"故名曰黑臀。

姓复从单　《通鉴·释例》:魏之群臣出代北者,皆复姓。孝文迁洛,改为单姓。史患其烦,皆从后姓。今按:北朝诸史亦非尽改。其省改之文于《魏书·官氏志》具列之。

去万纽留于　《周书》:唐瑾仕魏,为骠骑、开府,周文叹异之,赐姓万纽于氏。《华岳颂碑》结衔作"万纽于瑾"。《魏书·官氏志》:勿忸于氏,后改为于氏。《通志·氏族略》:"勿忸于"疑与"万纽于"同。愚按"勿忸"无他据,而"万纽"有据,疑《魏志》讹也。又易"万"作"萬",《北史·儒林》樊深赐姓亦然,则又传写者误也。

存狄除库　旧作"存扶除厚"。按:《官氏志》无"厚"字连"扶"之氏,但有乞扶氏改为扶氏,则似"除厚"应为"除乞"矣。然"乞"之与"厚",声形俱别,不应讹转乃尔。再考本志,有库狄氏,后改为狄氏。"库"与"厚","狄"与"扶",形俱相近,或当是也。又北齐臣如库狄回洛、库狄盛之属,多"广"头去点,尤与"厚"字头同。《广韵》:库,始夜切,《姓苑》有之。

卷七

品藻第二十三

盖闻方以类聚，物以群分，薰莸不同器，枭鸾不比翼。若乃商臣、冒顿，南蛮、北狄，万里之殊也；伊尹、霍光，殷年汉日，千载之隔也。而世之称悖逆则云商、冒，论忠顺则曰伊、霍者，何哉？盖厥迹相符，则虽隔越为偶，奚必差肩接[①]武，方称连类者乎？[②]

史氏自迁、固作传，始以品汇相从。然其中或以年世迫促，或以人物寡鲜，求其具体必同，不可多得。是以韩非、老子，共在一篇；董卓、袁绍，无闻二录。岂非韩、老俱称述者，书有子名；[③]袁、董并曰英雄，生当汉末。用此为断，粗得其伦。亦有厥类众夥，宜为流别，而不能定其同科，申其异品，用使兰艾相杂，朱紫不分，是谁之过欤？盖史官之责也。[④]

案班《书·古今人表》，仰包亿载，旁贯百家，分之以三科，定之以九等。其言甚高，其义甚惬。及至篇中所列，奚不类于其叙哉！若孔门达者，颜称殆庶，至于他子，难为等衰。[⑤]今乃先伯牛而后曾参，进仲弓而退冉有，伯牛、仲弓并在第二等，曾参、冉有并在第三等。求诸折中，厥理无闻。又楚王[⑥]过邓，三甥[⑦]请[⑧]杀之，邓侯不许，卒亡邓国。[⑨]今定邓侯入下愚之上，即第七等。夫宁人负我，为善获戾，持此致尤，将何劝善？如谓小不忍，乱大谋，失于用权，故加其罪。是则三甥见几而作，决在未萌，自当高立标格，置诸云汉，何得止与邓侯邻伍，列在中庸下流而已哉？三甥皆在第六等。又其叙晋文之臣佐也，舟之侨为上，阳处父次之，士会为下。舟之侨在第三等，阳处父在第四等，士会在第五等。其述燕丹[10]之宾客也，高渐离居首，荆轲亚之，秦舞阳居末。高渐离在第四等，荆轲在第五等，秦舞阳在第六等。[11]斯并是非瞀乱，善恶纷拏，或珍瓴甋而贱璠玙，或策驽骀而舍骐骥。以兹为监，欲谁欺乎？[12]

又江充、息夫躬谗谄惑上，使祸延储后，毒及忠良。论其奸凶，过于石显远矣。而固叙之，不列佞幸。杨王孙裸葬悖礼，狂狷之徒，考其一生，更无他事，而与朱云同列，[13]冠之传首，不其秽欤？[14]

若乃旁求别录，侧窥杂传，诸如此谬，其累实多。案刘向《列女传》载鲁之秋胡妻者，寻其始末，了无才行可称，直以怨怼厥夫，投川而死。轻生同于古冶，殉节异于曹娥，此乃凶险之顽人，强梁之悍妇，[15]辄与贞烈为伍，有乖其实者焉。[16]又嵇康高士传，其所载者广矣，而颜回、蘧瑗，独不见书。盖以二子虽乐道遗荣，安贫守志，而拘忌名教，未免流俗也。[17]正如董仲舒、扬子云，亦钻仰四科，驰驱六籍，渐孔门之教义，服鲁国之儒风，[18]与此何殊，而并可甄录。夫回、瑗可弃，而扬、董获升，可谓识二五而不知十者[19]也。[20]

爰及近代，史臣所书，求其乖失，亦往往而有。借如阳瓒效节边城，捐躯死敌，当有宋之代，抑刘、卜之徒欤？刘谓刘康祖，卜谓卜天与。而沈氏竟不别加标榜，唯寄编于《索虏》篇内。纪僧珍[21]砥节砺行，终始无瑕，而萧氏乃与群小混书，都以恩幸为目。王頍文章不足，武艺居多，躬诣戚藩，首阶逆乱。撰隋史者如不能与枭感并列，隋世皆以杨玄感为枭感。即宜附出《杨谅传》中，辄与词人共编，吉士为伍。隋书列王頍在文苑传也。凡斯纂录，岂其类乎？[22]

子曰："以貌取人，失之子羽；以言取人，失之宰我。"光武则受误于庞萌，曹公则见欺于张邈。事[23]列在方书，[24]惟善与恶，昭然可见。不假许、郭之深鉴，裴、王之妙察，而作者存诸简牍，不能使善恶区分，故曰谁之过欤？史官之责也。[25]夫[26]能申藻镜，[27]别流品，使小人君子臭味得朋，上智中庸等差有叙，则惩恶劝善，永肃将来，激浊扬清，郁为不朽者矣。

按：班史《人表》，老手判之，只销一语，曰不作可耳。他所论列，亦恐更仆未易尽也。《品藻》非直论史，直论人矣。论人者衡悬鉴照，平明盖难，一挂百漏，拈放何主，愚恐是篇轻犯棘丛。

《高士传》一节，非欲其攀载颜、蘧，乃讥其冒收扬、董也。《史通》此类文法甚多，解者勿误。

① 一作"步"。

② 释：篇首言品藻果允，虽时地不相及，而人可类举也。

③《韩非子》、《老子》。

④ 释：此节总冒。

⑤ 通"差"。

⑥ 楚武王子文王。

⑦ 聃甥、骓甥、养甥。

⑧ 一作“欲”。

⑨ 庄六。

⑩ 一脱“丹”字。

⑪ 事详《史记·刺客传》。

⑫ 释：此节专纠《汉书·古今人表》。

⑬ 一有“仍”字。

⑭ 释：因《古今人表》及到列传分合，就班《书》作转递。已下皆言传类也。

⑮ 两言罪过。

⑯ 释：《列女传》一则。

⑰ 揣薄周、孔者之意。

⑱ 亦是诵述礼法者。

⑲ 一本误作“百”字。

⑳ 释：《高士传》一则。○已上二书非国史，盖类而及之。

㉑《南齐书》及《南史》并作“僧真”。

㉒ 释：此节收归国史，谓沈、萧、令狐诸书，类多分配未当也。

㉓ 一无“事”字。

㉔ 句有脱字。

㉕ 释：此节推到作者识鉴，应前作缴。

㉖ 一作“矣”。

㉗ 一多“区”字。

商冒　商臣，楚成王太子。王后欲立少子职，商臣以宫甲围王，王缢，遂自立。见《左传》文元年。冒顿，匈奴头曼太子。头曼爱后阏氏子，欲立之。冒顿射杀头曼自立。事见《史记·匈奴传》。按：此二逆连举，见宋明帝诏。

伊霍　《汉书》：霍光字子孟。位大司马、大将军。昭帝崩，亡嗣。承皇太后诏，迎昌邑王贺。贺即位，行淫乱，光忧懑。田延年曰：“伊尹相殷，废太甲以安宗庙，后世称其忠。将军若能行此，亦汉之伊尹也。”光即白太后，诏归贺昌邑，立孝宣皇帝。《晋·景纪》：伊尹放太甲以宁殷，霍光废昌邑以安汉。

三科九等 《汉书·古今人表·叙》云：可与为善，不可与为恶，是谓上智；可与为恶，不可与为善，是谓下愚；可与为善，可与为恶，是谓中人。因兹以列九等之序。

晋之臣佐 《左》僖二十七、八：晋文作三军，魏犨为戎右。围曹，魏犨伤于胸，立舟之侨以为戎右。城濮之战，舟之侨先归，晋侯杀之以徇于国。又文五：晋阳处父聘于卫，甯嬴从之，及温而还。其妻问之，嬴曰：以刚。天为刚德，犹不干时，况在人乎？是以去之。又：士会见《叙事》用晦篇。

江充息夫躬 纂旧注：江充幸于武帝，造巫蛊，杀太子。息夫躬幸于哀帝，上变告东平王云，造诈谖之策。按：《汉书》，二人与蒯通、伍被同传。

石显 《汉书·佞幸传》：石显少坐法腐刑。元帝委以政事。为人巧慧习事，能探得人主微指。内深贼，持诡辩以中伤人。

杨王孙 《汉书》：杨王孙者，孝武时人，学黄、老之术。病且终，令其子裸葬，为布囊盛尸，入地七尺，既下，从足引脱其囊，以身亲土。

秋胡妻 《列女传》：洁妇者，鲁秋胡子妻也。纳之五日，去而宦于陈，五年乃归。未至家，见路傍妇人采桑。秋胡子悦之，下车谓曰：“力田不如逢丰年，力桑不如见国卿。吾有金，愿以与夫人。”妇人不愿，秋胡子遂去。至家，母唤妇至，乃向采桑者也。妇曰：子束发辞亲，五年乃还，当驰骤疾至。今乃悦路傍妇人而下子之装，是亡母也，不孝。好色淫佚，不义。妾不忍见。遂去，投河而死。按：傅玄诗：“彼夫既不淑，此妇亦太刚。”两言最允，刘殊失平。

古冶 《晏子春秋》：公孙栖、田开疆、古冶子事景公，勇而无礼。晏子言于公，馈之二桃。公孙栖、田开疆曰：“吾勇不若子，功不逮子，取桃不让，是贪也；然而不死，无勇也。”皆反其桃，契领而死。古冶子曰：“二子死之，吾独生不仁。”亦契领而死。

曹娥 《后汉·列女传》：孝女曹娥，上虞人。父盱，为巫祝。五月五日，于县江溯涛迎婆娑神，溺死，不得尸。娥年十四，沿江号哭，旬有七日，投江死。县长度尚为立碑。《注》：《会稽典录》曰：度尚弟子邯郸淳作碑文。后蔡邕题八字曰："黄绢幼妇，外孙齑臼。"《晋·隐逸传》：夏统曰：曹娥德过梁、宋，国人为歌《河女》之章。

识二五不知十　《梁书·刘峻传》：峻著《辩命论》曰："言而非命，有六蔽焉。靡颜腻理，哆呐颇蹙，形之异也。朝秀辰终，龟鹤千岁，年之殊也。闻言如响，智昏菽麦，神之辨也。知三者定乎造化，荣辱之境，独曰由人，是知二五而未识于十，其蔽一也。"盖用《越世家》语。

阳瓒　《宋书·索虏传》：永初三年，虏悉力攻滑台城，城东北崩坏，王景度出奔。景度司马阳瓒，坚守不动。众溃，抗节不降，为虏所杀。

刘卜　《宋书·刘康祖传》：太祖大举北伐，康祖军出许、洛。会厍仁真相及于尉武，大战一日一夜，矢中颈死。虏传康祖首示彭城，面如生。又《元凶传》：元凶劭，文帝长子也。元嘉三十年，劭斋帅张超之手行弑。劭进至合殿中阁，太祖左细仗主卜天与攻劭于东堂，见杀。

纪僧珍　《南齐·倖臣传》：纪僧真少随萧思话及其子惠开。惠开罢益州，不得志。僧真事之愈谨。惠开曰："我子弟异才，政是讳耳。"僧真忆其言，乃请事太祖。太祖顿新亭，贼突入东门，僧真与左右拒战。贼退，除南台御史。僧真容貌言吐，雅有士风。按："真"作"珍"，误。讳谓道成也。

王頍　《隋书·文学传》：王頍字景文。通经，晓兵法，有纵横之志。授汉王谅府咨议参军。谅潜有异志，文帝崩，举兵反，多頍计也。杨素至蒿泽，頍谓其子曰："气候殊不佳。"于是自杀。又《庶人谅传》：高祖幼子汉王谅，字德章。出为并州总管。谅自以所居天下精兵处，有异图。既反，王頍曰：王所部将吏，家属尽在关西，宜长驱京都，所谓迅雷不及掩耳。及杨素袭蒿泽，谅欲还师，頍谏，不从。穷蹙，降。除名为民，绝属籍。

庞萌张邈　萌见《载文》篇。《魏志·邈传》：邈字孟卓。太祖、袁绍皆与邈友。绍既为盟主，使太祖杀邈。太祖不听，曰："孟卓，亲友也。"邈畏太祖终为绍击己，心不自安。太祖将陈宫等共谋叛，说邈曰："此亦纵横之一时也。"邈从之，遂以其众迎吕布，据濮阳。二年间，自为其下所杀。评曰：

昔光武谬于庞萌，近魏祖亦蔽于张邈。知人则哲，惟帝难之。

许郭 《后汉书》：郭太字林宗，太原人。性明知人，好奖训士类。许劭字子将，汝南人。少峻名节，好人伦，多所赏识。故天下言拔士者咸称许、郭。

裴王 《晋书》：裴秀从弟楷，字叔则，明悟有识量，少与王戎齐名。吏部郎阙，文帝问其人于钟会，会曰："裴楷清通，王戎简要，皆其选也。"又：王戎字濬冲，神采秀彻。裴楷目之曰："戎眼烂烂，如岩下电。"

直书第二十四[①]

夫人禀五常，士兼百行，邪正有别，曲直不同。若邪曲者，人之所贱，而小人之道也；正直者，人之所贵，而君子之德也。然世多趋邪而弃正，不践君子之迹，而行由[②]小人者，何哉？语曰："直如弦，死道边；曲如钩，反封侯。"故宁顺从以保吉，不违忤以受害也。[③]况史之为务，申以劝诫，树之风声。其有贼臣逆子，淫君乱主，苟直书其事，不掩其瑕，则秽迹彰于一朝，恶名被于千载。[④]言之若是，吁可畏乎![⑤]

夫为于可为之时则从，为于不可为之时则凶。如董狐之书法不隐，赵盾之为法受屈，彼我无忤，行之不疑，然后能成其良直，擅名今古。至若齐史之书崔弑，马迁之述汉非，韦昭仗正于吴朝，崔浩犯讳于魏国，或身膏斧钺，取笑[⑥]当时；或书填坑窖，无闻后代。夫世事如此，而责史臣不能申其强项之风，励其匪躬之节，盖亦难矣。是以张俨发愤，私存《嘿记》之文；孙盛不平，窃撰辽东之本。以兹避祸，幸获两[⑦]全。足[⑧]以验世途之多隘，知实录之难遇耳。[⑨]

然则历考前史，征诸直词，虽古人糟粕，真伪相乱，而披沙拣金，有时获宝。案金行晋。在历，史氏尤多。当宣、[10]景[11]开基之始，曹、马构纷之际，或列营渭曲，见屈武侯；或发仗云台，取伤成济。陈寿、王隐咸杜口而无言，陆机、虞预各栖毫而靡述。至习凿齿，乃申以死葛走[12]达之说，[13]抽戈犯跸之言。历代厚诬，一朝如[14]雪。考斯人之书事，盖近古之遗直欤？[15]次有宋孝王《风俗传》、王劭《齐志》，其叙述当时，亦务在审实。案于时河朔[16]王公，箕裘未陨；邺城[17]将相，薪构仍存。而二子书其所讳，曾无惮色。刚亦不吐，其斯人[18]欤？[19]

盖烈士徇名，壮夫重气，宁为兰摧玉折，不作瓦砾长存。若南、董之仗气直书，不避强御；韦、崔之肆情奋笔，无所阿容。虽周身之防有所不足，而遗芳余烈，人到于今称之。与夫王沈《魏书》，假回邪以窃位，董统《燕史》，持谄媚以偷荣，贯三光而洞九泉，曾未足喻其高下也。[20]

按：此篇与《忤时》同旨，低回史笔，表禄直材，非粘论也。其以矜作手，正以概时情也。文有形有神，读者神遇句外，是为得之。彼扣盘扪烛者，难与说日也。

① “直书”一作“直言”，误。

② 一本“由”作“曲”，又多“自陷”二字。

③ 释：泛从直道不伸说起。

④ 一作“古”。

⑤ 释：此贴到作史者直道彰，则为恶者惧矣，振起下文。

⑥ 一有“于”字,下同。

⑦ 旧作“而”,误。

⑧ 旧作“是”,误。

⑨ 释:此节畅言古道既远,丑正实多,作者畏避诡随,为通篇正慨。

⑩ 懿。

⑪ 师。

⑫ 旧有“生”字。

⑬ 疑脱“干令升亦斥以”六字。

⑭ 一作“始”。

⑮ 释:此节实括晋初事,人多曲讳,得习、干而一彰也。

⑯ 谓元魏。

⑰ 谓高齐。

⑱ 一本“人”字作“之谓”二字。

⑲ 释:此节用虚运,见贵胄方多,二子不阿其上世也。〇已上二节,总对直道难行发意。

⑳ 释:末乃浩然唱叹,自寄素怀。

直如弦四句　《乐府集》郭茂倩《注》云:《后汉书·五行志》,顺帝之末京都童谣。

为于可为二句　扬雄《解嘲》中语。

董狐　《左》宣二:晋赵穿攻灵公于桃园,宣子未出山而复。太史书曰:“赵盾弑其君。”以示于朝。宣子曰:“呜呼!‘我之怀矣,自贻伊戚’,其我之谓矣!”孔子曰:“董狐,古之良史也,书法不隐。赵宣子,古之良大夫也,为法受恶。惜乎!越竟乃免。”

书崔弑　《左》襄二十五:齐崔杼弑公以说于晋。太史书曰:“崔抒弑其君。”崔子杀之。其弟嗣书而死者二人。其弟又书,乃舍之。南史氏闻太史尽死,执简以往。闻既书矣,乃还。

述汉非　《后汉·蔡邕传》:王允曰:武帝不杀司马迁,使谤书流于后世。章怀《注》：凡史官记事，善恶必书。谓迁所著《史记》，但是汉家不善之事，皆为谤也，非独指武帝之身也。

韦昭仗正　见《本纪》篇弘嗣《吴史》注。

崔浩犯讳　《魏书》：崔浩字伯渊，清河人。博览经史，玄象阴阳百家之言无不关综。爵东郡公，拜太常卿。神䴥二年，诏撰国书。《北史》本传：著作令史闵堪、郄标谄事浩，请立石铭，载国书以彰直笔。浩书国事，备而不典。而石铭显在衢路，北人忿毒，构浩于帝，帝怒诛浩。

张俨嘿记　张俨见《载文》篇注。《隋·经籍志》：《嘿记》三卷，吴大鸿胪张俨撰。

辽东本　《晋书》：孙盛撰《晋阳秋》，词直而理正。桓温见之，谓盛子曰：枋头诚为失利，何至乃如尊君所说。此史行，关君门户事。诸子改之。盛写两定本寄于慕容儁。太元中，孝武博求异闻，始于辽东得之。以相考校，多有不同，书遂两行。

金行　注见《断限》篇。

渭曲见屈　《蜀志·诸葛亮传》：亮据武功五丈原，与司马宣王对于渭南，其年卒于军。松之《注》：《汉晋春秋》曰：杨仪等整军而出，百姓奔告宣王，宣王追焉。姜维令仪反旗鸣鼓，若将向宣王者。宣王乃退，不敢逼。仪结阵而去。百姓为之谚曰："死诸葛走生仲达。"

云台取伤　《魏志·高贵乡公纪》注云：《汉晋春秋》曰：帝召王经等谓曰：司马昭之心，路人所知也，当自出讨之。经曰：宿卫空阙，兵甲寡弱，祸殆不测。帝出怀中版令投地曰：行决矣。贾充逆战，帝自用剑。太子舍人成济曰："事急矣，当云何？"充曰："畜养汝等，正为今日。"济即前刺帝，刃出于背。又《魏氏春秋》曰：帝自将冗从仆射李昭等下陵云台，铠仗授兵出讨。又按：抽戈犯跸，亦见本注，乃干宝《晋纪》语，非出习书。

董统燕史　《外篇·正史》篇：后燕建兴元年，董统受诏，草创《后书》三十卷。按：是书《隋》、《唐》二志皆不载。缘其后范亨等合诸燕史并成一书，而董书遂逸也。范亨书，二志载之。

曲笔第二十五

肇有人伦，是称家国。父父子子，君君臣臣，亲疏既辨，等差有别。盖“子为父隐，直在其中”，《论语》之顺也；略外别内，掩恶扬善，《春秋》之义也。自兹已降，率由旧章。史氏有事涉君亲，必言多隐讳，虽直道不足，而名教存焉。[①]其有舞词弄札，饰非文过，若王隐、虞预毁辱相凌，子野、休文释纷相谢。[②]用舍由乎臆说，威福行乎笔端，斯乃作者之丑行，人伦所同疾也。[③]亦有事每凭虚，词多乌有：或假人之美，藉为私惠；或诬人之恶，持报己仇。若王沈《魏录》，滥述贬甄之诏；陆机《晋史》，虚张拒葛之锋。班固受金而始书，陈寿借米而方传。此又记言之奸贼，载笔之凶人，[④]虽肆诸市朝，投畀豺虎可也。[⑤]

然则史之不直，代有其书，苟其事已彰，则今无所取。[⑥]其有往贤之所未察，来者之所不知，今略广异闻，用标先觉。[⑦]案《后汉书・更始传》称其懦弱也，其初即位，南面立，朝群臣，羞愧流汗，刮席不敢视。夫以圣公身在微贱，已能结客报仇，避难绿林，名为豪杰。安有贵为人主，而反至于斯者乎？将作者曲笔阿时，独成光武之美；谀言媚主，用雪伯升之怨也。且中兴之史，出自东观，或明皇[⑧]所定，或马后攸刊，而炎祚灵长，简书莫改，遂使他姓追撰，空传伪录者矣。[⑨]陈氏《国志・刘后主传》云：“蜀无史职，故灾祥靡闻。”案黄气见于秭归，群乌坠于江水，成都言有景星出，益州言无宰相气，若史官不置，此事从何[10]而书？[11]盖由父辱受髡，故加兹谤议者也。[12]

古者诸侯并争，胜负无恒，而他善必称，己恶不讳。逮乎近古，[13]无闻至公，国自称[14]为我长，家相谓为彼短。而魏收以元氏出于边裔，见侮诸华，遂高自标举，比桑乾[15]于姬、汉之国；曲加排抑，同建邺于蛮貊之邦。夫以敌国相仇，交兵结怨，载诸移檄，用可致诬，列诸缃素，[16]难为妄说。苟未达此义，安可言于史邪？[17]夫史之曲笔诬书，[18]不过一二，[19]语其罪负，[20]为失已多。而魏收杂以寓言，殆将过半，固以[21]仓颉已降，罕见其流，而李氏《齐书》称为实录者，何也？盖以重规[22]亡考未达，伯起以公辅相加，字出大名，[23]事同元叹，既无德不报，故[24]虚美相酬。然必谓昭公知礼，吾不信也。[25]语曰："明其为贼，敌乃可服。"如王劭之抗词不挠，可以方驾古人。而魏收持论激扬，称其有惭正直。夫不彰其罪，[26]而轻肆其诛，此所谓兵起无名，难为制胜者。寻此论之作，盖由君懋书法不隐，取咎当时。或有假手史臣，以复私门之耻，不然，何恶直丑正，盗憎主人之甚乎！[27]

盖霜雪交下，始见贞松之操；国家丧乱，方验忠臣之节。若汉末之董承、耿纪，[28]晋初之诸葛、毌[29]丘，[30]齐兴而有刘秉、[31]袁粲，[32]周灭而有王谦、尉迥，[33]斯皆破家殉国，视死犹生。而历代诸史，皆书之曰逆，将何以激扬名教，以劝事君者乎！古之书事也，令贼臣逆子惧；今之书事也，使忠臣义士羞。若使南、董有灵，必切齿于九泉之下矣。[34]

自梁、陈已降，隋、周而往，诸史皆贞观年中群公所撰，近古易悉，情伪可求。至如朝廷贵臣，必父祖有传，考其行事，皆子孙所为，而访彼流俗，询诸故老，事有不同，言多爽实。昔秦人不死，验苻生之厚诬；蜀老犹存，知葛亮之多枉。斯则自古所叹，岂独于今哉！㉟

盖史之为用也，记功司过，彰善瘅恶，得失一朝，荣辱千载。苟违斯法，岂曰能官。但古来唯闻以直笔见诛，不闻以曲词获罪。是以隐侯㊱《宋书》多妄，萧武㊲知而勿尤；伯起《魏史》不平，齐宣览而无谴。故令史臣得爱憎由己，高下在心，进不惮于公宪，退无愧于私室，欲求实录，不亦难乎？呜呼！此亦有国家者所宜惩革也。㊳

按：昌黎人祸天殃之说，戒心不小，惧曲也。评者有意斥刘，因而悉力怙史。夫古人往矣，信否何凭，秉史笔者读之，能勿知惧。

圣公刮席一段，与曩言宜列帝纪相因。其言诚别，然论人于成败之间，代兴之会，疑案正自可存。

《史通》归美王劭书，果于犯众忌而不去口，何耶？盖观齐丘之谶，啮索之谣，类于其书见之，推此而知近腻辞夥，匿瑕地鲜，召怒深矣。彼《隋书》一传，悬诋其著书，而独榜其谄语，果尽生平耶？劭即未云佳士，史亦岂无憎词。李安平叙崔浩被诛，訾其所著曰"备而不典"，备者弗隐也，不典者无饰也，率是道也，亦憎词也。知幾之在史曹，径情载笔，以此忤时，激而为言。言及君懋则进之，及伯起则挥之。伯起者，尤工为饰者也。所挥在饰，即所进在无饰。《河上之歌》曰："同病相怜。"此之谓与？

① 释：首用讳尊讳亲，似曲而直者，翻起此处曲字。

② 一作"射"，误。

③ 释：此与下节标出二种曲笔。〇此种偏私意见之曲也。

④ 下字忒狠。

⑤ 释：此种恩仇贿赂之曲也。○其言愤激，意已对着魏收。

⑥ 谓前人说过。

⑦ 释：上二种标作提头，此数语挈下。

⑧ 即明帝。

⑨ 释：此揣《后汉》之曲诋更始也。

⑩ 一作“何从”。

⑪ 一多“之”字。

⑫ 释：此揣《蜀志》之曲议诸葛也。

⑬ 一作“世”。

⑭ 一作“谓”。

⑮ 元魏开国处。

⑯ 谓史。

⑰ 释：前范、陈二曲，皆意想出之，此乃显刺魏收夸抑之曲，其文未了。

⑱ 句。

⑲ 句。

⑳ 一作“负罪”。

㉑ 王本作“知”。

㉒ 李百药字。

㉓ 一误作“若”。

㉔ 旧多“以”字。

㉕ 释：加此一层，仍是刺魏。其言百药曲推，非本意所属。

㉖ 谓于劭所著诸史，无所指实。

㉗ 释：再加一层，亦是刺魏，非赞劭也。收《书》刘之所深恶，故重斥之。刺魏之文，至此方了。○自“夫史之曲笔”至此，一本错简在《鉴识》篇“弹射矣”之下。

㉘ 曲在魏。

㉙ 一作“毌”，音贯。

㉚ 曲在晋。

㉛ 一讹作"康"。

㉜ 曲在齐。

㉝ 曲在隋。

㉞ 释：此节罗举诸史之曲，凡前朝末造之忠义，率多受枉也。

㉟ 释：此节脱到当时敕修前史，仍不免瞻徇贵胄之曲也。

㊱ 沈约。

㊲ 梁武。

㊳ 篇末归到功罪失平，劝惩倒置，斯为探本深言，益透前篇寄慨隐衷。

虞预相凌　《晋书·王隐传》：大兴初，令隐撰晋史。时著作郎虞预私撰《晋书》，而生长东南，不知中朝事，数访于隐，并借隐所著书盗写之。后更疾隐，形于言色。隐竟以谤免归。

休文释纷　《南史》：裴子野曾祖松之。齐永明末，沈约撰《宋书》称"松之已后无闻焉"。子野更撰为《宋略》二十卷，其叙事评论多善，而云"戮淮南太守沈璞，以其不从义师故也"。沈惧，徒跣谢之，请两释焉。

王沈滥述贬甄　《晋书·王沈传》：高贵乡公将攻文帝，召沈告之。沈驰白帝，不忠于主，甚为众论所非。按：沈所撰《魏书》已逸，述甄事无考。郭评：沈不忠于魏，故甄后之贬，滥述其事，彰曹丑也。

陆机虚张拒葛　陆机有《晋三祖纪》，见《本纪》篇。按：《晋书·宣纪》，魏太和五年及青龙二年，懿凡两拒蜀丞相亮。

受金借米　班生受金，陈寿求米，见《史官建置》篇柳虬注。《困学纪闻》：受金事未详。予考《陈寿传》有谓丁廙子，觅千斛米，丁不与，竟不立传之说。但有"或云"二字。或之者，疑之也，恐亦未可尽信。

伯升之怨　《后汉书》：齐武王缜字伯升，光武长兄也。王莽篡汉，兵革并起。伯升部署宾客，自称柱天都部。圣公即位，拜伯升大司徒。及伯升拔宛，光武破王寻、王邑，兄弟威名益盛。更始君臣谋诛伯升，害之。

明皇所定　《后汉·东平王苍传》：显宗永平十五年，行幸东平。帝以所作《光武本纪》示苍,苍因上《光武受命中兴颂》,帝甚善之。按:显宗,明帝庙号。

马后攸刊 《后汉·皇后纪》:显宗明德马皇后,伏波将军援小女也。肃宗即位,尊之曰皇太后。自撰《显宗起居注》,削去兄防参医药事,曰:"吾不欲令后世闻先帝数亲后宫之家。"

蜀无史职 《后主传·评》:国不置史,注记无官,是以行事多遗,灾异靡书。

黄气见秭归 《先主传》:章武二年,先主军秭归,于猇亭驻营。黄气见自秭归十余里中,广数十丈。

群乌坠江水 《后主传》注:《汉晋春秋》曰:江阳有乌,从江南飞渡江北,不能达,坠水死者以千数。

有景星出 《后主传》:景耀元年,史官言景星见,于是大赦,改元。

无宰相气 《费祎传》:延熙十四年夏,成都望气者曰:都邑无宰相气。

父辱受髡 《晋书·陈寿传》:寿父为马谡参军,谡为诸葛亮所诛,寿父亦坐被髡。寿为亮立传,谓亮将略非长,无应敌之才。议者以此少之。

李称实录 语见《浮词》篇原注。

公辅大名 《北史》:李百药父德林,少孤,未有字。魏收谓之曰:卿识度必至公辅,吾以此字卿。王《训故》:《左传》云:魏,大名也。故云。按:"大名"句见《左传》闵元。

元叹 《吴志·顾雍传》:雍字元叹。蔡伯喈尝避怨于吴,雍从学琴书。《注》:《江表传》曰:伯喈谓曰:"卿必成名,今以吾名与卿。"故雍与伯喈同名也。又《吴录》曰:言为伯喈所叹,故以为字焉。

恶直丑正 语见《左传》昭二十八。

盗憎主人 《家语·观周》:盗憎主人,民怨其上。君子知天下之不可上也,故下之。亦见《左传》成十五。

董承耿纪 《蜀志》:先主同曹公还许。时献帝舅车骑将军董承辞受帝衣带诏,当诛曹公,先主遂与承等同谋。《魏·武纪》:备之未东也,阴与董承等谋反,举兵屯沛。五年,承等谋泄,伏诛。按:耿纪攻许烧营,见《因习》

篇。又《魏·武纪》注：《三辅决录》曰：纪字季行，为丞相掾。又《献帝春秋》曰：收纪等将斩之，纪呼魏王名曰："恨吾不自生意，竟为群儿所误耳。"

诸葛毌丘　诸葛诞见《因习》篇。《晋·景纪》：正元二年，魏镇东大将军毌丘俭、扬州刺史文钦举兵作乱，矫太后令，移檄郡国，为坛盟于西门之外，帅众六万，渡淮而西。帝征之。俭闻钦败，宵遁安风津，都尉追斩之。《魏志·诞、俭传》：诞字公休，俭字仲恭。俭都督扬州，反，败见夷灭。诞不自安，朝廷微知，征诞为司空。诞愈恐，遂反。按：王应麟曰：俭、诞等千载有生气矣。故郑渔仲有《晋史》党晋之言。又按：《通志略》毌丘以邑为氏，无贯音。

刘秉袁粲　《宋书·袁粲传》：粲字景倩。与齐王、刘秉平决万机。顺帝即位，诏移石头。时齐王功高，天命有归。粲密有异图，刘秉宋代宗室，与粲相结。谋克日矫太后令，使攻齐王。事泄，齐王遣军主戴僧静向石头。僧静挺身暗往，粲子最觉有异人，以身卫粲。僧静直前斩之，父子俱殒。其后并诛秉，秉事在《宗室传》。

王谦尉迥　亦见《因习》篇。

秦人不死　未详。

蜀老犹存　未详。按：《困学纪闻》云：蜀老犹存，知葛亮之多枉，武侯事迹湮没多矣。然则蜀老事，王氏亦未有所考也。

鉴识第二十六

夫人识有通塞，神有晦明，毁誉以之不同，爱憎由其各异。盖三王之受谤也，值鲁连而获申；五霸之擅名也，逢孔宣而见诋。斯则物有恒准，而鉴无定识，欲求铨核得中，其唯千载一遇乎！[①]况史传为文，渊浩[②]广博，学者苟不能探赜索隐，致远钩深，乌[③]足以辩其利害，明其善恶。[④]

观左氏之书，为传之最，而时经汉、魏，竟不列于学官，儒者皆折此一家，而盛推二传。夫以丘明躬为鲁史，受经仲尼，语世则并生，论才则同耻。[5]彼二家者，师孔氏之弟子，预达者之门人，才识本殊，年代又隔，安得持彼传说，比兹亲受者乎！加以二传理有乖僻，言多鄙野，方诸左氏，不可同年。故知《膏肓》、《墨守》，乃腐儒之妄述；卖饼、太官，诚智士之明鉴也。[6]

逮《史》、《汉》继作，踵武相承。王充著书，既甲班而乙马；张辅持论，又劣固而优迁。王充谓彪文义浃备，纪事详赡，观者以为甲，以太史公为乙也。张辅《名士优劣论》曰："世人称司马迁、班固之才优劣，多以班为胜。余以为史迁叙三千年事，五十万言，班固叙二百年事，八十万言。烦省不敌，固之不如迁必矣。"然此二书，虽互有修短，递闻[7]得失，而大抵同风，可为连类。[8]张晏云：迁殁后，亡《龟策》、《日者传》，褚先生补其所[9]缺，言词鄙陋，非迁本意。案迁所撰《五帝本纪》、七十列传，称虞舜见阨，遂匿空而出；宣尼既殂，门人推奉有若。[10]其言之鄙，又甚于兹，安得独罪褚生，而全宗马氏也？[11]刘轨思商榷汉史，雅重班才，惟讥其本纪不列少帝，而辄编高后。案弘非刘氏，而窃养汉宫。时天下无主，[12]吕宗称制，故借其岁月，寄以编年。而野鸡行事，自具《外戚》。譬夫成[13]为孺子，史刊摄政[14]之年；厉亡流彘，历纪共和之日。而周、召二公，各世家有传。[15]班氏式遵曩例，殊合事宜，岂谓虽浚发于巧心，反受嗤于拙目也。[16]

刘祥撰《宋书序[17]录》，历说[18]诸家晋史，其略云："法盛《中兴》，荒庄[19]少气，王隐、徐广，沦溺罕华。"夫史之叙事也，当辩而不华，质而不俚，其文直，其事核，若斯而已可也。[20]必令同文举之含异，[21]等公幹之有逸，如子云之含章，类长卿之飞藻，此乃绮扬绣合，雕章缛彩，欲称实录，其可得乎？以此诋诃，知其妄施弹射矣。[22]

夫人废兴，时也，穷达，命也。而书之为用，亦复如是。盖《尚书》古文，《六[23]经》之冠冕也，《春秋左氏》，《三传》之雄霸也。而自秦至晋，年逾五百，其书隐没，不行于世。既而梅氏写献，[24]杜侯训释，然后见重一时，擅名千古。若乃[25]《老经》撰于周日，《庄子》成于楚年，遭文、景而始传，值嵇、阮而方贵。若斯流者，可胜纪哉！故曰："废兴，时也，穷达，命也。"适使时无识宝，世缺知音，若《论衡》之未遇伯喈，《太玄》之不逢平子，逝将烟烬火灭，泥沉雨绝，安有殁而不朽，扬名于后世者乎！[26]

按：《曲笔》以恩怨废兴言，《鉴识》以明暗异同言。《曲笔》是史之书人，《鉴识》是人之辨史。两篇本无一语相混，错简二百字，持此判之。

① 释：篇意论鉴古不明之失，首以明者难遇领局。

② 一作"源"。

③ 一作"焉"。

④ 释：从鉴人譬归鉴史。

⑤ 一作"体"，非。

⑥ 释：此节以《左传》言，其抑没之久，由于明鉴者少也。

⑦ 一作"有"。

⑧ 释：自此已下，以班、马言。○先列平论。

⑨ 一无"所"字。

⑩ 此二事又于《暗惑》篇论之。

⑪ 释：一条论马，对鉴者立说，是驳张，非抑马也。

⑫ 一作“君”。

⑬ 周成王。

⑭ 一作“正”。

⑮ 句必有误，详此句当云“各有世家”。

⑯ 释：一条论班，亦对鉴者立说，是驳刘，非扬班也。○右通《史》、《汉》为一大节。

⑰ 一脱“序”字。

⑱ 一作“序”。

⑲ 草盛貌。一作“拙”。

⑳ 一作“矣”。

㉑ 疑当作“末异”。

㉒ 释：此节列诸晋史，亦对鉴者说，亦是驳刘，非优劣诸史也。○一本此下入前篇“夫史”一段，恐非。

㉓ 一作“七”。

㉔ 一作“状”。

㉕ 一无“若乃”二字，一止有“乃”字。

㉖ 释：末节仍以鉴识难遇感慨，摄全篇。

三王获申 《文选》曹子建《与杨德祖书》曰：昔田巴毁五帝，罪三王，一旦而服千人。鲁连一说，使终身杜口。《注》：说见《鲁连子》。

五霸见诋 《汉·董仲舒传》：仲尼之门，五尺之童羞称五伯，为其先诈力而后仁谊也。

左氏不列学官 《隋·经籍·春秋》志：《左氏》，汉初出张苍家，本无传者。文帝时，贾谊为训诂。其后刘歆欲立于学，诸儒莫应。建武中，韩歆、陈元讼之，乃以李封为《左氏》博士，封卒，遂罢。至晋时，杜预为《集解》，盛行，而《公羊》、《穀梁》浸微。

膏肓墨守 《后汉·儒林传》：何休字邵公，任城人也。太傅陈蕃辟之，以参政事。作《公羊解诂》，又作《公羊墨守》、《左氏膏肓》、《穀梁废疾》。《郑玄传》：玄隐修经业，乃发《墨守》，针《膏肓》，起《废疾》。休见而叹曰："康成入吾室，操吾矛以伐我乎！"

卖饼太官　《魏略》：严幹善《公羊春秋》。时钟繇好《左氏》，谓《左氏》为太官厨，《公羊》为卖饼家。数与幹会，辨析长短。

王充著书　《后汉》本传：充字仲任。师事班彪，著《论衡》八十五篇。《注》：袁山松曰："充作《论衡》，中土未有传者。蔡邕入吴始得之，恒秘玩以为谈助。"

张辅持论　《晋书》本传：辅字世伟，御史中丞。论班固、司马迁云云。按所论凡五则，文烦不录。

褚先生补　《史记》裴注：《汉书音义》曰：十篇有录无书。张晏曰：迁没后，亡《景纪》、《武纪》、《汉兴将相年表》、《礼》、《乐》、《律书》、《三王世家》、《日者》、《龟策传》、《靳蒯列传》。元、成之间，褚先生补缺，《日者》、《龟策》，言辞鄙陋，非迁本意。

刘轨思　《北齐·儒林传》：刘轨思说《诗》甚精，故其乡曲多为《诗》者。仕齐，国子博士。按：传不载论史之文。

野鸡　《封禅书》：野鸡夜雊。《注》：如淳曰："野鸡，雉也。""吕后名雉，故曰野鸡。"

巧心拙目　语见陆机《文赋》。

刘祥　《南齐书》：刘祥字显征。性韵刚疏。宋世解褐。撰《宋书》，讥斥禅代。上衔而不问。后徙广州。按：后周亦有刘祥，字休征，以字行，刘璠子也。缮定《梁典》，与此无涉。郭本误引，王本刊正。

徐广　见《左传》家徐贾注。

文举公幹　《后汉书》：孔融字文举，鲁国人。为北海相。《魏志》：东平刘桢字公幹。魏文帝《典论》：今之文人，鲁国孔文举体气高妙，理不胜辞。又云：文本同而末异。又《与吴质书》：公幹有逸气，但未遒耳。

子云长卿　《汉书》：扬雄字子云，蜀郡人。好深沉之思。先是，蜀有司马相如，作赋甚弘丽，雄常拟之以为式。又：司马相如字长卿。相如奏赋，天子大悦，飘飘有凌云气，游天地之间。

梅氏写献　《隋·经籍·尚书》志：孔安国以古文开其篇第，成五十八篇。晋世秘府所存，永嘉之乱并亡。至东晋，豫章内史梅赜始得安国之传奏之，又阙《舜典》一篇。齐建武中，吴姚方兴于大桁市得其书，奏上，多二十八篇，于是始列国学。按：《世说·方正》篇：梅颐，豫章太守。其字仲真，见注《晋诸公赞》，似即其人。"赜"与"颐"未知孰是。

杜侯训释　杜预为《春秋左氏经传集解》，已略见前。按本传：又参考众家谱第，谓之《释例》。又作《盟会图》、《春秋长历》，备成一家之学。

老庄遭值　《扬雄传》：昔老聃著虚无之言两篇，后世好之者以为过于《五经》。自文、景之君及司马迁，皆有是言。《晋书·嵇、阮传》：嵇康好《老》、《庄》，著《养生论》。阮籍著《达庄论》。按：汉初言黄、老者，先有胶西盖公。晋世玄风尤甚，起于何、王，流于向、郭，而《史通》第举文、景、嵇、阮为言，约辞也。

太玄逢平子　平子，张衡字。注详《自叙》篇。

探赜第二十七

古之述者，岂徒然哉！或以取舍难明，或以是非相乱。由是《书》编典诰，宣父辨其流；《诗》列风雅，卜商通其义。夫前哲所作，后来是观，苟失其指归，则难以传授。而或有妄生穿凿，轻究本源，是乖作者之深旨，误生人之后学，其为谬也，不亦甚乎！[①]

昔夫子之刊[②]鲁史，学者以为感麟而作。案子思有言：吾祖厄于陈、蔡，始作《春秋》。[③]夫以彼聿修，传诸诒厥，欲求实录，难为爽误。是[④]则义包微婉，因攫莓[⑤]而创词；时逢西狩，乃泣麟而绝笔。传者[⑥]徒知其一，而未知其二，以为自反袂拭面，称吾道穷，然后追论五始，定名三叛。此岂非独学无友，孤陋寡闻之所致耶？[7]

孙盛称《左氏春秋》书吴、楚则略，荀悦《汉纪》述匈奴则简，盖所以贱夷狄而[8]贵诸夏也。案春秋之时，诸国错峙，关梁不通，史官所书，罕能周悉。[9]异乎炎汉之世，四海一家，马迁乘传[10]求自古遗文，而州郡上计，皆先集太史，若斯之备也。况彼吴、楚者，僻居南裔，地隔江山，去彼鲁邦，尤为迂阔，丘明所录，安能备诸？且必以蛮夷而固略也，若驹支预于晋会，长狄埋于鲁门，葛卢之辨牛鸣，郯子之知鸟职，斯皆边隅小国，人品最微，犹复收其琐事，见于方册。安有主盟上国，势迫宗周，争长诸华，威陵[11]强晋，而可遗之者哉？[12]又荀氏著书，抄撮班史，其取事也，中外一概，夷夏皆均，非是独简[13]胡乡，而偏详汉室。盛既疑丘明之摈吴、楚，遂诬仲豫之抑匈奴，可谓强奏庸音，持为足曲者也。[14]

盖明月之珠不能无瑕，夜光之璧不能无颣，故作者著书，或有病累。而后生不能诋诃其过，又更文饰其非，遂推而广之，强为其说者，盖亦多矣。如葛洪有云："司马迁发愤作《史记》百三十篇，伯夷居列传之首，以为善而无报也；项羽列于本纪，以为居高位者非关有德也。"案史之于[15]书也，有其事则记，无其事则阙。寻[16]迁之驰骛今古，上下数千载，春秋已往，得其遗事者，盖唯首阳之[17]二子而已。然适使夷、齐生于秦代，[18]死于汉日，而乃升之传首，庸谓有情。[19]今者考其先后，随而编次，斯则理之恒[20]也，乌可怪乎？必谓子长以善而无报，推为传首，若伍子胥、大夫种、孟轲、墨翟、贾谊、屈原之徒，或行仁而不遇，或尽忠而受戮，何不求其品类，简[21]在一科，而乃异其篇目，各分为卷。[22]又迁之纰缪，其流甚多。夫陈胜之为世家，既云无据；项羽之称本纪，何必有凭。必谓遭彼腐刑，怨刺孝武，故书违[23]凡例，志存激切。若先黄、老而后《六经》，进奸雄而退处士，此之乖刺，复何为乎？[24]

隋内史李德林著论，称陈寿蜀人，其撰《国志》，党蜀而抑魏。刊之国史，以为格言。案曹公之创王业也，贼杀母后，幽逼主上，罪百田常，祸千王莽。文帝临戎不武，为国好奢，忍害贤良，疏忌骨肉。而寿评皆依违其事，无所措言。[25]刘主地[26]居汉宗，仗顺而起，夷险不挠，终始无瑕。方诸帝王，可比少康、光武；[27]譬以侯伯，宜辈秦缪、楚庄。[28]而寿评抑其所长，攻其所短。[29]是则[30]以魏为正朔之国，典午攸承；蜀乃僭伪之君，中朝所嫉。故曲称曹美，而虚说刘非，安有背曹而向刘，疏魏而亲蜀也。[31]夫无其文而有其说，不亦凭虚亡是者耶？[32]

习凿齿之撰《汉晋春秋》，以魏为伪国者，此盖定邪正之途，明顺逆之理耳。而檀道鸾称其当桓氏执政，故撰此书，欲以绝彼瞻乌，防兹逐鹿。历观古之学士，为文以讽其上者多矣。若齐冏[33]失德，《豪士》于焉作赋；贾后无道，《女史》由其[34]献箴。斯皆短什小篇，可率尔[35]而就也。[36]安有变三国之体统，改五行之正朔，勒成一史，传诸千载，而藉以权济物议，[37]取诫当时。岂非劳而无功，博而非要，与夫班彪《王命》，一何异乎？[38]求之人情，理不当尔。[39]

自二京板荡，五胡称制，崔鸿鸠诸伪史，聚成《春秋》，其所列者，十有六家而已。魏收云：鸿世仕江左，故不录司马、刘、萧之书，又恐识者尤之，未敢出行于外。[40]案于时中原乏主，海内横流，逖彼东南，更[41]为正朔。适使素王再出，南史重生，终不能别有异同，忤非其议。安得以伪[42]书无录，而犹罪归彦鸾者乎？且必以崔氏祖宦[43]吴朝，故情私南国，必如是，则其先徙居广固，委质慕容，何得书彼南燕，而与群胡并列！爱憎之道，岂若是邪？且观鸿书之纪纲，皆以晋为主，亦犹班《书》之载吴、项，必系汉年，陈《志》之述孙、刘，皆宗魏世。何止独遗其事，不取其书而已哉！但伯起躬为《魏史》，传列《岛夷》，不欲使中国著书，推崇江表，所以辄假言崔志，用纾魏羞。[44]且东晋之书，宋、齐[45]之史，考其所载，几三百篇，而伪邦坟籍，仅盈百卷。若使收矫鸿之失，南北混书，斯则四分有三，事归江外。非唯肥瘠非类，众寡不均；兼以东南国史，皆须纪传区别。兹又体统不纯，难为编次者矣。收之矫妄，其可尽言乎！[46]

于是考众家之异说，参作者之本意，或出自胸怀，枉申探赜；[47]或妄加向背，辄有异同。而流俗腐儒，后来末学，习其狂狷，成其诖误，自谓见所未见，闻所未闻，铭诸舌端，以为口实。唯智者不惑，无所疑焉。[48]

按：此篇亦非论史，是论论史者。《易传》曰：圣人有以见天下之赜，而拟之其形容。字书云：赜通"啧"。然则探赜者，探众论之啧有烦言，而辩正之也。郭《评》云：孙、葛失之迂，犹可言也；李失之诬，檀失之凿，魏收失之悍，其能逭于子玄之掊击乎？

愚尝论《伯夷》篇之为传首也，当作七十列传总序观。传非本纪、世家之比，人兼显晦，事待表章。龙门寄意于首篇，所传在伯夷，所附托乃在孔子也。稚川之见偏，居巢之说臆，似皆未得其肯。

① 释：首节标出述指之得失，见《探赜》大意。

② 一作“作”。

③ 此四字旧脱，今补。

④ 一讹“事”。

⑤ “莓”一作“苺”，皆误，当作“煤”。

⑥ “传者”集内凡三见，并作“儒者”，当由书佣讹“傅”作“儁”故。

⑦ 释：此节论《春秋》始作，当以祖孙传语为正。探知他说之非，作诸条标准。

⑧ 一无“而”字。

⑨《传》本不略，此但据时势折之耳。

⑩ 旧多“以”字。

⑪ 一作“凌”。

⑫《传》书楚事甚多，正辩在此。

⑬ 一作“略”。

⑭ 释：此一条探孙盛所论华夷详略，取证左、荀之说，都为未的。

⑮ 一作“所”。

⑯ 一作“马”。

⑰ 一作“山”。

⑱ 一作“氏”。

⑲ 言如此或可云发愤之故。

⑳ 一作“常”。

㉑ 一作“同”。

㉒ 一作“分为数卷也”。

㉓ 一讹作“为”。

㉔ 言此等乃为被刑而发耳，若《项纪》岂关怨刺乎？释：此一条探葛洪

以表善人，蔑高位，臆揣夷、羽之位置，说亦未的也。

㉕ 是未尝抑魏者。

㉖ 谓门地。

㉗ 以宗室言。

㉘ 以功烈言。

㉙ 亦不似党蜀者。

㉚ 寿之意。

㉛ 此下旧有注，引陈寿《上诸葛集表》语，殊无取义，去之。

㉜ 释：此一条探李德林论陈《志》之说，殊为不确。○下条另段，同事别书。

㉝ 一作“赵”。

㉞ 一作“之”。

㉟ 此二字一作“俯”字。

㊱ 借讽之作，只有短篇，从无巨帙。

㊲ 此六字旧作“藉其权以济物”。

㊳《王命论》亦止一篇，非如习书大部也。

㊴ 理不当然也。或讹“尔”作“耳”，非。释：此一条探檀论习书，其说亦非。

㊵ 以上并收语，见鸿本传。

㊶ 平。

㊷ 或作“魏”。

㊸ 一作“官”。

㊹ 追出诃鸿心曲。

㊺ 一脱此四字。

㊻ 释：此一条探出收之议鸿，全是私心造言，尤为最妄者。○条探尽此。

㊼ 此云探赜，贴论史者说。

㊽ 释：告后人无惑异说也。

吾祖始作春秋 《孔丛·居卫》篇：宋乐朔围子思，既免，曰：文王困牖里，作《周易》，祖君屈陈、蔡，作《春秋》，吾今困于宋，可无作乎？作《中庸》四十九篇。按：《太史公自序》及《公羊》篇首注，并宗此说。又按：《孔丛子》，先儒多以为伪，病其杂也。书有夫子、子思问答。高似孙《子略》以鲁缪公年推之，证其祖孙之世不相及。而尧峰汪氏复据《汉书·孔光传》，证其世谱出自子孙之手，非他书臆度者比。两说相持，录以存参。

攫莓 《吕览·任数》：陈、蔡之间，七日不尝粒。索米得而爨之。孔子望见颜渊攫其甑中而食之，起曰："今者梦见先君，食洁而后馈。"回曰："向者煤入甑中，弃食不祥，回攫而饭之。"孔子叹曰："所信者目也，目犹不可信。""知人固不易矣。"按：《史通》明用此事。"莓"字断误。

上计先集太史 《太史公自序》：百年之间，天下遗文古事，靡不毕集太史公。太史公仍父子相续，纂其职。《隋·经籍志》：汉帝始置太史公，天下计书皆先上太史，副上丞相。按：《志》盖本之卫弘《汉仪注》，今见《史记》如淳《注》，其说于《史官建置》篇详之。又《周礼·小宰·疏》：汉之朝集使，谓之上计吏，上一年计会文书及功状也。

驹支 《左》襄十四：会于向，将执戎子狗支。范宣子亲数诸朝，曰："诘朝之事，尔无与焉。"对曰："官之师旅，无乃实有所阙，而罪我诸戎！""不与于会，亦无瞢焉。"赋《青蝇》而退。

长狄 《左》文十一：冬十月，败狄于咸，获长狄侨如。富父终甥摏其喉，以戈杀之，埋其首于子驹之门，以命宣伯。

墨翟 《史记》附见《孟荀传》，其文云："盖墨翟，宋之大夫。善守御，为节用。或曰并孔子时，或曰在其后。"

先黄老二句 《汉书·司马迁传·赞》中语。又《后汉·班彪传》：彪作《论略》，其论迁《记》，先有"崇黄、老，薄《五经》"句。

李称陈寿党蜀 《隋·李德林传》：论《齐书》起元事，其中云："汉献帝死，刘备自尊崇。陈寿蜀人，以魏为汉贼，宁肯蜀主未立，已云魏武受命乎？"

贼后逼主 《后汉·伏后纪》：自帝都许，宿卫兵侍莫非曹氏党姻。操入见，帝不任其愤，曰："幸垂恩相舍。"操失色。后乃逼帝废后，以尚书令华歆勒兵入宫收后。歆就牵后出。时帝在外殿，后被发跣行，泣过诀曰："不能复相活耶?"帝曰："我亦不知命在何时。"

凿齿当桓执政 《晋书·习传》：是时桓温觊觎非望，凿齿在郡著《汉晋春秋》以裁之。于三国之时，以魏为篡逆。至文帝平蜀，乃为汉亡而晋兴。按：其详已见《论赞》篇。但此皆今《晋书》所有，今子玄以为是道鸾语。而《杂说》篇又有《新晋》不取曹、干、孙、檀之说，则亦非尽不用也。

瞻乌逐鹿 《后汉·郭泰传》：陈蕃、窦武为阉人害，泰哭于野曰："人之云亡，邦国殄瘁。""瞻乌爰止，不知于谁之屋耳。"《史记·淮阴侯传》：蒯通曰："秦失其鹿，天下共逐之，高材疾足者先得。"

豪士赋 《晋书·陆机传》：齐王冏矜功自伐，受爵不让。陆机恶之，作《豪士赋》以刺焉。

女史箴 见《载文》篇。

崔鸿十六家 鸿字彦鸾，前见《表历》篇。又《魏书》本传云：孝昌初，给事黄门侍郎。弱冠便有著述之志，见刘、石等并因世故，跨僭一方，国书未有统一，乃撰为《十六国春秋》，勒成百卷。又详后《正史》篇。

崔氏祖宦 按：《崔鸿传》首云：伯父光，名孝伯，字长仁，东清河人。祖旷，从慕容德南渡河，居青州之时水。慕容氏灭，仕刘义隆为乐陵太守。父灵延，刘骏龙骧将军、长广太守。观此，鸿之世仕江左，固有明文。而《史通》云"委质慕容"，传无其语。意祖旷从渡时，名在仕籍，传或阙书何官也。崔氏清河世望，故在诸燕境中。子玄之言，必非无征。

卷八

摸拟第二十八

夫述者相效，自古而然。故列御寇之言理也，则凭李叟；杨子云之草玄也，全师孔公。符朗[①]则比迹于庄周，范晔则参踪于贾谊。况史臣注记，其言浩博，若不仰范前哲，何以贻厥后来？[②]盖摸拟之体，厥途有二：一曰貌同而心异，二曰貌异而心同。[③]

何以言之？盖古者列国命官，卿与大夫为别。必于国史所记，则卿亦呼为大夫，此《春秋》之例也。当秦有天下，地广殷、周，变诸侯为帝王，目宰辅为丞相。而谯周撰《古史考》，[④]思欲摈抑马《记》，师仿孔《经》。其书李斯之弃市也，乃云"秦杀[⑤]其大夫李斯"。夫[⑥]以诸侯之大夫名天子之丞相，以此而拟《春秋》，所谓貌同而心异也。[⑦]

当春秋之世，列国甚多，每书他邦，皆显其号，至于鲁国，直云我而已。如金行握纪，海内大同，君靡客主之殊，臣无彼此之异。而干宝撰《晋纪》，至天子之葬，必云"葬我某皇帝"。且[⑧]无二君，何我之有？以此而拟《春秋》，又所谓貌同而心异也。[⑨]

狄灭二国，君死城屠；齐桓行霸，兴亡继绝。《左传》云："邢迁如归，卫国忘亡。"言上下安堵，不失旧物也。如孙皓暴虐，人不聊生，晋师是讨，后予相怨。而干宝《晋纪》云："吴国既灭，江外忘亡。"岂江外安[10]典午之善政，同归命之未灭乎？以此而拟《左氏》，又所谓貌同而心异也。[11]

春秋诸国，皆用夏正。音：征。鲁以行[12]天子礼乐，故独用周家正朔。至如书"元年春王正月"者，年则鲁君之年，月则周王之月。考《竹书纪年》始达此义。而自古说《春秋》者，皆妄为解释也。如曹、马受命，躬为帝王，非是以诸侯守藩，行天子班历。而孙盛《魏》、《晋》二《阳秋》，每书年首，必云"某年春帝正月"。夫年既编帝纪，而月又列帝名。以此而拟《春秋》，又所谓貌同而心异也。[13]

五始所作，是曰《春秋》；《三传》并兴，各释经义。如《公羊传》屡云："何以书？记某[14]事也。"此则先引经语，而继以释辞，势使之然，非史体也。如吴均《齐春秋》，每书灾变，亦曰："何以书？记异也。"夫事无他议，言从己出，辄自问而自答者，岂是叙事之理者邪？以此而拟《公羊》，又所谓貌同而心异也。[15]

且《史》、《汉》每于列传首书人名字，至传内有呼字处，则于传首不[16]详。如《汉书·李陵传》称陇西任立政，[17]"陵字立政曰：'少公，归易耳。'"夫上不言立政之字，而辄言"字立政曰少公"者，此省文，从可知也。至令狐德棻《周书》于《伊娄穆传》首云"伊娄穆字奴干"，既而续云太祖"字之曰：'奴干作仪同面向我也。'"夫上书其字，而下复曰字，岂是事从简易，文去重复者邪？以此而拟《汉书》，又所谓貌同而心异也。[18]

昔[19]《家语》有云："苍梧人娶妻而美，以让其兄。虽[20]为让，非让道也。"又扬子《法言》曰：士[21]有姓孔字仲尼，其文是也，其质非也。如向之诸子，所拟古作，其殆苍梧之让，姓孔[22]字仲尼者欤？盖语曰：世异则事异，事异则备异。必以先王之道持今世之人，[23]此韩子所以著《五蠹》之篇，称宋人有守株之说也。世之述者，锐志于[24]奇，喜编次古文，撰叙今事，而[25]巍然自谓《五经》再生，《三史》重出，多见其无识者矣。[26]

惟夫明识之士则不然。何则？其所拟者非如图画之写真，熔铸之象物，以此而似也。[27]其所以为似者，取其道术相会，义理玄[28]同，若斯而已。亦犹孔父贱为匹夫，栖皇[29]放逐，而能祖述尧、舜，宪章文、武，亦何必居九五之位，处南面之尊，然后谓之连类者哉！[30]

盖《左氏》为书，叙事之最。自晋已降，景慕者多，有类效颦，弥益其丑。然求诸偶中，亦可言焉。[31]盖君父见害，臣子所耻，义当略说，不忍斥言。故《左传》叙桓公在齐遇害，而云"彭生乘公，公[32]薨于车"。[33]如干宝《晋纪》叙愍帝殁于平阳，而云："晋人见者多哭，贼惧，帝崩。"以此而拟《左氏》，[34]所谓貌异而心同也。[35]

夫当时所记或未尽，则先举其始，后详其末，前后相会，隔越取同。若《左氏》成七年，郑获楚钟仪以献晋，至九年，晋归钟仪于楚以求平，其类是也。至裴子野《宋略》叙索虏临江，太子劭使力士排徐湛、[36]江湛僵仆，于是始与劭有隙。其后三年，有[37]江湛[38]为元凶所杀事。以此而拟《左氏》，亦[39]

所谓貌异而心同也。[40]

凡列姓名，罕兼其字。苟前后互举，则观者自知。如《左传》上言羊斟，则下曰叔牂；[41]前称子产，则次见国[42]侨，其类是也。至裴子野《宋略》亦然。何者？上书桓玄，则下云[43]敬道；后叙殷铁，则先著景仁。以此而拟《左氏》，又所谓貌异而心同也。[44]

《左氏》与《论语》，[45]有叙人酬对，苟非烦词积句，但是往复唯诺而已，则连续而说，去其"对曰"、"问曰"等字。如裴子野《宋略》云：李孝伯问张畅："卿何姓？"曰："姓张。""张长史乎？"以此而拟《左氏》、《论语》，又所谓貌异而心同也。[46]

善人君子，[47]功业不书，见于应对，附彰其美。如《左传》称楚武王欲伐随，[48]熊率且比曰："季梁在，何益！"[49]至萧方等[50]《三十国春秋》说朝廷闻慕容儁死，曰："中原可图矣！"桓温曰："慕容恪在，其忧方大！"以此而拟《左氏》，又所谓貌异而心同也。[51]

夫将叙其事，必预张其本，弥缝混说，无取睹[52]言。如《左传》称叔辄闻日蚀而哭，昭子曰：子[53]叔其将死乎？秋八月，叔辄卒。[54]至王劭《齐志》称张伯德梦山上挂丝，占者曰："其为幽州乎？"秋七月，拜为幽州刺史。以此而拟《左氏》，又所谓貌异而心同也。[55]

盖文虽缺略，理甚昭著，此丘明之体也。至如叙晋败于邲，先济者赏，而云："上[56]军、下军争舟，舟中之指可掬。"[57]夫不言攀舟[58]乱，以刃断指，而但曰"舟指可掬"，则读者自睹其事矣。至王劭《齐志》述高季式破敌于韩陵，追奔逐北，而云“夜半方归，椝血满袖”。夫不言奋椝深入，击刺甚多，而但称“椝血满袖”，则闻者亦知其义矣。以此而拟《左氏》，又所谓貌异而心同也。[59]

大抵作者，自魏已前，多效《三史》，从晋已降，喜学《五经》。夫史才文浅而易摸，经文意深而难拟，既难易有别，故得失亦殊。盖貌异而心同者，摸拟之上也；貌同而心异者，摸拟之下也。然人皆好貌同而心异，不尚貌异而心同者，何哉？盖鉴识不明，嗜爱多僻，悦夫似史而憎夫真史，此子张所以致讥于鲁侯，有叶公好龙之喻也。袁山松云：“书之为难也有五：烦而不整，一难也；俗而不典，二难也；书不实录，三难也；赏罚不中，四难也；文不胜质，五难也。”夫拟古而不类，此乃难之极者，何为独阙其目乎？呜呼！自子长以还，似皆未睹斯义。后来明达，其鉴之哉！[60]

按：此篇所论，前论书法，后论笔法也。六朝著述，率趋摸拟。子玄就彼风尚，析出形神两途，顿使仙凡立判。貌同心异，貌异心同，学古合离，秘方尽此。愚于《左氏》读贾辛适县，悟韩、柳赠行体；读薳启疆封楚灵，识欧、苏论事诀。亦所谓貌异心同者乎？若六朝之拟汉，貌同而已。

《左氏》叙一人，名、封、字、谥，传中错出，读者苦之，必斟牂、产侨之为拟，窃谓非是。

①《晋书》作“苻朗”。

② 释：篇言摸拟者，师古之义也。开局浑举。

③ 释：貌犹文也，心犹实也。二句分提，下作两扇应之。

④ 一脱“考”字。

⑤ 集内“杀”多作“煞”。

⑥ 一脱此三字。

⑦ 释：拟书大夫，第一则。

⑧ 或作“但”，疑当作“旹”。

⑨ 释：拟称我，第二则。

⑩ 一作“被”。

⑪ 释：拟袭忘亡，第三则。

⑫ 一作“用”。

⑬ 释：拟仿王正，第四则。

⑭ 旧作“其”。

⑮ 释：拟用何以书句，第五则。〇作议论之文，可一用之，史法则非体。

⑯ 据文义刊正，旧作“已”，非。

⑰ 此下当有“至匈奴招陵”五字，脱简也。

⑱ 释：拟字呼其人，第六则。愚谓此似无妨。〇已下总评。

⑲ 一本误多“谢承”二字。

⑳ 一多“则”字，一多“其”字。

㉑ 一脱“士”字。

㉒ 一有“而”字。

㉓ 一作“民”。

㉔ 恐“矜”字之讹。

㉕ 一无“而”字。

㉖ 释：总评貌同而心异，至此束。

㉗ 一作“彼”。

㉘ 一作“互”。

㉙ 旧作“惶”。

㉚ 释：此段总挈貌异心同意。

㉛ 释：又一小挈。后所列貌异心同凡七则，皆以《左氏》为式也。

㉜ 旧脱一“公”字。

㉝ 桓十八。

㉞ 旧多“又”字。

㉟ 释：师《左氏》不忍斥书之法，第一则。

㊱ 二字疑衍。

㊲ 旧衍“徐”字。

㊳ 旧无“湛”字。

㊴ 一作“又”。

㊵ 释：师《左氏》书事前后伏应之法，第二则。

㊶ 一作“子臧”，一止作“臧”，并误。

㊷ 当作“曰”。

㊸ 旧误作“有”。

㊹ 释：师《左氏》书人名字互见之法，第三则。

㊺ 忽添《论语》，是古文参错处。

㊻ 释：师《左传》、《论语》叙应对省“曰”字之法，第四则。

㊼ 四字通泛，恐有误。

㊽ 旧误作“隋”。

㊾ 桓六。

㊿ 一脱“等”字。

51 释：师《左氏》彰美不待实叙之法，第五则。

52 与“眷”通，回顾之义。

53 一脱“子”字。

54 昭二十一。

55 释：师《左氏》书预兆后省之法，第六则。

56 当作“中”。

57 宣十二。

58 恐脱“扰”字。

59 释：师《左氏》叙事片言蔽全形之法，第七则。意略与《用晦》篇同。〇已下合论两扇。

⑥0 释：结到教人学古神似，毋貌似，以为归宿。

符朗比庄周　《晋》载记：苻朗字元达，坚之从兄子也。幼怀远操，不屑时荣。著《苻子》，亦老、庄之流也。《隋·经籍志》：《符子》二十卷，在《道德》、《庄》、《列》类。按："苻"，《隋志》作"符"。又《宋书》志及《世说》并《注》，凡引符秦事，并从"竹"。"符"、"苻"之辩，具在《正史》篇。

范晔参贾谊　晔本传：《与诸甥侄书》云：吾于《循吏》以下诸序论，笔势纵放，实天下之奇作。其中合者，往往不减《过秦论》。

貌同心异　骆宾王文：类同心异者，龙蹲归而宋树伐；质殊声合者，鱼形出而吴石鸣。按："四杰"与刘同时而稍前，刘似仿其语意。

谯周古史考　《蜀志》本传：周字允南，位亚九列，不与政事。撰定《法训》、《五经论》、《古史考》之属百余篇。

江外忘亡　按：《左》闵二年言卫国忘亡，为齐桓存卫加赞也。今晋乃灭吴，与存亡国异道。而干宝乃套用其文，故《史通》驳之。

归命　《吴志》：后主皓降晋，举家迁于京师。诏曰：孙皓穷迫归降，其赐号为归命侯。

春王正月　《春秋传》：元年春王周正月。按：杜《注》云："言周以别夏、殷也。"误解始此。愚尝论之，《春秋》系正于王者，别鲁于天子，非别周于夏令也。是侯国之史法也。今述《史通》，意益私慰，所谓先得我心。

帝正月　按：孙盛《魏》、《晋阳秋》不可得见，今所传王氏《元经》起晋惠帝太熙元年，每岁首亦必书"帝正月"。《史通》仍不纠及，愚前言其书在依托然否间者，信矣。

陵字立政　《李陵传》：昭帝立，大将军霍光、左将军上官桀素与陵善，遣陵故人陇西任立政至匈奴招陵。立政曰："咄，少卿良苦！霍子孟、上官少叔谢女。""请少卿来归故乡。"陵字立政曰："少公，归易耳，恐再辱，奈何！"

字之曰奴干　《周书·伊娄穆传》：穆字奴干，弱冠，为太祖内亲信。尝入白事，太祖望见悦之。字之曰云云。于是拜车骑大将军、仪同三司。按：此曰"字之"，即史家所称不名之义也，不得云复。

苍梧人　按：此事俗本《史通》并作谢承《家语》云云。谢承，三国吴人，《吴志》无传。《隋》、《唐志》但有谢承《后汉书》，更无别著《家语》一书。及得映钞古本《史通》核之，原无“谢承”二字。因检《家语》，其文在卷四《六本》篇也。“苍梧人”，《家语》作“苍梧娆”。

姓孔字仲尼　见《法言·吾子》篇。

江湛　《南史》：宋江夷子湛，字徽深。领博士，转吏部尚书。家甚贫，无兼衣余食。魏太武至瓜步，以湛兼领军。魏遣使求昏，上召太子劭以下集议。众并谓宜许，湛谓许之无益。劭怒曰：“讵宜苟执异议？”声色甚厉。坐散，俱出，劭使班剑推排之，殆于倾倒。及劭之入弑，湛直上省，据窗受害，意色不挠。《宋书》“徽深”作“徽渊”，“魏太武”作“索虏”。再按：本传及《徐湛之传》俱无同受排仆之文，虽裴《略》不可得见，而历考时事，知是《史通》衍文也。

羊斟叔牂　《左传》宣二：郑公子归生受命于楚伐宋，宋华元御之。将战，华元杀羊食士，其御羊斟不与。及战，曰：“畴昔之羊，子为政；今日之事，我为政。”与入郑师，故败。华元逃归。见叔牂，曰：“子之马然也。”对曰：“非马也，其人也。”

子产国侨　按：《左传》云：“子产相郑伯以如晋。”其下云：“侨闻文公之为盟主也。”传中似此者多有，但止称侨，或称公孙侨，而不称国侨。王伯厚尝辩之。愚故疑“国”字当作“曰”字，以配“下曰叔牂”之句。

桓玄敬道　按本传：玄字敬道。但于所论书法未有明证，而《宋略》又不可得，因取《晋》、《宋》二史与桓事有涉之人，如刘道规、何无忌、魏咏之、檀凭之、诸葛长民等十余人传遍阅之，都无是语。盖史家改易字句，不尽旧文，此等处即以《史通》作故实可也。

殷铁景仁　《宋书·刘湛传》：湛与殷景仁素款。及俱被时遇，猜隙渐生。湛党刘敬文父成未悟其机，诣景仁求郡。敬文遽往谢湛曰：“老父悖耄，遂就殷铁干禄。”又《南史·范泰传》：泰卒，议赠开府，殷景仁曰：“泰素望未重，不可。”王弘抚棺哭曰：“君生平重殷铁，今以此为报。”

张长史乎　此魏太武南侵时，其尚书李孝伯与张畅临城呼问之语也。

按：今《宋书·畅传》节去问姓语，《南史》则又增“孝伯曰”句，并与裴《略》小异矣。畅字少微。

萧方等　见《称谓》篇。

慕容恪在　《晋》载记：恪字玄恭，皝之第四子也。皝将终，谓儁曰：“恪智勇俱济，汝其委之。”及儁嗣位，封太原王。初，建邺闻儁死，曰：“中原可图也。”桓温曰：“慕容恪尚存，所忧方大耳！”

山上挂丝　《北齐·张亮传》：亮字伯德。拜太中大夫。薛琡尝梦亮云云，亦与劭《志》称伯德自梦小异。

㮚血满袖　《北齐》帝纪：尔朱兆等同会邺，挟洹水而军。神武乃于韩陵为圆阵，合战，大败之。高季式以七骑追奔，度野马冈，与兆遇。高昂望之，不见，哭曰：“丧吾弟矣！”夜久，季式还，血满袖。

叶公好龙　《庄子》逸篇：子张见鲁哀公，不礼而去，曰：君之好士也，有似叶公子高之好龙。屋室雕文，尽写以龙。于是天龙下之，窥头于牖，拖尾于堂。叶公见之，失其魂魄。是叶公非好龙也，好夫似龙而非龙也。按：王氏应麟曰：《庄子》逸篇十有九，司马彪注。唐世犹存，今亡。《后汉书》、《文选》、《世说注》、《艺文类聚》、《太平御览》间见之。

书事第二十九

昔荀悦有云：“立典有五志焉：一曰达道义，二曰彰法式，三曰通古今，四曰著功勋，五曰表贤能。”干宝之释五志也：“体国经野之言则书之，用兵征伐之权则书之，忠臣烈士孝子贞妇之节则书之，文诰专对之辞则书之，才力技艺殊异则书之。”[①]于是采二家之所议，征五志之所取，盖记言之所网罗，书事之所总括，粗得于兹矣。[②]然必谓故无遗恨，犹恐未尽者乎？今更广以三科，用增前目：一曰叙沿革，二曰明罪恶，三曰旌怪异。何者？礼仪用舍，节文升降则书之；君臣邪僻，国家丧乱则书之；幽明感应，祸福萌兆则书之。[3]于是以此三科，参诸五志，则史氏所载，庶几无阙。求诸笔削，何莫由斯？[4]

但自[5]古作者，鲜能无病。苟书而不法，则何以示后？[6]盖班固之讥司马迁也："论大道则先黄、老而后《六经》，序游侠则退处士而进奸雄，述货殖则崇势利而羞贱贫。此其所蔽也。"又傅玄之贬班固也："论国体则饰主阙而折忠臣，叙世教则贵取容而贱直节，述时务则谨辞章而略事实。此其所失也。"[7]寻班、马二史，咸擅一家，而各自弹射，递相疮痏。夫虽自卜者审，而自见为难，可谓笑他人之未工，忘己事之已拙。上智犹其若此，而况庸庸者哉！[8]苟目[9]前哲之指踪，校从来之所失，若王沈、孙盛之伍，伯起、德棻之流，论王业则党悖逆而诬忠义，叙国家则抑正顺而褒篡夺，述风俗则矜夷狄而陋华夏。[10]此其大较也。必伸以纠摘，穷其负累，虽擢发而数，庸可尽邪！子曰："于予何诛？"于此[11]数家见之矣。[12]

抑又闻之，怪力乱神，宣尼不语；而事鬼求福，墨生所信。故圣人于其间，若存若亡而已。[13]若吞燕卵而商生，启龙漦而周灭，厉坏门以祸晋，鬼谋社而亡曹，江使返璧于秦皇，圯桥授书于汉相，此则事关军国，理涉兴亡，有而书之，以彰灵验，可也。[14]而王隐、何法盛之徒所撰晋史，乃专访州闾细事，委巷琐言，[15]聚而编之，目为鬼神传录，其事非要，其言不经。异乎《三史》之所书，《五经》之所载也。[16]

范晔博采众书，裁成汉典，观其所取，颇有奇工。至于《方术》篇及诸蛮夷传，乃录王乔、左慈、廪君、槃[17]瓠，言唯迂诞，事多诡越。可谓美玉之瑕，白圭之玷。惜哉！无是可也。[18]又自魏、晋已降，著述多门，《语林》、《笑林》，《世说》、《俗说》，皆喜载调[19]谑小辩，嗤鄙异闻，[20]虽为有识所讥，颇为无知所说。而斯风一扇，国史多同。[21]至如王思狂躁，起驱蝇而践笔，毕卓沉湎，左持螯而右杯，刘邕榜吏以膳痂，龄石戏舅而伤赘，其事芜秽，其辞猥杂。而历代正史，持为雅言。苟使读之者为之解颐，闻之者为之抚掌，[22]固异乎记功书过，彰善瘅恶者也。[23]

大抵近代史笔，叙事为烦。榷而论之，其尤甚者有四。[24]夫祥瑞者，所以发挥盛德，幽赞明王。至如凤皇来仪，嘉禾入献，秦得若雉，鲁获如麕。求诸《尚书》、《春秋》，上下数千载，其可得言者，盖不过一二而已。爰及近古则不然。凡祥瑞之出，非关理乱，盖主上所惑，臣下相欺，故德弥少而瑞[25]弥多，政逾劣而祥[26]逾盛。是以桓、灵受祉，比文、景而为丰；刘、石应符，比曹、马而益倍。而史官征其谬说，录彼邪言，真伪莫分，是非无别。其烦一也。[27]

当春秋之时，诸侯力争，各擅雄伯，自相君臣。[28]《经》书某使来聘，某君来朝者，盖明和好所通，盛[29]德所及。此皆国之大事，不可阙如。而自《史》、《汉》已还，相承继作。至于呼韩入侍，肃慎来庭，如此之流，书之可也。若乃藩王岳牧，朝会京师，必也书之本纪，则异乎《春秋》之义。若《汉书》载楚王嚣等来朝，《宋书》载檀道济等来朝之类是也。夫臣谒其君，子觐其父，抑惟恒[30]理，非复异闻。载之简策，一何辞费？其烦二也。[31]

若乃[32]百职[33]迁除，千官黜免，其可以书名本纪者，盖惟槐鼎而已。故西京撰史，唯编丞相、大夫；东观著书，止列司徒、太尉。而近世自三公以下，一命已上，苟沾厚禄，莫不备书。且一人之身，兼预数职，或加其号而阙其位，或无其实而有其名。[34]赞唱为之口劳，题署由其力倦。具之史牍，夫何足观？其烦三也。[35]

夫人之有传也，盖唯书其邑里而已。其有开国承家，世禄不坠，积仁累德，良弓无改，项籍之先世为楚将，[36]石建之后廉谨相承，[37]此则其事尤异，略书于传可也。其失之者，则有父官令长，子秩丞郎，声不著于一乡，行无闻于十室，而[38]乃叙其名位，一二[39]无遗。此实家谍，非关国史。其烦四也。[40]

于是考兹四事，以观今[41]古，足验积习忘返，流宕不归，乖作者之规模，违哲人之准的也。孔子曰："吾党之小子狂简，斐然成章，不知所以裁之。"其斯之谓矣。[42]

亦有言或可记，功或可书，而纪[43]阙其文，传亡其事者。何则？始自太上，迄于中古，其间文籍，可得言焉。夫以仲尼之圣也，访诸郯子，始闻少皞之官；叔向之贤也，询彼国侨，载辨黄能[44]之祟。或八元才子，因行父而获传；[45]或五羖大夫，假赵良而见识。[46]则知当时正史，流俗所行，若《三坟》、《五典》、《八索》、《九丘》之书，虞、夏、商、周春秋、梼杌之记，其所缺略者多矣。[47]

既而汲冢所述，方《五经》而有残，[48]马迁所书，比《三传》

而多别，裴松补陈寿之阙，谢绰拾沈约之遗，斯又言满五车，事逾三箧者矣。夫记事之体，欲简而且详，疏而不漏。若烦则尽取，省则多捐，此乃忘折中之宜，失均平之理。惟夫博雅君子，知其利害者焉。㊾

按：《书事》与《叙事》篇各义。《叙事》以法言，《书事》以理断。法戒浮华，理归体要，用意尤尊严也。局分三截，旁引正规，森如律令。

① 干宝释语，不必与五志分贴。

② 释：首引旧志论史家书事之体，必其重大有关系者乃书之也。

③ 三科，以补五志也，亦不与后文关贴。

④ 释：此节特广书事之途。〇已上二节，皆言所当书者，大致与烦猥反对，是为首截。

⑤ 一无"自"字。

⑥ 释：总提中截三节。

⑦ 讥马贬班，引用成语，以见作史最易招驳。勿粘看。

⑧ 节中作顿挫。

⑨ 或讹作"自"。

⑩ 其说散见诸篇之中。

⑪ 一无"此"字。

⑫ 释：此节两层，皆从事理乖违处论书事之失。

⑬ 若存若亡，最圆活。

⑭ 节中顿挫。

⑮ 非关军国兴亡者。

⑯ 释：此节两层，从物异征验边论书事之得失。

⑰ 亦作"盘"。

⑱ 节中顿挫。

⑲ 一作“啁”。

⑳ 在小说家，可无讥也。

㉑ 驯而滥入国史矣。

㉒ 一作“抃”。

㉓ 释：此节两层，从诡诞嘲谐边论书事之得失。愚谓此诸点缀，略见无妨。〇已上三节统为中截。

㉔ 释：四句提后截。

㉕ 或作“祥”。

㉖ 或作“瑞”。

㉗ 释：侈写符瑞，为四烦之一。

㉘ 一作“长”。

㉙ 疑“威”字之讹。

㉚ 亦作“常”。

㉛ 释：常朝入纪，为四烦之二。愚谓有事入觐，即臣子亦当书。

㉜ 一作“乃若”。

㉝ 一作“辟”，非。

㉞《南》、《北》诸史以后，大抵皆然。

㉟ 释：虚衔备载，为四烦之三。

㊱《史记·项羽本纪》。

㊲《史记·万石君传》。

㊳ 一无“而”字。

㊴ 或作“一一”。

㊵ 释：赘录世官，为四烦之四。

㊶ 疑当作“近”。

㊷ 释：总缴书事四烦，后截归宿在此。

㊸ 一作“记”。

㊹ 一作“熊”。

㊺ 见后篇元凯注。

㊻《商君列传》。

㊼ 释：此节反以遗缺圆其说，是余文。

㊽ 一作“殊”。

㊾ 释：末又带及经传、正史之外，掇拾残丛，折衷贵审也。

荀悦五志　语在荀《纪·高祖》第一。

班讥司马　见《探赜》篇。此处多采一句。

傅玄贬班　《晋书》：傅玄字休奕。御史中丞，迁太仆。撰论经国九流及“三史”故事，评断得失，各为区例，名为《傅子》，为内、外、中篇。

笑他人二句　陆机《豪士赋序》中语。

指踪　《史记·萧相国世家》：高帝曰：“夫猎，追杀兽兔者狗也，而发踪指示兽处者人也。”

吞燕卵　郑氏《商颂谱》：有娀氏之女名简狄，吞鳦卵而生契。《殷本纪》：简狄为帝喾次妃。《尔雅·释鸟》：燕，燕鳦。

启龙漦　《外传·郑语》：宣王之时，童谣曰：“檿弧箕服，实亡周国。”有夫妇鬻是器者。夏之衰，褒神化为二龙，王请其漦藏之，殷、周莫之发也。及厉王发之，漦流于庭，童妾遭之而孕，育而弃之。鬻弧服者取之，以逸于褒，是为褒后。《周本纪》亦载之。

厉坏门　《左》成十年：晋侯梦大厉被发及地，搏膺而踊，曰：“杀余孙，不义。余得请于帝矣。”坏大门及寝门而入。公惧，入于室。又坏户。公觉，召桑田巫。巫言如梦。公曰：“何如?”曰：“不食新矣。”

鬼谋社　《左》哀七年：初，曹人或梦众君子立于社宫而谋亡曹，曹叔振铎请待公孙彊。旦而戒其子曰：“我死，尔闻公孙彊为政，必去之。”及伯阳即位，好田弋。曹鄙人公孙彊好弋，说之。因访政事，有宠，使听政。梦者之子乃行。八年：宋灭曹。

江使返璧　注见《书志》篇。再按：前注“郑客”，乐资《春秋后传》作“郑容”。

圯桥授书　事在《史记·留侯世家》。裴《注》：徐广曰：“圯，桥也，圯音怡。”李奇云：“上、下邳人谓桥为圯。”按：“圯桥”二字连用，似误。然其后《杂说》中有“庐江目桥为圯”之文，知其非失考也，特随俗通用耳。

王乔左慈　见《采撰》篇。

廪君槃瓠　《后汉·南蛮传》：巴郡、南郡蛮本有五姓，未有君长。乃共令各乘土船，约能浮者，当以为君。余姓悉沉，唯务相独浮，因共立之，是为廪君。廪君死，魂魄世为白虎。槃瓠，见《断限》篇。

语林笑林　《隋·经籍志》：《语林》十卷，东晋处士裴启撰。《笑林》，见《因习》篇。

世说俗说　《世说》即临川所撰，见《尚书》家。《隋·经籍志》：《俗说》三卷，沈约撰。

驱蝇　《魏志》注：《魏略》云：王思性急，常执笔作书，蝇集笔端，驱去复来。思恚怒，自起驱蝇，不能得，还取笔掷地，踏坏之。

持螯　《晋书》：毕卓字茂世。尝谓人曰：“得酒满数百斛船，四时甘味置两头，右手持酒杯，左手持蟹螯，拍浮酒船中，便足了一生矣。”

膳痂　《宋书·刘穆之传》：穆之之孙邕，嗜食疮痂，以为味似鳆鱼。尝诣孟灵休，灵休疮痂落床上，取食之。灵休大惊。答曰：“性之所嗜。”灵休疮痂未落者，悉褫取以饴邕，遂举体流血。南康国吏二百许人，不问有罪无罪，递互与鞭，鞭疮痂，常以给膳。

伤赘　《南史》：朱龄石字伯兒。少好武，不事崖检。舅淮南蒋氏才劣，龄石使舅卧听事，剪纸方寸帖著舅枕，以刀子县掷之，相去八九尺，百掷百中。舅畏龄石，终不敢动。舅头有大瘤，龄石伺舅眠，密割之，即死。按：伤赘，即割瘤也。

嘉禾　《书·序》：唐叔得禾，异亩同颖，献之天子。王命唐叔归周公于东，作《归禾》。周公既得命禾，旅天子之命，作《嘉禾》。

秦得若雉　《史记·封禅书》：秦文公获若石云，于陈仓北阪城祠之。其神来也常以夜，则若雄鸡，其声殷云，野鸡夜鸣。以一牢祠，号曰陈宝。按：“雄鸡”，《汉书·郊祀志》作“雄雉”。

鲁获如麕　《公羊传》：哀公十四年春，西狩获麟。孰狩之？薪采者也。

薪采者则微者也,曷为以狩言之?大之也。麟者仁兽也,有王者则至,无王者则不至。有以告者,曰:“有麕而角者。”孔子曰:“孰为来哉!孰为来哉!”反袂拭面,涕沾袍。

呼韩入侍 《汉·宣帝纪》:甘露二年,匈奴呼韩邪单于款五原塞。三年春正月,行幸甘泉,郊泰畤。呼韩邪单于稽侯狦来朝,赞谒称藩臣而不名。上自甘泉宿池阳宫,蛮夷君长夹道陈。上登渭桥,咸称万岁。

肃慎来庭 《孔子世家》:武王克商,通道九夷百蛮,肃慎贡楛矢石砮,长尺有咫。《后汉书》:挹娄,古肃慎之国也,在夫馀东北千余里。《晋·文帝纪》:肃慎来献石砮、貂皮等,天子命归于大将军府。按:《魏志·陈留王纪》景元三年,肃慎遣使重译入贡,即其事。又《晋·武纪》:咸宁五年,肃慎来献楛矢石砮。

黄能之祟 《晋语》:郑简公使公孙成子来聘,平公有疾,韩宣子赞授客馆。客问君疾。对曰:“今梦黄能入于寝门,人杀乎?抑厉鬼邪?”子产曰:“昔者鲧违帝命,殛之于羽山,化为黄能,以入于羽渊,实为夏郊,三代举之。”“今周室少卑,晋实继之。其或者未举夏郊邪?”《左》昭七“黄能”作“黄熊”。二传皆无叔向问语,《史通》似误。

谢拾沈遗 谢绰《宋拾遗》十卷,见《书志·五行》章。

人物第三十

夫人之生也,有贤不肖焉。若乃其恶可以诫世,其善可以示后,而死之日名无得而闻焉,是谁之过欤?盖史官之责也。①

观夫文籍肇创,史有《尚书》,知远疏通,网罗历代。至如有虞进贤,时宗元凯;夏氏中微,国传寒浞;殷之亡也,是生飞廉、恶来;周之兴也,实有散宜、闳夭。若斯人者,或为恶纵暴,其罪滔天;或累仁积德,其名盖世。虽时淳俗质,言约义简，此而不载，阙孰甚焉。

洎夫子修《春秋》，记二百年行事，《三传》并作，史道勃兴。若秦之由余、百里奚，越之范蠡、大夫种，鲁之曹沫、公仪休，齐之甯戚、田穰苴，斯并命代[②]大才，挺生杰出。或陈力就列，功冠一时；或杀身成仁，声闻四海。苟师其德业，可以治国字人；慕其风范，可以激贪励俗。此而不书，无乃太简。[③]

又子长著《史记》也，驰骛穷古今，上下数千载。至如皋陶、伊尹、傅说，仲山甫之流，并列经诰，名存子史，功烈尤显，事迹居多。盍各采而编之，以为列传之始，而断以夷、齐居首，何龌龊之甚乎？[④]既而孟坚勒成《汉书》，牢笼一代，至于人伦大事，亦云备矣。其间若薄昭、杨仆、颜驷、史岑之徒，其[⑤]事所以见遗者，盖略小而存大耳。夫虽逐麋之犬，不复顾兔，而鸡肋是弃，能无惜乎？当三国异朝，两晋殊宅，若元则、仲景，时才重于许、洛；何桢、许询，文雅高于扬、豫。而陈寿《国志》、王隐《晋史》，广列诸传，而遗此不编。此亦网漏吞舟，过为迂阔者。[⑥]

观东汉一代，贤明妇人，如秦嘉妻徐氏，动合礼仪，言成规矩，毁形不嫁，哀恸伤生，此则才德兼美者也。董祀妻蔡氏，载诞胡子，受辱虏廷，文词有余，节概不足，此则言行相乖者也。至蔚宗《后汉》，传标《列女》，徐淑不齿，而蔡琰见书。欲使彤管所载，将安准的？[⑦]

裴幾原删略宋史，时称简要。至如张祎阴受君命，戕贼零陵，乃守[⑧]道[⑨]不移，饮鸩而绝。虽古之鉏麑义烈，[⑩]何以加诸？鲍昭文宗学府，驰名海内，方于汉代褒、朔之流。事皆阙如，何以申其褒奖？[11]

夫天下善人少而恶人多，其[12]书名竹帛者，盖唯记善而已。故太史公有云："自获麟以来，四百余年，明主[13]贤君、忠臣死义之士，废而不载，余甚惧焉。"即其义也。至如四凶列于《尚书》，三叛见于《春秋》，西汉之纪江充、石显，东京之载梁冀、董卓，此皆干纪乱常，存灭兴亡所系。[14]既有关时政，故不可阙书。[15]

但近史所刊，有异于是。至如不才之子，群小之徒，或阴情丑行，或素餐尸禄，其恶不足以曝扬，其罪不足以惩戒，莫不搜其鄙事，聚而为录，不其秽乎？[16]抑又闻之，十室之邑，必有忠信，而斗筲之才，何足算也。若《汉》传之有傅宽、靳歙，《蜀志》之有许慈，《宋书》之虞丘进，《魏史》之王宪，若斯数子者，或才非拔萃，或行不逸群，徒以片善取知，微功见识，阙之不足为少，书之唯益其累。而史臣皆责其谱状，征其爵里，课虚成有，裁为列传，不亦烦乎？[17]

语曰："君子于其所不知，盖阙如也。"故贤良可记，而简牍无闻，斯乃察所不该，[18]理无足咎。至若愚智毕载，妍媸靡择，此则燕石妄珍，齐竽混吹者矣。夫名刊史册，自古攸难；事列《春秋》，哲人所重。笔削之士，其慎之哉！[19]

按：以书善书恶植史体，以劝善惩恶宏史才。若善不足以劝，恶不足以惩，则其用无所施，而于体不宜亵。乃史或阙书焉，或滥书焉，两皆失之，论非不谠也。虽然，谈何容易。非矢质鬼神之公心，而炳俟百世之明识，其孰能与于斯？

两截胪列，或荒远，或细碎，举之恐不胜举，与《品藻》篇一类，不免翰墨烦劳。

① 释：此篇前半以有关法戒之人当见史册为说。

② 亦作“世”。

③ 释：首以《尚书》、《春秋》有阙开端。

④ 其言与《探赜》篇不相顾。

⑤ 一脱“其”字。

⑥ 释：以上述马、班、寿、隐诸史列传有阙。

⑦ 释：此补述《后汉书》取舍失当也。文当列三国、两晋之前，缘是妇女，故另缀焉。

⑧ 旧作“宗”。

⑨ 一作“通”。

⑩ 宣二。

⑪ 释：此述子野《宋略》传亦有阙也。〇此处截。上言当传而不立传者，下言不必专传而传者。

⑫ 一有“有”字。

⑬ 一无“明主”二字。

⑭ 一本此三句中“干”作“千”，无“乱”字、“灭”字。

⑮ 释：此段转关。书善虚运，书恶实拈，皆有关国纪，故不可阙载耳。是引下之辞。

⑯ 释：近史则庸碌宵小亦书，不足示戒矣。

⑰ 释：近史于寻常流品亦书，不足示劝矣。

⑱ 谓明不能遍。

⑲ 释：单收后半不必专传者一截。

元凯　《左》文十八：昔高阳氏有才子八人：苍舒、隤敳、梼戭、大临、尨降、庭坚、仲容、叔达，天下之民谓之八恺。高辛氏有才子八人：伯奋、仲堪、叔献、季仲、伯虎、仲熊、叔豹、季狸，天下之人谓之八元。此十六族也，世济其美。舜臣尧，举八恺使主后土，以揆百事；举八元使布五教于四方。

寒浞　《左》襄四：昔有夏之方衰也，后羿因夏民以代夏政，而淫于原兽，弃武罗、伯因、熊髡、龙圉，而用寒浞。寒浞，伯明氏之谗子弟也，行媚于内而施赂于外，树之诈慝，以取其国家。

飞廉恶来　《秦本纪》：伯翳之裔中潏在西戎，保西垂，生蜚廉。蜚廉生恶来。恶来有力，蜚廉善走，父子俱以材力事纣。

散宜闳夭　按：散、闳二人，明列《尚书·君奭》篇，《史通》乃与元凯等同以阙载为疑，疏矣。

由余　《秦本纪》：由余，其先晋人也，亡入戎。戎闻缪公贤，故使由余观秦。秦缪公示以宫室、积聚，由余曰："使鬼为之，则劳神矣；使人为之，亦苦民矣。"缪公怪之，由余笑曰：夫戎夷上含淳德，以遇其下；下怀忠信，以事其上。不知所以治此，此真圣人之治也。于是缪公惧，以女乐遗戎王，间由余，由余降秦。

百里奚　《史记·秦本纪》云：晋献公灭虞、虢，虏虞君与其大夫百里奚，以为秦穆公夫人媵于秦。按：《左传》之言媵秦穆姬者为井伯，无百里奚之名。惟僖十三，晋人来乞籴，有"秦伯问百里与之"一语，亦无奚名。

蠡种　《外传·越语》：越王句践即位三年，兴师伐吴，不胜，栖于会稽。王使大夫种行成于吴，曰："蠡为我守于国。"范蠡对曰："四封之内，百姓之事，蠡不如种；四封之外，敌国之制，立断之事，种不如蠡。"四年，伐吴。居军三年，遂灭吴。

曹沫　按：《刺客传》：曹沫，鲁人，于鲁庄、齐桓之时，有战败会柯劫盟之事。而《公羊》书盟柯，手剑，曹子无名。《左》、《穀》则名曹刿，又皆无劫桓事。故曰"三传"不书曹沫。

公仪休　孙奭《孟子疏》：案《史记》云：公仪休，鲁博士，以高第为鲁相。奉法循理，无所变更，百官自正。使食禄者不得与民争利，受大者不得取小。按：事又见董子《贤良策对》。

甯戚　《管子·小称》篇：桓公、管仲、鲍叔牙、甯戚四人饮，鲍叔奉杯而起曰：使公毋忘如莒时也，管子毋忘束缚在鲁也，甯戚毋忘饭牛车下也。按《吕览》、《淮南》并云：击牛角疾歌。《注》曰："歌《硕鼠》也。"而《吕》作"甯戚"，《淮南》作"甯越"。至应劭述歌，又别歌曰："南山矸，白石烂，生不遭尧与舜禅。短布单衣适至骭，从昏饭牛薄夜半，长夜漫漫何时旦。"三书互异，识以备考。

田穰苴 《史记》本传：司马穰苴者，田完之苗裔也。齐景公时，晏婴乃荐田穰苴，曰："穰虽田氏庶孽，然其人文能附众，武能威敌，愿君试之。"景公召穰苴，与语兵事，大说之。以为将军，将兵捍燕、晋之师。

薄昭 附见《外戚·薄姬传》：高后崩，迎立代王为皇帝，封太后弟昭为轵侯。又见《淮南王传》：淮南厉王恣，不用汉法。时帝舅薄昭为将军，尊重，上令昭予厉王书，谏数之。

杨仆 《酷吏传》：仆以千夫为吏。南越反，拜楼船将军，有功，封将梁侯。按：仆非附传，不得云见遗。

颜驷 《文选》张衡《思玄赋》云："尉龙眉而郎潜兮，逮三叶而遘武。"《注》：《汉武故事》：孝武过郎署，见一郎鬓眉皓白，问："何其老也？"对曰："臣颜驷。文帝好文，臣好武；景帝好老，臣尚少；陛下好少，臣已老。是以三叶不遇。"上擢为都尉。

史岑 参《雕龙》、《选》注。《雕龙》云："武仲之美显宗，史岑之述熹后。"《选》注：汉有两史岑。一在王莽末，字子孝。《东观汉记》东平王苍上《光武中兴颂》，明帝问"可与谁等"，校书郎对"前世史岑之比"者是也。其一颂和熹邓后者，字孝山，在莽后百有余年。书典散亡，莫详爵里。《集林》诸家以孝山之文载于子孝之集，范晔遂谓：王莽末，沛国史岑，字孝山，以文显。误也。按：《选》注见《出师颂》。《史通》所列，则莽末字子孝者是。

元则 《魏志》附见《曹爽传》。裴《注》：《魏略》曰：桓范字元则。曹爽辅政，以范乡里老宿，特敬之。及宣王起兵，范南见爽，劝爽兄弟以天子诣许昌，征四方以自辅，"卿别营在阙南，呼召如意，所忧在谷食，而大司农印章在我身"。爽不从。及宣王收范，持之甚急。范谓部官曰："徐之，我亦义士耳！"遂送廷尉。《魏氏春秋》曰：范哭谓爽曰："曹子丹佳人，生汝兄弟，犊耳！何图今日坐汝族灭？”

仲景　遍检《三国》裴《注》，绝无其人。刘意岂谓张仲景耶？皇甫谧《释劝》：华陀存精于独识，仲景垂妙于定方。盖仲景医圣，与陀齐名。《隋志》方书，亦二人连载，并注汉人。汉末魏初也。而陈寿止传华陀，不及仲景。知幾特举出之，理或然耶？《读书志》：《名医录》云：仲景，南阳人，名机。举孝廉，官长沙太守。著《伤寒论》二十二篇，证外合三百九十七法，一百一十二方。《书录解题》：仲景文辞，简古奥雅，古今治伤寒未有能出其外者。按《史通》云“才重许、洛”，地亦合。

何桢　张隐《文士传》：何桢字元幹。有文学，器干甚伟。历幽州刺史、廷尉。桢子龛、勖、恽，多至大官。自后累世昌阜。《晋书·何充传》：充字次道，魏光禄大夫桢之曾孙也。

许询　《世说·文学》：许掾，年少时，人比王苟子，许大不平。时诸人士及支法师并在会稽西寺讲，王亦在焉。许便往与王论理，遂大屈。许复执王理，王执许理，更相覆疏，王复屈。支从容曰：“何至相苦邪？”按：许掾即询也，字玄度。刘惔尝云：“清风明月，恨无玄度。”苟子，王修小字。又按：《新晋书》错见《孙绰》、《郗愔》及诸《王》、《谢传》。

秦嘉妻徐　《玉台新咏》秦嘉《赠妇诗》序云：嘉为郡上掾，妻徐淑，寝疾还家，不获面别，赠诗云尔。淑答诗，略云：妾身兮不令，感疾兮来归。旷废兮侍觐，情敬兮有违。君今兮奉命，远适兮京师。悠悠兮离别，梦想兮容辉。恨无兮羽翼，高飞兮相追。《艺文类聚》：淑复嘉书云：昔诗人有飞蓬之感，班姬有谁荣之叹。素琴明鉴，当待君还。未奉光仪，宝钗不列。《丹铅录》：予观《艺文》、《玉台》二书，见东汉妇人徐淑与夫书及诗，皆丽则可诵。《幽明录》：淑昼卧，流涕。嫂问之。曰：“适见嘉自说往津亭乡，病亡。一客赍书还，日中当至。”举家大惊。书至，事如梦。

董祀妻蔡　《后汉·列女传》：陈留董祀妻者，同郡蔡邕之女也，名琰，字文姬。博学有才辩，又妙于音律，适河东卫仲道。夫亡，无子。兴平中，天下丧乱，为胡骑所获，没于南匈奴左贤王。在胡中，生二子。曹操素与邕善，遣使者以金璧赎之，而重嫁于祀。

张祎　《晋书·忠义传》：张祎，吴郡人，少有操行。恭帝践祚，刘裕以祎帝之故吏，素所亲信，封药酒一罂付祎，密令鸩帝。祎既受命，叹曰："鸩君求生，何面目视息世间哉，不如死也！"因自饮之而死。按：《宋书》则于其子《畅传》见之。易代之史，体自应尔，可无阙如之讥。

鲍昭　《宋书·临川王传》：义庆为宗室之表，招聚文学之士东海鲍照等，引为佐使。照字明远，文辞赡逸，为《河清颂》，序甚工。世祖好为文章，自谓物莫能及。照悟其旨，为文多鄙言累句，当世咸谓照才尽，实不然也。按：唐人避武后讳曌，多作"鲍昭"。

三叛　《左》昭三十一：齐豹为卫司寇，作而不义，其书为"盗"。邾庶其、莒牟夷、邾黑肱以土地出，不求其名，贱而必书。所以惩肆而去贪也。《春秋》书齐豹曰盗，三叛人名，以惩不义，其善志也。

傅靳　《汉书》樊、郦、夏侯、灌、傅、靳、周同传。按："傅靳"恐当作"傅周"，盖七人中叙功，惟傅宽、周緤事最少也。

许慈　《蜀志》本传：慈字仁笃。又有胡潜字公兴。并为博士，典掌旧文。更相克伐，书籍有无，不相通借，时寻楚挞。其矜己妒彼至于此。

虞丘进　《宋书》本传：进累战有功，封望蔡县男，除宋台令书。史臣曰：诸将起自竖夫，心一乎主，百死而不顾，遂飨封侯之报。

王宪　《魏书》本传：宪字显则，北海剧人。归诚，太祖见之，曰："此王猛孙也。"厚礼待之。进爵剧县侯。卒，年八十九。《北史》"宪"作"憲"。

燕石　《阚子》：宋子愚人得燕石梧台之侧，藏之，以为大宝。周客闻而观焉，革匮十重，缇巾十袭。客见之，掩口卢胡而笑曰："此燕石也，与瓦甓同。"

齐竽　《韩子·内储》说：一听则愚智不分，责下则人臣不参。其说在吹竽。齐宣王使人吹竽，必三百人，南郭处士为王吹竽，王说之。宣王死，湣王立，好一一听之，处士逃。

卷九

核才第三十一

夫史才之难，其难甚矣。《晋令》云："国史之任，委之著作，每著作郎初至，必撰名臣传一人。"斯盖察其所由，苟非其才，则不可叨居史任。[①]历观古之作者，若蔡邕、刘峻、[②]徐陵、刘炫之徒，各自谓长于著书，达于史体，然观[③]侏儒一节，而他事可知。[④]案伯喈于朔方[⑤]上书，谓宜广班氏《天文志》。夫《天文》之于《汉史》，实附赘之尤甚者也。必欲申以掎摭，但当锄而去之，安可仍其过失，而益其芜累？亦奚异观河倾之患，而不遏以堤防，方欲疏而导之，用速怀襄之害。述史如此，将非练达者欤？[⑥]孝标持论谈[⑦]理，诚为绝伦。而《自叙》一篇，过为烦碎；《山栖》一志，直论[⑧]文章。[⑨]谅难以偶迹迁、固，比肩陈、范者也。[⑩]孝穆在齐，有志[⑪]梁史，及还江左，[⑫]书竟不成。嗟乎！以徐公文体，而施诸史传，亦犹灞上儿戏，异乎真将军，幸而量力不为，可谓自卜者审矣。[⑬]光伯以洪儒硕学，而迍邅不遇。观[⑭]其锐情自叙，欲以垂示将来，而言皆浅俗，理无要害。岂所谓"诵《诗》三百，虽多，亦奚以为"者乎！[⑮]

昔尼父有言："文胜质则史。"盖史者当时之文也，然朴散淳销，时移世异，文之与史，较[⑯]然异辙。故以张衡之文，而不闲于史；以陈寿之史，而不习于文。其有赋述《两都》，诗裁《八咏》，而能编次汉册，勒成宋典。若斯人者，其流几何？[17]

是以略观近代，有齿迹文章而兼修史传。其为式也，罗含、谢客宛为歌颂之文，萧绎、江淹直[18]成铭赞之序，[19]温子昇尤工[20]复语，卢思道雅好丽[21]词，江总猖獗以沉迷，庾信轻薄而流宕。此其大较也。然向之数子所撰者，盖不过偏记杂说，小卷短书而已，犹且乖滥踳驳，一至于斯。而况责之以刊勒一家，弥纶一代，使其始末圆备，表里无咎，盖亦难矣。[22]

但自世重文藻，词宗丽淫，于是沮诵失路，灵均当轴。每[23]西省虚职，东观伫才，凡所拜授，必推文士。遂使握管怀铅，多无铨综之识；[24]连章累牍，罕逢微婉之言。而举俗共以为能，[25]当时莫之敢侮。假令其[26]间有术同彪、峤，才若班、荀，怀独见之明，负不刊之业，而皆取窘于流俗，见嗤于朋党。遂乃哺糟歠醨，俯同妄作，披褐怀玉，无由自陈。此管仲所谓"用君子而以小人参之，害霸之道"者也。[27]

昔傅玄[28]有云：[29]"观孟坚《汉书》，实命代奇作。及与陈宗、尹敏、杜抚、马严撰中兴纪传，其文曾不足观。岂拘于时乎？不然，何不类之甚者也？是后刘珍、朱穆、卢植、杨彪之徒，又继而成之。岂亦各拘于时而不得自尽乎？何其益陋也？"[30]嗟乎！拘时之患，其来尚矣。斯则自古[31]所叹，岂独当今者哉！[32]

按:《载文》之言曰:"文之将史,其流一也。"《叙事》之言曰:"其为文也,编字不只,捶句皆双。"兹又曰:"文之与史,较然异辙。"盖三史以上,文史一揆。骈体既兴,文笔难乎为史笔,其理然也。丽于色者,必靡于质;工为偶者,必拙为疏。当公之时,值唐初运,连轸六朝,所谓"史局皆文咏之士",故对时局再三言之。

或疑诸史叙事,究与六朝碑版不同,何累以俳体瞋之?噫!读书亦不审矣。盍姑取晋、宋诸书,观其叙言乎?其中章奏大篇无论,他如立谈口语,决难猝办四六,而时流吐属,鲜非骈俪。乃至徒河、羯、氐之流,窃时裔种耳,应答言句,文必叠双。其为矜粉饰,逐风气,显自笔头出矣。非俳而何?疑者退而检之皆是。

《史通》极诋俪词,卒亦自为俳体,正所谓拘于时者乎?然其言已为退之、习之辈前导也。

① 释:起言史材实难,拣核宜慎。

② 一本峻独不书名而书字,非。

③ 一无"观"字。

④ 释:首举四人,皆有心掌故而未及成史者。此下分评。

⑤ 旧误作"方朔",或误作"方翔"。

⑥ 释:一层评蔡邕,与《书志》篇论天文同旨。

⑦ 一作"析"。

⑧ 一作"是"。

⑨ 句恐有讹字。

⑩ 释:一层评刘峻。

⑪ 一有"于"字。

⑫ 一有"而"字。

⑬ 释:一层评徐陵。

⑭ 一无"观"字。

⑮ 释:一层评刘炫。○上分核四人,见如此名才,留心撰述,犹难轻

许,则史才岂易言哉!

⑯ 一作“皎”。

⑰ 释:至此提出本篇论旨,文与史本非二途,但唐初文尚俪体,以入史局,则非其伦矣。〇刘之前以词赋才而成正史者,唯班、沈二人,故列出之。

⑱ 一作“究”。

⑲ “序”字似当作“笔”。

⑳ 一作“喜”。

㉑ 作“俪”字用。

㉒ 释:此段所举诸人,正证上文丽词史笔之不相入也。

㉓ 当有“值”字。

㉔ 旧讹作“职”。

㉕ 一作“共为能事”。

㉖ 一无“其”字。

㉗ 一无“也”字。释:此节趍作之者之所趋,搭到任之者之所取,风尚同归,将志古者反不见收矣。

㉘ 或作“毅”,非。

㉙ 一脱“云”字。

㉚ 以上并傅玄语。

㉛ 一有“之”字。

㉜ 一无“当”字、“者”字。释:末以古语证之,眼在“拘于时”句,叹时情所尚,积而难反也。

晋令 《隋·经籍志》:《晋令》四十卷。《晋·职官志》:著作郎始到职,必撰名臣传一人。

侏儒一节 《吴志·潘浚传》注:武陵部从事樊伷叛,外白差万人往讨,浚曰:五千兵足可擒伷。伷实无才,昔尝为州人设馔,比至日中,食不可得,而十余自起。此亦侏儒观一节之验也。按:成语似别有本,俟考。

朔方上书 《后汉·蔡邕传》:邕字伯喈。拜郎中,校书东观。对灾咎,讥刺宠臣，下狱。减死，徙朔方。上书自陈，奏其所著十意。《注》：自陈曰：臣自在布衣，常以为《汉书》十志下尽王莽，光武以来，唯记纪传，无续志者。故太傅胡广略以所有旧事与臣，臣欲删定者一，所当接续者四，前志所无，臣欲著者五。分别首目，并书章左，唯陛下留神。

自叙山栖　刘峻见《补注》篇。又本传：因游东阳紫岩山，筑室居焉。为《山栖志》，其文甚美。又尝为《自序》，曰："余自比冯敬通，而有同之者三，异之者四。"后详《自叙》篇。

孝穆在齐　《陈书·徐陵传》：陵字孝穆。太清二年，兼通直散骑常侍。使魏，会齐受禅，陵累求复命，终拘留不遣。及齐送贞阳侯为梁嗣，乃遣陵随还。陈天嘉年，领大著作。按："在齐有志梁史"之语，本传、本集皆不见。

光伯自叙　《隋·儒林传》：刘炫字光伯。纳言杨达举炫博学，射策高第，除太学博士。岁余，归河间。于时盗贼蜂起，教授不行。乃自为赞曰：通人自叙风徽，余敢仰均先达，徒以日迫桑榆，门徒雨散，殆及余喘，薄言胸臆云云。

两都　《两都赋》，班固撰。见《载文》篇。

八咏　《八咏》，沈约撰。隐侯本集：一、《登台望秋月》，二、《会圃临春风》，三、《岁暮愍衰草》，四、《霜来悲落桐》，五、《夕行闻夜鹤》，六、《晨征听晓鸿》，七、《解珮去朝市》，八、《被褐守山东》。坡诗《虔州八境》：《八咏》聊同沈隐侯。王注：沈约为东阳太守，作《八咏》，写于楼上。按东阳，今金华府。陆鲁望《二遗诗序》云：东阳多名山，金华为最。"守山东"，指此也。

罗含　《晋·文苑传》：罗含字君章。尝梦一鸟，文彩异常，飞入口，自此藻思日新。太守谢尚称曰："湘中琳琅。"于城西小洲上立茅屋，布衣蔬食，晏如也。征正员郎，转廷尉，致仕，门施行马。

谢客　即谢灵运，见《论赞》篇。《南史·庾肩吾传》：谢客吐言天拔，时有不拘，是其糟粕。《谢弘微传》：客儿，灵运小名。《异苑》：灵运生于会稽，其家以子孙难得，送于钱塘杜明师养之，十五方还。故曰客儿。

萧绎　萧绎即梁元帝，参本纪。初封湘东王，颇有高名，与裴子野、刘显、萧子云为布衣之交，著作多行于世。

江淹 《梁书·江淹传》：淹字文通。少以文章显，晚节才思微退，时人谓之才尽。所著述百余篇并《齐史》十志。

温子昇 见《叙事》篇。

卢思道 《北史·卢玄传》：玄之孙思道，才学兼著。齐天保中，《魏史》成，思道多所非毁。周平齐，追赴长安。终散骑侍郎、参内史事。集二十卷。

丽词 《文心雕龙》有《丽词》篇，论骈俪体，其文曰：造化赋形，支体必双；神理为用，事不孤立。心生文辞，高下相须。皋陶赞云："罪疑惟轻，功疑惟重。"益陈谟云："满招损，谦受益。"岂营丽辞，率然成对。

江总 《陈书》：总字总持。家传赐书，昼夜寻读。文伤于浮艳。后主之世，总当权宰，日与宴游后庭，共陈暄、孔范等十余人，谓之狎客。

庾信 《北史·文苑传》：庾信字子山。父肩吾，为梁中庶子。徐摛为右卫率。摛子陵及信并为抄撰学士。父子东宫出入，恩莫与比隆。文并绮艳，世号"徐、庾体"焉。元帝即位，聘于西魏。属大军南伐，遂留长安，累迁开府仪同三司。

踳驳 《庄子》末篇：惠施多方，其道踳驳。《魏都赋》：谋踳驳于王义。按：乖舛也。本训色杂，或作"踳驳"，义亦可借。后世书有作"蹐驳"者，蹐训小步，失其义矣。

沮诵失路 《升庵外集》：仓颉、沮诵，共造文字，今世知有仓颉，不知有沮诵。按：沮诵失路，借言古笔不行也。又详《外篇·正史》篇。

灵均当轴 按：《史记·屈贾传》，但言屈原者名平，不言别有名字。所谓正则、灵均，盖《离骚》自寓，即内美修能之写象耳。《离骚》，见下篇。此言"灵均当轴"，借言以词人当史局也。

傅玄有言 傅玄，见《书事》篇。其言即所撰论"三史"故事，评断得失中语也。作"傅毅"者，非是。

陈尹 《后汉·班固传》：显宗召固诣校书部，除兰台令史，与前睢阳令陈宗、长陵令尹敏，共成《世祖本纪》。《困学纪闻》：《论衡》云：陈平仲纪光武，汉家功德可观见。未详平仲何人。阎征君若璩，据《班固传》推知是陈宗字。袁宏《后汉纪》：南阳人尹敏字幼季，才学深通。上言谶书多近语俗辞。上非之。官止长陵令，与班彪善。

杜马 《马援传》：援兄子严，字威卿。明德皇后既立，严虑致讥嫌，徙北地，皇后敕使移居洛阳。显宗召见，严进对闲雅，诏留仁寿闼，与校书郎杜抚、班固等杂定《建武注记》。

刘朱卢扬 《后汉·文苑传》：刘珍字秋孙。永初中，邓太后诏珍与刘騊駼、马融校定东观百家。又诏与騊駼作建武以来名臣传。又《朱晖传》：晖孙穆，字公叔。拜尚书。所著论奏二十篇。及卒，蔡邕与门人共述其体行，谥为文忠先生。又《卢植传》：植字子干。拜议郎，与马日磾 、蔡邕、杨彪、韩说等补续《汉纪》。又《杨震传》：震曾孙彪字文先。熹平中，公车征拜议郎。《注》：《华峤书》曰：与日磾、植、邕等著作东观。按：四人传中，朱穆不及续史事。

序传第三十二

盖作者自叙，其流出于中古乎？[①]案屈原《离骚经》，其首章上陈氏族，下列祖考；先述厥生，次显名字。自叙发迹，实基于此。[②]降及司马相如，始以自叙为传。然其所叙者，但记自少及长，立身行事而已。逮于祖先所出，则蔑尔无闻。[③]至马迁，又征三闾之故事，放[④]文园之近作，模楷二家，勒成一卷。于是扬雄遵其旧辙，班固酌其余波，自叙之篇，实烦于代。虽属辞有异，而兹体无易。[⑤]

寻马迁《史记》，上自轩辕，下穷汉武，疆宇修阔，道路绵长。故其自叙，始于氏出重黎，终于身为太史。虽上下驰骋，终不越《史记》之年。[⑥]班固《汉书》，止叙西京二百年事耳。其自叙也，则远征令尹，起楚文王之世；近录《宾戏》，当汉明帝之朝。苞括所及，[⑦]逾于本书远矣。而后来叙传，非止一家，竞学孟坚，从风而靡。施于家谍，[8]犹或可通，列于国史，多[9]见其失者矣。[10]

然自叙之为义也，苟能隐己之短，称其所长，斯言不谬，即为实录。而相如自序，乃[11]记其客游临邛，窃妻卓氏，以《春秋》所讳，持为美谈。虽事或非虚，而理无可取。载之于传，不其愧乎！又王充《论衡》之《自纪》也，述其父祖不肖，为州闾所鄙，而己答以瞽顽舜神，鲧恶禹圣。夫自叙而言家世，固当以扬名显亲为主，苟无其人，阙之可也。至若盛矜于己，而厚辱其先，此何异证父攘羊，学子名母？必责以名教，实三千之罪人也。[12]

夫自媒自炫，士女之丑行。然则人莫我知，君子不[13]耻。案孔氏《论语》有云："十室之邑，必有忠信。""不如某之好学也。"又曰："吾每自[14]省吾身，为人谋而不忠乎？与朋友交而不信乎？"又曰："文王既没，文不在兹乎？"又曰："吾之先[15]友尝从事于斯矣。"则圣达之[16]立言也，时亦扬露己才，或托讽以见其情，或选[17]辞以显其迹，终不盱衡自伐，攘袂公言。且命诸门人"各言[18]尔志"，由也不让，见嗤无礼。历观扬雄已降，其自叙也，始以夸尚为宗。至魏文帝、傅玄、陶梅、[19]葛洪之徒，则又逾于此者矣。何则？身兼片善，行有微能，皆剖析具言，一二必载。岂所谓宪章前圣，谦以自牧者欤？[20]

又近古人伦，喜称阀阅。其荜门寒族，百代无闻，而骍角挺生，一朝暴贵，无不追述本系，妄承先哲。至若仪父、振铎，并为曹氏之初；淳维、[21]李陵，俱称拓拔之始。河内[22]马祖，迁、彪之说不同；吴兴沈先，约、炯[23]之言[24]有异。斯皆不因真律，无假宁楹，直据经史，自成矛盾。则知扬姓之寓西蜀，班门之雄朔野，或胄纂伯侨，或家传熊绎，恐自我作故，[25]失之弥远者矣。盖谄祭非鬼，神所不歆；致敬他亲，人斯悖德。凡为叙传，宜详此理。不知则阙，亦何伤乎？[26]

按：篇何以作？为史家以自序殿全史而作也。《史记》而下有自序者，《汉》之班、《宋》之沈、《南》、《北史》之李，与《史》迁而四耳。而旁及于相如、扬雄者，史传即其自传也。又及于王充、魏文、傅玄、陶、葛诸人序见本集者，触类而长，藉以起讽也。以龙门为初式，以兰台为踵事，以浼身证祖为失体，以夸尚妄承为进规，核而辩。[27]

篇当次前《序例》、《题目》之间，恐是错简。

唐柳仲敷论氏族曰：天子建德，因生赐姓。以国则齐、鲁、秦、吴，以谥则文、武、成、宣，以官则司徒、司马，以爵则王孙、公孙，以字则孟孙、叔孙，以居则东门、北郭，以地则三乌、五鹿，以事则巫、乙、匠、陶。秦既灭学，公侯子孙失其本系。汉始尚官，七相、五公所由兴也。魏立九品，置中正，尊世胄，卑贫士。晋、宋因之，贾氏、[28]王氏，[29]谱学兴焉。自有谱局，史职皆具。过江则为侨姓，山东、关中号郡姓，代北则虏姓。凡三世有三公者曰膏粱，有令仆者为华腴。尚书、领、护而上者"甲姓"，九卿若方伯者"乙姓"，散骑、太中者"丙姓"，吏部正员郎为"丁姓"，谓之四姓。又《唐书·高俭传》曰：太宗以人尚阀阅，嫁娶取资，谓之卖昏。诏俭与韦挺等责天下谱谍，参考史传，检正真伪。进忠贤，退悖恶；先宗室，后外戚；退新门，进旧望；右膏粱，左寒畯。合二百九十三姓，千六百五十一家，为九等，号《氏族志》。后李义府耻其家无名，更令孔志约、杨仁卿等裁广义例，各以品位高下次之。缙绅耻焉，目为勋格。至郑渔仲作《通志》，谓五季以来，诸志录皆散佚云。谱胄源流兴废可考见者如此。史言卖昏求财，汩丧廉耻。至风教又薄，谱录都废，而公靡常产之拘，士亡旧德之传矣。然水心叶氏又言：叔向以栾、郤、胥、原、狐、续、庆、伯，降在皂隶，忧公室之卑矣。若夫志不必忧国，行不必及民，但为门户，世有显宠，如晋、宋王、谢，北方崔、卢，此叔孙豹所谓世禄，非不朽也。因阅此文，附记其说。

① 一无“乎”字。

② 释：此以赋体自述，而遂开叙体者。

③ 释：此则叙体所始，而不述其先者。

④ 读“仿”。

⑤ 释：至太史公，则历述先世而叙体备，遂为后代所宗。○已上是原始。

⑥ 释：自此乃顶接史公，开出议论。

⑦ 一作“闻”。

⑧ 一作“谱”。

⑨ 一作“每”。

⑩ 释：此为初段议论，言迁《史》本无断限，故远溯源流。班《书》止述本朝，而亦追叙远代。此习一起，攀仰成风。

⑪ 旧讹“及”。

⑫ 释：此两层与论旨反离，言自叙之过，过在铺张。而相如不嫌自污，王充丑诋所生，是出情理之外者。

⑬ 旧作“所”，误。

⑭ 一依经作“日三”。

⑮ 一依经作“昔者吾”。

⑯ 旧无“之”字。

⑰ 与“巽”通。

⑱ 一作“见”。

⑲ 恐误，或当作“梅陶”。

⑳ 释：此节乃本篇正讽，为自叙夸尚者进规。

㉑ 当作“始均”。

㉒ 旧讹作“南”。

㉓“先约炯”一作“约先后”，非。

㉔一作“序”。

㉕旧作“古”。

㉖释：末节极之于冒承非鬼，而夸情莫逋矣。

㉗迨后官局分编，序传之例遂废。

㉘弼。

㉙弘。

离骚陈氏族　篇首：帝高阳之苗裔兮，朕皇考曰伯庸。摄提贞于孟陬兮，惟庚寅吾以降。皇览揆余于初度兮，肇锡余以嘉名。名余曰正则兮，字余曰灵均。按：庾信《哀江南赋》自陈氏族较详。

相如自叙为传　按：《汉书》本传，无自叙明文。证之后史，知其言固有本。《隋书·刘炫传》自为赞曰：通儒司马相如、扬子云、马季长、郑康成等，皆自叙风徽，传芳来叶云云。盖子玄之前，古人已言之矣。

不越史记之年　《太史公自序》云：“卒述陶唐以来，至于麟止，自黄帝始。”按：此总纪《史记》全书也，而本序之始终亦括此三言。

远征近录　按：《汉书·叙传》，其首曰：班之先，令尹子文之后，其末以《答宾戏》终之。时则明帝永平年也。马《序》推史官之由来，班则止于述姓，故《史通》有异辞。

窃妻　《相如传》：相如游梁归，临邛令王吉为具召之。时卓王孙女文君新寡，相如以琴心挑之。文君夜亡奔相如，遂与驰归成都。

论衡自纪　《自纪》篇：王充者，会稽上虞人也，字仲任。其先本魏郡，从军有功，封会稽阳亭。国绝，因家焉，以农桑为业。世祖勇任气，怨仇众多。祖父泛担载，就安钱唐县，生子二：蒙、诵。诵即充父，与豪家丁伯等结怨，徙处上虞。按：瞽顽鲧恶，皆《自纪》中语。

学子名母　《战国·魏策》：宋人有学者，三年反而名其母。母曰：名我何也？其子曰：尧、舜名，天地名，母贤不过尧、舜，大不过天地，是以名母也。母曰：子于学尽行之乎？将有所不行也，愿子之且以名母为后也。

三千之罪 《孝经·五刑》篇：子曰："五刑之属三千，而罪莫大于不孝。"

扬雄自叙 本传颜《注》：晋灼曰：晋大夫无扬侯。师古曰：雄之自叙谱牒，称扬侯，盖疏谬也。据此可见《雄传》皆自叙之文，其说必有所受也。前"相如自叙"注已见之。

魏文帝 《典论·自序》历述平董卓、脱张绣及论射、击剑、弹棋之事，皆著于篇。

傅玄 玄字休奕。见《书事》篇。作《傅子》三篇，其自叙未见。

陶梅 其人无考。《世说·方正》注：梅颐弟陶，字叔真。王敦咨议参军。《晋书》：祖逖兄纳问梅陶曰："君乡里立月旦评，何如？"曰："善褒恶贬，佳法也。"王隐在坐，曰："《尚书》'三载考绩'，何得月行褒贬？"陶曰："此官法也。月旦，私法也。"按：陶生许劭之乡，好议论，自叙之作，或是其人。

葛洪 《抱朴子·自叙》：余抄掇众书，撮其精要。或曰："玉屑盈车，不如全璧。"答曰："泳员流者，采珠而捐蚌，登荆山者，拾玉而弃石。余犹摘孔翠之藻羽，脱犀象之角牙矣。"其自序世系，《晋书》本传略采之。

仪父振铎 《大戴·帝系》篇：颛顼玄孙陆终，娶鬼方氏，产六子，其五曰安，是为曹姓。曹姓者，邾氏也。《通志·氏族略》：武王封安之苗裔邾挟为附庸，下至仪父，始见于经。按：邾仪父乃曹之后，非曹之先也。刘言稍借。《史记》：曹叔振铎者，周武王弟也。武王既克殷纣，封叔振铎于曹。

始均李陵 《魏书·序纪》：黄帝以土德王。北俗谓"土"为"托"，谓"后"为"跋"，故以为氏。其裔始均，入仕尧世，命为田祖。爰历三代，始均之裔不交南夏。积六十七世，至成皇帝，讳毛立，威振北方。《宋书·索虏传》：索头虏姓托跋，其先李陵后也。按：旧本"始均"作"淳维"，淳维是匈奴远祖，与拓跋无涉。"拓"通作"托"、"託"。

河内马祖 按：《太史公自序》及《晋书》帝纪，同以汉初河内司马卬为祖。《史通》谓彪说不同，是司马彪《九州春秋》叙姓别有所祖也。俟考。

吴兴沈先 沈约《宋书·自序》：沈子国，今汝南平舆沈亭是也，后以国为氏。汉有曰戎字威卿者，光武封为海昏县侯，辞不受。避地徙居会稽乌程县之余不乡，遂世家焉。顺帝分会稽为吴郡，灵帝分乌程为永安，吴孙皓分吴郡为吴兴郡。晋平吴，改永安为武康。史臣七世祖延始居县东博陆里余乌村。按：《南史·沈炯传》亦云吴兴武康人。《史通》云炯言有异，未详所本。

真律宁楹　未详。

胄纂伯侨　《扬雄传》：其先出自有周伯侨者，以支庶初食采于晋之扬，因氏焉。

家传熊绎　《汉书·叙传》：班之先与楚同姓，令尹子文之后也。子文初生，虎乳之，楚人谓虎"班"，因氏焉。按：熊绎，楚先君也。

敬他　《孝经·圣治》：不爱其亲而爱他人者，谓之悖德；不敬其亲而敬他人者，谓之悖礼。

烦省第三十三

昔荀卿有云：远略近详。[①]则知史之详略不均，其为辨[②]者久矣。[③]及干令升《史议》，历诋诸家，而独归美《左传》，云："丘明能以三十卷之约，括囊二百四十年之事，靡有孑遗。斯盖立言之高标，著作之良模也。"[④]又张世伟著《班马优劣论》，云："迁叙三千年事，五十万言，固叙二百四十年事，八十万言。是班不如马也。"[⑤]然则自古论史之烦省者，咸以左氏为得，史公为次，孟坚为甚。[⑥]自魏、晋已还，年祚转促，而为其国史亦不减班《书》。此则后来逾烦，其失弥甚者矣。[⑦]

余以为近史芜累，诚则有诸，亦犹[⑧]古今不同，势使之然也。[⑨]辄求其本意，略而论之。[⑩]何者？当春秋之时，诸侯力争，各闭境相拒，关梁不通。其有[⑪]吉凶大事，见知于他国者，或因假道而方闻，或以通[⑫]盟而始赴。苟异于是，则无得而称。鲁史所书，实用此道。至如秦、燕之据有西北，楚、越之大启东南，地僻界[13]于诸戎，人罕通于上国。故载其行事，多有阙如。且其书自宣、成以前，三纪而成一卷，至昭、襄已下，数年而[14]占一篇。是知国阻隔者，记载[15]不详，年浅近者，撰录多备。杜预《释例》云：文公已上六公，书日者二百四十九。宣公已下亦六公，书日者四百三十二。计年数略同，而日数加倍，此亦久远遗落，不与近同也。是则传者注书已先觉之矣。[16]此[17]丘明随闻见而成传，何有故为简约者哉！[18]

及汉氏[19]之有天下也，普天率土，无思不服。会计之吏，岁奏于阙廷；輶轩之使，月[20]驰于郡国。作者居府于京兆[21]征事于四方，用使夷夏必闻，远近无隔。故汉氏之史，所以倍增于《春秋》也。[22]

降及东京，作者弥众。至如名邦大都，地富才良，高门甲族，代[23]多髦俊。邑老乡贤，竞为别录；家牒宗谱，各成私传。于是笔削所采，闻见益多。此中兴之史，[24]所以又广于《前汉》也。[25]

夫英贤所出，何国而无？书之则与日月长悬，不书则与烟尘永灭。是以谢承尤[26]悉江左，京洛事缺于三吴；陈寿偏委[27]蜀中，巴、梁语详于二[28]国。[29]如宋、齐受命，梁、陈握纪，或地比《禹贡》一州，或年方秦氏二世。夫地之偏小，年之窘迫，适使作者采访易洽，巨细无遗，耆旧可询，隐讳咸露。此小国之史，所以不减于大邦也。[30]

夫论史之烦省者，[31]但当要[32]其事有妄载，苦于榛芜，言有阙书，伤于简略，斯则可矣。必量世事之厚薄，限篇第以多少，理则不然。[33]且必谓丘明为省也，若介葛辨牺于牛鸣，叔孙志梦于天压，楚人教晋以拔旆，城者讴华以弃甲。此而毕书，岂得谓之省邪？且必谓《汉书》为烦也，若武帝乞浆于柏父，陈平献计于天山，长沙戏舞以请地，杨仆怙宠而移关。此而不录，岂得谓之烦邪？由斯而言，则史之烦省不中，[34]从可知矣。[35]

又古今有殊，浇淳不等。帝尧则天称大，《书》惟一篇；周武观兵孟津，言成三誓；伏羲止画八卦，文王加以《系辞》。俱为大圣，行事若一，其丰俭不类，悬隔如斯。必以古方今，持彼喻此，如蚩尤、黄帝交战阪泉，施于春秋则城濮、鄢陵之事也。有穷篡夏，少康中兴，施于两汉，则王莽、光武之事也。夫差既灭，句践霸世，施于东晋，则桓玄、宋祖之事也。张仪、马错为秦开蜀，施于三国，则邓艾、钟会之事也。而往之所载，其简如彼；后[36]之所书，其审如此。若使同后来于往世，[37]限一概以成书，将恐学者必诉其疏遗，尤其率略者矣。而议者苟嗤沈、萧之所记，[38]事倍于孙、习；[39]华、谢之所编，[40]语烦于班、马，[41]不亦谬乎！故曰论史之烦省者，但当求其事有妄载，言有阙书，斯则可矣。必量世事之厚薄，限篇第以多少，理则不然，其斯之谓也。[42]

按：篇意都从荀卿子悟来。荀言久则论略，近则论详，略则举大，详则举小。持此四语，括此一篇，大致了了，不须复赘疏义也。其曰但论妄载阙书，不论厚薄多少，说理尤为圆足。《史通》著论，不难其综核，难其宽和，如此篇醇乎醇者也。

此篇用意，与《叙事》三章大相径庭，非前后违反也。彼以用笔言，此以载事言，会向此中参悟，乃可与言事增文简之法。又《内篇》至此将竟，特以斡旋前论偏枯，更可识著书补救之法。

读武帝乞浆一段，识史笔之谨严，见读书之精密，遇此等不放过，便能处处得师。

① 旧作“录远略近”，误。

② 旧作“患”，误。

③ 释：荀子语可作本篇题目，二句承接，竟似破承，旧本传讹，遂与通篇抵牾。

④ 并《史议》原文。

⑤ 并《优劣论》原文。

⑥ “甚”，旧作“非”，恐误。

⑦ 释：首提后史益烦为论案，乃先举干、张两议，以启辨端。

⑧ 古“由”通。

⑨ 释：揭“势”字是篇的。

⑩ 释：此下对两议分辨。

⑪ 一讹“言”。

⑫ 一作“同”。

⑬ 一作“远”，非。

⑭ 一作“各”。

⑮ 一作“事”。

⑯ 按：先后书日之文，见杜氏《集解序疏》。一本“书日”皆作“书国”，又“传者”作“儒者”，并误。

⑰ 一作“左”。

⑱ 释：此节两层，言《左》之约，《左》之势也。况《左》亦有不能约之时，干之言岂定论乎！

⑲ 一作“时”。

⑳ 一作“日”。

㉑ “府”字旧讹在“京兆”下。

㉒ 释：此节言班有不得不烦之势，张乃以为不如马，亦岂得为定论乎！

㉓ 一作“世”。

㉔ 即《后汉书》也。

㉕ 释：由班而推《后汉》之烦，又其势有必然者。但今范史短于班史，此盖举华、谢诸本而言，篇尾云华、谢所编，烦于班、马是也。

㉖ 一作“周”。

㉗ 悉也。一作“安”，非。

㉘ 或作“一”，非。

㉙《蜀志》最短，何以云然？恐兼寿所撰《益部耆旧传》而言。

㉚ 释：更由汉而推之偏近之史，其烦又各因其势也。〇已上皆循序推出。

㉛ 一无“者”字。

㉜ 一作“求”。

㉝ 释：数语一篇筋骨，论当否，不论多少，洵笃论也。

㉞ 衷也，不衷于一也。

㉟ 释：此节更就干、张所论之二书，搜讨其义，言彼所谓烦省之说，并亦未确也。

㊱ 一作“今”，非。

㊲“同后来”旧作“后来同”，误。

㊳《宋书》、《南齐书》。

㊴ 皆有《晋史》。

㊵ 皆《后汉书》。

㊶ 此四句旧本杂乱不成语，录见篇后。

㊷ 释：后节更从烦一边指证出与简并胜之义，能令“势”字身分愈高，而文情亦兴会翔舞。

远略近详　《荀子·非相》篇：传者，久则论略，近则论详，略则举大，详则举小。愚者闻其略而不知其详，闻其详而不知其大也。按：文之误从刘勰《文心》来。《文心》云：荀况称录远略近，盖文疑则阙，贵信史也。意亦自背。

令升世伟　令升，干宝字也，其说见《二体》篇。世伟，张辅字也，注见《鉴识》篇。

介葛　见《言语》篇。

天压　昭四年：初，穆子去叔孙氏，及庚宗，遇妇人，私而宿焉。适齐，梦天压己，弗胜。顾而见人，黑而上偻，号之曰："牛助余！"乃胜之。既立，所宿庚宗之妇人献以雉，曰："吾子长矣。"见之，则所梦也，号之曰："牛。"曰："唯。"遂使为竖，有宠。卒乱其室。

拔旆　宣十二：邲之战，晋师奔，或以广队不能进。楚人惎之脱扃。少进，马还，又惎之，拔旆投衡，乃出。顾曰："吾不如大国之数奔也。"

弃甲　见《言语》篇。

乞浆柏父　郭《注》：上微行，尝夜至柏谷，舍于逆旅。因从乞浆，主人翁曰："无浆，正有溺耳。"且疑上为奸盗，欲攻之。主人妪睹上状貌而异之，止其翁。翁不听，妪饮翁酒，缚之。乃杀鸡为食，以谢客。明日，上归，召妪赐金千斤。按：郭不言所出，后阅《汉武故事》得之。

献计天山　《汉书·高帝纪》：至平城，为匈奴所围七日，用陈平计得出。《注》：应劭曰：陈平使画工图美女，间遗阏氏，云欲献之。阏氏畏其夺己宠，因谓单于曰：汉天子亦有神灵，得其地，非能有也。于是开一角，得出。郑氏曰：计鄙陋，故秘。

长沙戏舞　《汉书·景十三王传》：长沙定王发母微，故王卑湿贫国。《注》：应劭曰：景帝后二年，诸王来朝。有诏更前称寿歌舞，定王但张袖小举手，左右笑其拙。上怪问之，对曰："臣国小地狭，不足回旋。"帝乃以武陵、零陵、桂阳益焉。

杨仆移关　《汉书·孝武纪》：元鼎三年冬，徙函谷关于新安，以故关为弘农县。《注》：应劭曰：时楼船将军杨仆数有大功，耻为关外民。上书乞徙东关，以家财给其用度。武帝意亦好广阔，于是徙关三百里。按：已上四条，皆所谓班氏不录者也。今详考《汉书》，果皆别见。而郭本率以班《书》

正文串录为注，反似其言皆出史文者，岂不与本旨剌谬乎！至杨仆一条，但钞《酷吏》本传，尤与移关事无涉矣。只此校订，颇费日力。后详王本，大半得之，是其胜郭本处。

城濮鄢陵　城濮事在僖二十八，鄢陵事在成十六。所谓春秋晋、楚三大战之二也。

有穷少康　有穷后羿，见《人物》篇。又左哀元：昔有过浇灭夏后相，后缗方娠，逃归有仍，生少康焉。浇求之，奔有虞。虞思妻之二姚，而邑诸纶。能布其德，以收夏众。使女艾谍浇，复禹之绩，祀夏配天。

王莽光武　二汉终始，传纪载之，凡数卷。

桓玄宋祖　《晋书》之《叛逆》及《诸葛长民》、《何无忌》等传，《宋书》之《武帝纪》及《刘道规》等传，并载其事，亦数卷。

为秦开蜀　《战国・秦策》：司马错与张仪争论于秦惠王前，起兵伐蜀，遂定蜀。《史记》略同。

邓艾钟会　《魏志》：邓艾字士载。钟会字士季，太傅繇小子也。司马文王以蜀将姜维屡扰边陲，大举图蜀。景元四年秋，下诏使邓艾统诸军三万余人趋甘松、沓中缀维，会统十万众，分从斜谷、骆谷入。移檄蜀将吏士民云云。按：《魏志》、《蜀志》及《晋书・文帝纪》，其事专载、夹载不一册。

沈萧四句　初注此书，案头有二本，文异而误同。正凝想间，张生玉谷至，共勘之。拣所两有，汰所两羡，而四句出，遂刊定之。后见别本，一字不爽也。二本大小书杂乱，谬误录后：一本：议者苟嗤沈约（休文，梁人）。著《宋书》，衍（字子显）著《齐书》，萧之所记，事倍于孙（孙盛，字安国，晋人也）当《晋书》。凿齿（字彦威）亦著《晋书》。习、华、谢之所编，语烦于班、马。又一本：议者苟嗤沈约（休文，梁人，著《宋书》）、萧衍（字子显，著《齐书》，萧所记事倍于孙）、孙盛（字安国，晋人，著《晋书》）、习凿齿（字彦威，亦著《晋书》）之所编，语烦于班、马。按：二本皆正文夹注之互混也，其文不可以句。而“衍”字“当”字等之误，更不待言。邢子才言：日思误书，更是一适。余读此闷极始悟，不禁为之解颐。

卷十

杂述第三十四[①]

在昔[②]《三坟》、《五典》、《春秋》、《梼杌》，即[③]上代帝王之书，中古诸侯之记。行诸历代，以为格言。[④]其余外传，则神农尝药，厥有《本草》；夏禹敷土，实著《山经》；《世本》辨姓，著自周室；《家语》载言，传诸孔氏。是知偏记小说，自成一家。而能与正史参行，其所由来尚矣。[⑤]

爰及近古，斯道渐烦。史氏流别，殊途并骛。[⑥]榷而为论，其流有十焉：一曰偏纪，[⑦]二曰小录，三曰逸事，四曰琐言，五曰郡书，六曰家史，七曰别传，八曰杂记，九曰地理书，十曰都邑簿。[⑧]夫皇王受命，有始有卒，作者著述，详略难均。有权记当时，不终一代，若陆贾《楚汉春秋》、乐资《山阳[⑨]载记》、王韶[⑩]《晋安陆[⑪]纪》、姚最[⑫]《梁昭[⑬]后略》。此之谓偏纪者也。[⑭]普天率土，人物弘多，求其行事，罕能周悉，则有独举所知，编为短部，若戴逵《竹林名士》、王粲《汉末英雄》、萧世诚《怀旧志》、卢子行《知己传》。此之谓小录者也。[⑮]国史之任，记事记言，视听不该，必有遗逸。于是好奇之士，补其所亡，若和峤《汲冢纪年》、葛洪《西京杂记》、顾协《琐语》、谢绰《拾遗》。此之谓逸事者也。[⑯]街谈巷议，时有可观，小说卮言，犹贤于己。故好事君子，无所弃诸，若刘义庆《世说》、裴荣期《语林》、孔思尚《语录》、阳玠松[17]《谈薮》。此之谓琐言者也。[18]汝、颍奇士，江、汉英灵，人物所生，载光郡国。故乡人学者，编而记之，若圈称《陈留耆旧》、周斐[19]《汝南先贤》、陈寿《益部耆旧》、虞预《会稽典录》。此之谓郡书者也。[20]高门华胄，奕世载德，才子承家，思显父母。由是纪其先烈，贻厥后来，若扬雄《家谍》、殷敬《世传》、《孙氏谱记》、《陆宗系历》。此之谓家史者也。[21]贤士贞女，类聚区分，虽百行殊途，而同归于善。则有取其所好，各为之录，若刘向《列女》、梁鸿《逸民》、[22]赵采《忠臣》、徐广《孝子》。此之谓别传者也。[23]阴阳为炭，造化为工，流形赋象，于何不育。求其怪物，有广异闻，若祖台[24]《志怪》、干宝《搜神》、刘义庆《幽明》、刘敬叔《异苑》。此之谓杂记者也。[25]九州土宇，万国山川，物产殊宜，风化异俗，如各志其本国，足以明此一方，若盛弘之《荆州记》、常璩《华阳国志》、辛氏《三秦》、罗含《湘中》。此之谓地理书者也。[26]帝王桑梓，列圣遗尘，经始之制，不恒厥所。苟能书其轨则，可以龟镜将来，若潘岳《关中》、陆机《洛阳》、《三辅黄图》、《建康宫殿》。此之谓都邑簿者也。[27]

大抵偏纪小录之书，皆记即日当时之事，求诸国史，最为实录。然皆言多鄙朴，事罕圆备，终不能成其不刊，永播来叶，徒为后生作者削稿之资焉。[28]逸事者，皆前史所遗，后人所记，求诸异说，为益实多。及妄者为之，则苟载传闻，而无铨择。由是真伪不别，是非相乱。如郭子横之《洞冥》，王子年之《拾遗》，全构虚辞，用惊愚俗。此其为弊之甚者也。[29]琐言者，多载当时辨对，流俗嘲谑，俾夫枢机者藉为舌端，谈话者将为口实。及蔽者为之，则有诋讦相戏，施诸祖宗，亵狎鄙言，出自床笫，莫不升之纪录，用为雅言，固以无益风规，有伤名教者矣。[30]郡书者，矜其乡贤，美其邦族，施于本国，颇得流行，置于他方，罕闻爱异。其有如常璩之详审，刘昞[31]之该博，而能传诸不朽，见美来裔者，盖无几焉。[32]家史者，事惟三族，言止一门，正可行于室家，难以播于邦国。且箕裘不堕，则其录犹[33]存；苟薪构已亡，则斯文亦丧者矣。[34]别传者，不出胸臆，非由机杼，徒以博采前史，聚而成书。其有足以新言加之别说者，盖不过十一而已。如寡闻末学之流，则深所嘉尚；至于探幽索隐之士，则无所取材。[35]杂记者，若论神仙之道，则服食炼[36]气，可以益寿延年；语魑魅之途，则福善祸淫，可以惩恶劝善，斯则可矣。及谬者为之，则苟谈怪异，务述妖邪，求诸弘益，其义无取。[37]地理书者，若朱赣所采，浃于九州；阚骃所书，殚于四国。斯则言皆雅正，事无偏党者矣。其有异于此者，则人自以为乐土，家自以为名都，竞美所居，谈过其实。又城池旧迹，山水得名，皆传诸委巷，用为故实，鄙哉！[38]都邑簿者，如宫阙、[39]陵庙、街廛、郭邑，辨其规模，明其制度，斯则可矣。及愚者为之，则烦而且滥，博而无限，[40]论榱栋则尺寸皆书，记草木则根株必数，务求详审，持此为能。[41]遂使学者观之，瞀乱而难纪也。[42]于是考兹十品，征彼百家，则史之杂名，其流尽于此矣。至于其间得失纷糅，善恶相兼，既难为覶缕，故粗陈梗概。且同自郐，无足讥焉。[43]

又案子之将史，本为二说。然[44]如《吕氏》、《淮南》、《玄晏》、《抱朴》，凡此诸子，多以叙事为宗，举而论之，抑亦史之杂也，但以名目有异，不复编于此科。[45]

盖语曰：“众[46]星之明，不如一月之光。”历观自古，作者著述多矣。虽复门千户万，波委云集。而言皆琐碎，事必丛残。固难以接光尘于“五传”，并辉烈于“三史”。古人以比玉屑满箧，良有旨哉！[47]然则[48]刍荛之言，明王[49]必择；葑菲之体，诗人不弃。故学者有[50]博闻旧事，多识其[51]物，若不窥别录，不讨异书，专治周、孔之章句，直守迁、固之纪传，亦何能自致于此乎？且夫子有云：“多闻，择其善者而从之。”“知之次也。”苟如是，则书有非圣，言多不经，学者博闻，盖在择之而已。[52]

按：从上三十三篇，论正史者备矣。至是乃旁罗杂乘，洪纤靡遗，庄谐殚录，可谓具体鼓吹者乎？于正史则严核之，不嫌于孤；于杂乘则广收之，必羸其类。可知子玄是书，尽意洗伐，特欲令著作之庭，净无尘点耳，非教天下谩弃群言也。

核群史，道用猛矣，而如彼上篇，卒以持平者惬物情。收杂述，道用宽矣，而就中分论，仍以祛猥者闲文纪。猛以济宽，宽以济猛，其诸公孙侨之为政，北宫文子所谓有礼者乎？

其流十，其举似者四十。流别虽多，不离史属，赜而不乱也。举似似烦而约，约且取小，小册见收，大者可知也。约而尽也。

① 杂述，谓史流之杂著。

② 旧作“昔在”。

③ 当作“皆”。

④ 释：篇首所列，皆谓纪载正书，用以托起杂述。

⑤ 释：标出杂述家数，开自此类。

⑥ 释：落到后所论列者。

⑦ 一作“记”，后同。

⑧ 释：先釐别其门类。

⑨ 一有“公”字，一以偶句从删。

⑩ 本名韶之。

⑪ 当作“帝”。

⑫ 旧脱“最”字。

⑬ 旧脱“昭”字。

⑭ 释：此谓短述之书，但记近事，而非全史。

⑮ 释：此谓私志之书，各录知交，而非正史。

⑯ 释：此谓掇拾之书，可补史遗，用资参考。

⑰ 或作“松玠”。

⑱ 释：此谓谐噱之书，略供史料，止助谈资。

⑲ 一作“裴”。

⑳ 释：此谓乡邦旧德之书，视史家为繁。

㉑ 释：此谓门胄先烈之书，比史体为炫。

㉒ 二字恐误，当云“高士”。

㉓ 释：此谓甄录贞范之书，能补前史缺遗乃贵。

㉔ 本名台之。

㉕ 释：此谓搜采怪异之书，足当外史劝诫乃佳。

㉖ 释：此兼风土人物言，其书亦史志地俗一类。

㉗ 释：此指帝京规制言，其书亦史志都城一流。○已上十条，书四十种，各依其类，而举其概。

㉘ 释：自此以下论其得失。○首二条合论，词似弃而实取，切见亲知之作，足供史底也。

㉙ 释：第三条之得失。奇者易诞，故著此戒。

㉚ 释：第四条之得失。此条所戒，宜用书绅。

㉛ 或作“炳”,非。

㉜ 释：第五条之得失。乡贤升送,年增岁益,阅此为之起疑。

㉝ 一作“虽”,非。

㉞ 释：第六条之得失。世家子当味其言。

㉟ 释：第七条之得失。前注言能补阙遗乃贵者以此。

㊱ 或作“练”。

㊲ 释：第八条之得失。前注言足当劝戒乃佳者以此。

㊳ 释：第九条之得失。土名俚鄙之戒,居志馆者择之。

㊴ 一作“闹”。

㊵ 一有“故”字,或作“于”字,疑皆衍。

㊶ 一讹“论”。

㊷ 释：第十条之得失。宫阙尺寸、物产根株,似非无益。

㊸ 释：此节总结十品,拈出“史”字作眼。虽诸书不以史名,亦皆史之杂流也。又以不悉数者括其余。

㊹ 一脱“然”字。

㊺ 释：此又就子家者流剔出近史者以该之。

㊻ 一作“聚”。

㊼ 释：至此统摄全篇,先将杂家一抑。

㊽ 作“然而”用。

㊾ 一作“主”。

㊿ 当作“欲”。

(51) 恐当作“奇”。

(52) 释：以扬笔收,而归结到“择”字。本诸太史“择言尤雅”之“择”,最是读古堤防。

神农本草　宋艾晟《本草序》:《神农》旧经止于三卷,药数百种。梁陶隐居因而倍之。《唐・于志宁传》:帝问《本草》、《别录》,对曰：班固惟记《黄帝内外经》,不载《本草》。至齐《七录》乃称之。世谓神农氏尝药以拯含气,而黄帝以前文字不传,至桐、雷乃载篇册。然所载郡县多在汉时,疑张仲景、华陀窜记其语。《别录》者,魏、晋以来,吴普、李当之所记,其言华叶形色,附《经》为说。故弘景合而录之。

夏禹山经　胡渭《禹贡锥指》:《山海经》十三篇,刘歆以为出于唐、虞之际。《列子》曰:"大禹行而见之,伯益知而名之,夷坚闻而志之。"然其间可疑甚多。颜之推曰:"禹、益所记,而有长沙、零陵、诸暨,后人所羼也。"尤袤曰:"此先秦之书,非禹、伯翳作。"二说允当。

世本辨姓　《汉・艺文志》:《世本》十五篇,古史官记黄帝以来讫春秋时诸侯大夫系谥名号。

偏纪四种　陆贾《楚汉春秋》九卷,见《春秋》家。《山阳载记》,《隋・经籍志》:乐资撰,十卷。按:山阳公谓汉献帝,禅魏,降封。《晋安帝纪》,《宋书》:王韶之字休泰。私撰《晋安帝阳秋》,除著作佐郎,使续后事,讫义熙九年。善叙事。按:《晋安帝纪》即此《阳秋》也。旧作"安陆",误。又按:《北史》有王韶,乃隋之武臣。此以属对省"之"字耳。《梁昭后略》,《隋志》:姚最撰,十卷。按:《隋志》无"昭"字,《新》、《旧唐志》并有"昭"字。

小录四种　《竹林名士》,《隋志》:《竹林七贤论》二卷,晋太子中庶子戴逵撰。《唐志》亦作《七贤论》。《汉末英雄记》,《隋志》:王粲撰,残缺。萧世诚《怀旧志》,《隋》、《唐志》:梁元帝撰,九卷。按:世诚,元帝字也,讳绎。见《核才》篇。卢子行《知己传》,《隋》、《唐志》:卢思道撰,一卷。按:子行,思道字也。

逸事四种　和峤《汲冢纪年》,按:《纪年》见《春秋》家,皆简编科斗文字。《读书志》:所得凡八千五百一十四字,诏和峤等以隶字写之。《西京杂记》,《新》、《旧唐志》:葛洪撰,二卷。按:伯厚《纪闻》谓是吴均及萧贲依托。顾协《琐语》,《隋志》:一卷,梁金紫光禄大夫顾协撰。谢绰《拾遗》,见《书志・五行》章。又《书事》篇言谢拾沈遗即此。

琐言四种　刘义庆《世说》,见《尚书》家。裴荣期《语林》,见《书事》篇。《隋志》:裴启撰。按:荣期盖其字也。孔思尚《语录》,《新》、《旧唐志》作《[宋]齐语录》十卷。亦见《书志・五行》章。阳玠松《谈薮》,《书录解题》:

北齐秘书省正字北平阳玠松撰，事综南北八朝，隋开皇中所述。

郡书四种 《陈留耆旧传》，《隋志》：汉议郎圈称撰，二卷。《汝南先贤》，《隋志》：魏周斐《汝南先贤传》，五卷。《旧唐志》“斐”作“裴”。《益部耆旧传》，《隋志》：陈寿撰，十四卷。《会稽典录》，《隋志》：虞预撰，二十四卷。

家史四种 扬雄《家谱》，《汉书·扬雄传》即采此为之。其说详《序传》篇。殷敬《世传》，《唐志》作《殷氏家传》三卷，殷敬撰。《孙氏谱记》，《唐志》：十五卷，无撰人名。《陆宗系历》，《唐志》作《吴郡陆氏宗系谱》，陆景献撰。

别传四种 刘向《列女传》，曾巩《序》：刘向所序，凡八篇，《隋志》及《崇文总目》皆称十五篇。嘉祐中，苏颂定其书，复为八篇。梁鸿《逸民》，《后汉书》本传：鸿仰慕前世高士，为四皓以下二十四人作颂。按：鸿所撰即此，不当云“逸民”。或因鸿在《逸民传》中，有注字句旁者，传写误耶？赵采《忠臣传》，按：《隋》、《唐志》，《忠臣传》但有梁元帝撰，赵采无考。徐广《孝子传》，《新》、《旧唐志》徐广撰，三卷。

杂记四种 祖台之《志怪》，《隋志》：二卷。《新》、《旧唐志》作四卷。《晋书》：台之字元辰。官侍中、光禄大夫。干宝《搜神记》，《隋志》：[三]十卷。刘义庆《幽明录》，《隋》、《唐志》并云《幽明录》二十卷。刘敬叔《异苑》，《隋志》：宋给事刘敬叔撰，十卷。

地理书四种 盛弘之《荆州记》，《隋志》：宋临川王侍郎盛弘之撰。常璩《华阳国志》，见《补注》篇。辛氏《三秦》，按：《后汉·李膺传》章怀《注》引之，以证“登龙门”语。其书宜未亡，而史志皆阙，卷帙无考。罗含《湘中》，《文献经籍考》：《湘中山水记》三卷，晋耒阳罗含君章撰，范阳卢拯注。其书颇及隋、唐以后事，则后人附益也。又按：地理与郡书略有辨，郡书主人物，地理主风土。但其中《华阳志》似阑入。

都邑簿四种 潘岳《关中记》，《唐志》：一卷，潘岳撰。宋《中兴书目》以撰人为葛洪，或是别本。陆机《洛阳记》，《隋》、《唐志》：一卷。《三辅黄图》，见《书志》篇汉《三辅典》注。《建康宫殿》，无考。又按：都邑簿，志规制也，更与郡书、地理有辨。

洞冥拾遗　东汉郭宪《洞冥序》：武帝明俊特异之主，东方朔滑稽浮诞以匡谏，洞心于道教，使冥迹之奥，昭然显著。今籍旧史不载者，撰《洞冥记》四卷。子横，宪字也。梁萧绮《拾遗记序》：《拾遗记》者，晋陇西王嘉字子年撰。皆残缺。文起羲、炎，事讫西晋，辞趣过诞，推理陈迹，盖绝世而宏博矣。

刘昞　撰有《敦煌实录》十卷，《凉书》十卷。其人详《论赞》、《正史》、《点烦》三篇。

朱赣阚骃　朱赣，按《隋志》地理书，陆澄合《山海经》已来一百六十家，并多零失，见存四十二家。又任昉《地记》增多陆本八十四家，亦多零失，见存唯十二家。今考其所列见存书，皆无朱赣撰九州书名，岂在零失中耶？前辛氏《三秦》当亦然。《北史》：阚骃，敦煌人，字玄阴。乐安王丕引为从事中郎。撰《十三州志》。《隋志》：《十[三]州志》十卷。

辨职第三十五[①]

夫设官分职，伫绩课能，欲使上无虚授，[②]下无虚受，其难矣哉！昔汉文帝幸诸将营，而目周亚夫为真将军。嗟乎！必于史职求真，[③]斯乃特[④]为难遇者矣。[⑤]

史之为务，厥途有三焉。何则？彰善贬恶，不避强御，若晋之董狐，齐之南史，此其上也。[⑥]编次勒成，郁为不朽，若鲁之丘明，汉之子长，此其次也。[⑦]高才博学，名重一时，若周之史佚，楚之倚相，此其下也。[⑧]苟三者并阙，复何为者哉？[⑨]

昔鲁叟之修《春秋》也，不藉三桓之势；汉臣之著《史记》也，无假七贵之权。而近古每有撰述，必以大臣居首。[⑩]案《晋起居注》载康帝诏，盛称著述任重，理藉亲贤，[⑪]遂以武陵王领秘书监。寻武陵才非河献，[12]识异淮南，而辄以彼藩翰，董斯邦籍，求诸称职，无闻焉尔。[13]既而齐撰礼书，[14]和士开总知；唐修《本草》，徐世勣监统。夫使辟阳、长信，[15]指挥马、郑[16]之前，周勃、张飞，[17]弹压桐、雷之右，斯亦怪矣。[18]

大抵监史为难，斯乃尤之尤[19]者。若使直若南史，才若马迁，精勤[20]不懈若扬子云，谙识故事若应仲远，兼斯具美，督彼群才，使夫[21]载言记事，藉为模楷，搦管操觚，归其仪[22]的，斯则可矣。[23]但今之从政则不然，凡居斯职者，必恩幸贵臣，凡庸贱品，饱食安步，坐啸画诺，若斯而已矣。[24]夫人既不知善之为善，则亦不知恶之为恶。故凡所引进，皆非其才，或以势利见升，或以干祈取[25]擢。遂使当官效用，江左以不乐为谣；拜职辨名，洛中以不闲为说。言之可为大噱，[26]可为长叹也。[27]

曾试论之，世之从仕者，若使之为将也，而才无韬略；使之为吏也，而术靡循良；使之属文也，而匪闲于辞赋；使之讲学也，而不习于经典。斯则负乘致寇，悔吝旋及。虽五尺童儿，犹知调笑者矣。[28]唯夫修史者则不然。或当官卒岁，竟无刊述，而人莫之省[29]也；或辄不自揆，轻弄笔端，而人莫之见也。[30]由斯而言，彼史曹者，崇扃峻宇，深附九重，虽地处禁中，而人同方外。可以养拙，可以藏愚，绣衣直指所不能绳，强项申威所不能及。斯固素餐[31]之窟宅，尸禄之渊薮也。凡有国有家者，何事于斯职哉！[32]

昔子贡欲去告朔之饩羊，子曰："尔爱其羊，我爱其礼。"又语云："虽无老成人，尚有典刑。"观历代之置史臣，有同嬉

戏，而竟不废其职者，盖存夫爱礼，吝彼典刑者乎！㉝

昔丘明之修传也，以避时难；子长之立记也，藏于名山；班固之成书也，出自家庭；陈寿之草㉞志也，创于私室。然则古来贤俊，立言垂后，何必身居廨宇，迹参僚属，而后成其事乎？㉟是以深识之士，知其若斯，退居清静，杜门不出，成其一家，独断而已。岂与夫冠猴献状，评议其得失者哉！㊱

按：《内篇》研辨史事，无剩义矣。至是竟作史局议一篇终之。寻夫《左氏》以来，《三国》而往，编年纪传，都非局课。自东观开而局兴焉，驯而修必于局矣，驯而局且置监矣，江左、河朔，踵成故事。爰暨有唐，定制加严。史馆则移入省中，监修则通敕朝宰。凡所为禁防程督之具，靡弗备至，而古风由是尽变，而丛弊相仍益滋。刘氏原始要终，至说病处，领者、修者，分层递勘。如扁、仓之胗疾，抉根因，克传染，探症结，真可谓洞垣一方。吁！室创山藏之辙，不可复循。而儒生迂议，卒自孤行不废。如此篇是。

此议对萧至忠辈发，与《忤时》篇相照。

① 职，一作“识”，误。

② 一作“称”。

③ “求真”二字，或作“求其若之”，一作“求其若此”。

④ 一无“特”字。

⑤ 释：泛从课职意刷出史职之难。

⑥ 秉直者。

⑦ 勒巨册者。

⑧ 徒多闻者。

⑨ 释：以三层实其难，若是，则道在得人专任，不在设局监领矣。全笼起议。〇已下将领局、居局二弊流水抉发。

⑩ 释：此下论领局之弊，落出近世故事。

⑪ 或误“览”。

⑫ 河间献王。

⑬ 释：此推设领之始，即就初设抉出不称来。

⑭ 旧作“国史”。

⑮ 影和士开。

⑯ 旧作“南、董”，亦因国史相承而误。

⑰ 影徐世绩。

⑱ 释：递到因循故事，徒以贵幸、武夫监领，可笑。○不切定国史为言，但指出所领非人以见例。观其夹说《本草》，可知所举士开总领，原用监礼。本文正以蹴起下句监史尤难耳。何人改易，强作解事。

⑲ 一少“之尤”二字。

⑳ 一作“勤”。

㉑ 一无“夫”字。

㉒ 一作“准”。

㉓ 释：作一拗折，笔情转动。

㉔ 释：正写官贵无文，虚糜高踞之状。

㉕ 一作“致”。

㉖ 一作“笑”。

㉗ 释：至此透后一层，言惟领局寡识，遂致所引非人，转令敦古之士不乐就职矣。领局之弊，至此勒住。

㉘ 释：人此一喻，作上下转枢，领局、居局俱含。

㉙ 一作“知”。

㉚ 两“人”字仍带领局者。

㉛ 一作“食”。

㉜ 释：此层蒙领局者，卸人居局纂修者。言领局之设，杜散佚也，遂缘清禁，开置史曹，驯致旷勤同匿，流为偷闲奥窟矣。

㉝ 释：就虚循故事顿宕一笔。

㉞ 一作“为”。

㉟ 释：此正证设局纂修之非古，而“参僚属”句即缴归领局者，运笔又捷。

㊱ 释：结言惟其如是，志士所以耻居之也。仍对领局作收。○皆自寓之辞。

真将军 《绛侯世家》：亚夫军细柳。上自劳军。先驱至，不得入。都尉曰：军中闻将军令，不闻天子诏。居无何，上至壁门，士吏曰：“将军约，军中不得驰驱。”天子乃按辔徐行。成礼而去。文帝曰：“嗟乎！此真将军也。”

史佚 “佚”，《书》作“逸”。《洛诰》：王命周公后，作册逸告。孔《传》：王为册书，使史逸告伯禽封命之书。《左》成四：季文子曰：“史佚之志有之。”杜《注》：史佚，周文王太史。

倚相 《左》昭十二：左史倚相趋过，王曰：“是良史也，子善视之。是能读《三坟》、《五典》、《八索》、《九丘》。”《外传・楚语》：王孙圉曰：“有左史倚相，能道训典，以叙百物，以朝夕献善败于寡君，使寡君无忘先王之业。”

晋起居注 《隋・经籍志》自晋泰始起，至晋元熙，凡二十部。又《晋起居注》三百一十七卷，宋北徐州主簿刘道会撰。

武陵王 《晋书》：武陵王晞字道叔。康帝建元初领秘书监。晞无学术而有武干，为桓温所忌。

河献淮南 《汉书》：河间献王德，孝景皇帝子。被服造次，必于儒者。山东之儒，多从之游。又：淮南王安好书，致宾客。详《自叙》篇。

礼书士开总知 《北齐・恩幸传》：和士开解悟捷疾，世祖性好握槊，士开善此戏，因此亲狎。世祖践祚，加开府。后主深委仗之。又先得幸于胡太后，封淮阳王。又《魏收传》：后主即位，收掌诏诰，除尚书右仆射。总议监修五礼事，奏请赵彦深、和士开、徐之才共监。

本草世勣监统 《旧唐书・李勣传》：勣，曹州人，本姓徐，名世勣。以犯太宗讳，单名勣焉，赐姓李氏，封英国公。又《吕才传》：右监门长史苏敬言陶弘景《本草》多舛谬。诏中书令许敬宗与才及李淳风并诸名医增损旧本，仍令司空李勣总监定之，并图合成五十四卷。

辟阳长信　荀悦《高后纪》：徙辟阳侯审食其为左丞相。初，吕后获于楚，食其以舍人侍，得幸。及为丞相，不典治，监宫中事。《通鉴·秦纪》：文信侯以舍人嫪毐为宦者，进太后。太后幸之，封毐长信侯。

马郑　见《补注》篇。

周勃张飞　《史记》世家：绛侯周勃者，沛人也。为材官引强。高祖初起，勃以中涓从攻战。木强，不好文学。惠帝时，以列侯为太尉。《蜀志》：张飞字益德，涿人也。先主长阪之走，飞拒后，据水断桥，瞋目横矛曰："身是张益德也。"敌无敢近者。所过战克。封西乡侯，谥桓侯。按："益德"，《华阳国志》作"翼德"。

桐雷　旧注：《荒史》：黄帝主医药之臣，有岐伯、雷公、俞跗、巫彭、桐君，凡五人。岐伯、雷公作《内经》，桐君能处方盟。按：二字连称，《于志宁传》亦有之。见《杂述》篇注。

应仲远　《后汉》：应劭字仲远。详《自叙》篇。

坐啸画诺　《后汉·党锢传·序》：汝南太守宗资任功曹范滂，南阳太守成瑨亦委功曹岑晊。二郡为谣曰："汝南太守范孟博，南阳宗资主画诺。南阳太守岑公孝，弘农成瑨但坐啸。"

不乐不闲　二句未详。

史曹地处禁中　《旧书·职官志》：历代史官隶秘书省著作局。贞观三年，始移史[馆]于禁中，在门下省北。宰相监修国史，遂成故事。及大明宫成，置于门下省南。馆门东西有枣树七十四株。至开元二十五年，又移中书省北，以旧尚药局充馆地。按：史馆第三移，已在作《史通》事后，总之皆在禁近也。

语云虽无老成　《后汉·孔融传》：融性好士，与蔡邕素善。邕卒后，有虎贲士貌类于邕，融每酒酣，引与同坐，曰："虽无老成人，尚有典刑。"按：《史通》盖用此语，谓貌似而实不称也。故不曰《诗》云，而曰语云。

丘明避时　见《申左序》述《汉书·艺文志》语。

成书家庭　《班固传》：固以父彪所续前史未详，乃潜精研思，欲就其业。有人上告固私改国史者，郡上其书，显宗甚奇之。

草志私室 《陈寿传》：寿领本郡中正，撰《魏吴蜀三国志》。既卒，范頵上表曰：陈寿作志，明乎得失，愿垂采录。于是诏下河南尹、洛阳令，就家写其书。按：此二条《正史》篇亦见之。

冠猴献状 《汉·盖宽饶传》：平恩侯许伯入第，丞相、御史皆贺。宽饶不往，请之，乃往。酒酣乐作，长信少府檀长卿起舞，为沐猴与狗斗，坐皆大笑。宽饶印视屋而叹。按：献状，媚态也。许伯，外戚恩泽侯。

自叙第三十六

予幼奉庭训，早游文学。[①]年在纨绮，便受《古文尚书》。每苦其辞艰琐，难为讽读。虽屡逢捶挞，而其业不成。尝闻家君为诸兄讲《春秋左氏传》，每废《书》而听。逮讲毕，即为诸兄说之。因窃叹曰："若使书皆如此，吾不复怠矣。"[②]先君奇其意，于是始授以《左氏》，期年而讲诵都毕。于时年甫十有二矣。所讲虽未能深解，而大义略举。父兄欲令博观义[③]疏，精此一经。辞以获麟已后，未见其事，乞且观余部，以广异闻。次又读《史》、《汉》、《三国志》。既欲知古今沿革，历数相承，于是触类而观，不假师训。自汉中兴已降，迄乎皇家实录，年十有七，而窥览略周。其所读书，多因假赁，虽部帙残缺，篇第有遗，至于叙事之纪纲，立言之梗概，亦粗知之矣。[④]

但于时将求仕进，兼习揣摩，至于专心诸史，我则未暇。[⑤]洎年登弱冠，射策登朝，于是思有余闲，获遂[⑥]本愿。旅[⑦]游京洛，颇积岁年，公私借书，恣情披阅。至如一代之史，分为数家，其间杂记小书，又竞为异说，莫不钻研穿凿，尽其利害。[8]加以自小观书，喜谈名理，其所悟者，皆得之襟[9]腑，非由染习。故始在总角，读班、谢两《汉》，便怪《前书》不应有[10]《古今人表》，《后书》宜为更始立纪。当时闻者，共责以为[11]童子何知，而敢轻议前哲。于是赧然自失，无辞以对。其后见《张衡》、《范晔集》，果以二史[12]为非。其有暗合于古人者，盖不可胜纪。始知流俗之士，难与之言。凡有异同，蓄诸方寸。[13]

及年以[14]过[15]立，言悟日多，常恨时无同好可与言者。维东海徐坚，晚与之遇，相得甚欢，虽古者伯牙之识钟期，管仲之知鲍叔，[16]不是过也。复有永城朱敬则、沛国刘允济、义[17]兴薛谦光、河南元行冲、陈留吴兢、寿春裴怀古，亦以言议见许，道术相知。所有榷扬，得尽怀抱。每云："德不孤，必有邻，四海之内，知我者不过数子而已矣。"[18]

昔仲尼以睿圣明哲，天纵多能，睹史籍之繁文，惧览者之不一，删《诗》为三百篇，约史记以修《春秋》，赞《易》道以黜《八索》，述《职方》以除《九丘》，讨论《坟》、《典》，断自唐、虞，以迄于周。其文不刊，为后王法。自兹厥后，史籍逾多，苟非命世大才，孰能刊正其失？嗟予小子，敢当此任！其于史传也，尝欲自班、马已降，讫于姚、[19]李、令狐、颜、孔诸书，莫不因其旧义，普加厘革。但以无夫子之名，而辄行夫子之事，将恐致[20]惊末[21]俗，取咎时人，徒有其劳，而莫之见赏。所以每握管叹息，迟回者久之。非欲之而不能，实能之而不敢[22]也。[23]

既朝廷有知意[24]者，遂以载笔见推。由是三为史臣，再入东观。则天朝为著作佐郎，转左史。今上初即位，又除著作。长安中，以本官兼修国史。会迁中书舍人，暂罢其任。神龙元年，又以本官兼修国史，迄今不之改。今之史馆，即古之东观也。每惟皇家受命，多历年所，史官所编，粗惟纪录。[25]至于纪传及志，则皆未有其书。长安中，[26]会奉诏预修唐[27]史。及今上[28]即位，又敕撰《则天大圣皇后实录》。凡所著述，尝欲行其旧议。而当时同作诸士及监修贵臣，每与其[29]凿枘相违，龃龉难入。故其[30]所载削，皆与俗浮沉。虽自谓依违苟从，然犹大为史官所嫉。嗟乎！虽任当其职，而吾道不行；见用于时，而美[31]志不遂。[32]郁怏孤愤，无以寄怀。必寝而不言，嘿而无述，又恐没世之后，谁知予者。故退而私撰《史通》，以见其志。[33]

昔汉世刘安著书，号曰《淮南子》。其书牢笼天地，博极古今，上自太公，下至商鞅。其错综经纬，自谓兼于数家，无遗力矣。[34]然自《淮南》已后，作者无绝。[35]必商榷而言，则其流又众。[36]盖仲尼既殁，微言不行；史公著书，是非多谬。由是百家诸子，诡说异辞，务为小辨，破彼大道，故扬雄《法言》生焉。[37]儒者之书，博而寡要，得其糟粕，失其菁华。而流俗鄙夫，贵远贱近，传兹[38]抵牾，自相欺惑，故王充《论衡》生焉。[39]民者，冥也，冥然罔知，率彼愚蒙，墙面而视。或讹音鄙句，莫究本源，或守株胶柱，动多拘忌，故应劭《风俗通》生焉。[40]五常异禀，百行殊执，[41]能有兼偏，知有长短。苟随才而任使，则片善不遗，必求备而后用，则举世莫可，故刘劭《人物志》生焉。[42]夫开国承家，立身立事，一文一武，或出或处，虽贤愚壤隔，善恶区分，苟时无品藻，则理难铨[43]综，故陆景《典语》生焉。[44]词人属文，其体非一，譬甘辛殊味，丹素异彩，后来祖述，识昧[45]圆通，家有诋诃，人相掎摭，故刘勰《文心》生焉。[46]

若《史通》之为书也，盖伤当时载笔之士，其义不纯。思欲辨其指归，殚其体统。夫其书虽以史为主，而余波所及，上穷王道，下掞人伦，总括万殊，包吞千有。自《法言》已降，迄于《文心》而往，固[47]以纳诸胸中，曾不懘[48]芥者矣。[49]夫其为义也，有与夺焉，有褒贬焉，有鉴诫焉，[50]有讽刺焉。其为贯穿者深矣，其为网罗者密矣，其所商略者远矣，其所发明者多矣。盖谈经者恶闻服、杜之嗤，论史者憎言班、马之失。而此书多讥往哲，喜述前非。获罪于时，固其宜矣。犹冀知音君子，时有观焉。尼父有云："罪我者《春秋》，知我者《春秋》。"抑[51]斯之谓也。[52]

昔梁徵士刘孝标作《叙传》，其自比于冯敬通者有三。而予辄不自揆，亦窃比于扬子云者有四焉。[53]何者？扬雄尝好雕虫小技，老而悔其少作。余幼喜诗赋，而壮都不为，耻以文士得名，期以述者自命。其似一也。[54]扬雄草《玄》，累年不就，当时闻者，莫不哂其徒劳。余撰《史通》，亦屡移寒暑。悠悠尘俗，共以为愚。其似二也。[55]扬雄撰《法言》，时人竞尤其妄，故作《解嘲》[56]以酬[57]之。余著《史通》，见者亦互言其短，故作《释蒙》[58]以拒之。其似三也。[59]扬雄少为范踆、[60]刘歆所重，及闻其撰《太玄经》，则嘲以恐盖酱瓿。然刘、范之重雄者，盖贵其文彩若《长扬》、《羽猎》之流耳。如《太玄》深奥，理难[61]探赜。既绝窥逾，故加讥诮。余初好文笔，颇获誉于当时。晚谈史传，遂减价于知己。其似四也。[62]夫才唯下劣，而迹类先贤。是用铭之于心，持[63]以自慰。[64]

抑犹有遗恨，惧不似扬雄者有一焉。何者？雄之《玄经》始成，虽为当时所贱，而桓谭以为数百年外，其书必传。其后张衡、陆绩果以为绝伦参圣。夫以《史通》方诸《太玄》，今之君山，即徐、[65]朱[66]等数君是也。后来张、陆，则未之知耳。嗟乎！傥使平子不出，公纪[67]不生，将恐此书与粪土同捐，烟烬俱灭。后之识者，无得而观。此予所以抚卷涟洏，泪尽而继之以血也。[68]

按：《史通》非史也，而史肆也。故于正集之终，拟史作叙。亦不全乎叙传也，而专乎叙书也，体例然也。其始循年铨综，其中况古著述，其末待后论定。其骨岸然，其味油然。

篇中云：贯穿者深矣，网罗者密矣，商略者远矣，发明者多矣。又云：谈经恶闻服、杜之嗤，论史憎言马、班之失。而多讥往哲，获罪固宜。由今观之，所言皆验。盖攻刘见智者，鲜有不索其瘢；而继唐编史者，罔敢不持其律。乃好胜之私，与同然之是，交据而不能自断，卒出于骋辩之一途。阴用其言，而显訾其书，吾不知其何说也！

曷言乎阴用其言也？曰：第取唐后成书印证之，断可见矣。自其以编年、纪传辨涂辙也，而二体之式定。自其以《史记》、《汉书》昭去取也，而断代之例行。自其斥《秦纪》于未帝之先也，而开创无冒越之篇。自其拟世家以随时所适也，而载记有变通之义。自其论后妃称纪或寄外戚皆非也，而传首始正。自其论篇赞复衍，更增铭体尤赘也，而骈韵都捐。自其力排班志之《五行》也，而灾祥屏谶纬之芜。自其痛诋魏收之标题也，而称谓绝诞妄之目。自其以书地因习为失实也，而邑里一遵时制。自其以叙事烦饰为深诫也，而琐嚎半落刊章。约举数端，后史可覆。谓之阴用其言，不可概见哉！夫古今人不相及，望两汉之雄俊则道远，效六朝之藻饰则真丧。唯夫约法严，修辞洁，可以学企，可使质全。为之向道者，《史通》也。综往饬归，功亦博矣。故同一书也，耳食者曰“工诃古人”，心喻者曰“导吾先路”。愿以告具眼读书者。

每读《新、旧书》徐坚等七人传，益使人想重刘公，不敢哆口谩也。七人者，皆皎皎亮节士也。语有之，臣非能相人，能观人之友也。其弗爽矣夫！

① 释：直叙起，不衍世系，是自叙著书体，非史家叙传体也。

② 释：首表平生与史为缘，殆由宿植。

③ 旧作“议”。

④ 释：由其宿植之优，遂得年未弱冠，创通全史，胸贮皂白。

⑤ 释：四语略顿。

⑥ 一作“遂其”。

⑦ 一作“旋”，非。

⑧ 释：至是并史流旁杂，靡不兼综矣。

⑨ 亦作“衿”。

⑩ 一脱“有”字。

⑪ 旧脱“为”字。

⑫ 疑当作“事”。

⑬ 释：至是则进退群言，中有定主矣。

⑭ “已”通。

⑮ 一多“而”字。

⑯ 牙、期、管、鲍倒用，有味。

⑰ 旧误作“吴”。

⑱ 释：此蒙上节俗难与言，深致知音不孤之喜。

⑲ 一脱“姚”字。

⑳ 一脱“致”字。

㉑ 一作“愚”。

㉒ 旧作“欲”,误。

㉓ 释：此节叙到欲出手眼厘定群史,志拟《春秋》,姑为前却之词。

㉔ 恐“音”字之讹。

㉕ 起居、实录之类则有之。

㉖ 一作“年”,一作“中年”。

㉗ 疑当作“国”。

㉘ 中宗。

㉙ 当有“言”字。

㉚ 恐当作“有”。

㉛ 恐当作“善”。

㉜ “善志”用《左氏》郑黑肱传语。

㉝ 释：此方叙到正面。由职居史局,直道难行,姑作《史通》,以露本志。

㉞ 释：自此以下,历举往昔传书,以启自托之端。将《淮南》作引。《淮南》之书不专一路,故用另述。

㉟ 一作“绝无”。

㊱ 释：四句上下作纽。

㊲ 释：《法言》主谈理。

㊳ 恐当作“转滋”。

㊴ 释：《论衡》主征据。

㊵ 释：《风俗通》主博洽。

㊶ 一作“轨”。

㊷ 释：《人物志》主辨材。

㊸ 一作“错”,非。

㊹ 释：《典语》主评品。

㊺ 一讹“殊”。

㊻ 释：《文心雕龙》主文章体裁。○每书各有标旨,看其举义简当。

㊼ 一脱“固”字。

㊽ 音蚉,或误作“蚉”。

㊾ 释:此节隐括诸书与《史通》相为吐纳,托出著书本领。

㊿ 一脱此四字。

51 一脱此六字。

52 释:至此收到《史通》作而“窃取”之义见,遂欲上拟《春秋》,与前回应。

53 释:此下又专以子云为比者,盖自摹作此书之身分,以俟后世相知定文,寄意绵远也。

54 释:第一层,在未作《史通》前,见志气。

55 释:第二层,在方作《史通》时,见功力。

56《汉书》作“嘲”。

57 一讹“训”。

58《唐书》本传不著。

59 释:第三层,在既作《史通》后,见主张。

60《汉书》作“逡”。

61 “理难”一作“难以”。

62 释:第四层,通前后时情而言,见知希自贵。

63 一讹“特”。

64 释:钩勒四似。

65 坚。

66 敬则。

67 陆绩。

68 释:末一层,似却如旋,以疑为信。今时后日,问世只在征心。从对面显意。〇自“昔梁征士”至此,一重一掩,烟景无边。

东海徐坚 《旧书》本传:徐坚少好学,遍览经史。王方庆善《三礼》之学,常就质疑,又赏其文章典实。杨再思曰:“此凤阁舍人样。”开元十三年,改丽正书院为集贤院,以坚为学士,副张说知院事。坚多识典故、前后修撰格式、氏族及国史。凡七入书府。《新书·儒学传》：坚宽厚长者。太平公主用事，武攸暨屡邀请坚，坚不许。帝大酺集贤，幔舍在百司上。张说令揭大榜以侈其宠。坚望见，遽命撤之，曰："君子乌取多尚人。"卒年七十余，谥曰文。按：徐、朱诸人皆刘氏石友，义取品概互证，故采掇加详。

牙期管鲍 《列子·汤问》篇：伯牙善鼓琴，钟子期善听曲。每奏，子期辄穷其趣。伯牙叹曰："善哉！善哉！""吾于何逃声哉！"又《力命》篇：管夷吾、鲍叔牙二人相友甚戚，管仲尝叹曰："生我者父母，知我者鲍子也。"

永城朱敬则 《旧书》本传：敬则字少连。长安三年，同凤阁鸾台平章事，兼修国史。张易之、昌宗尝命画工图写武三思等十八人形像，号为《高士图》。每引敬则，固辞不就。其高洁守正如此。与三从兄同居四十余年，财产无异。《新书》：敬则请高史官选，以求名才。韦安石尝阅其稿史，叹曰：董狐何以加！史官权重宰相，古圣君贤臣所以畏惧也。

沛国刘允济 《旧书》本传：允济少孤，事母甚谨。弱冠除著作佐郎。尝采鲁哀公后十二世接战国，为《鲁后春秋》。长安中，兼修国史。《新书》：允济尝曰："史官善恶必书。""此权顾轻哉！而班生受金，陈寿求米，仆乃视如浮云耳。"

义兴薛谦光 《旧书·薛登传》：登本名谦光。博涉文史，每谈论前代故事，必广引证验，有如目击。与徐坚、刘子玄齐名友善。景云中，拜御史大夫。僧惠范恃太平公主权势，逼夺百姓。将加弹奏，或请寝之。谦光曰："宪台理冤滞，何所回避，朝弹暮黜亦可矣。"遂奏之，反为所构出。开元中，转太子宾客。以与太子同名，敕赐名登。卒，年七十三。

河南元行冲 《旧书》本传：行冲博学多通，狄仁杰甚重之。性不阿顺，尝谓仁杰曰："下之事上，犹蓄聚以自资也。""脯腊膎胰，以供滋膳，参术芝桂，以防痾疾。""门下宾客堪充旨味者多，愿以小人备一药物。"拜太常少卿。行冲以本族出于后魏，而未有编年之史，乃撰《魏典》三十卷。事详文简，为学者所称。秘书监马怀素卒，诏行冲代其职。表请通撰古今书目，为《群书四录》。卒，年七十七。按行冲又尝著论，辩晋元帝出小吏牛金之诬，今见《杂说》中篇"牛继马后"注。

陈留吴兢　《新书》本传：兢贯知经史，方直寡谐比。魏元忠、朱敬则荐兢才堪论撰，诏修国史。天宝初卒，年八十。兢叙事简核，号"良史"。初与刘子玄撰定《武后实录》，叙张昌宗诱张说诬证魏元忠事，颇言"说已然可，赖宋璟等激励苦切，故转祸为忠。不然，皇嗣且殆"。后说为相，读之，心不善，知兢所为，即从容谬谓曰："刘生书魏齐公事，不少假借，奈何？"兢曰："子玄已亡，不可受诬地下。兢实书之，其草故在。"说屡蕲改，辞曰："徇公之情，何名实录？"卒不改，世谓"今董狐"云。

寿春裴怀古　《旧书·良吏传》：怀古为监察御史。圣历中，阎知微充使往突厥，怀古监其军。至虏廷，默啜立知微南面可汗，将授怀古伪职。怀古不从，将杀之，抗辞曰："宁守忠以就死，不毁节以求生。请就斩所。"乃禁锢随军。后窜归。终幽州都督。《新书》：怀古清介审慎，在幽州时，韩琬以监察御史监军，称其驭士信，临财廉，为国名将云。按：所举知友七人，唯怀古不参史局，故末及之。

睹史籍至讫于周　凡八句，皆孔安国《尚书序》原文。

淮南子　《汉·淮南王传》：安为人好书，招致宾客方术之士数千人，作为《内书》二十一篇，《外书》甚众。又有《中篇》八卷，言神仙黄白之术，亦二十余万言。别见《采撰》篇。按：本处盖指内书言，即今所传《鸿烈解》。

法言论衡　扬雄《法言》，见《论赞》篇。王充《论衡》，见《采撰》篇。

风俗通　《后汉·应奉传》：子劭，字仲远。撰《风俗通》，以辨物类名号，识时俗嫌疑。劭《自叙》：俗间行语，众所共传，积非习贯，莫能原察。聊以不才，举尔所知。传曰：百里不同风，千里不同俗。为政之要，辩风正俗，最其上也。昔画者曰，犬马最难，鬼魅最易。犬马旦暮在人之前，不类不可，故难。鬼魅无形，无形者不见，故易。今俗语虽云浮浅，然其难矣。补按：节首"民者，冥也"，语本《晋书·刑法志》王导等议。

人物志　《三国·魏志》：刘劭字孔才。黄初中尚书郎。作《皇览》，作《新律》篇，著《律略论》，作《都官考课条》，作《说略》，著《乐论》。凡所撰述，《法论》、《人物志》之类百余篇。阮逸《序》：予好阅古书，于史部中得刘劭《人物志》十二篇。其述性品之上下，才质之兼偏，研幽摘微，一贯于道，诚一家之善志也。

典语 《隋志》儒家注：《典语》十卷，《典语别》二卷，并吴中夏督陆景撰，亡。《新》、《旧唐志》：陆景《典训》十卷。按：是书《隋志》云亡，《唐志》乃有十卷者存，而知幾又见之，则亡者当但指《别》二卷也。或作“语”，或作“训”，未知孰是？

文心 《南史·文学传》：刘勰字彦和。梁天监中，东宫通事舍人。撰《文心雕龙》五十篇，论古今文体。其《序》略云：予齿在逾立，尝夜梦执丹漆之礼器，随仲尼而南行。寤而喜曰：唯文章之用，实经典枝条，五礼资之以成，六典因之致用。于是论之。既成，沈约取读，谓深得文理，常陈之几案。

孝标比敬通 《梁·文学·刘峻传》：峻字孝标。其《自序》略曰：余自比冯敬通，而有同之者三，异之者四。敬通雄才冠世，志刚金石；余虽不及之，而节亮慷慨，一同也。敬通值中兴明君，而终不试用；余逢命世英主，亦摈斥当年，二同也。敬通有忌妻，至身操井臼；余有悍室，亦家道轗轲，三同也。其异之四曰：敬通虽芝残蕙焚，而为名贤所慕，风流郁烈，久而弥盛；余声尘寂漠，世不吾知，将同秋草，此四异也。按：敬通，后汉冯衍字。

甍芥 相如《子虚赋》：吞若云梦者八九，于其胸中曾不甍芥。李善《注》：刺鲠也。《字典》：亦作甍。又作蒂，蒂芥之蒂，颜师古音虿；果蒂之蒂，《唐韵》音帝。

扬雄草撰 《汉书》本传：哀帝时，雄方草《太玄》，有以自守，泊如也。或嘲雄以玄尚白，而雄解之，号曰《解嘲》。雄好古而乐道，用心于内，不求于外。时唯刘歆及范逡敬焉。而巨鹿侯芭尝从雄居，受其《太玄》、《法言》。刘歆亦观之，谓雄曰：空自苦，吾恐后人用覆酱瓿也。桓谭曰：必传，顾谭不及见也。张衡《与崔子玉书》：乃者披读《太玄经》，知子云极阴阳之数，心实与《五经》拟。《玄》四百岁其兴乎？陆绩《述玄》：雄受气纯和，韬真含道，建立《玄经》，与圣人同趣。桓谭谓之绝伦。又《法言》宋宋咸《序》：《法言》者，盖时有请问，子云用圣人之法以应答之也。东晋李轨为之注。

泪尽继血　《说苑权谋》篇：下蔡威公事。

体　统亡。

纰　缪亡。

弛　张亡。

按：三亡篇，旧本仅见《内篇》目录之末，今依目补列于此。但《自叙》后不应更有余篇。尝阅章官讲《山堂考索》，《纰缪》篇缀在《烦省》之下，其二篇者不复及。而先举其总曰五十余篇，则固有其文，而莫定其原次耳。再考《唐书》本传云，著《史通》内外四十九篇。与今行本数合，毋亦史氏疏于原始乎？

外篇

卷十一

史官建置第一[①]

夫人寓形天地，其生也若蜉蝣之在世，如白驹之过隙，[②]犹且耻当年而功不立，疾没世而名不闻。上起帝王，下穷匹庶，近则朝廷之士，远则山林之客，谅其于功也名也，莫不汲汲焉孜孜焉。夫如是者何哉？皆以图不朽之事也。何者而称不朽乎？盖书名竹帛而已。[③]向使世无竹帛，时阙史官，虽尧、舜之与桀、纣，伊、周之与莽、卓，夷、惠之与跖、蹻，商、冒[④]之与曾、闵，但[⑤]一从物化。坟土未干，则善恶不分，妍媸永灭者矣。苟史官不绝，竹帛长存，则其人已亡，杳成空寂，而其事如在，皎同星汉。[⑥]用使后之学者，坐披囊箧，而神交万古，不出户庭，而穷览千载，见贤而思齐，见不贤而内自省。若乃《春秋》成而逆子惧，南史至而贼臣书，其记事载言也则如彼，其劝善惩恶也又如此。由斯而言，则史之为用，其利甚博，乃生人之急务，为国家之要道。有国有家者，其可缺之哉！故备陈其事，编之于后。[⑦]

按：此一段似是侊侗总冒，第言史之用重，而无专注之语，似于《史官》、《正史》二篇皆可通用。又其举意出辞，颇浅庸近俗，宜可芟薙。

① 旧有注曰“总十四条”，非也。其文本通首一片，循代分节可耳。

② 发端庸浅。

③ 释：原史之所为作也。史者千秋金镜，只从名心落想，故曰庸浅。

④ 俱弑父者。

⑤ 一作“俱”。

⑥ 释：折出有史之功用。

⑦ 释：末总括其功用。

盖史之建官，其来尚矣。昔轩辕氏受命，仓颉、沮诵实居其职。至于三代，其数渐繁。案《周官》、《礼记》，有太史、小史、内史、外史、左史、右史之名。太史掌国之六典，小史掌邦国之志，内史掌书王命，外史掌书使乎四方，左史记言，右史记事。《曲礼》曰：“史载笔，大事书之于策，小事简牍而已。”《大戴礼》曰：“太子既冠成人，免于保傅，则有司过之史。”《韩诗外传》云：“据法守职而不敢为非者，太史令也。”斯则史官之作，肇自黄帝，备于周室，名目既多，职务咸异。至于诸侯列国，亦各有史官，求其位号，一同王者。[①]

至如孔甲、尹逸，名重夏、殷，史佚、倚相，誉高周、楚，晋则伯黡司籍，鲁则丘明受经，此并历代史臣之可得言者。降及战国，史氏无废。盖[②]赵鞅，晋之一大夫尔，[③]有直臣书过，操简笔于门下。田文，齐之一公子尔，每坐对宾客，侍史记于屏风。至若秦、赵二主渑池交会，各命其御史书某年某月鼓瑟、鼓缶。此则《春秋》“君举必书”之[④]义也。[⑤]

然则[⑥]官虽无阙，而书尚有遗，故史臣等差，莫辨其序。[⑦]案《吕氏春秋》曰：夏太史终古见桀惑乱，载其图法出奔商。商太[⑧]史向挚[⑨]见纣迷乱，载其图法出奔周。晋太史屠黍见晋之乱，亦以其图法归周。又《春秋》晋、齐太史书赵、[⑩]崔[⑪]之弑；郑公孙黑强与于盟，使太史书其名，且曰"七子"。昭二年，[⑫]晋韩宣子来聘，观书于太史氏，见《易象》与《鲁春秋》，曰："周礼尽在鲁矣。"然则诸史之任，太史其最优乎？至秦有天下，太史令胡母敬作《博学章》。此则自夏迄秦，斯职无改者矣。[⑬]

按：此当为第一节，是《建置》原始之正文，宜至秦为截。其前统征史官名迹，其后专归太史一官，为汉法缘起也。

此篇本通首直下，非分条体也。循代为节，从古先发端。旧本划条小注，皆非原文，并去之。

① 释：自首至此，远征古来史职之名，以及王朝、侯国兼设之制。

② 一无"盖"字。

③ 一有"犹"字。

④ 一本"之"字重二。

⑤ 释：此层征古昔史臣姓氏迹略见于史传者，王朝、侯国皆有。

⑥ 作"然而"用。

⑦ 释：四语统缴下，言诸职中太史尤重也。皆就太史一职言之。

⑧《吕览》作"内"。

⑨ 依《吕览》作"向挚"。旧本作"高挚"，误。

⑩ 宣二。

⑪ 襄二十五。

⑫ 上文所引皆不书年，此三字疑衍。

⑬ 释：征诸古籍，凡述史事，皆称太史，可见诸名衔中太史尤为专职也。〇此处当分节，旧本连下，便少断制。

仓颉沮诵 《说文》原叙：黄帝之史仓颉，见鸟兽蹄迒之迹，初造书契。《[后]汉·献纪》沮俊注：《风俗通》曰："沮，姓也。黄帝史官沮诵之后。"卫恒《四体书势·科斗古文势序》云："昔在黄帝，创制造物，有沮诵、仓颉者，始作书契以代结绳。盖睹鸟迹以兴思也。"其《字势》云："黄帝之史沮诵、仓颉，眺彼鸟迹，始作书契。"按：荒略之世，史官有无，奚庸深究。如上所列，亦可据而言已。郭、黄诸本曾不知采此，但执所谓《归云集》者，硁硁辩驳，太似不必。

孔甲尹逸 旧注：《归云集》云：孔甲，黄帝主书史之臣。执青纂记，言动惟实。又《史记》云：武王立于社南，召公奭赞采，师尚父牵牲，尹佚策祝。按："逸"通"佚"，疑即史佚。今以二人属夏、殷，岂别有据邪？

伯黡司籍 见《书志》篇籍谈注。

赵鞅直臣 《说苑》：昔周舍事赵简子，立于门三日。简子问之，舍曰：愿为谔谔之臣，墨笔操牍，司君之过而书之。日有记，月有效，岁有得也。简子说。

田文侍史 《孟尝君传》：孟尝君待客坐语，屏风后常有侍史，主记君所与客语。

渑池会 《廉蔺列传》：赵王与秦王会渑池，秦王酒酣，请赵王鼓瑟。秦御史前，书曰"某年月日秦王令赵王鼓瑟"。蔺相如奉盆缻秦王，秦王不怿，为一击缻。相如召赵御史，书曰"某年月日秦王为赵王击缻"。

终古向挚 《吕览·先识》：凡国之亡也，有道者必先去。夏太史令终古出其图法，执而泣之。夏桀迷惑愈甚，乃出奔如商。殷内史向挚见纣之愈乱迷惑也，于是载其图法，出亡之周。晋太史屠黍见晋公之骄而无德义也，以其图法归周。高诱《解》：晋出公之太史也。

且曰七子 《左》昭元：郑为游楚乱故，郑伯及其大夫盟于公孙段氏。罕虎、公孙侨、公孙段、印段、游吉、驷带私盟于闺门之外，实薰隧。公孙黑强与于盟，使太史书其名，且曰"七子"。

博学章 《汉·艺文》小学家：《仓颉》七章者，秦丞相李斯所作也。《爰历》六章者，车府令赵高所作也。《博学》七章者，太史令胡毋敬所作也。文字多取《史籀篇》，而篆体颇异，所谓秦篆者也。

汉兴之世，武帝又置太史公，位在丞相上，以司马谈为之。汉法，天下计书先上太史，副上丞相。叙事如《春秋》。及谈卒，子迁嗣。迁卒，宣帝以其官为令，行太史公文书而已。[①]寻自古太史之职，虽以[②]著述为宗，而兼掌历象、日月、阴阳、管[③]数。司马迁既殁，后之续《史记》者，若褚先生、刘向、冯商、扬雄之徒，并以别职来知史务。于是太史之署，非复记言之司。故张衡、单扬、王立、高堂隆等，其当官见称，唯知占候而已。[④]

按：此为第二节。愚意分节之法宜从三代为界，前用远古作头，后用汉兴居首，分割尤为定当也。

《史通》通部论史，而任史职者史官也，故《外篇》首详其建置，意綦重焉。汉兴，司马氏父子相继为太史公，而《史记》始作，故太史一官，远溯终、向，下逮谈、迁，名又綦重焉。至孝宣之后，专司占候，而其名始轻，官亦寻改。自是兰台、东观著作之名，以渐改称矣。此节实史氏职名沿革之关键也。

马贵与《象纬考序》本此。

① 释：跟前太史说下。征诸汉初，职专记载，最为隆重，其后渐轻。

② 一无“以”字。

③ 窥天器，一作“度”。

④ 释：申明上意。谓记载反属他职，而本职反专占候矣。

武帝又置至行文书而已　并《太史公自序》如淳《注》之文。按：如淳据卫宏《汉仪注》云云，臣瓒非之，以为《百官表》无太史公，有太史令。《索隐》因之，以为“公”者，迁所著书尊其父云“公”也，而所作实迁之词。卫宏称位丞相上，谬也。《正义》又非之，曰虞喜《志林》云：古者主天官者皆上公，自周至汉，其职转卑，然朝会坐位犹居公上，尊天之道也。诸说相非不定，录以备考。

兼掌历象　前注已显。又按：《太史公自序》：谈为太史公，曰：“余自上世，尝显功名于虞夏，典天官事。”《报任安书》：“文史星历，近乎卜祝之间。”《后汉・百官志》：太史令一人，六百石。本注曰：掌天时星历。《注》：《汉官》曰：太史待诏三十七人，分治历、龟、庐宅、日时、《易》筮、典禳、雨、医等事。

褚刘冯扬知史务　《史记・孝武纪》注：韦棱曰：《褚颉家传》云，少孙，宣帝时为博士，事大儒王式，故号为先生。续《太史公书》。《汉・艺文志》：孝武建藏书之策，置写书之官。至成帝时，诏光禄大夫刘向校经传诸子。又向本传：采取《诗》、《书》所载贤贞及孽嬖者，序次为《列女传》，及采传记行事，著《新序》、《说苑》。又《艺文志》：冯商续《太史公》七篇。韦昭曰：冯商受诏续《太史公》十余篇，在班彪《别录》。商字子高。师古曰：《七略》云：商与孟柳俱待诏，颇序列传，未卒。又：儒家者流，盖出于司徒之官，助人君明教化者也。扬雄所序三十八篇，《太玄》、《法言》云云。按：向、雄知史务，又见《正史》篇。但如志传所称，皆不言知史务，未详何据。

张单王高知占候　《后汉・张衡传》：衡字平子。安帝征拜郎中，再迁太史令。遂研核阴阳，作浑天仪，著《灵宪》、《算罔论》。又《方术传》：单扬举孝廉，稍迁太史令。余见《书志》篇。王立未详。《魏志》：高堂隆字升平，鲁高堂生后也。明帝即位，为给事中。迁侍中，领太史令。《注》：《魏略》曰：太史推步，为太和历。帝以隆学问优深，天文又精，诏与尚书郎杨伟、太史待诏骆禄参共推校。

当王莽代汉，改置柱下五史，秩如御史。听事，侍傍记迹言行，盖效古者动则左史书之，[①]此其义也。

按：此为第三节。莽何足志，而班史《百官表》言“王莽篡位，慕从古官”。盖其时多所变改，史职名衔亦见纷更。史既载之，故刘亦及之。

① 当有“言则右史书之”六字，今缺。

柱下五史 《王莽传》：居摄元年，莽置柱下五史，秩如御史。听政事，侍旁记疏言行。

汉氏中兴，明帝以班固为兰台令史，诏撰《光武本纪》及诸列传、载记。又杨子山为郡上计吏，献所作《哀牢传》，为帝所异，征诣兰台。斯则兰台之职，[①]盖当时著述之所也。自章、和已后，图籍盛于东观。凡撰汉记，[②]相继在乎其中，而都为[③]著作，[④]竟无它称。

按：第四节志后汉也。兰台、东观，著作之所也；班固、杨子山，著作之人也。《前汉·百官表》不载史职，而有《太史公书》可据。后汉更无专称，故但以其所其人证之。

子山于史，未见成书，然能为哀牢立传，亦可以验史才矣。《史通》故与班氏并举。

① 一有“者”字。

② 此当有“者”字。

③ 旧讹“谓”。

④ 任著作之务也。时未立著作之名，故“谓”字误。

兰台令史 《前汉·百官表》：御史大夫，秦官，有两丞。一曰中丞，在殿中兰台,掌图籍秘书。《后汉·百官志》:兰台令史,六百石。本注曰:掌奏及印工文书。按:令史自太尉、司徒以下,诸府属多有之,非史局属员之专称。

杨子山 《后汉书》:杨终字子山,成都人。年十三为郡小吏,显宗征诣兰台,拜校书郎。按:传无《哀牢传》之文。《论衡·佚文篇》:子山为上计吏,见三府作《哀牢传》不成。归郡作上,孝明奇之,征在兰台。《后汉·郡国志》:哀牢,永平中置,故牢王国。按:今为云南永昌府。

东观 见前,又见后节。

当魏太和中,始置著作郎,职隶中书,其官即周之左史也。晋元康初,又职隶秘书,著作郎一人,谓之大著作,专掌史任,又置佐著作郎八人。宋、齐已来,以"佐"名施于"作"下。改佐著作郎为著作佐郎。[①] 旧事,佐郎职知博采,正郎资以草传,如正、佐有失,则秘监职思[②] 其忧。其有才堪撰述,学综文史,虽居他官,或兼领著作。亦有虽为秘书监,而仍领著作郎者。[③] 若中朝[④] 之华峤、陈寿、陆机、束皙,江左[⑤] 之王隐、虞预、干宝、孙盛,宋之徐爰、苏宝生,梁之沈约、裴子野,斯并史官之尤美,著作之妙选也。而齐、梁二代又置修[⑥] 史学士,陈氏因循,无所变革,若刘陟、[⑦] 谢昊、顾野王、许善心之类是也。[⑧]

按:第五节述魏、晋及南朝也,著作之名始于此。其列出诸人氏名,意不在表其人,意在举其名衔,证当时职制耳。

① 释:此上述设官。

② 旧讹作"司"。

③ 释：此层通之以兼掌，见才难之意。

④ 曹魏、西晋。

⑤ 专称东晋。

⑥《隋志》作“撰”。

⑦ 一作“涉”，误。

⑧ 释：此层标举名其职者以证之。

中秘著作　《晋书·职官志》：著作郎，周左史之任也。汉东京图籍在东观，故使名儒著作东观，尚未名官。魏明帝太和中，始有其官。及晋惠帝元康二年，诏曰：著作旧属中书，而秘书既典文籍，今以中书著作为秘书著作。于是改隶秘书省。其大与佐一人、八人，悉同本文。《隋·百官志》：秘书省著作佐郎人数亦同。梁初又有撰史学士。

束皙　《晋书》本传：皙字广微，汉疏广后也。王莽末，去“疎”之“足”，改姓焉。少游国学，张华召皙为掾，转佐著作郎，撰《晋书》帝纪、十志。迁博士，著作如故。

苏宝生　《正史》篇：孝建初，敕南台侍御史苏宝山续造诸传，元嘉名臣皆其所撰。宝山被诛云云。按：“宝生”讹作“宝山”。《正史》篇旧本如此，今刊正，有注。

刘谢顾许　《隋·经籍志》：《齐纪》十卷，刘陟撰。《唐旧志》作《齐书》八卷，《新志》作十三卷。又《隋志》：《梁书》四十九卷，梁中书郎谢昊撰，本一百卷。《唐志》作三十四卷。《陈书》：顾野王字希冯，吴人。后主在东宫，除太子率更令。寻领大著作，掌国史，知梁史事。撰《通史要略》一百卷，《国史纪传》二百卷，未就而卒。又《文学传》：许亨字亨道。领大著作。子善心，早知名。《北史·文苑》：善心字务本。对策高第，授度支郎中，补撰史学士。善心述成父志，修续家书。其《序传》末述著作之意，曰：“自入京邑，随见补葺，略成七十卷。”“凡称史臣者，皆先君所言；下称名案者，皆善心补阙。”按：本节所引十六人，或见前卷，或无传而有所著，史书略可考见。

至若偏隅僭国，夷狄伪朝，求其史官，亦有可言者。[①]案《蜀志》称王崇补东观，许盖掌礼仪，又郤正为秘书郎，广求益部书籍。斯则典校无阙，属辞有所矣。而陈寿评云"蜀不置史官"者，得非厚诬诸葛乎？别有《曲笔》篇，[②]言之详矣。[③]吴归命侯[④]时，有左右二国史之职，薛莹为其左，华核为其右。又周处自左国史迁东观令。以斯考察，则其班秩可知。[⑤]伪汉嘉平初，[⑥]公师彧以太中大夫领左国史，撰其国君臣纪传。前凉张骏时，刘庆迁儒林郎、中常侍，在东苑撰其国书。蜀李[⑦]与西凉二[⑧]朝记事，委之门下。南凉主乌孤[⑨]初定霸基，欲造国纪，以其参军郭[⑩]韶为国纪祭酒，使撰录时事。自余伪主，[⑪]多置著作官，若前赵之和苞，后燕之董统是也。[⑫]

按：第六节旁及偏小僭伪，最为周密。旧本截作二条，则于节首四提句不全，故当合之。又诸评不知以人证职，而泛核史才，浮文妨要，是谓顾子失母。

① 释：起四句总领蜀、吴及诸胡。

②《内篇》第二十五。

③ 释：已上言蜀。

④ 旧脱"侯"字。

⑤ 释：已上言吴。〇此二国所谓偏隅也。"僭"字贴吴说。〇旧本此处截段，非。

⑥ 刘聪年号。

⑦ 义门订本有"李"字，他本无。

⑧ 一作"三"，非。

⑨ 旧作“孙”，误。

⑩ 旧作“郎”，恐讹。

⑪ 一讹作“事”。

⑫ 释：已上错举五胡十六国有可征者及之，其无者不及也。此总所谓伪朝也。

王崇许盖　陈寿《蜀志》并松之《注》皆无考。而刘氏顾云“志称”，所称果何志邪？或谓寿又撰《蜀古志》，傥载之耶？然言古则不及三国时人明矣。惟常璩《华阳国志》有述作王崇，名见卷末，官为蜀守，而不言曾补东观。至掌仪许盖，仍亦绝无其人也。悬置之，以俟后有补者。抑尝见高江村士奇《天禄识余》有《考史》一条，其言蜀史，则取此立论。然漫袭其文，不书所出，至所出何本，了不推寻也。窃慨读书底里求到地者，天下鲜矣。

郤正为秘书　《蜀志》本传：正字令先。弱冠能属文。入为秘书吏，转令史，迁郎，至令。又《孟光传》：后进文士秘书郎郤正，数从光咨访。

蜀不置史官　《蜀·后主·评》：国不置史，注记无官，是以行事多遗，灾异靡书。诸葛亮虽达于为政，凡此之类，犹有未周焉。

归命侯　吴后主也，见《摸拟》篇。

薛左华右　《吴志·薛综传》：综子莹，字道言。为秘府中书郎。孙皓初，领少傅，以事徙广州。右国史华核疏留之，皓召莹还，为左国史。又《华核传》：核字永先，武进人。孙皓即位，后迁东观令，领右国史。

周处左史　《晋书》本传：处仕吴，为东观左丞。余见《书志》篇后论。

公师彧　见《晋书》载记刘元海、聪二传，止书太中大夫，无领左史撰记传之文。

刘庆　见《晋书·张轨传》。轨孙骏时，载有从事刘庆谏讨辛晏语，不及东苑撰史事。丛书崔鸿《录略》有云：命西曹掾集阁内外事付索绥，著《凉春秋》，亦不及刘庆也。

蜀李西凉　蜀李者，国号成，后改称汉。《正史》篇云：“常璩撰《汉书》十卷，后入晋秘阁，改为《蜀李书》。”故此云蜀李也。《晋》载记：蜀李雄兴学校，置史官。《录略》：西凉李暠起静恭堂以议朝政，立泮宫，增高门学生。按：刘云"二朝记事，委之门下"，当在其时也。

南凉郭韶　《晋·载记·南凉传》：秃发乌孤称武威王，梁昶、韩匹、张昶、郭韶，中州之才令，官方授才，咸得其所。按：旧本作"郎韶"，疑即郭韶也。但本传与丛书《录略》皆不载国纪祭酒官。

和苞　见《晋·载记·刘曜传》。苞与乔豫谏营寿陵，曜悦，封为平舆子。《隋·经籍志》：《汉赵记》十卷，和苞撰。

董统　《晋·载记·后燕传》及《录略》皆缺其人。按：公师彧以下，皆证诸国有史官也。事当具《十六国春秋》，而崔本已亡，但与《正史》篇十六国一条互证之，略可见矣。

元魏初称制，即有史臣，杂取他官，不恒[①]厥职。故如崔浩、高闾之徒，唯知[②]著述，而未列名号。其后始于秘书置著作局，正郎二人，佐郎四人。其佐三史者，[③]不过一二而已。普泰[④]以来，三史稍替，别置修史局，其职有六人。[⑤]当代都之时，史臣每上奉王言，下询国俗，兼取工于翻译者，来直[⑥]史曹。及洛京之末，[⑦]朝议又以为国史当专任代人，[⑧]不宜归之汉士。于是以谷纂、[⑨]山伟更主文籍。凡经二十余年，其事阙而不载。斯盖犹秉夷礼，有互乡之风者焉。[⑩]

按：第七节述元魏史职也。置郎略仿魏、晋，而添设翻译则国语传，偏任代人则史事废，稍寓褒贬焉。

① 或作"常"。

② 知，如御史知杂之"知"。

③ "三史"，一作"参史"，下同，未详。

④ 前废帝元。或讹作"晋秦"。

⑤ 释：此上征其建置。

⑥ 或讹"置"。

⑦ 孝文迁洛。

⑧ 谓部人。

⑨ 郭本注以綦俊易之。

⑩ 释：此层述其任用。

元魏史臣　《官氏志》：天兴四年，罢外兰台御史，总属内省。其太和中，百官著令，秘书监在从第二品中。

崔浩高闾　崔浩见《直书》篇。《魏书・高闾传》：闾字阎士。早孤，文才俊伟。本名驴，司徒崔浩见而奇之，乃改为闾而字之。征拜中书侍郎，领东徐州刺史，以功进爵为侯，加昭武将军。为中书令，委以机密。军国书檄诏令，亦高允之流，称为"二高"。

谷纂　《魏书・谷浑传》：浑，昌黎人。曾孙纂，字灵绍。领侍御史，稍迁著作郎。又监国史，不能有所缉缀。郭《注》：以綦儁易谷纂。儁字欐显，其先代人。散骑常侍、骠骑大将军。与山伟合传。

山伟　《魏书》本传：伟字仲才，其先代人。领著作郎，除安东将军、秘书监，仍著作。初，尒朱兆之入洛，官守奔散。国史典书高法显密埋史书，故不遗落。伟自以为功，诉求爵赏，遂封东阿伯。按：本节"国史专任代人"六句，并檃括《伟传》之文。其中俊、伟并称，与传合，郭注殊有见。

高齐及周，迄于隋氏，其史官以大臣统领者，谓之监修。国史自领，则近循魏代，远效江南，参杂其间，变通而已。[①]唯周建六官，改著作之正郎为上士，佐郎为下士，名谥[②]虽易，而班秩不殊。[③]如魏收之擅名河朔，[④]柳虬之独步关右，[⑤]王劭、魏澹展效于开皇之朝，诸葛颍、刘炫宣功于大业之世，亦各一时也。[⑥]

按：第八节述高齐、宇文周而并及于隋也。

前《辨职》篇云大臣领史局，自晋康帝始。而本篇于晋代不言，至此始见，乍疑前后不符。及观下文"近循魏代，远效江南"之云，乃知文章有互藏之用。凡研辨古制，必彼此参详，愈得定准。书固不可以轻心掉也。

① 释：统述三朝如此。

② 当作"号"。

③ 释：宇文袭古《周官》，故抽述。

④ 高齐。

⑤ 宇文周。

⑥ 释：各举其人以征之。

上士下士 《隋·百官志》：周太祖方隅粗定，改创章程，远师周之建职。其所制班序，内命，上士三命，下士一命。注：内命，谓王朝之臣。

柳虬 《周书》本传：虬字仲蟠。不事容饰。冯翊王元季海征为行台郎中，掌文翰。因使见太祖，被留。虬上疏：言古者立史官，非但书事，所以为监诫也。汉、魏以还，密为记注，无益当时。纵能直笔，人莫之知。何止物兴横议，亦且异端互起。故班固致受金之名，陈寿有求米之论。伏请诸记事者，当朝显言其状，然后付之史阁，庶令是非明著，得失无隐。事遂施行。秘书虽领著作，不参史事。自虬为丞，始令兼掌焉。

魏澹 见《本纪》篇魏著作注。

诸葛颍 《隋书·文学传》：颍字汉，建康人。炀帝即位，迁著作郎。帝尝赠颍诗曰："实录资平允，传芳导后昆。"其见待遇如此。撰《銮驾北巡》、《幸江都道里》、《洛阳古今》等记。

刘炫 见《核才》篇注。又《隋·儒林传》：炫与著作郎王劭同修国史，又与诸术者修天文、律历，兼于内史省考定群言。内史令李德林甚礼之。炫尝曰："省官不如省事，省事不如省心。"牛弘甚善其言。

暨皇家之建国也，乃别置史馆，通籍禁门。西京则与鸾渚为邻，东都则与凤池相接。而[①]馆宇华丽，酒馔丰厚，得厕其流者，实一时之美事。[②]至咸亨年，以职司多滥，高宗喟然而称曰："朕甚懵焉。"乃命所司曲加推择，如有居其职而阙其才者，皆不得预于修撰。诏曰："修撰国史，义存典实，自非操履忠正，识量该通，才学有闻，难堪斯任。如闻近日以来，但居此职，即知修撰，非唯编缉讹舛，亦恐泄漏史事。自今宜遣史司，精简堪修史人，灼然为众所推者，录名进内。自余虽居史职，不得辄闻见所修史籍及未行用国史等之事。"[③]由是史臣拜职，多取外司，著作一曹，殆[④]成虚设。[⑤]凡有笔削，毕归于余馆。[⑥]始自武德，迄乎长寿，其间若李仁实以直辞见惮，敬播以叙事推工，许敬宗之矫妄，牛凤及之狂惑，此其善恶尤著者也。[⑦]

按：第九节述本朝史局之制也。叙盛典则备其辞，叙事局则略其概，盖志体应尔。至其节尾之未融，小注论之矣。

《史官建置》正局尽此。

① 一无"而"字。

② 释：首述国典敦崇史职，密近清华。

③ 按：此注一本混作大书，非是。

④ 一作"始"。

⑤ 此四句，即制诏中"虽居史职不得辄闻见所修"等句之意。

⑥ 语意不甚清豁，恐有讹字。释：中段述事局之大概。

⑦ 释：末亦证举任职之人。○此独善恶兼举，由其胸中皂白积而不化，一涉笔辄露乖角。是其少涵养处，非本篇正义也。

史馆通籍禁门　见《内篇·辨职》篇。

鸾渚凤池　即谓鸾台、凤阁。《旧唐志》：龙朔二年，改门下省为东台，中书省为西台。太后光宅元年，改门下为鸾台，中书为凤阁。神龙初复旧。按：两省之名起魏、晋间，门下则黄门、给、谏、遗、补等官属之，杜诗《晚出左掖》，即此。中书则主书、通事舍人等官属之，开元中又号紫薇省。两省并近禁门，故亦通谓之北省，南则尚书省也。又按：文兼两京言，武后临朝在东京也。程大昌《雍录》多误。

李仁实　《旧唐·令狐德棻传》：自武德已后，有邓世隆、顾胤、李延寿、李仁实前后修撰国史，为当时所称。仁实，顿丘人，官左史。《正史》篇：仁实续撰《于志宁》、《许敬宗》、《李义府》等传，载言记事，见推直笔。

敬播　《唐·儒学传》：敬播，蒲州人，贞观初进士。时颜师古、孔颖达撰次《隋史》，诏播诣秘书内省参纂。再迁著作佐郎，兼修国史。又与令狐德棻等撰《晋书》，大抵凡例皆播所发也。房玄龄尝称播陈寿之流。

许敬宗　《旧书》本传：敬宗，善心子。贞观中，除著作郎，兼修国史。龙朔中，拜太子少师。自掌知国史，记事阿曲，虚美隐恶。高祖、太宗两朝实录，其敬播所修者多详直。敬宗以己爱憎曲事删改，论者尤之。

牛凤及　《新》、《旧书》俱无专传。王《训故》：牛凤及，长寿中撰《唐书》，自武德终弘道，为百有十卷。按此书《唐·艺文志》不录，宋晁、陈、郑、马诸公亦莫之及。大抵其人其书见弃于有道久矣。

又案《晋令》，[①]著作郎掌起居集注，[②]撰录诸言行勋伐旧载史籍者。[③]元魏置起居令史，每行幸宴会，则在御左右，记[④]录帝言及宾客酬对。后别置修起居注二人，多以余官兼掌。[⑤]至隋，以吏部散官及校书、正字闲于述注者修之，纳言监领其事。炀帝以为古有内史、外史，今既有著作，⑥宜立起居。⑦遂置起居舍人二员，职隶中书省。如庾自直、崔祖濬、虞世南、蔡允恭等，咸居其职，时谓得人。⑧皇家因之，又加置起居郎二员，职与舍人同。⑨每天子临轩，侍立于玉阶之下，郎居其左，舍人居其右。人主有命，则逼阶延首而听之，退而编录，以为起居注。龙朔中，改名左史、右史。今上即位，仍从国初之号焉。高祖、太宗时，有令狐德棻、吕才、萧钧、褚遂良、上官仪；高宗、则天时，有李安期、顾胤、高智周、张太素、凌季友。斯并当时得名，朝廷所属者⑩也。⑪夫起居注者，编次甲子之书，至于策命、章奏、封拜、薨免，莫不随事记录，言惟⑫详审。凡欲撰帝纪者，皆称⑬之以成功。即⑭今为载笔之别曹，立言之贰职。故略述其事，附于斯篇。⑮

按：第十节别述起居注一职，所谓载笔之别曹也。载笔者，开局纂修之员，已前所述皆是。起居注则专掌侍朝记录，杜子美诗云："地分清切任才贤，舍人退食收封事。"正咏是官也。以其与泛称史官者职有攸分，故曰述附于斯。

① 书名。

② 汇集而注记之。

③ 释：本节另述起居注一职。○首述晋制，则兼编旧籍。

④ 一作"纪"。

⑤ 释：至元魏则专掌当时记录，但多他官兼职耳。

⑥ 是外史。

⑦ 是内史。

⑧ 释：隋代起居之职，则始无正员，至炀帝乃始专置。

⑨ 此之舍人,亦曰起居舍人。

⑩ 一无"者"字。

⑪ 释:唐制,起居郎与舍人同职分侍。

⑫ 二字恐当作"载言"。

⑬ 恐是"藉"字之讹。王本作"因"。

⑭ 依义门订本。一无"即"字,一误作"命"字。

⑮ 释:找此一层,特为此官作注脚也。

庾崔虞蔡 《隋·文学传》:庾自直,大业初,授著作郎。性恭慎,不妄交游,以本官知起居舍人事。《唐书·姚思廉传》附:隋炀帝时,诏与起居舍人崔祖浚修《区宇图志》。又《虞世南传》:世南字伯[施],余姚人。隋大业中,累官秘书郎。炀帝疾其峭直,弗甚用。又《文艺传》:蔡允恭,仕历起居舍人。炀帝遣教宫人,允恭耻之,数称疾。授内史舍人,俾入宫,固辞。又按:《隋书·虞绰传》云:绰与虞世南、庾自直、蔡允恭等常居禁中,文翰待诏,恩盼隆洽。

郎左舍人右 《唐·百官志》:唐之官制,大抵皆沿隋故。门下省之属,起居郎二人,从六品上,掌录天子起居法度。后复置起居舍人二人,从六品上,掌录如记事之制。天子居正殿,则郎居左,舍人居右,有命,俯陛以听,退而书之。若仗在紫宸内阁,则夹香案分立殿下,直第二螭首,和墨濡笔皆即坳处,时号"螭头"。

令狐德棻 《唐书》本传:德棻博贯文史。武德初,为起居舍人,迁秘书丞。建言近代无正史。梁、陈、齐、周、隋史修撰之原,自德棻发之。

吕才 《唐书》本传:贞观时,祖孝孙增损乐律,王珪、魏徵盛称才制尺谐契,即召直弘文馆。帝病阴阳家书多伪恶,世益拘畏,命才删落烦讹,掇可用者。才于持论,儒而不俚。按:本传阙书起居官。

萧钧 《唐书·萧瑀传》:瑀从子钧,永徽中,累迁谏议大夫、弘文馆学士。左武侯属卢文操盗库财,高宗以当自盗罪死。钧曰:恐天下谓"陛下重货轻法,任喜怒"。帝曰:"真谏议也。"按:亦阙书起居官。

褚遂良 《唐书》本传：遂良字登善。贞观中，累迁起居郎，工隶楷。帝曰："卿记起居，人君得观之否？"对曰："今之起居，古左右史也。善恶必记，戒人主不为非法，未闻天子自观史也。"帝曰："朕有不善，卿必记邪？"对曰："臣职载笔，君举必书。"刘洎曰："使遂良不记，天下之人亦记之矣。"

上官仪 《唐书》本传：仪字游韶。涉贯《坟》、《典》。贞观初，擢进士第，授弘文馆直学士，迁秘书郎。太宗每属文，遣仪视稿。转起居郎。高宗时，武后得志，深恶仪，许敬宗构仪大逆，死。自褚遂良等元老屠覆，独仪纳忠。自是政归于后，而帝拱手矣。

李安期 《唐书·李百药传》：百药七岁能属文。子安期，亦七岁属文。父贬桂州，遇盗，将加刃，安期泣请代，盗释之。贞观初，为符玺郎。高宗即位，迁中书舍人，寻同东西台三品。自德林至安期，三世掌制诰。

顾胤 《令狐德棻传附》：胤，吴人。父览，隋秘书学士。胤，永徽中起居郎，兼修国史。以撰《太宗实录》劳，加朝散大夫、弘文馆学士。论次国史，终司文郎。

高智周 《唐书》本传：智周，晋陵人。第进士，擢秘书郎、弘文馆直学士。三迁兰台大夫。仪凤初，进同中书门下三品。是时崔知温等修国史，智周监莅。致仕。卒，年八十二。

张太素凌季友 太素见《言语》篇。季友无传。

又案《诗·邶风·静女》之三章，君子取其彤管。夫彤管者，女史记事规诲之所执也。[①]古者人君，外朝则有国史，内朝则有女史，内之与外，其任皆同。故晋献惑乱，骊姬夜泣，床笫之私，房中之事，不得掩焉。楚昭王宴游，蔡姬对以其愿，王顾谓史："书之，[②]蔡姬许从孤死矣。"夫宴私而有书事之册，盖受命者即女史之流乎？[③]至汉武帝时，有《禁中起居注》；明德马皇后撰《明帝起居注》。凡斯著述，似出宫中，求其职司，未闻位号。[④]隋世王劭上疏，请依古法，复置女史之班，具录内仪，付于外省。[5]文帝不许，遂不施行。[6]

按：第十一节更是空中建议之词。谓女史亦当修职，古有证据，卒莫兴行，可惜也。该举史职至此，备悉包罗，识议卓绝。

考《唐志》，内官如六尚司记、掌言、司簿、典闱、掌籍等职，皆载有女史员额，《史通》何不及之？盖所谓录内仪、付外省之制既格不行，则女史虽设犹不设也。

① 释：就《诗》指出女史之古名。

② 此十二字旧本无之，必是脱文。无此十二字不成语矣。

③ 释：就晋、楚事证出宴私有记，则可见女史之置职。

④ 释：又以两汉禁中撰述为证。

⑤《周礼》宫人、女史之职，掌于天官。此疏犹存此意。

⑥ 释：终以隋世奏置不行结之。○旧本此处连下节，非是。

彤管　毛《传》：古者后夫人，必有女史彤管之法。郑《笺》：彤管，笔赤管也。按：《静女》四句，本《左》定九《传》注之文。

骊姬夜泣　《外传・晋语》：优施教骊姬夜半而泣，谓公曰：君盍杀我。无以一妾乱百姓。又曰：君盍老而授之政。彼得所索，乃可释君。公曰：不可，我将图之。

蔡姬许从　《列女传》：楚昭王宴游，蔡姬在左，越姬参右。乃顾二姬曰：乐乎？愿与子生若此，死若此。蔡姬曰：婢子之身，乃比于妃嫔，固愿生同乐，死同时。王顾谓史："书之，蔡姬许从孤死矣。"

至汉武帝八句　其文与《隋・经籍志》起居注述语略同。再与《载文》篇注参看。

大抵自古史官，其沿革废置如此。[1]夫仲尼修《春秋》，公羊高[2]作传。汉、魏之陆贾、鱼豢，晋、宋之张璠、范晔，虽身非史职，而私撰国书。若斯人者，有异于是。故不复详而录之。[3]

按：第十二节两句作一截，是为总收。八句另一截，是为以不详详之，蔑复遗余矣。

① 释：二句是总统兜结建置之文。

② 疑脱穀梁赤。

③ 释：以官非史职而史有成书者终焉。

夫为史之道，其流有二。何者？书事记言，出自当时之简；勒成删定，归于后来之笔。然则当时草创者，资乎博闻实录，若董狐、南史是也；后来经始者，贵乎俊识通才，若班固、陈寿是也。[1]必论其事业，前后不同。然相须而成，其归一揆。[2]

按：第十三节判出当时、后日之二流，汇为相须成业之一揆。以此归宿史事，亦辨晰，亦融洽，如画沙，如连璐，而论文于兜罗收裹处，更复矩叠规重。

① 释：先指其分。

② 本音上声。○释：卒归于同。

观夫周、秦已往，史官之取人，其详不可得而闻也。至于汉、魏已降，则可得而言。然多窃虚号，有声无实。[1]案刘、[2]曹[3]二史，皆当代所撰，能成其事者，盖唯刘珍、蔡邕、王沈、鱼豢之徒耳。而旧史载其同作，非止一家，如王逸、阮籍亦预其列。[4]且叔师研寻章句，儒生之腐者也；嗣宗沈湎曲蘖，酒徒之狂者也。斯岂能错综[5]时事，裁成国典乎？[6]

而近代趋竞之士，尤喜居于史职，至于措辞下笔者，十无一二焉。既而书成缮写，则署名同献；爵赏既行，则攘袂争受。遂使是非无准，真伪相杂，[7]生则厚诬当时，死则致惑来代。而书之谱传，借[8]为美谈；载之碑碣，增其壮观。旧本：既而自历行事，称其所长，则云"某代著某书，某年成某史。加封若干户，获赐若干段"。诸如此说，往往而有。遂使读者皆以为名实相符，功赏相副。[9]昔魏帝有言：[10]"舜、禹之事，吾知之矣。"此其[11]效欤！[12]

按：此为篇尾末节，其言仍与《自叙》、《忤时》一合，相熟处难忘，习气如此。

节内细书，反覆研辨，悟到失汰羡文，私喜得解，自谓有功古人。

论史必原职史之官，犹买珠并买其椟也，故首《外篇》焉。其为体也主考稽，其为文也主叙述，与史家职官志同方，为杜、郑、马《三通》发轫。

通观之，有提有束，有挨编，有抽并，元元本本，一气呵成，乌得以条列之例例之？

① 释：此八字是末节之主。

②《后汉》。

③《魏志》。

④ 一讹作"例"。

⑤ 一作"措置"。

⑥ 释：借二史所列逸、籍二人为附名起例。

⑦ 是非真伪，指列名言。

⑧ 一作“以”。

⑨ 此段一本作夹注，一本作正文。按：若作正文，其文复沓无理。作夹注者亦误。既非疏体，又无别义。亦无“既而”二字起法。细玩之，盖是初本如此，后来改就今本，失于涂汰，编书者混缀其间，实乃羡文耳。

⑩ 一脱“言”字。

⑪ 旧作“则”。

⑫ 释：引言取义，讥其无实盗名也。末节盖慨愤之辞。

王逸 《后汉·文苑传》：逸字叔师。顺帝时为侍中。著《楚辞章句》行于世。赋、诔、杂文凡二十一篇。按：逸列名史事，未详。

阮籍 《晋书》本传：籍字嗣宗。父瑀，魏丞相掾。籍嗜酒，能啸。魏、晋之际，名士少有全者，由是不与世事，酣饮为常。闻步兵厨营人善酿，有贮酒三百斛，乃求为步兵校尉。又《王沈传》：沈与阮籍共撰《魏书》。

魏帝有言 《魏志·文纪》注：《魏春秋》曰：帝升坛礼毕，顾谓群臣曰：“舜、禹之事，吾知之矣。”

卷十二

古今正史第二[①]

《易》曰："上古结绳以理，后世圣人易之以书契。"儒[②]者云：伏羲氏"始画八卦，造书契，以代结绳之政，由是文籍生焉"。又曰："伏羲、神农、黄帝之书谓之《三坟》，言大道也；少昊、颛顼、高辛、唐、虞之书谓之《五典》，言常道也。"《春秋传》载楚左史[③]能读《三坟》、《五典》，《礼记》曰："外史掌三皇、五帝之书。"由斯而言，则《坟》、《典》文义，三、五史[④]策，至于春秋之时犹大行于世。[⑤]爰及后古，[⑥]其书不传，惟唐、虞已降，可得言者。然自尧而往，圣贤犹述，求其一二，仿佛存焉。而后来诸子，广造奇说，[⑦]其语不经，其书非圣。故马迁有言："神农已前，吾不知矣。"班固亦曰："颛顼之事，未可明也。"斯则《坟》、《典》所记，无得而称者焉。[⑧]

按：第一节为正史发端，是装头体，不作正文用。

旧本有"右说《三坟》、《五典》"一行。是以无征不信之书为史家首项，殊与节末文义自相违反矣。凡此皆非原有之文，今概削之。后仿此。

① 旧注"总十八条"四字，按之不合，削之。

② 疑当作"传"，盖指注经者。

③ 疑当有"倚相"二字。

④ 一作“典”。

⑤ 释：已上是原始之文。

⑥ 一作“世”。

⑦ 造唐、虞已上之说。

⑧ 释：此层言荒远无稽，不足证据。盖是撇掠之文。

伏羲氏至言常道也　并《尚书》孔安国《序》文。

神农已前　《史记·货殖传》：《老子》曰：“至治之极……民各甘其食，美其服，安其俗……至老死不相往来。”太史公曰：“神农以前，吾不知已。”

颛顼之事　《汉书·司马迁传赞》曰：唐、虞以前，虽有遗文，其语不经。故言黄帝、颛顼之事，未可明也。

案[①]尧、舜相承，已见《坟》、《典》；周监二代，各有书籍。至孔子讨论其义，删为《尚书》，始自唐尧，下终秦穆，其言百篇，而各为之序。[②]属秦为不道，坑儒禁学，孔子之末孙曰[③]惠，壁藏其书。汉室龙兴，旁求儒雅，闻故秦博士伏胜能传其业，诏太常使掌故[④]晁错受焉。时伏生年且百岁，言不可晓，口授其书，才二十九篇。自是传其学者有欧阳氏、大小夏侯。宣帝时，复有河内女子得《泰誓》一篇献之，与伏生所诵合三十篇，行之于世。其篇所载年月不与序相符会，又与《左传》、《国语》、《孟子》所引《泰誓》不同，故汉、魏诸儒谓马融、郑玄、王肃也。咸疑其缪。[⑤]

《古文尚书》者，即孔惠之所藏，科斗之文字也。鲁恭王坏孔子旧宅，始得之于壁中。博士孔安国以校伏生所诵，增多二十五篇，更以隶古字写之，编为四十六卷。司马迁[⑥]屡访[⑦]其事，故多有古说。安国又受诏为之训传。值武帝末，巫蛊事起，经籍道息，不获奏上，藏诸私家。刘向取校欧阳、大小夏侯三家经文，脱误甚众。至于后汉，孔氏之本遂绝。其有见于经典者，诸儒皆谓之逸书。谓马融、郑玄、杜预也。王肃亦注《今文尚书》，而大与《古文》孔《传》相类，或肃私见其本而独秘之乎？⑧

晋元帝时，豫章⑨内史梅赜始以孔《传》奏上，而缺《舜典》一篇，乃取肃之《尧典》，从“慎徽”以下分为《舜典》以续之。自是欧阳、大小夏侯家等学，马融、郑玄、王肃诸注废，而《古文》孔《传》独行，列于学官，⑩永为世范。

齐建武中，吴兴人姚方兴⑪采马、王之义以造孔《传·舜典》，云于大航⑫购得，诣阙以献。举朝集议，咸以为非。梁武帝时，博士议曰：孔叙称伏生误合五篇，盖文句相连，所以成合。《舜典》必有“曰若稽古”，伏生虽云昏耄，何容□□。由是遂不见用也。⑬及江陵板荡，其文入北，中原学者得而异之，隋学⑭士刘炫遂取此一篇列诸本第。故今人所习《尚书·舜典》，元出于姚氏者焉。⑮

按：第二节述《尚书》也。《史通》卷首《六家》，冠以《尚书》、《春秋》为史家之祖，故兹叙列古今正史，亦必从二经起元。本节虽次第二，实正史之初节也。颠末依据，节节详明，自此节始。

① 一无“案”字。

② 释：数语提清《尚书》原本。

③ 一多“孔”字。

④ 一本作“固”，据《汉书》作“故”。

⑤ 释：一番显晦。

⑥ “迁”字旧讹在“故”字下。

⑦ 一作“采”。

⑧ 释：又一番显晦。

⑨ 一多“王”字。

⑩ 或作“宫”，非。

⑪ 孔颖达作“方兴”。《隋书》“方”字在下。

⑫《隋书》作“杭”。

⑬ 按：误合五篇者，孔《序》云：伏生以《舜典》合于《尧典》，《益稷》合于《皋陶谟》，《盘庚》三篇合为一，《康王之诰》合于《顾命》也。

⑭ 当作“博”。

⑮ 释：至此所述始为定著今本。

百篇之序　《书经传说》：班固曰：孔子纂《书》凡百篇，而为之序，言其作意。孔《疏》：此序知孔子作者，以纬文而知也。检此百篇，凡有六十三序。《明居》、《咸有一德》、《立政》、《无逸》不序所由，同序而别篇者三十三篇，通《明居》等四篇为三十七篇，加六十三即百篇也。

孔惠壁藏　《汉・艺文志》注：师古曰：《家语》云孔腾字子襄，畏秦法，藏《尚书》于夫子旧堂[壁]中。而《汉记・尹敏传》云孔鲋所藏，二说不同。按：《隋志》又不同，云孔子末孙惠藏之。《史通》同《隋志》。

隶古字写　孔《序》作“隶古定”。阎若璩按：隶古定，是一行科斗书，一行真书。孔颖达所谓“就古文体，从隶定之。存古为可慕，隶文为可识”也。按：隶即今之真书。

伏生欧阳夏侯河内女　《汉・儒林传》：伏生，济南人也。治《尚书》，教济南张生及欧阳生。欧阳生授儿宽，宽授欧阳生子。世传至曾孙高、高孙地余。由是有欧阳氏学。夏侯胜，其先夏侯都尉，从济南张生受《尚书》。传族子始昌，始昌传胜，胜传从兄子建，建又事欧阳高。由是有大小夏侯之学。《注》：伏生名胜。《隋・经籍志》：河内女子得《泰誓》一篇，献之。

马迁屡访　《汉・儒林传》：孔氏有《古文尚书》，孔安国得之。安国为谏大夫，司马迁从安国问义。故迁载《尧典》、《禹贡》、《洪范》、《微子》、《金縢》诸篇，多古文说。

王肃梅赜　王见《尚书》家，梅见《鉴识》篇。按：此节所述，《内篇》中多已散见。合取《汉书·艺文志》、《儒林传》，《隋书·经籍志》，并孔安国《尚书序》，孔颖达《舜典疏》互证之，则其文皆具矣。

刘炫　字光伯。除太学博士，见《核才》篇。又《隋书》本传：自为状云：《礼》、《诗》、《尚书》、《公羊》、《左传》、孔、郑、王、何等注，虽义有精粗，并堪讲授。著有《尚书》等经术议百余卷。

当周室微弱，诸侯力争，孔子应聘不遇，自卫而归。乃与鲁君子左丘明观书于太史氏，因鲁史记而①作《春秋》。上遵周公遗制，下明将来之法，自隐及哀②十二公行事。③经成以授弟子，弟子退而异言。丘明恐失其真，故论本事而为传，明夫子不以空言说经也。《春秋》所贬当世君臣，其事实皆形于传，故隐其书而不宣，所以免时难也。④

及末世，口说流行，故有《公羊》、《穀梁》、《邹》、《夹》之传。邹氏无师，夹氏有录无书，故不显于世。汉兴，董仲舒、公孙弘并治《公羊》，其传习者有严、颜二家之学。宣帝即位，闻卫太子私好《穀梁》，乃召名儒蔡千秋、萧望之等大议殿中，因置博士。⑤

平帝初，立《左氏》。逮于后汉，儒者数廷毁之。会博士李封卒，遂不复补。⑥逮⑦和帝元兴十一年，郑兴父子奏请重立于学官。至魏、晋，其书渐行，而二传亦废。今所用《左氏》本，即杜预所注者。⑧

按：第三节述《春秋》也。而必牵连传家者，《春秋》与《尚书》不同，《尚书》义具经中，《春秋》事详传内，故原经者必原传。其说已著于《六家》也。传凡五家，而举一。[9]冠四，[10]并四归两，[11]抽三[12]剩一，[13]则专以《左传》为主中主焉。五传显晦，不以优劣言，但以乘除言，考古之体则然。

《尚书》、《春秋传》在《六家》篇只辨家数，在本篇必求原委。一略一详，各适分际。

本节又为编年体立根脚。

① 一误作“所”。

② 一有“尽”字。

③ 释：已上言《春秋》之经，已下言传。

④ 释：述传先揭《左氏》。

⑤ 释：次及《公》、《穀》及《邹》、《夹》，而就四传中抽存《公》、《穀》二家。

⑥ 一作“用”。

⑦ 一无“逮”字。

⑧ 释：后卒专归《左氏》。

⑨《左氏》。

⑩《公》、《穀》、《邹》、《夹》。

⑪《公》、《穀》。

⑫《左》、《公》、《穀》。

⑬《左氏》。

丘明恐失真　《十二诸侯年表》：孔子西观周室，论史记旧闻，兴于鲁而次《春秋》。七十子之徒，口受其传指，为有所刺讥褒讳挹损之文。鲁君子左丘明惧弟子人人异端，各失其真，因具论其语，成《左氏春秋》。

公羊穀梁　何休《公羊序疏》：戴弘《序》云：子夏传公羊高，高传其子平，平传子地，地传子敢，敢传子寿。至汉景帝时，寿乃共弟子胡母子都著于竹帛。《隋·经籍志》：子都授嬴公，嬴公授孟卿，孟卿授眭孟，眭孟授严彭祖、颜安乐，故后汉《公羊》有严氏、颜氏之学。范甯《穀梁序疏》：穀梁子名淑，字元始，一曰赤。受经于子夏，为经作传。传孙卿，孙卿传申公，申公传蔡千秋。汉宣帝好《穀梁》，擢千秋为郎。

邹夹 《汉·艺文志》：《邹氏传》十一卷。《夹氏传》十一卷，有录无书。又《春秋》述：邹氏无师，夹氏未有书。

董公孙治公羊 董仲舒见《二体》篇。《公孙弘传》：家贫，牧豕海上。年四十余，乃学《春秋》杂说。《汉·儒林传》：胡母生子都治《公羊春秋》，为景帝博士，与董仲舒同业。年老归教于齐，公孙弘亦颇受焉。又：瑕丘江公受《穀梁》于鲁申公。上使与仲舒议，不如仲舒。而丞相公孙弘本为《公羊》学，比辑其议，卒用董生。于是上尊《公羊》家，诏太子受《公羊春秋》，由是《公羊》大兴。

穀梁蔡萧议置 按：《汉书·儒林传》：沛蔡千秋字少君。《萧望之传》：望之字长倩。又《儒林传》：戾太子受《公羊》，既通，复私问《穀梁》而善之。宣帝以问韦贤、夏侯胜，皆言宜兴《穀梁》。时千秋为郎，擢为谏大夫、郎中户将。选郎十人从受，积十余岁，皆明习。乃召《五经》名儒太子太傅萧望之等，大议殿中，平同[异]。议三十余事，多从《穀梁》。由是《穀梁》之学大盛。

李封 《后汉·儒林传》：建武中，郑兴、陈元传《春秋左氏》学，韩歆欲为《左氏》立博士，未决。陈元上书讼，遂以魏郡李封为博士。群儒蔽固者，数廷争之。及封卒，光武重违众议，因不复补。

郑兴父子 《后汉书》本传：郑兴字少赣。少学《公羊春秋》，晚善《左氏传》，积精深思。将门人从刘歆讲正大义，歆使撰条例章句训诂。世言《左氏》者，多祖于兴，而贾逵自传其父业，故有郑、贾之学。子众，字仲师。从父受《左氏春秋》，精力于学，作《春秋难记条例》。建初六年，代邓彪为大司农，受诏作《春秋删》十九篇。

杜预注 见《鉴识》篇。

又当春秋之世，诸侯国自有史。故孔子求众家史记，而得百二十国书。如楚之书，郑之志，鲁之春秋，魏之纪年，此其可得言者。[①]左丘明既配经立传，又撰诸异同，号曰《外[②]传国语》，二十一篇。斯盖采书志等文，非唯鲁之史记而已。[③]楚、汉之际，有好事者，录自古帝王、公侯、卿大夫之世，终乎秦末，号曰《世本》，十五篇。春秋之后，七雄并争，秦并诸侯，则有《战国策》三十三篇。汉兴，太中大夫陆贾纪录时功，[④]作《楚汉春秋》九篇。[⑤]

按：第四节介在二经之后，《史记》之前，作上下束峡。盖正史以二经为发原之祖，以《史记》为别子之宗，法应分别标举。旧本此节与下一连，殊失断制。

① 释：杂述诸书，为《国语》作引。

② 一讹“小”。

③ 释：述《国语》。

④ 一作“政”。

⑤ 释：此述《春秋》已后迄于汉初诸书。○旧本连下段。

百二十国书　见首篇《左传》家百国春秋注。

左丘明至末　多采《班彪传·略论》之文。

孝武之世，太史公司马谈欲错综古今，勒成一史，其意未就而卒。子迁乃述父遗志，采《左传》、《国语》，删《世本》、《战国策》，据楚、汉列国[①]时事，上自黄帝，下讫麟止，[②]作十二本纪、十表、八书、三十世家、七十列传，凡百三十篇，都谓之《史记》。厥协[③]《六经》异传，整齐百家杂言，藏诸名山，副在京师，以俟后圣君子。[④]至宣帝时，迁外孙杨恽祖述其书，遂宣布焉。而十篇未成,有录而已。张晏《汉书注》云:十篇,迁殁后亡失。此说非也。[⑤]元、成之间,[⑥]褚先生更补其缺,作《武帝纪》、《三王世家》,《龟策》、《日者》等传,[⑦]辞多鄙陋,非迁本意也。[⑧]晋散骑常侍巴西谯周,以迁书周、秦已上或采家人诸子,不专据正经,于是作《古史考》二十五篇,皆凭旧典以纠[⑨]其缪。今则与《史记》并行于代焉。[⑩]

按:第五节述《史记》也。考班史《艺文志》原本《七略》,未立史部,以《太史公书》附著《春秋》之后。至《隋·经籍志》,继经标史,《史记》升居部元,遂为定次。故须如此列节也。

① 旧本脱"国"字,今照班彪《略论》补。

② 一误作"趾"。

③ 一本二字倒置。

④ 释:已上正原《史记》。

⑤ 按:王本此注作大书。

⑥ 一多"会稽"二字。

⑦ 古本脱"等"字,今本于"等传"下有"其龟策日者"五字。

⑧ 释:此述书成已后事。

⑨ 一作"砉"。

⑩ 释:此述后人纠举事。

孝武之世至百三十篇　皆《班彪传·略论》之文。

厥协五句　《太史公自序》原文。

外孙杨恽　《汉书·杨敞传》:敞子恽,字子幼。以忠任为郎,补常侍骑。恽母,司马迁女也。恽始读外祖《太史公记》,颇为《春秋》,以材能称。

十篇未成等句　《太史公自序》裴《注》及《汉书》颜《注》所引张晏语并

同。晏语原无“龟策日者”复句，张守节别引则有之。

谯周六句　谯周，见《摸拟》篇。其六句之文，见《晋书·司马彪传》。“家人诸子”，《彪传》作“俗语百家”，而《史通》两见其语，皆作“家人”。当是王、臧辈旧本之文，谯周原句如此也。

《史记》所书，年止汉武，太初已[①]后，阙而不录。其后刘向、向子歆及诸好事者，若冯商、卫衡、扬雄、史岑、梁审、肆仁、晋冯、段肃、[②]金丹、冯衍、韦融、萧奋、刘恂等相次撰续，迄于哀、平间，犹名《史记》。[③]至建武中，司徒掾班彪以为其言鄙俗，不足以踵前史；又雄、歆褒美伪新，[④]误后惑众，不当垂之后代者也。于是采其旧事，旁贯异闻，作《后传》六十五篇。其子固以父所撰未尽一家，乃起元高皇，终乎王莽，十有二世，二百三十年，综其行事，上下通洽，为《汉书》纪、表、志、传百篇。其事未毕，会有上书云固私改作《史记》者，有诏京兆收系，悉录家书封上。固弟超诣阙自陈，明帝引见，言固续父所作，不敢改易旧书，帝意乃解。即出固，征诣校书，受诏卒业。经二十余载，至章帝建初中乃成。[⑤]

固后坐窦氏事，卒于洛阳狱，书颇散乱，莫能综理。其妹曹大家博学能属文，奉诏校叙。又选高才郎马融等十人，从大家受[⑥]读。其八表及《天文志》等，犹未克成，多是待诏东观马续所作。而《古今人表》尤[⑦]不类本书。[⑧]始自汉末，迄乎陈世，为其注解者凡二十五家，至于专门受业，遂[⑨]与《五经》相亚。[⑩]

初，汉献帝以固书文烦难省，乃诏侍中荀悦依《左氏传》体[⑪]删为《汉纪》三十篇，命秘书给纸笔。经五六[⑫]年乃就。

其言简要，亦与纪[13]传并行。[14]

按：第六节述班氏《汉书》及荀悦《汉纪》也。文虽烦简不齐，却是二体并举。旧本但以"说汉书"三字作标段，拈一放一，既于节意不全，且使史体偏缺矣。《内篇》之首云"四家久废，二体角立"，岂忘此提唱耶？

① 《班彪传》作"以"。

② 《班固集》作"段肃"，固本传作"殷肃"。

③ 释：首原作《汉书》缘起。

④ 一作"伪褒新室"，又一本"新室"作"新莽"。

⑤ 释：此正述作《汉书》。

⑥ 旧作"授"。

⑦ 一无"尤"字。

⑧ 释：此述续补事。

⑨ 一无"遂"字。

⑩ 释：此兼及注家也。〇已上皆言《前汉》纪传体。

⑪ 一无"体"字。

⑫ 一无"六"字。

⑬ 旧作"本"，误。

⑭ 释：此另述荀氏编年纪。

太初后阙　二句用彪、固本传原文。章怀《注》：太初，武帝年号。

刘向等十五人　此十五人并在班史未作之前。今按：向、歆、扬雄自有传，冯商见《艺文志》，史岑见本集《人物》篇，晋冯、段肃见《后汉・班固传》，冯衍自有传。余七人未详。

其言鄙俗　并前"好事者"等句，亦采撮《班传》之文。

雄歆美新　《文选》：《剧秦》、《美新》，扬子云撰。《王莽传》：少阿、羲和，刘歆与博士诸儒曰：摄皇帝制礼作乐，茂成天功。发得周礼，以明因监。非圣哲之至，孰能若兹！《楚元王传》：王莽篡位，歆为国师。

采其旧事至建初乃成　参用《汉书·叙传》及范《书·彪、固传》之文。

坐窦氏事　固本传：永元初，大将军窦宪出征匈奴，以固为中护军，与参议。及宪败，固坐免。初，洛阳令种兢尝行，固奴干其车骑，畏宪不敢发，心衔之。至是捕系固，死狱中。

曹大家　《后汉·列女传》：扶风曹世叔妻者，同郡班彪之女也。名昭，字惠班，一名姬。博学高才。世叔早卒，有节行。兄固著《汉书》未竟，和帝诏昭踵成之。

马续所作　《后汉书》：马援兄子严，严七子，唯续、融知名。续字季则。博观群集，[善]《九章算术》。王《训故》：顺帝时，《汉书》始出，多未能通。马融从班昭受读。后诏融兄续继昭成之。

注解二十五家　师古《汉书叙例》：诸家注释，虽见氏名，至于爵里，颇或难知。传无所存，具列如左。按：爵里文烦，今但以氏名列之。荀悦、服虔、应劭，并后汉人。伏俨、刘德、郑氏、李斐、李奇，皆不著代。邓展、文颖、张揖、苏林、如淳、孟康，并魏人。张晏、项昭，皆不著代。韦昭，吴人。晋灼、刘宝、郭璞、蔡谟，并晋人。臣瓒、崔浩，后魏人。以上师古所述，止二十三人。合师古亦止二十四人，其一人不可详矣。又按：臣瓒，不著姓，《宋景文笔记》以为于瓒，而《水经注》尝引及之，乃薛瓒也。见李衎《笔记跋》。

荀悦汉纪　见《左传》家。又荀本《序》：撮叙表志，总为帝纪。通比其事，例系年月。大略粗举，凡为三十卷，数十余万言。省约易习，无妨本书，有便于用，其旨云尔。

在汉中兴，明帝始诏班固与睢阳令陈宗、长陵令尹敏、司隶从事孟异[①]作《世祖本纪》，并撰功臣及新市、平林、公孙述事，作列传、载记二十八篇。[②]

自是以来，春秋考纪[③]亦以焕炳，而忠臣义士莫之撰勒。

于是又诏史官谒者仆射刘珍及谏议大夫李尤[4]杂作记，表，名臣、节士、儒林、外戚诸传，起自建武，[5]讫乎永初。[6]事业垂竟而珍、尤[7]继卒。复命侍中伏无忌与谏议大夫黄景作《诸王》、《王子》、《功臣》、《恩泽侯表》，《南单于》、《西羌传》，《地理志》。[8]

至元嘉元年，[9]复令太中大夫边韶、大军营司马崔实、议郎朱穆、曹寿杂作《孝穆、崇》二皇[10]及《顺烈皇后传》，又增《外戚传》入安思等后，《儒林传》入崔篆诸人。实、寿又与议郎延笃杂作《百官表》，顺帝功臣《孙程》、《郭愿》及《郑众》、《蔡伦》等传。凡百十有四篇，号曰《汉记》。[11]

熹[12]平中，[13]光禄大夫马日磾，议郎蔡邕、杨彪、卢植著作东观，接续纪传之可成者，而邕别作《朝会》、《车服》二志。后坐事徙朔方，上书求还，续成十志。[14]会董卓作乱，大驾[15]西迁，史臣废弃，旧文散佚。及[16]在许都，杨彪颇存注记。至于名贤君子，自永[17]初已下阙续。[18]

魏黄初中，[19]唯著《先贤表》，故《汉[20]记》残缺，至晋无成。[21]泰始中，[22]秘书丞司马彪始讨论众书，[23]缀其所闻，起元[24]光武，终于孝献，录世十二，编年二百，通综上下，旁引[25]庶事，为纪、志、传凡八十[26]篇，号曰《续汉书》。又散骑常侍华峤删定《东观记》为《汉后[27]书》，帝纪十二、[28]皇后纪二、典十、[29]列传七十、谱三，[30]总九十七[31]篇。其十典竟不成而卒。[32]自斯已往，[33]作者相继，为编年者四族，创纪传者五家，推其所长，华氏居最。而遭晋室东徙，三惟一存。[34]

至宋宣城太守范晔，乃广集学徒，穷览旧籍，删烦补略，作《后汉书》，凡十纪、十志、八十列传，合为百篇。会晔以罪被收，其十志亦未成而死。[35]先是，晋东阳太守袁宏抄撮《汉氏后书》，依荀悦体，著《后汉纪》三十[36]篇。[37]世言汉中兴史者，唯范、袁[38]二家而已。[39]

按：第七节述后汉诸史也，亦纪传、编年二体并述。自汉中兴，下暨刘宋，时阅四朝，作者尤伙，故其叙述源流，较他史倍烦。

① 《班固传》作"异"，旧本作"冀"。

② 释：历述《后汉书》纂辑层节，是为第一层。

③ 此句旧本作"春秋世"三字，王本"世"字下空一字。

④ 或讹作"充"。

⑤ 光武元。

⑥ 安帝元。

⑦ 一作"等"。

⑧ 释：第二层。

⑨ 桓帝元。

⑩ "孝穆"五字，传写讹脱，当作"献穆、孝崇二皇后"。

⑪ 释：第三层。

⑫ 旧讹"嘉"。

⑬ 熹平是灵帝改元。

⑭ 本传作"十意"。

⑮ 此二字，一本脱。

⑯ 一无"及"字。

⑰ 一作"本"，误。

⑱ 释：第四层。

⑲ 文帝元。

⑳ 一脱"汉"字。

㉑ 释：自汉讫魏，以"无成"二字作一勒。

㉒ 晋武帝元。

㉓ 一作"说"，一作"作"。今依《彪传》。

㉔ 传作"于"。

㉕ 传作"贯"。

㉖ 依本传。旧作"一十三"。

㉗ 或作"后汉"，误。

㉘ 或讹作"三"。

㉙ 一作"十典"，又以"三谱"置"十典"上。

㉚ 峤本传作"三谱序传目录"。

㉛ 或误作"二"。

㉜ 释：入晋以来，彪、峤两编为第五、第六层。

㉝ 已往，犹云已上，总前而言也。旧作"后"，非。

㉞ 所存惟三分之一也。释：此八句总前，又一勒。按：已上所述编年语少，纪传语多，要是二体双勒也。节内"四族"、"五家"二句，勿滑过。

㉟ 释：纪传体结到范《书》止。

㊱ 或误作"十三"。

㊲ 释：编年体结到袁《纪》止。

㊳ 一作"袁范"。

㊴ 释：二句专结二书，为本节六层束勒。

始诏班固至二十八篇　皆本《后汉书·班固传》之文。

春秋考纪　《汉书·叙传》：为春秋考纪、表、志、传凡百篇。师古《注》：春秋考纪，谓帝纪也。彪、固本传章怀《注》：谓帝纪考核时事，具四时以立言，如《春秋》之经也。按：帝纪通有此称，《史通》用成语也。旧本、王本皆讹脱失考。

刘珍李尤　刘珍见《核才》篇。《后汉·文苑传》：李尤字伯仁。和帝时召诣东观，拜兰台令史。安帝时为谏议大夫。诏与谒者仆射刘珍等俱撰《汉记》。按：珍、尤二人同传同事。郭本误作李充。充在《独行传》，无预史职，注乃引传为征，不考之甚。

伏无忌黄景　《后汉·伏湛传》：湛封不其侯，传爵至玄孙无忌。桓帝元嘉中，诏无忌与黄景、崔实等共撰《汉记》。

边崔朱曹延　《后汉·文苑传》：边韶字孝先。桓帝时征拜太中大夫，著作东观。《崔骃传》：骃孙实，字子真。一名台，字元始。才美能高，召拜议郎，与边韶、延笃著作东观。朱穆见《核才》篇。曹寿，旧注：字世叔，即娶班彪女昭者也。《延笃传》：笃字叔坚。桓帝以博士征，拜议郎，与朱穆、边韶共著作东观。按：五人著作互见，惟曹寿无共职之文。

杂作后传　《后汉·皇后纪》：献穆曹皇后讳节，魏公曹操之中女也。魏受禅，遣使求玺绶。后怒，呼使者入，亲数让之，以玺抵轩下，涕泣横流曰："天不祚尔！"孝崇匽皇后讳明，蠡吾侯媵妾，生桓帝。和平元年，就博陵，尊为皇后。顺烈梁皇后讳妠，大将军商之女。后以德进，不敢有骄专之心。安思阎皇后，元初元年入掖庭。二年，立为皇后。延平四年帝崩，临朝。按：《后汉》皇后称纪，始自华峤，而范晔因之。其先本称传也。

儒林崔篆　按：今范《书·儒林传》不载崔篆。

顺帝功臣及蔡伦传　按：今范《书》孙程、郑众、蔡伦并在《宦者传》，唯郭愿不收。蔡伦，即用树肤、麻头始造为纸者。

马蔡杨卢　《袁术传》注：《决录注》曰：马日磾字翁叔，融之族子。与杨彪、卢植、蔡邕典校中书，历位九卿，遂登台辅。蔡邕、杨彪、卢植并见《核才》篇。诸人著作各互见。《彪传》注：彪与日磾、植、邕著作东观。《植传》：植与日磾、邕、彪补续《汉纪》。《邕传》：董卓被诛，王允收邕，日磾驰谓允曰："伯喈旷世逸才，多识汉事，当续成后史，为一代大典。且忠孝素著，所坐无名乎？"允不听。日磾退而告人曰："王公其不长世乎！善人，国之纪也；著作，国之典也。灭纪废典，其能久乎？"邕死狱中。适作《灵纪》及十意，又补诸列传四十二篇。因李傕之乱，湮没多不存。

秘书丞司马彪至续汉书　并与《晋书·司马彪传》同文。按：彪字绍统，高阳王睦之长子也。泰始中为秘书郎，转丞。

散骑常侍至九十七篇　与《晋书·华峤传》所次篇目正同。峤见《二体》篇。又按本传：峤以皇后配天作合，前史作《外戚传》以继末编，非其义也。故易为《皇后纪》，以次帝纪；又改志为典，以有《尧典》故也。而改名《汉纪》为《汉后书》，奏之。诏朝臣会议，咸以峤有实录之风，藏之秘府。

范晔　《宋书》本传：晔字蔚宗。彭城王义康冠军参军，迁尚书郎。左迁宣城太守，乃删众家《后汉书》为一家之作。后以狂悖诛。狱中与甥侄书［以］自序曰：吾狂衅覆灭，岂复可言。常耻作文士。文患其事尽于形，情急于藻，义牵其旨，韵移其意。常谓情志所托，故当以意为主，以文传意。此中曲有成理，自谓颇识其数云云。

十志未成　陈氏《书录》：志三十卷，司马彪撰。梁刘昭补注，晔本书未尝有志也，乃借旧志注以补之。其后纪传孤行，而志不显。至本朝乾兴初，判国子监孙奭始建议合之，而不著其为彪书也。今考章怀《注》所引称《续汉志》者，文与今志同，信其为彪书不疑。按：唐时范史，其补志本与纪传合行，见《编次》篇。又范纪《注》载《宋书·谢俨传》云：十志托俨搜撰，晔败，悉蜡以覆车，今阙。《容斋四笔》亦及之。异说备考。

后汉纪　《晋·文苑传》：袁宏字彦伯。父勖，临汝令。谢尚镇牛渚，引宏参其军事。语见《点烦》篇。后出为东阳郡，撰《后汉纪》三十卷。《隋》、《唐志》编年类：先有张璠撰者，前于《左传》家见之，宏即采摭璠《纪》为之也。宏《纪·自序》：史传之兴，所以通古今而笃名教也。丘明之作，广大悉备。史迁剖判建立，班固源流因籍，荀悦经纶，足为嘉史。今因前代遗事，略举义教所归。末吏区区，注疏而已。

魏史，黄初、太和中始命尚书卫觊、缪袭草创纪传，累载不成。又命侍中韦诞、应璩，秘书监[①]王沈，大将军从事中郎阮籍，司徒右长史孙该，司隶校尉傅玄等，复共撰[②]定。其后王沈独就其业，勒成《魏书》四十四卷。其书多为时讳，殊非实录。[③]

吴大帝之季年，始命太史令丁孚、郎中项峻撰《吴书》。孚、峻[④]俱非史才，其文不足纪录。至少帝时，更敕韦曜、周昭、薛莹、梁广、华核访求往事，相与记述。并作之中，曜、[⑤]莹为首。当归命侯时，昭、广[⑥]先亡，曜、莹徙黜，史官久阙，书遂无闻。核表请召[⑦]曜、莹续成前史，其后曜独终其书，定为五十五卷。[⑧]

至晋受命，海内大同，著作陈寿乃集三国史，[⑨]撰为《国志》，凡六十五篇。夏侯湛时亦著《魏书》，见寿所作，便坏己草而罢。及寿卒，梁州大中正范頵表言《国志》明乎得失，辞多劝诫，有益风化，愿垂采录。于是诏下河南尹，就家写其书。[⑩]

先是，魏时京兆鱼豢私撰《魏略》，事止明帝。其后孙盛撰《魏氏春秋》，王隐撰《蜀记》，张勃撰《吴录》，异闻错出，其流最[⑪]多。宋文帝以《国志》载事[⑫]伤于简略，乃命中书郎裴松之兼采众书，补注其阙。由是世[⑬]言《三国志》者，以裴《注》为本焉。[⑭]

按：第八节述承祚《三国志》也。马、班而后，史家之作，高简无如此书。然简失则略，非得西乡《注》辅之，征事考言，减趣不少。故后段持详裴作。前于《补注》篇以烦芜刺之，而于此必以注本全之，论取严，文取备也。

《曲笔》、《史官》二篇深斥蜀无史职之言，谓陈寿厚诬其君相。然观此节，《蜀志》之先，独无撰著，又似寿言未必尽诬。意或官局虽存，而敕修不预与？抑子玄尊崇史体，回护武乡，姑为斡全之说欤？

① 一无“监”字。

② 一作“择”。

③ 释：此一段原《魏志》起本，皆魏世所撰者。此下本应入《蜀志》起本，而蜀无史局敕授之书，故阙之。

④ 一作“峻孚”。

⑤ 一作“推”。

⑥ 一作“广昭”。

⑦ 一无“召”字。

⑧ 释：此段原《吴志》起本，亦吴有国时所撰。

⑨ 前但述二国，此云三国者，据陈所撰书为言也。

⑩ 释：此段述陈寿撰志，并其书出显之事。

⑪ 一作“甚”。

⑫ 一作“纪”。

⑬ 一无“世”字。

⑭ 释：末段述裴《注》相辅而行。

卫觊缪袭　《魏志·卫觊传》：觊字伯儒。拜侍中。与王粲并典制度，受诏典著作，又为《魏官仪》。《刘劭传》：劭同时东海缪袭亦有才学，多所述叙。《注》：《文章志》曰：“袭字熙伯。辟御史大夫。”

诞璩沈籍该玄　《刘劭传》附：光禄大夫京兆韦诞。《注》：《文章叙录》曰：诞字仲将。善属辞章。《王粲传》附：应璩，官至侍中。《注》：《文章叙录》曰：璩字休琏。善书记。齐王即位，典著作。王沈，见《叙事》篇。《晋书》本传云：“与荀颢、阮籍共撰《魏书》。”阮籍，见《史官建置》篇。《刘劭传》附：陈郡太守任城孙该。《注》：《文章叙录》曰：该字公达。年二十为郎中，著《魏书》。《晋书·傅玄传》：魏除郎中，与东海缪施俱以时誉选入著作，撰集《魏书》。又见《书事》篇。按：缪施或即《魏志》之缪袭否？俟考。

吴大帝至召莹续史　大段皆华核疏文，见《吴志·薛莹传》。其中韦曜、薛、华三人，并见《史官》篇。其丁孚、项峻、周昭、梁广四人，并见核疏，《吴志》皆无传。

曜终其书　按：曜终其书，史无明文。据裴松之《注》，有称韦曜《吴书》者，可知终之者曜矣。

著作陈至写其书　与《陈寿传》同文。陈寿见《汉》书家。

夏侯湛　《晋书》本传：湛字孝若。与潘岳友善，每行止同舆接席，市都谓之连璧。除散骑常侍。著论三十余篇，别为一家之言。

异闻错出　按：裴松之《注》所引汉、晋间群书，凡百有余种。其录魏事者，则有鱼豢《魏略》、孙盛《魏氏春秋》、王沈《魏书》、阴淡《魏纪》、荀勖《文章叙录》、《曹瞒传》、《魏武故事》、《褒赏令》、《汉魏春秋》、《典论》、《魏末传》、《魏名臣奏》、《魏世谱》等。其录蜀事者，则有王隐《蜀记》、谯周《蜀本纪》、陈寿《益部耆旧传》又《杂记》、常璩《华阳国志》、郭冲《五事》、张俨《嘿记》、《诸葛集》等。其录吴事者，则有张勃《吴录》、吴冲《吴历》、韦曜《吴书》、虞溥《江表传》、环氏《吴记》、《会稽典录》等。其统录者，则有司马彪《续汉书》、《九州春秋》，谢承《后汉书》，张璠袁宏《后汉纪》，华峤《汉后书》，孔衍《汉魏尚书》，习凿齿《汉晋春秋》、《献帝春秋》、《献帝纪》、《献帝起居注》、《山阳公载记》、《汉末名士录》、《先贤行状》、《英雄记》，干宝《晋纪》，虞预《晋书》，王隐《晋书》，陆机《晋惠起居注》、《晋阳秋》、《晋诸公赞》、《陈留耆旧传》，徐众《异同评》、《高士传》、《文士传》、《列士传》、《神仙传》、《列异传》、《文章志》等。又有诸名臣列传、名族世谱、名人集等，多不可悉数也。所述皆异辞，故言异闻错出。

裴松之补注　见《补注》篇。

晋史，洛京时，著作郎陆机始撰三祖纪，佐著作郎[①]束皙又撰十志。会中朝丧乱，其书不存。先是，历阳令陈郡[②]王铨[③]有著述才，每私录晋事[④]及功臣行状，未就而卒。子隐，博学多闻，[⑤]受父遗业，西都事迹，多所详究。过江为著作郎，受诏撰晋史。为其同僚虞预所诉，[⑥]坐事免官。家贫无资，书未遂就，乃依征西将军庾亮于武昌镇。亮给其纸笔，由是获成，凡为《晋书》八十九卷。咸康六年，始诣阙奏上。隐虽好述作，而辞拙才钝。其书编次有序者，皆铨所修；章句混漫者，必隐所作。时尚书郎领国史干宝亦撰《晋纪》，自宣迄愍七帝，五十三年，凡二十二卷。其书简略，直而能婉，甚为当时所称。[⑦]

晋江左史，[⑧]自邓粲、孙盛、檀道鸾、王韶之[⑨]已下，相次继作。远则偏记两帝，近则唯叙八[⑩]朝。至宋湘东太守何法盛，始撰《晋中兴书》，勒成一家，首尾该备。[⑪]齐隐士东莞臧荣绪又集东、西二史，合成一书。[⑫]

皇家贞观中，有诏以前后晋[⑬]史十有八家，制作虽多，未能尽善，乃敕史官更加纂录。采正典与杂[⑭]说数十余部，兼引伪史十六国书，为纪[⑮]十、志二十、列传七十、载记三十，并叙例、目录合为百三十二卷。自是言晋史者，皆弃其旧本，[⑯]竞从新撰者焉。[⑰]

按：第九节述唐修《晋书》也。叙旧本详，叙新本简，与后汉史相类。上起三国，下终五季，弃编年而行纪传，史体偏缺者五百余年。至宋司马氏光始有《通鉴》之作，而后史家二体到今两行。坠绪复续，厥功伟哉。

晋之后，宋、齐正史外，尚有裴、吴二编年，卒亦失传。

① 一脱“郎”字。

② 一作“留”。

③ 一误作“钤”，下同。

④ 旧误作“晋书”。

⑤ 郭作“文”。

⑥ 旧作“斥”,误。

⑦ 释:自节首至此所述,尽西晋而止。

⑧ 一有“官”字。

⑨ 王韶之,旧在檀道鸾上。

⑩ 旧作“六”,误。

⑪ 释:此层述东晋书。

⑫ 释:此三句述两书始合。

⑬ 一脱“晋”字。

⑭ 或作“旧”。

⑮ 一讹“记”。

⑯ 内有编年体,并弃之矣。

⑰ 释:归到唐初重修《晋书》,遂为行本。〇自此本定,而晋缺编年矣。故一体单行。

陆机束皙　陆机撰《晋纪》,见《隋》、《唐志》。其书已见《本纪》篇。彼注有存疑之说,宜参会。束皙见《史官》篇,撰帝纪、十志。

王铨并子隐及虞预　并见《二体》及《曲笔》篇。

私录晋事　见《二体》篇王、虞注。

干宝晋纪　见《左传》家。按:干书是编年体,自《新晋书》行而其书遂废也。

邓孙檀王　邓粲,见《序例》篇,著《元、明纪》十篇。孙盛,见《论赞》篇,著《晋阳秋》。檀道鸾,见《序例》篇,撰《续晋阳秋》。王韶之,见《杂述》篇。《宋书》本传:韶之父伟之,有志尚。泰元、隆安时事,小大悉录。韶之因此私撰《晋安帝阳秋》。既成,时人谓宜居史职,即除著作佐郎,使续后事,讫义熙九年。

远两帝近八朝　按:东晋凡十一帝,起元、明,尽安、恭。邓粲止撰《元、明纪》,是远两帝也。其后王韶之续至安帝之义熙,而恭帝不入纪,是近八朝也。

何法盛　《宋书》无传。《隋·经籍志》:《晋中兴书》七十八卷,起东晋,宋湘东太守何法盛撰。按:法盛书有掠取郗绍之说,附见《杂说中》篇。

臧荣绪　《齐书·高逸传》:臧荣绪,东莞莒人,纯笃好学。括东、西晋为一书,纪、录、志、传百一十卷。隐居京口教授,南徐州辟西曹,举秀才,不就。太祖为扬州,征为主簿,不到。

贞观纂录　《旧书·房玄龄传》:贞观十八年,玄龄与褚遂良受诏重撰《晋书》。于是奏请许敬宗、来济、陆元仕、刘子翼、令狐德棻、李义府、薛元超、上官仪等八人,分功撰录。以臧荣绪《晋书》为主,参考详洽。然史官多文咏之士,好采碎事,竞为绮艳。李淳风修《天文》、《律历》、《五行》三志,最可观。太宗自著宣、武二帝、陆机、王羲之四论,于是总题曰"御撰",凡一百三十卷。《通志略》:古者修书,成于一家。至唐始用众手,《晋》、《隋》二书是也。

晋史十八家　按:《隋》、《唐》二志正史部凡八家,其撰人则王隐、虞预、朱凤、何法盛、谢灵运、臧荣绪、萧子云、萧子显也。编年部凡十一家,其撰人则陆机、干宝、曹嘉之、习凿齿、邓粲、张盛、刘谦之、王韶之、徐广、檀道鸾、郭季产也。据《志》,盖十九家。岂缘习氏书独主汉斥魏,以为异议,遂废不用欤?又按:《杂说》篇有"曹、干、孙、檀皆不之取"之语,是就既修后言。此云十八家,则兼举之,是就敕修之始,罗致群书言。

十六国书　详后第十三节。

宋史,元嘉中,[①]著作郎何承天草创纪传。自此以外,悉委奉朝请山谦之补承天残缺。后又命裴松之续成国史。松之寻卒,史佐孙冲之表求别自创立,为一家之[②]言。孝建初,[③]又敕南台侍御史苏宝生[④]续造诸传,元嘉名臣皆其所撰。宝生被诛,大明[⑤]六年,又命著作郎徐爰踵成前作。爰因何、孙、山、苏所述,勒为[⑥]一书,其《臧质》、《鲁爽》、《王僧达》诸传，又皆孝武自造，而序事多虚，难以取信。自永光[⑦]已后，至禅让十余年中，阙而不载。[⑧]

至齐著作郎沈约，更补缀所遗，制成新[⑨]史。始[⑩]自义熙肇号，[⑪]终乎升明三年，[⑫]为纪十、志三十、列传六十，合百卷，名曰《宋书》。[⑬]永明末，其书既行，河东裴子野更删为《宋略》二十卷。沈约见而叹曰："吾所不逮也。"[⑭]由是世之言宋史者，以裴《略》为上，沈《书》次之。

按：第十节述刘宋二史也，纪传、编年兼举。

江淹有言："修史之难，无出于志。"而世颇疑三国及南北之梁、陈、齐、周四朝皆无志，以为欠事，不知实无缺也。《断限》篇云："《宋史》上括魏朝，《隋书》仰苞梁代。"已见其端矣。惜此节不另详宋史之所该，不若后十八节补述《隋志》之为明备耳。及晚明太仓朱明镐著《史纠》，尝言蜀、魏、吴之志入于《宋书》，梁、陈、齐、周之志入于《隋书》，在史法宜改。其言可补此节之遗。改不改姑勿论，而使观史者恍然悟志体之皆全，洵读古破迷一快语也。明镐字昭芑。老布衣，见《梅村集》。蔡焯云。

① 文帝元。

② 一无"之"字。

③ 孝武元。

④ 或讹"山"，下同。

⑤ 孝武改元。

⑥ 一作"成"。

⑦ 废帝元。

⑧ 释：已上原宋世所撰。

⑨ 旧讹作"杂"。

⑩ 一脱"始"字。

⑪ 晋安帝改元。

⑫ 顺帝末。

⑬ 释：此述沈氏《宋书》。〇已上言纪传体。

⑭ 释：此述裴《略》，系编年体。

何山裴孙苏　何承天，《宋书》本传：五岁失父，母徐博学，幼渐义训，儒史该览。除著作佐郎，撰国史。山谦之，见《徐爰传》。裴松之，见《补注》篇。又本传：领国子博士，续何承天国史，未及撰述。孙冲之，见《臧质传》，晋秘书监盛曾孙也。又见《邓琬传》，以附逆败诛，不及撰史事。苏宝生，亦见《徐爰传》。又见《王僧达传》，云：苏宝者，名宝生，本寒门，有文义之美。官至南台侍御史、江宁令。坐知高阇反不启闻，诛。按：高阇者，与沙门释昙标相诳为乱者也。

徐爰　《宋书·恩幸传》：爰本名瑗，字长玉。历治吏劳，迁左丞。先是，元嘉中，使著作郎何承天草创国史。世祖初，又使奉朝请山谦之、南台御史苏宝生踵成之。六年，又以爰领著作，使终其业。爰虽因前作，而专为一家之书。爰便僻善事人，长于傅会，故委寄尤重。前见《二体》篇。

臧鲁王诸传　在《宋书》列传第三十四、三十五。诸人皆称兵为乱者。

沈裴　沈约，见《二体》篇；裴子野，见《左传》家。

齐史，江淹始受诏著述，以为史之所难，无出于志，故先著十①志，以见其才。沈约复著《齐纪》二十篇。②梁天监中，太尉录事萧子显启撰齐史。书成，表奏之，诏付秘阁。起升明③之年，尽永元④之代，⑤为⑥纪八、志十一、列传四十，合成五十九篇。⑦

时奉朝请吴均亦表请撰齐史，乞给起居注并群臣行状。有诏："齐氏故事，布在流俗，闻见既多，可自搜访也。"均遂撰《齐春秋》三十篇。其书称梁帝为齐明佐命，帝恶其实，诏燔之。然其私本竟能与萧氏所撰并传于后。[8]

按：第十一节述南齐二史也，亦纪传、编年兼举。〇已上二节，考《隋》、《唐志》，裴、吴二书并入编年部，而《史通·内篇》之首，亦以附《左传》家，不与沈、萧本同门。以此知宋、齐两代亦二体兼举。惜此二书后竟废亡，愚是以叹五百年史体偏缺也。

① 一作"其"，非。

② 释：已上原齐世所撰。〇此下当有文云。

③ 宋顺帝元。

④ 东昏元。

⑤ 此八句诸本脱简，今据本传补入。宁冒妄缀之讥，不敢疏率了事也。

⑥ 此亦补字。

⑦ 释：此述子显《齐书》。〇已上述纪传体。

⑧ 释：此述吴均书，系编年体。

江淹十志　《梁书》本传：淹字文通，起家南徐州从事。建元初，为建安王记室，参掌诏册，并典国史。郑樵《通志》序：江淹有言："修史之难，无出于志。"诚以志者，宪章之所系，非老于典故不能为也。按：《隋志》：江淹《齐史》十三卷，亡。《南史》本传云：与司徒左长史檀超共为条例，为王俭所驳，所撰十三篇竟无次序。即指此也。其传末云：《齐史》十志行于世。

沈约齐纪　见《二体》篇。又本传：所著《齐纪》二十卷。

萧子显启撰齐史　启撰诸句，见《梁书》本传。按：沈《纪》、萧《书》各自为史。旧本脱去"萧子显启撰"等句，遂与沈约混为一书。而本文"二十篇"之下缀有"纪八、志十一、列传四十，合成五十九篇"凡十六字，如何著解？且其后又有"与萧氏所撰并传"之语，根从何处来耶？《萧传》有明文，《齐书》非逸史，其为脱简，灼然无疑，故敢斗胆补入。

吴均齐春秋 见《左传》家。

梁史，武帝时，沈约与给事中周兴嗣、步兵校尉鲍行卿、秘书监谢昊相承撰录，已有百篇。值承圣[①]沦没，并从焚荡。庐江何之元、沛国刘璠以所闻见究其始末，合撰《梁典》三十篇，而纪传之书未有其作。陈祠部郎中姚察有志撰勒，施功未周。[②]但既当朝务，兼知[③]国史，至于陈亡，其书不就。[④]

陈史，初有吴郡顾野王、北地傅縡各为撰史学士，其武、文二帝纪即顾、傅所修。太建初，[⑤]中书郎陆琼续撰诸篇，事伤烦杂。姚察就加删改，粗有条贯。及江东不守，持以入关。隋文帝尝索梁、陈事迹，察具[⑥]以所成每篇续奏，而依违荏苒，竟未绝笔。[⑦]

皇家贞观初，其子思廉为著作郎，奉诏撰成二史。于是凭其旧稿，加以新录，弥历九载，方始毕功。定[⑧]为《梁书》五十卷、《陈书》三十六卷，今并行世焉。[⑨]

按：第十二节述梁、陈二代之史也。二史皆前代未成，成于本朝。又皆父业未就，就于子述，故用变例合述之体。看节末一段自明。编者不察，率意割裂，其非元始分支益信。

① 元帝元。

② 谓加功于前人所未完者。

③ 一作“修”，非。

④ 释：此段述梁史之作，其功未就。○旧本此处与下段分节，未是。

⑤ 宣帝元。

⑥ 一讹作“且”。

⑦ 释：此段述陈史之作，前功亦未就。○两史皆姚察未竟之业也。自“隋文帝”五句，已梁、陈合举矣。

⑧ 王本作“述”。

⑨ 释：此合述两史之成，成于姚氏父子继述之功也。○二代亦缺编年书。○叙二代史事，至此犹未了。越至北齐、周、隋三史后，另节了之。

沈周鲍谢撰录　沈约屡见。又《梁书》本传：著《高祖纪》十四卷。周兴嗣，《梁・文学传》：字思纂。为员外散骑郎，佐撰国史。迁给事中，撰史如故。《唐・艺文志》：周兴嗣《梁皇帝实录》五卷。鲍行卿，《梁书》无传。《唐志》：鲍行卿《乘舆飞龙记》二卷。谢昊，《梁书》无传，见前卷第五节。

何刘合撰梁典　按：《陈书・何之元》、《周书・刘璠》二传，各言撰《梁典》三十卷，《隋》、《唐》二志亦皆分载二典。而《史通》以为二人合撰，则《梁典》只是一书耳，足正二志之歧出。

陈史顾傅所修　顾野王，见前卷第五节。傅縡，《陈书》本传：字宜事，北地人。梁太清末，携母南奔。俄丁母忧，在兵乱之中居丧礼，哀毁骨立。世祖召为撰史学士。《唐志》：顾野王《陈书》三卷，傅縡《陈书》三卷。

陆琼续撰　《陈书》本传：琼字伯玉。有至性，从祖襄叹曰：“此儿必荷门基，所谓一不为少。”领大著作。《隋志》：《陈书》四十二卷，讫宣帝，陈吏部尚书陆琼撰。

姚察并子思廉　姚察，见《题目》篇。《唐书・思廉传》：思廉本名简，以字行，陈吏部尚书察之子。授秦王府文学。王即位，改著作郎、弘文馆学士。诏与魏徵共撰《梁》、《陈书》。思廉采谢炅、顾野王等诸家言，推究综括，为梁、陈二家史，以卒父业。按：谢炅，《隋志》作谢昊。

十六国史，前赵刘聪时，领左国史公师彧撰《高祖[①]本纪》及功臣传二十人，甚得良史之体。凌修谮其讪谤先帝，聪怒而诛之。刘曜时，平舆子[②]和苞撰《汉[③]赵记》十篇，事止当年，不终曜灭。[④]

后赵石勒命其臣徐光、宗历、傅畅、郑愔等撰《上党国记》、《起居注》、《赵书》。其后又令王兰、陈宴、程阴、徐机等相次撰述。至石虎，并令刊削，使勒功业不传。其后燕太傅长史田融、宋尚书库部郎郭仲产、北中郎参军王度追撰二[⑤]石事，集为[⑥]《邺都记》、《赵记》[⑦]等书。[⑧]

前燕[⑨]有起居注，杜辅全[⑩]录以为《燕纪》。后燕[⑪]建兴元年，董统受诏草创后书，著本纪并佐命功臣、王公列传，合三十卷。慕容垂称其叙事富赡，足成一家之言。但褒述过美，有惭董、史之直。其后申秀、范亨各取前后二燕合成一史。[⑫]

南燕有赵郡王景晖，尝事德、超，[⑬]撰二主起居注。超亡，仕于冯氏，官至中书令，仍撰《南燕录》六卷。[⑭]

蜀初号曰成，后改称汉。李势散骑常侍常璩撰《汉书》十卷。后入晋秘阁，改为《蜀李[⑮]书》。璩又撰《华阳国志》，具载李氏兴灭。[⑯]

前凉张骏十五年，命其西曹边浏集内外事以付秀才索绥，作《凉国春秋》五十卷。又张重华护军参军刘庆在东苑[⑰]专修国史二十余年，著《凉记》十二卷。建康太守索晖、[⑱]从事中郎刘昺又各著《凉书》。[⑲]

前秦[⑳]史官，初有赵渊、车敬、梁熙、韦谭相继著述。苻坚尝取而观之，见苟太后幸李威事，怒而焚灭其本。后著作郎董谊追录旧语，十不一存。及宋武帝入关，曾访秦国事，又命梁州刺史吉翰问诸仇池，并无所获。先是，秦秘书郎赵整参撰国史，值秦灭，隐于商[21]洛山，著书不辍，有冯翊、车频助其经费。[22]整卒，翰乃启频纂成其书，以元嘉九年起，至二十八年方罢，定为三卷。而年月失次，首尾不伦。河东裴景仁又正其讹僻，删为《秦纪》十一篇。[23]

后秦[24]扶风马僧虔、河东卫隆景并著《秦史》。及姚氏之灭，残缺者多。泓从弟和都，仕魏为左民尚书，又追撰《秦纪》十卷。[25]

夏[26]天水赵思群、北地张渊，于真兴、[27]承光[28]之[29]世，并受命著其国书。及统万[30]之亡，多见焚烧。[31]

西凉[32]。与西秦，[33]其史或当代所书，或他邦所录。[34]段龟龙记吕氏，[35]宗钦记沮渠氏，[36]失名记[37]秃发氏，[38]韩显宗记[39]冯氏。[40]唯有[41]三者[42]可知，自余不详谁作。[43]

魏世黄门侍郎崔鸿，乃考核众家，辨其同异，除烦补阙，错综纲纪，易其国书曰录，主[44]纪曰传，都谓之《十六国春秋》。鸿始以景明之初[45]求诸国逸史，逮正[46]始元年，[47]鸠集稽备，而[48]犹阙蜀事，不果成书。推求十有五年，始于江东购获，乃增其篇目，勒为一百二[49]卷。鸿殁后，永安中，[50]其子缮写奏上，请藏诸秘阁。由是伪史宣布，大行于时。[51]

按：第十三节述《十六国春秋》也。虽不得并于正史，而岩疆分据，地亘川辽，戎马交驰，事关江介，其书顾可废哉！顾崔氏书自《宋史·艺文志》、马贵与《通考》皆已阙载，至明乃有屠乔孙之本。贺灿然序之曰："晋记流行，崔书放散。迁之博考旁稽，缀遗搜逸，爰订斯编。"吁！何其不学也。屠果博闻，欲起斯废，毋假初名，毋袭原数。谨循纂体，显号补亡，各于正史载记之余，人见书其人，事见书其事，而条疏其下曰某人见某书，某事见某书，岂不卓尔大雅，功高津逮哉！乃计不出此，而匿所自来，掩非已有，举一切真书，胥变而为赝书。愚因是叹书之祸，焚弃者犹小，窜乱者甚焉，冒出者又甚焉，明穆、神之际是已。时则有若丰坊之《鲁诗世学》，娇语传经；王某之《天禄阁外史》，佹称蓄古。纷纷仿效，伪种朋兴。若屠氏者，其为冒出，犹在阴阳形影间，视彼诸家，差当末减耳。或云杭本《汉魏丛书》所收十六短录故是彦鸾之旧，是说也余犹疑之。

① 刘渊。

② 封号。

③ 一脱"汉"字。

④ 释：前赵匈奴刘氏史第一。揭过公师彧书，以和苞所撰作勒。

⑤ 旧无"二"字。

⑥ 旧无"为"字。

⑦ 一作"纪"。

⑧ 释：后赵羯种石氏史第二。揭过徐、王等书，以田融、王度等所撰作勒。

⑨ 慕容廆、皝、儁、暐。

⑩ 疑"诠"字脱旁。

⑪ 垂、宝、盛、熙。

⑫ 释：前、后燕鲜卑慕容氏史第三、第四。揭过杜、董等书，以范亨等所撰作勒。

⑬ 南燕二主名。

⑭ 释：南燕亦慕容氏史第五。揭过起居注，以《南燕录》作勒。

⑮ 一脱"李"字。

⑯ 释：蜀成賨人李氏史第六。以常璩所撰二书作勒。

⑰ "苑"通。

⑱ 一作"珲"。

⑲ 释：前凉安定张氏史第七。所述撰人凡四，唯此无专勒。

⑳ 苻坚。

㉑ 一作“南”。

㉒ 一作“始”。

㉓ 释：前秦氐人苻氏史第八。揭过赵渊等六七人书，以裴景仁所撰作勒。

㉔ 姚弋仲。

㉕ 释：后秦羌种姚氏史第九。揭过马、卫等书，以姚和都所撰作勒。

㉖ 赫连勃勃。

㉗ 勃勃元。

㉘ 昌元。

㉙ 一无“之”字。

㉚ 夏城。

㉛ 一脱“烧”字。释：夏国匈奴部赫连氏第十，其史无存。

㉜ 李暠。

㉝ 乞伏国仁。○此下误衍“北燕”二字。

㉞ 此下当补“累经迁转，今并失传”八字。释：西凉狄道李氏第十一；西秦鲜卑乞伏第十二。二国史亦无存。

㉟ 后凉。

㊱ 北凉。

㊲ 旧本“宗钦记”误粘“秃发”，脱去沮渠一家，今照史补此六字。

㊳ 南凉。

㊴ 旧衍“吕”字。

㊵ 北燕。

㊶ 旧讹“此”。

㊷ 本有四种，其一失名，故云三者。

㊸ 释：后凉氐酋吕光第十三；北凉卢水胡沮渠蒙逊第十四；南凉托跋秃发乌孤第十五；北燕信都冯跋第十六。四国皆有史，而一失名，并作一

勒。〇从上所述,皆为崔氏《春秋》起本也。

㊹ 一讹"正"。

㊺ 魏世宗宣武元。

㊻ 一讹"至"。

㊼ 亦宣武元。

㊽ 一本有"以"字。一本"而"作"已",属上句。

㊾ 此三字旧讹作"十"。

㊿ 魏庄帝元。

51 释:归到崔书都为一集,始成通行定本。

十六国史 《史通》所记诸零杂短卷,当时已多刊落,无从蔓引。然细寻节中诸所勾勒,恰与《隋》、《唐》二志历历相符。按:《隋志》前赵则《汉[赵]记》十卷,《唐志》作十四卷,和苞撰。后赵则《赵书》十卷,《唐志》作二十卷,伪燕太傅长史田融撰。又《二石传》二卷,《二石伪事》二卷,《唐志》作六卷,晋北中郎参军王度撰。前燕则《燕书》二十卷,记慕容儁事,伪燕尚书范亨撰。南燕则《南燕录》六卷,记慕容德事,伪燕中书郎王景晖撰。蜀成则《唐志》有《汉之书》十卷,《蜀李书》九卷,《华阳国志》十三卷,并常璩撰。前凉则《隋志》有《凉书》十卷,《敦煌实录》十卷,《唐志》作二十卷,并刘景撰。唐讳"昞",刘景即刘昞也。前秦则《秦记》十一卷,宋殿中将军裴景仁撰,杜惠明注。后秦则《秦记》十卷,记姚苌事,魏左民尚书姚和都撰。夏则《隋》、《唐》二志皆无书。西凉、西秦,二志亦无书。后凉则二志皆有《凉记》十卷,记吕光事,伪凉著作佐郎段龟龙撰。北凉则二志皆有《凉书》十卷,注云"沮渠国史",不著撰人。据本文及史,当即是宗钦。南凉则二志皆有《托跋凉录》十卷,撰人缺,今作失名。北燕则二志皆有《燕志》十卷,记冯跋事,并云魏侍中高闾撰。而《魏书·韩显宗传》有撰《冯志》十卷之文,与本文合,恐即与高闾合作。已上十六国史,《史通》人书俱缺者,惟夏与西凉、西秦也,而二志亦此三国无书。其余虽有失名,互证皆合。于此颇得读书细意之乐。

崔鸿十六国春秋　见《探赜》篇。又《魏书》本传：子子元，永安中，奏其父书曰：臣亡考鸿，任属记言，刊著赵、燕、秦、夏、凉、蜀等遗载，为之赞序。先朝之日，草构悉了，唯有李雄《蜀书》，搜索未获，阙兹一国，迟留未成。去正光三年，购访始得，讨论适讫，而先臣弃世。凡十六国，名为《春秋》，一百二卷。今缮写一本，敢以仰呈。傥或浅陋，不回睿赏，乞藏秘阁，以广异家。○附记：前秦之姓，《晋书》载记曰：蒲洪以其孙坚初生，背有"草付臣又土"之文，改姓苻。而《世说·识鉴》篇《注》引车频《秦书》曰：蒲洪诈称谶文，改姓符，言己当王，应符命也。坚生，背赤色，隐起若篆文。其说与《晋书》异。愚按：车频言征符命，背篆不言何文，而频即前秦时人，则姓当为"符"，宜可信。《晋书》后出，"草付"五字自别有本，亦安知非"竹付"之讹耶？世徒以国史为正，然频书幸留片羽，孝标亦在唐前，讵不足当互证之资耶？附记之，亦足广异家也。又古本他书说符坚往往从竹，虽草头、竹头古人通写，然义固不相奸也。

附录　按：屠氏不著采录书名，难据以为正证，要其语决非无本。《史通》此节所列人氏，与于史事者四十二人，不与史事者一人。今就屠书有者附见之，又有别见诸史及本集他篇者，亦拈出之。前赵公师彧，善相人，刘渊深相崇敬。后官太中大夫，为刘聪所诛。和苞，刘曜时谏营寿陵，封平舆子。二人《史官》篇亦见。后赵徐光字季武，顿邱人，石勒记室参军。迁中书令，领秘书监。傅畅字世道，北地人，为大将军右司马。谙识朝仪，勒器之。作《晋诸公叙赞》二十卷、《公卿故事》九卷。南燕王景晖，苻秦太史令高鲁之甥也。鲁遣晖随献玉玺于慕容德，留仕德。著《南燕录》六卷。蜀成常璩，亦作"据"。屠《录》与《补注》等篇所记略同。前凉索绥字士艾，敦煌人。幼举孝廉，又举秀才，为儒林祭酒。张骏命集阁内外事付绥。著《凉春秋》五十卷。刘昺，屠《录》与《点烦》篇略同。前秦李威字伯龙，苟太后之姑子也。威有辟阳之宠，史官载之。后苻坚见其事，将罪。著作郎车敬等已死，乃止。赵整字文业，一名正。年十八，为坚著作郎。情度敏达，信佛法，遁迹商洛山。专精经律。后秦姚和都，仕至左兵尚书，撰《秦纪》十卷，记姚苌时事。赫连夏赵逸字思群，天水人，仕姚兴。为勃勃所虏，拜著作郎。张渊,不知何处人,自云尝仕苻坚。坚败,仕姚兴父子。泓灭入夏,为太史令。北凉宗钦字景若,金城人,博综群言。仕沮渠蒙逊,为中书郎,撰《凉记》十卷。已上名见屠本者凡十五人。又别见者:范亨,见《魏书·崔浩传》,下节注及之。吉翰,《宋书》有传。冯翊,池阳人。裴景仁,见《南史》及《世说注》。韩显宗,见《魏书》,韩麒麟子也,字茂亲。又散见本集者:董统,见《直书》篇;刘庆,见《史官》篇。余阙考者,俟续见补。

元魏史,道武时,始令邓渊著国记,唯[①]为十卷,而条例未成。暨乎明元,废而不述。神䴥二年,[②]又诏集诸文士崔浩、浩弟览、高谠、[③]邓颖、晁继、[④]范亨、黄辅等撰国书,为三[⑤]十卷。又特命浩总监史任,务从实录。复以中书郎高允、散骑侍郎张伟并参著作,续成前史[⑥]书,叙述国事,无隐所[⑦]恶,而刊石写之,以示行路。浩坐此夷三族,同作死者百二十八人。自是遂废史官。[⑧]至文成帝和平元年,始复其职,而以高允典著作,修国记。允年已九十,手目俱衰。时有校书郎[⑨]刘模,长于缉缀,乃令执笔而口占授之。如是者五六岁。所成篇卷,模有力焉。[⑩]

初,国记自邓、崔以下,皆相承作编年体。至孝文太和十一年,诏秘书丞李彪、著作郎崔光始分为纪传异科。宣武时,命邢峦追撰《孝文起居注》。既而崔光、王[⑪]遵业补续,下讫孝明之世。温子升复修《孝庄[⑫]纪》,济阴王晖业撰《辨宗室录》。魏史官私[⑬]所撰,尽于斯矣。[⑭]

齐天保二年,[⑮]敕秘书监魏收博采旧闻,勒成一史。又命[⑯]刁柔、辛元植、房延祐、睦[⑰]仲让、裴昂之、高孝干等助其编次。收所取史官,惧相凌忽,故刁、辛诸子并乏史才,唯以仿佛学流，凭附得进。于是大征百家谱状，斟酌以成《魏书》。上自道武，下终孝靖，纪、传与志凡百三十卷。[18]收谄齐氏，于魏室多不平。既党北朝，又厚诬江左。性憎胜己，喜念旧恶，甲门盛德与之有怨者，莫不被以丑言，没其善事。迁怒所至，毁及高曾。书成始奏，诏收于尚书省与诸家论讨。前后列诉者百有余人。时尚书令杨遵彦，一代贵臣，势倾朝野，收撰其家传甚美，是以深被党援。诸讼史者皆获重罚，或有[19]毙于狱中。群怨谤声不息。孝昭世，敕收更加研审，然后宣布于外。武成[20]尝访诸群臣，犹云不实，又令治改，其所变易甚多。由是世薄其书，号为"秽史"。[21]

至隋开皇，敕著作郎魏淡与颜之推、辛德源更撰《魏书》，矫正收失。淡以西魏为真，东魏为伪，故文、恭列纪，孝靖称传。合纪、传、论例，总九十二篇。炀帝以淡书犹未能善，又敕左仆射杨素别撰，学士潘徽、褚亮、欧阳询等佐之。会素薨而止。今世称魏史者，犹以收本为主焉。[22]

按：第十四节述《后魏书》也。其初但作编年体，其后专行纪传书。公最不满收书，故加多一段评泊，然亦以托起敕改耳。本处勿粘看。

① 一脱"唯"字。

② 太武元。

③ 旧作"间"，误。

④ 一讹"维"。

⑤ 旧脱"三"字。

⑥ "史"字疑衍。

⑦ 一无“所”字。

⑧ 释：此述魏史初时事。

⑨ 一有“中”字。

⑩ 释：此述续修事。

⑪ 旧脱“王”字。

⑫ 一讹“武”。

⑬ 官私，谓官本、私本。

⑭ 释：此述分体撰次等事。〇已上皆在魏世。

⑮ 显祖元。

⑯ 一作“令”。

⑰ 一讹“陆”。

⑱ 释：此正述魏收撰《魏书》。

⑲ 一无“有”字。

⑳ 武成，孝武弟世祖谥也。王本改作“书成”，非。

㉑ 释：此段加一层评论。

㉒ 释：此带述魏淡书，而以世尚收书勒住。

邓渊国记　《魏书》本传：渊字彦海。太祖定中原，擢为著作郎，诏渊撰国记。渊造十余卷，惟次年月起居行事而已，未有体例。

崔浩等撰国书　事见《直书》篇。又《崔浩传》：初，太祖诏尚书郎邓渊著国记，未成。逮于太宗，废而不述。神䴥二年，诏集诸文人撰录，浩及弟览、高谠、邓颖、晁继、范亨、黄辅等共参著作，叙成《国书》三十卷，按：邓颖即邓渊子。

中书郎高允至模有力焉　事详《魏书·高允传》及《儒林·张伟传》，刘模即附《允传》中。本文皆撮取传语也。再按《允传》：浩之被收也，允直中书省。时恭宗为太子，召允留宿。翌日，命允骖乘，至宫门，谓曰：“入当见至尊，吾自导卿。脱有问，但依吾说。”既入见，恭宗曰：“高允自在臣宫，虽与浩同事，制由于浩。”世祖召允曰：“《国书》皆崔浩作否?”允对曰：“臣与浩同作，臣多于浩。”世祖大怒，恭宗曰：“天威严重，允迷乱失次耳。臣向备问，皆云浩作。”允曰：“臣谬参著作，今已分死，不敢虚妄。殿下哀臣乞命耳，实不问臣，臣无此言。”世祖曰：“直哉！临死不移，贞臣也，宜宥之。”按：允字伯恭，年九十八。

李崔始为纪传　《李彪传》：彪字道固。参著作事。自成帝以来，浩、允编年序录，为《春秋》之体。彪始奏从迁、固之体，创为纪、传、表、志之目焉。《崔光传》：光，本名孝伯，字长仁，高祖赐名。拜中书博士，转著作郎，与秘书丞李彪参撰国书。按：光即鸿[伯]父也。

宣武时至号为秽史　通十五六行，以《北齐·魏收传》对证之，事语咸具矣。其间所称引诸人，邢峦字洪宾，中书侍郎、尚书。王遵业，著作佐郎。温子升，见《叙事》篇。晖业，魏济阴王新成曾孙。四人《魏书》有传。刁柔，国子博士。辛元植，司空、司马。房延祐，通直常侍。睦仲让，不著官秩。裴昂之，国子博士。高孝干，尚书郎。六人皆无传。杨遵彦，杨愔字。《北齐》本传：尚太原长公主，尚书左仆射，封开封王。

辨宗室录　《魏书·宗室传》：济阴王晖业，涉子史，有志节。齐文襄尝问之，对曰：“数寻伊、霍之传，不读曹、马之书。”晖业以时运渐谢，不复图全，在晋阳也，无所交通。撰魏藩王家世，号为《辨宗室录》，四十卷。

魏淡颜辛更撰　魏淡，见《本纪》篇。又《隋书》本传：高祖以魏收书褒贬失实，平绘《中兴书》事不伦序，诏淡别成魏史。淡自道武下及恭帝为十二纪、七十八传，别为史论及例一卷，并《目录》合九十二卷。书甚简要，大矫收、绘之失。上览而善之。颜之推，《北齐》本传：字介。隋开皇中，太子召为学士，甚见礼重。按：颜介共撰《魏书》之文，本传不载。辛德源，《隋书》本传：字孝基。高祖受禅，隐于林虑山。秘书监牛弘以德源才学奏，与著作郎王劭同修国史。

杨素别撰　《隋书》本传：素字处道。高祖受禅，加上柱国，封越国公。大业二年，改封楚公。有集十卷。别撰事见下。

潘褚欧阳　《隋·文学传》：潘徽字伯彦，吴人。炀帝嗣位，诏徽与太常博士褚亮、欧阳询等助越公杨素撰《魏书》。会素薨而止。褚亮字希明。欧阳询字信本。传入《唐书》。

高齐史，天统初，[1]太常少卿祖孝征述献武起居，名曰《黄初传天录》。[2]时中书侍郎陆元规常从文宣征讨，著《皇帝实录》，唯记行师，不载它事。自武平后，[3]史官阳休之、杜台卿、祖崇儒、崔子发等相继注记。[4]

逮[5]于齐灭，隋秘书监王劭、内史令李德林并少仕邺中，多识故事。王乃凭述起居注，广以异闻，造编年书，号曰《齐志》，十有六卷。其序云二十卷，今世间传者唯十六卷焉。李在齐预修国史，创纪传书二十七卷。至开皇初，[6]奉诏续撰，增多齐史三十八篇，以[7]上送官，藏之秘府。[8]皇家贞观初，敕其子中书舍人百药仍其旧录，杂采它书，演为五十卷。[9]今之言齐史者，唯王、李二家云。[10]

按：第十五节述北齐史也。当时兼有二体，迨后王《志》废矣。

① 后主纬元。

② 或谬改为“禄”。

③ 亦后主元。

④ 释：述齐世撰述。

⑤ 一作“迄”。

⑥ 一有“又”字。

⑦ 旧作“已”。

⑧ 释：述隋时续撰。王《志》编年已成，李书纪传未竟。

⑨ 释：至唐初纪传乃成。

⑩ 释：高齐史二体并束。〇此节与后周、隋二节，事皆未了。

祖孝征　祖珽字也。其人淫秽丧耻。《北齐书》本传：后主拜珽尚书左仆射，监修国史，加特进。入文林馆，总监撰书。按：《黄初传天录》是珽所创起居实录书名，以比魏文受禅，媚献武也。或误从“传”字截句，读作去声，遂改“录”为“禄”，疑是年号。时实无此元也。

陆元规　名见《祖珽传》。

阳杜祖崔　阳休之，《北齐书》本传：字子烈。齐受禅，除散骑常侍，修起居注。天统初，为光禄卿，监国史。杜台卿，名见《隋书·李德林传》。旧注：字少山。齐中书侍郎。祖崇儒，旧注：珽族弟也。武平末，通直常侍。崔子发，《隋·经籍志》：《齐纪》三十卷，纪后齐事，崔子发撰。

王劭李德林　王劭《齐志》，即《左传》家所引之书。按：十六卷，《唐·艺文志》作十七卷。李德林，见《探赜》篇。

百药　见《本纪》篇李安平注。

宇文周史，大统年有秘书丞柳虬兼领著作，直辞正色，事有可称。[①]至隋开皇中，秘书监牛弘追撰《周纪》十有八篇，略叙纪纲，仍皆抵忤。[②]皇家贞观初，敕秘书丞令狐德棻、秘书郎岑文本共加修缉，定为《周书》五十卷。[③]

按：第十六节述《后周书》。

① 释：周世初著。

② 王本作“抵捂”。释：隋时续撰。

③ 释：至唐初乃成宇文史。但有纪传，无编年。

柳虬　见前卷第八节。又《周书》本传：大统十四年，除秘书丞，领著作。

牛弘　见《世家》篇。

德棻文本　令狐德棻，见前卷十节，又详后。《旧唐书》：岑文本字景仁。擢拜中书舍人。时中书侍郎颜师古免，温彦博奏请复用。太宗曰："我自举一人，公勿忧也。"于是以文本为中书侍郎，专典机密。又先与令狐德棻撰周史，其史论多出于文本。至十年史成。

隋史，当开皇、仁寿时，王劭为书八十卷，以类相从，定其篇目。至于编年、纪传，并阙其体。炀帝世，唯有王胄等所修《大业起居注》。及江都之祸，仍多散逸。①皇家贞观初，敕中书侍郎颜师古、给事中孔颖达共撰成《隋书》五十五卷，与新撰《周书》并行于时。②

按：第十七节述《隋书》也。

宇文周史，本无编年。隋虽有王劭书，止录诏敕等，为记言体，亦非编年类也。故二代皆一书归束。

① 释：隋之正史，本无撰稿。

② 释：至唐方经始撰定。唐业由周、隋而起，故牵连周史束之。○旧本此处连下，非。

王劭书　王劭《隋书》即《尚书》家所引之书，与《齐志》体例殊科，阅者辨之。

王胄　《隋·文学传》：王胄字承基。大业初，为著作佐郎。《唐·艺文志》有《开皇起居》，无《大业起居》，散逸故也。

师古颖达　《旧唐书·颜籀传》：籀字师古，齐黄门郎之推孙也。少传家业。武德初，为秦王府记室。迁中书舍人。《令狐传》：高祖诏中书舍人颜师古修隋史。《孔颖达传》：颖达字仲达。尤明《左氏传》、《郑氏尚书》、《王氏易》、《毛诗》、《礼记》，兼善算历，解属文。太宗即位，除国子司业。迁太子右庶子，仍兼司业，与魏徵撰成隋史。

初，太宗以梁、陈及齐、周、隋氏并未有书，乃命学士分修。事具于上。[①]仍使秘书监魏徵总知其务，凡有赞论，徵多预焉。始以贞观三年创造，至十八年方就，唯姚思廉贞观二年起，功多于诸史一岁。合为[②]《五代纪传》，并目录凡二百五十二卷。书成，下于史阁。[③]唯有十志，断为三十卷，寻拟续奏，未有其文。又诏左仆射于志宁、太史令李淳风、著作郎韦安仁、符玺郎李延寿同撰。其先撰史人，唯令狐德棻重预其事。太宗崩后，刊勒始成。其篇第虽编入《隋书》，其实别行，俗呼为《五代史志》。[④]

按：第十八节乃总括五代诸书之词。此五书事垂往代，史定熙朝，志入一家，典稽五族，故另详之。

初阅《旧书·职官志》，贞观年修《五代史》，"五代"二字殊鹘突。晋后唐前，唯有南北各四朝，无五代之名也。及阅是篇，翻检《令狐德棻》等传，乃始爽然。盖其时八史，唯南之梁、陈，北之齐、周、隋是唐修故也。禅语有云"上元即是正月半"，因自笑平生经眼不经心处不知凡几，只坐翻书溜滑耳。

① 上，谓梁、陈及齐、周、隋四节所云。

② 一脱"为"字。

③ 释：已上统括《五代纪传》卷目。

④ 释：此层另述《五代志》，明《隋书》之志非专志隋也。

五代纪传　《旧书·令狐德棻传》：德棻言于高祖曰：近代都无正史。

梁、陈及齐犹有文籍，周、隋遭大业离乱，多有遗阙。当今耳目犹接，更十数年后恐堙没。如臣愚见，并请修之。高祖然其奏，诏曰：自有魏南徙，乘机抚运，周、隋禅代，梁氏称邦，齐迁龟鼎，陈建皇宗，立言著绩，无乏于时。而简牍未编，炎凉已积。朕握图驭宇，方立典谟，有怀撰次，实资良直云云。诏下数年，竟不能就。贞观三年，太宗敕德棻与岑文本修周史，李百药修齐史，姚思廉修梁、陈史。魏徵修隋史，与房玄龄总监。德棻又奏引崔仁师佐修周史，德棻仍总知类会。《魏徵传》：徵字玄成。初，令狐德棻等撰诸史，徵受诏总加撰定，《隋书》序论皆徵所作。按：《隋书》本颜、孔合撰，与十七节并下条注会看乃全。又按：《宋》、《齐》、《北魏》三书，前代已成，故唐修止于五。

五代史志　《史通》列同修四人。《新、旧书》可证合者，《李淳风传》则云除太史丞，预撰《五代史》。其《天文》、《律历》、《五行志》皆淳风作。《李延寿传》则云补崇贤馆学士，受诏同敬播修《五代史志》。而《于志宁传》但云预修礼、修史等功赏赐，不言所修何史。至韦安仁则无传，当用《史通》语证补之。陈氏《解题》：十志，高宗时始成，上总梁、陈、齐、周之事，俗号《五代志》。按：陈氏即本《史通》立解也。夹漈《志略》亦然。

惟大唐之受命也，义宁、[①]武德[②]间，工部尚书温大雅首撰《创业起居注》三篇。自是司空房玄龄、给事中许敬宗、著作佐郎敬播相次立[③]编年体，号为“实录”。迄乎三帝，世有其书。[④]

贞观初，姚思廉始撰纪传，粗成三十卷。至显庆[⑤]元年，太尉长孙无忌与于志宁、令狐德棻、著作郎刘胤之、杨仁卿、起居郎顾胤等，因其旧作，[⑥]缀以后事，复为五十卷。虽云繁杂，时有可观。[⑦]龙朔[⑧]中，敬宗又以太子少师[⑨]总统史任，更增前作，混成百卷。如《高宗・本纪》及永徽[⑩]名臣、四夷等传,多是其所造。又起草十志,未半而终。敬宗所作纪传,或曲希时旨,或猥饰[11]私憾,凡有毁誉,多非实录。必方诸魏伯起,亦犹张衡之蔡邕焉。其后左史李仁实续撰《于志宁》、《许敬宗》、《李义府》等传,载言记事,见推直笔。惜其短岁,[12]功业未终。至长寿中,[13]春官侍郎牛凤及又断自武德,终于弘道,[14]撰为《唐书》百有十卷。凤及以喑聋不才,而辄议一代大典,凡所撰录,皆素责私家行状,而世人叙事[15]罕能自远。[16]或言皆比兴,全类咏歌,或语多鄙朴,实同文案,[17]而总入编次,了无厘革。其有出自胸臆,申其机杼,发言则嗤鄙怪诞,叙事则参差倒错。故阅其篇第,岂谓可观;披其章句,不识所以。既而悉收姚、许诸本,[18]欲使其书独行。由是皇家旧事,残缺殆尽。[19]

长安中,[20]余与正谏大夫朱敬则、司封郎中徐坚、左拾遗吴兢奉诏更撰《唐书》,勒成八十卷。[21]神龙[22]元年,又与坚、[23]兢等重修《则天实录》,编为三[24]十卷。[25]夫旧史之坏,其乱如绳,错综艰难,期月方毕。虽言无可择,事多遗恨,庶将来削稿,犹有凭焉。[26]

按:第十九节述本朝国史,而以当职手撰者终之。

须知所云八十卷、三十卷者,正如王隐之《晋书》,干宝之《晋纪》,山谦之、裴松之之《宋史》,草创起本,为后来史局之稿底耳,非完书也。修本既行,其书遂佚,往代皆然。说者乃谓知幾善讥诃,鲜撰著,不亦冤乎?

叙古今正史毕。

① 隋恭帝元。

② 唐高祖元。

③ 一作"相与自立"。

④ 释：述本朝国史，二体并陈。○已上为编年起本。

⑤ 高宗改元。

⑥ 一作"书"。

⑦ 释：已上为纪传起本。

⑧ 亦高宗元。

⑨ 一作"卿"，误。

⑩ 高宗初元。

⑪ 一作"释"。

⑫ 一作"世"。

⑬ 武后九年。

⑭ 高宗末元。

⑮ 谓家状。

⑯ 谓远于俗。一作"达"，非。

⑰ 四语皆谓家状所叙。

⑱ 缴去之也。

⑲ 释：此一长段中具三层：许饰而诬，李直而年促，牛冗俗而乱。总以推出重撰缘由也。

⑳ 武后十八年。

㉑ 释：此正叙重撰事。八十卷是纪传体。

㉒ 中宗元。

㉓ 一无"坚"字。

㉔ 或作"二"。

㉕ 释：此三十卷是编年体。

㉖ 释：二体并摄。○旧本连下节，非。

创业起居注 《旧书·温大雅传》：大雅字彦弘。武德元年，历黄门侍郎，撰《创业起居注》三卷。《读书志》：纪高祖起义至受隋禅用师、符谶、受命、典册事。

房许敬等立编年　《旧书·房玄龄传》：房乔字玄龄。在秦府中常典管记。贞观(三)[四]年，代长孙无忌为尚书左仆射，监修国史。许敬宗、敬播并见上卷第九节。又《播传》：与许敬宗撰《高祖》、《太宗实录》，自创业至贞观十四年为(二)[四]十卷。后又撰《太宗实录》，从贞观十五年至二十三年为二十卷。

姚长孙等撰纪传　姚思廉，《新》、《旧》本传阙书撰国史。长孙无忌、于志宁、令狐德棻三人传，并浑书监修国史。《文苑·刘胤之传》：永徽中，累转著作郎，与令狐德棻、著作杨仁卿等撰成国史，封阳城县男。其从孙即知幾也。杨仁卿无传。《顾胤传》：以撰武德、贞观两朝国史八十卷成，加朝散大夫。按：《唐》二书凡书国史，或统言，或专以纪传言，或竟阙书。《史通》此等处可当史补，亦可当史注。

犹张衡之蔡邕　《商芸小说》：张衡死日，蔡邕母始孕，二人才貌相类，人云邕是张衡后身。按：《史通》是语盖反辞以况也。后汉灵帝尝问侍中杨奇曰："朕何如桓帝？"奇对曰："陛下之于桓帝，亦犹虞舜比德唐尧。"语意正相似。

李仁实　见上卷第九节。

牛凤及　无传，与前卷第九节参看。

朱敬则徐坚吴兢　三人并见《自叙》篇。此云撰《唐书》八十卷、《则天实录》三十卷，可作知幾本传参补。按：《崇文总目》：吴兢撰《唐史》，自创业迄开元，凡一百一十卷。韦述因其本更加笔削云云。此正与八十、三十之数相合。但《总目》统云一百十卷，不分纪传、编年，又专属之吴兢，皆可与此处本文参证。

大抵自古史臣撰录，其梗概如此。盖属词比事，以月系年，为史氏之根本，作生人之耳目者，略尽于斯矣。自余偏①

记小说，则不暇具而论之。[②]

按：第二十节乃通篇总结。

读此篇须将《二体》篇处处印合。

《史通》一书皆议论体，独《史官》、《正史》二篇属叙事体。观其所述，自《史》、《汉》而下，悉援序传原文。至梁、陈以还，咸举见闻所接。全书谈史，安可不辨史曹？全史就评，安可不综史部？议论、叙事，相须为用。是二篇者，虽《外篇》之压卷，实《内篇》之括囊。《史通》正本已尽于是。

① 一讹作“编”。

② 释：得此二句，缴得“正史”二字碧清。

卷十三

疑古第三[①]

盖古之史氏，区分有二焉：一曰记言，二曰记事。而古人所学，以言为首。[②]至若虞、夏之典，商、周之诰，仲虺、周任之言，史佚、臧文之说，[③]凡有游谈、专对、献策、上书者，莫不引为端绪，归其的准。[④]其于事也则不然。至[⑤]若少昊之以鸟名官；陶唐之[⑥]御龙拜职；夏氏之中衰也，其盗有后羿、寒浞；齐邦之始建也，其君有蒲姑、伯陵。[⑦]斯并开国承家，异闻奇事。而后世学者，罕传其说，唯夫博物君子，或粗知其一隅。[⑧]此则记事之史不行，而记言之书见重，断可知矣。[⑨]

及左氏之为传也，虽义释本经，而语杂它事。遂使两汉儒者，嫉之若仇。故二传大行，[⑩]擅名于[⑪]世。又孔门之著录[⑫]也，《论语》专述言辞，《家语》兼陈事业。而自古学徒相授，唯称《论语》而已。由斯而谈，并古人轻事重言之明效也。[⑬]然则上起唐尧，下终秦穆，其《书》所录，唯有百篇。而《书》之所载，以言为主。至于废兴行事，万不记一。语其缺略，可胜道哉！[⑭]故令后人有言，唐、虞以下帝王之事，未易明也。[⑮]

案《论语》曰："君子成人之美，不成人之恶。"又曰："成事不说，事已成，不可复解说。遂事不谏，事已遂，不可复谏止。既往不咎。”事已往，不可复追咎。又曰：“民可使由之，不可使知之。”由，用也。可用而不可使知者，百姓日用而不能知。自此引经四处，注皆全写先儒所释也。夫圣人立教，其言若是。[16]在于史籍，其义亦然。是以美者因其美而[17]美之，虽有其恶，不加[18]毁也；恶者因其恶而恶之，虽有其美，不加誉也。故孟子曰：“尧、舜不胜其美，桀、纣不胜其恶。”魏文帝曰：“舜、禹之事，吾知之矣。”汉景帝曰：“言[19]学者无[20]言汤、武受命，不为愚。”斯并曩贤精鉴，已有先觉。而拘于礼法，限以师训，虽口不能言，而心知其不可者，盖亦多矣。[21]

又案鲁史之有《春秋》也，外为贤者，内为本国，事靡洪纤，动皆隐讳。斯乃周公之格言。然何必《春秋》，在于《六经》，亦皆如此。故观夫子之刊《书》也，夏桀让汤，武王斩纣，其事甚著，而芟夷不存。此事出《周书》。案《周书》是孔子删《尚书》之余，以成其录也。[22]观夫子之定礼也，[23]隐、闵非命，恶、视不终，而奋笔昌言，云“鲁无篡弑”。观夫子之删《诗》也，凡诸[24]《国风》，皆有怨刺，在于鲁国，独无其章。鲁多淫僻，岂无刺诗，盖夫子删去而不录。观夫子之《论语》也，君娶于吴，是谓同姓，而司败发问，对以“知礼”。[25]斯验世[26]人之饰智矜愚，爱憎由己者多矣。[27]加以古文载事，其词简约，[28]推者难详，[29]缺漏无补。遂令后来学者莫究其源，蒙然靡察，有如聋瞽。今故讦[30]其疑事，以著于篇。凡有十条，列之于后。

按：此《疑古》之序也，不入条数。“古”字专指《尚书》，其为“疑”字解说，则托言于古文隐讳。通观十条，显斥古圣，罪无辞矣。然读书尚论其意，有可推者，敢一雪之。

知幾眼见近古自新莽始祸，以及当涂、典午，南则刘、萧、陈氏，北则齐、周、杨坚，累朝践代，类以攘窃之诈，佹为推挹之文。虽逮李唐，奋戈除暴，犹必虚拥代邸，粉饰禅书。一则曰宜遵故事，再则曰一依前典，引经作册，居然旧章。讳诛伐为恶声，掩揖让而护迹。凡资口实，率附陶、姚。于是古帝前王，青天白日气象，尘昏雾塞，五六百年于此矣。作者恫焉，假号汲坟之荒简，反兵孔壁之遗编。所伤在二姓改玉之交，所影皆九锡升坛之套。其意盖曰古圣且蒙疑谤，此事谁容售欺，凭伊借面有辞，至竟隐形无地耳。其所提防，盖在于此。叵奈知幾者，不学无术，以文害志，恣行横议，妄冀昭奸，何其辽哉！不揣梼昧，颇推其本意而释之如左。

① 旧注十一条，或作十二条，今刊去。

② 释：以记事托记言，发端起议。

③ 此皆言也。

④ 言则世多习知。

⑤ 一作“乃”。

⑥ 旧有“以”字。

⑦ 此皆事也。

⑧ 事而少僻，则闻者希矣。

⑨ 释：疑古之疑，疑皆在事，故以言详事略领局也。

⑩ 二传释言为多。

⑪ 一作“后”。

⑫ 一作“述”。

⑬ 释：又以《左氏》、《论语》证之。

⑭ 释：落到《尚书》记言略事，是篇主。

⑮ 释：篇局至此截，其意总为讳恶伏根。

⑯ 释：引经为讳恶发端。

⑰ 一作“以”。

⑱ 一作“之”，下同。

⑲ 旧脱“言”字。

⑳ 一作“不”。

㉑ 释：至此落出略事之故，意在讳恶，是本序立言之指。

㉒ 释：此五句见《疑古》大意。

㉓ 足礼即修《春秋》也。以《春秋》为周礼旧法，故云然。

㉔ 旧作“语”，误。

㉕ 释：定礼三项，用他经陪证之。

㉖ 郭作“世”，别作“圣”。

㉗ 释：此二句总缴，言诸经皆有讳词，则世史饰诈益无疑矣。隐对后条近古奸雄桓玄、司马等。意诸本作“圣人”者，大非。

㉘ 释：专归到《尚书》。

㉙ 一作“该”。

㉚ 一作“评”。

以鸟名官　见《书志》篇。又《竹书纪年》：少昊登帝位，有凤凰之瑞。或曰名清不居帝位，帅鸟师居西方，以鸟纪官。按：名清，上古人名。

御龙拜职　《史记·夏纪》：帝孔甲立，好方鬼神事。天降龙二，有雌雄，孔甲不能食。陶唐后有刘累，学扰龙于豢龙氏，以事孔甲。孔甲赐之姓，曰御龙氏，受豕韦之后。

后羿寒浞　两见《左传》。又《竹书纪年》：帝太康居斟郡，畋于洛表。羿入斟郡。帝仲康七年，世子相出居商丘。帝相八年，寒浞杀羿。九年，相居于斟灌。二十六年，浞使其子浇灭斟灌。二十七年，伐斟郡，灭之。二十八年，弑帝。后缗归于有仍，伯靡奔鬲。世子少康生，在丙寅年。乙酉，少康奔虞。甲辰，少康使女艾杀浇。乙巳，伯靡杀寒浞，少康归于夏邑。

蒲姑伯陵　《左》昭二十：齐侯至自田，晏子侍于遄台。晏子曰：“昔爽鸠氏始居此地，季萴因之，有逢伯陵因之，蒲姑氏因之，而后太公因之。”

孟子魏文汉景三言　孟子语见《风俗通·正失》篇，曰：“尧、舜不胜其美，桀、纣不胜其恶。传言失指，图景失形。”魏文语见《魏志·文纪》注，前

《史官》篇已引之。汉景语见《史记·儒林·辕固生传》,曰:“食肉不食马肝,不为不知味;言学者无言汤、武受命,不为愚。”

隐闵非命　《左》隐十一:羽父请杀桓公,公曰:“吾将授之矣。”羽父惧,反谮公于桓公,而请弑之。十一月,羽父使贼弑公于寪氏,立桓公。闵二:初,公傅夺卜齮田,公不禁。秋八月,共仲使卜齮贼公于武闱。成季以僖公适邾,共仲奔莒,乃入,立之。

恶视不终　前见《编次》,后见《惑经》。

盖《虞书》之美放勋也,云:“克明俊[①]德。”而陆贾《新语》又曰:“尧、舜之人,[②]比屋可封。”盖因《尧典》成文而广造奇说也。案《春秋传》云:高阳、高辛二氏各有才子八人,谓之“元”、“凯”。此十六族也,世济其美,不陨其名,以至于尧,尧不能举。帝鸿氏、少昊氏、颛顼氏各有不才子,谓之“浑沌”、“穷奇”、“梼杌”。此三族也,世济其凶,增其恶名,以至于尧,尧不能去。缙云氏亦有不才子,天下谓之“饕餮”,以比[③]三族,俱称“四凶”。而尧亦不能去。斯则当尧之世,小人君子,比肩齐列,善恶无分,贤愚共贯。且[④]《论语》有云:“舜举咎繇,不仁者远。”是则当咎繇未举,不仁甚多,弥验尧时群小在位者矣。[⑤]又安得谓之“克明俊德”、“比屋可封”者乎?其疑一也。

按:十疑之中,不言嬗代之事者,独此首条耳。亦见凡在盛朝,铺张善治,必不免于溢辞,为后此诸条作引也。

① 或作“峻”,下同。

② 本作“民”,或作“臣”,误。

③ 或讹“此”。

④ 一讹“但”。

⑤ 一脱“矣”字。

比屋可封 《新语·无为》篇：尧、舜之民，可比屋而封，桀、纣之民，可比屋而诛者，教化使然也。

元凯四凶 见《左氏》文十八传，文已略具。浑沌之“沌”，《左》作“敦”，读如沌。

《尧典·序》又云：“将逊于位，让于[①]虞舜。”孔氏《注》曰：“尧知子丹朱不肖，故有禅位之志。”案《汲冢琐语》云：“舜放尧于平阳。”而书云[②]某地[③]有城，以“囚尧”为号。识者凭斯异说，颇以禅授为疑。然则观此二书，已足为证者矣，而犹有所未睹也。何者？据《山海经》，谓放勋之子为帝丹朱，[④]而列君[⑤]于帝者，得非舜虽废尧，仍立尧子，俄又夺其帝者乎？观近古[⑥]有奸雄奋发，自号勤王，或废父而立其子，或黜兄而奉其弟，始则示相推戴，终亦成其篡夺。求诸历代，往往而有。必以古方今，千载一揆。斯则尧之授舜，其事难明，谓之让国，徒虚语耳。其疑二也。

按：本篇所疑嬗代之事，自此条起，即提破近古奸雄，可以知其意之所寄。

嬗局至元、明始转，然后伪让绝，直道伸。

① 一少“于”字。

② 书名缺。

③ 地名缺。

④ 疑脱“尧未传子”句。

⑤ “君”疑“名”字之讹。

⑥ 一脱“古”字。

汲冢琐语　见《春秋》家，又详后《惑经》篇之末。

帝丹朱　《海内南经》：苍梧之山，帝舜葬于阳，帝丹朱葬于阴。

《虞书·舜典》又云：“五十载，陟方乃死。”《注》云：“死苍梧之野，因葬焉。”案苍梧者，于楚则川号汨罗，在汉则邑称零、桂。地总百越，山连五岭。人风婀划，[①]地气歊瘴。虽使百金之子，犹惮经履其途；况以万乘之君，而堪巡幸其国？且舜必以精华既竭，形神告劳，舍兹宝位，如释重负。[②]何得以垂殁之年，更践不毛之地？兼复二妃不从，怨旷生离，万里无依，孤魂溘尽，让王高蹈，岂其若是者乎？历观自古人君废逐，若夏桀放于南巢，赵嘉[③]迁于房陵，周王流彘，楚帝徙郴，语其艰棘，未有如斯之甚者[④]也。斯则陟方之死，其殆文命之志乎？其疑三也。

按：此条追出“文命之志”一句，志在刘宋之于零陵也。自零陵后，禅位之君罕得全者。

① 谓文身。

② 一作“负重”。

③ 当作“迁”。

④ 一无“者”字。

注云　此谓孔氏安国《传》也。《传》言："方，道也。""升道，南方巡守，死于苍梧之野而葬焉。"至蔡《传》以"陟方"作"升遐"解，而又援《竹书》"帝王之没曰'陟'"为据。或又以《汉书》注"掘土为坑曰方"，为"方"字之据。若尔，则只如《竹书》书"陟"已足，即缀一"方"字尚可强通，而复缀之以"乃死"，何耶？蔡云："犹言殂落而死也。""殂落"下添"而死"二字，岂复成语耶？详味句法，毕竟孔《传》为正。但以《大禹谟》"受终"之文印之，是时禹摄帝位久矣，舜不应更事亲巡。愚谓古经此等处当阙疑。

赵迁　《淮南子》：赵王迁流于房陵，思故乡，作山水之讴。《赵世家》：秦既虏迁，赵之亡大夫共立嘉为王。六年，秦破嘉，灭赵。

徙郴　《项羽本纪》：诸侯罢戏下，各就国。项羽使使徙义帝长沙郴县，阴令衡山、临江王击杀之江中。

《汲冢书》云："舜放尧于平阳，[①]益为启所诛。"又曰："太甲杀伊尹，文丁[②]杀季历。"凡此数事，语异正经。其书近出，世人多不之信也。案舜之放尧，[③]无事别说，足验其情，已于[④]篇前[⑤]言之详矣。[⑥]夫唯益与伊尹见[⑦]戮，并[⑧]于正书犹无其证。推[⑨]而论之，如启之诛益，仍可覆也。何者？舜废尧而立丹朱，禹黜舜而立商均，益手握机权，势同舜、禹，而欲因循故事，坐膺天禄。其事不成，自贻伊咎。观夫近古篡夺，桓独不全，马仍反正。若启之诛益，亦由[⑩]晋之杀玄乎？若舜、禹相代，事业皆成，唯益覆车，伏辜夏后，亦犹桓效曹、马，而独致元兴[⑪]之祸者乎？其疑四也。

按：此条直提破桓玄之于晋安，意可见已。盖举称乱杀身者，以为世鉴。

① 带引此句,蒙前条说下。

② 旧谬作“王”。

③ 旧有“文之杀季”四字,羡文。

④ 旧衍“此”字。

⑤ 旧衍“后”字。

⑥ 此条前后并无“文丁杀季”之言,故知本文句字多羡。

⑦ 一作“受”。

⑧ 一无“并”字。

⑨ 一作“摧”。

⑩ “犹”通。

⑪ 晋安帝改元。

益为启诛　黄《补注》:案《竹书纪年》,启既立,费侯伯益出就国,无启杀益事。盖《琐语》中载之。

太甲文丁　《竹书纪年》:太甲元年,伊尹放太甲于桐,乃自立。七年,王潜出自桐,杀伊尹。又:文丁十一年,周公季历伐翳徒之戎,来献捷。王杀季历。按:文丁即太丁。沈约《注》云:《史记》作“太丁”,非。又《晋书·束晳传》引《纪年》之文,亦作“文丁”也。再按:本条除领句,皆言上杀下之事。妄人不解文义,并不考文丁为何人,遂乃改“丁”为“王”耳。

桓独不全　《晋·安帝纪》:隆安二年,广州刺史桓玄举兵反。元兴二年,玄篡位,帝蒙尘。三年,帝幸江陵。五月,督护冯迁斩玄于貊盘洲,乘舆反正。

《汤誓·序》[①]云:“汤伐桀,战于鸣条。”又云:“汤放桀于南巢,唯有惭德。”而《周书·殷祝》篇称“桀让汤王位”云云。[②]此则有异于《尚书》。如《周书》之所说,岂非汤既胜桀,力制夏人,使桀推让,归王于己。盖欲比迹尧、舜,袭其高名者乎？又案《墨子》云：汤以天下让务光，而使人说曰："汤欲加恶名于汝。"务光遂投清冷之泉而死。汤乃即位无疑。然则汤之饰让，伪迹甚多。考墨家所言，雅与《周书》相会。[3]夫[4]《书》之作，本出《尚书》，孔父截剪浮词，裁成雅诰，[5]去其鄙事，直云"惭德"，岂非欲灭汤之过，增桀之恶者乎？其疑五也。

按：千古无假征诛，但有伪揖让。如此条借影《殷祝》篇文，必欲掩征诛而傅诸揖让，曹、马辈之态毕献矣。即刘氏假杂出之书，以褫彼辈之魄，亦尽态矣。彼为胶柱之解者，吾不敢以善读书许之。

① 旧本"誓"误作"诰"，又脱"序"字。

② 句止檃括《周书》之文。

③ 一作"合"。

④ 当有"周"字。

⑤ 一作"语"。

殷祝篇　在《逸周书》第六十六。其略曰：汤将放桀，士民奔汤，国中虚。桀请汤曰："君有人，请致国。"汤曰："否，士民惑，吾为王明之。"士民复，致于桀曰："何必君更。"桀南徙不齐，民奔汤。桀复请汤，言："国，君之有也。"汤曰："否，我为君王明之。"桀徙于鲁，又曰："国，君之有也。"汤不能止桀，而复薄三千诸侯曰："有道者处之。"三千诸侯莫敢即位，然后汤即天子之位。

汤让务光　按：《墨子》之云，《庄子》亦载之，"务"作"瞀"。《让王》篇：汤将伐桀，因瞀光而谋。瞀光曰："非吾事也。"汤伐桀，克之。以让瞀光曰："吾子何不立乎？"辞曰："吾闻之，无道之世，不践其土，况尊我乎？吾不忍久见也。"乃负石而自沉于庐水。

夫《五经》立言，千载犹仰，而求其前后，理甚相乖。何者？称周之盛也，则云三分有二，商纣为独夫；语殷之败也，又云纣有臣亿万人，其亡流血漂杵。斯则是非无准，向背不同者焉。又案武王为《泰誓》，数纣过失，亦犹近代之有吕相为晋绝秦，陈琳为袁檄魏，[①]欲加之罪，能无辞乎？而后来诸子，承其伪说，竞[②]列纣罪，有倍《五经》。故子贡曰：桀、纣之恶不至是，君子恶居下流。班生亦云：安有据妇人临[③]朝！刘向又曰：世人有弑父害君，桀、纣不至是，而天下[④]恶者必以桀、纣为先。此其自古言辛、癸之罪，将非厚诬者乎？其疑六也。

按：此条非宽失国之荒主也，欲甚代兴之罪，而为之辞也。

① 袁亦不直耳，曹恶得无罪。陈琳句谬引。

② 一作“竟”。

③ 一作“于”。

④ 当有“归”字。

陈琳檄　《文选·为袁绍檄豫州》善注：《魏志》曰：“陈孔璋避难冀州，袁本初使典文章，作此檄。”

据妇临朝　《汉书》：成帝宴饮，乘舆幄坐，画纣据妲己。上指问班伯曰：纣至是乎？伯对曰：《书》云“用妇之言”，何有踞肆于朝？所谓众恶归之，不如是之甚也。

《微子之命》篇《序》[①]云：“杀武庚。”[②]案禄父即商纣之子也。属社稷倾覆，家国沦亡，父首枭悬，母躯分裂，永言怨耻，生人[③]莫二。向使其侯服事周，而全躯保其妻子也，仰天俯地，何以为生？含齿戴发，何以为貌？既而合谋二叔，徇节三监，虽君亲之怨不除，而臣子之诚可见。考诸名教，生死无惭。议[④]者苟以其功业不成，便以顽人[⑤]。为目。必如是，则有君若夏少康，有臣若伍子胥，[⑥]向若陨仇雪怨，众败身灭，亦当隶迹丑徒，编名逆党者邪？其疑七也。

按：此条伤魏、晋而下诸末造鲜义旅也。“宁为高贵乡公死，莫作常道乡公生。”“宁为袁粲死，莫作褚渊生。”臣子之于君父，其义一也，岂只为殷顽雪涕而已。

① 旧脱“序”字。

② 《序》云：“杀武庚，命微子代殷后。”

③ 一作“死”。

④ 一讹“议”字为“于义”二字。

⑤ 民。

⑥ 当作“申包胥”。

武庚禄父　《竹书纪年》：周武王十二年，伐殷，王亲禽受于南单之台。遂分天之明，立受子禄父，是为武庚。成王元年，武庚以殷畔。三年，王师灭殷，杀武庚。

申包胥　《左》定四：初，伍员与申包胥友。其亡也，谓申包胥曰：“我必复楚国。”申包胥曰：“子能复之，我必能兴之。”及昭王在随，申包胥如秦乞师，立依于庭墙而哭，七日，秦师乃出。王卒复国。若作伍胥，于本条不切矣。

《论语》曰：大矣，周之德也。三分天下有其二，犹服事殷。案《尚书·序》[①]云：西伯戡黎，殷始咎周。[②]夫姬氏爵乃诸侯，而辄行征伐，结怨王室，殊[③]无愧畏。此则《春秋》荆蛮之灭诸姬，《论语》季氏之伐颛臾也。又案某[④]书曰：朱雀云云，[⑤]文王受命称王云云。夫天无二日，地惟一人，有殷犹存，而王号遽立，此即《春秋》楚及吴、越僭号而陵天子也。然则戡黎灭崇，自同王者，服事之道，理不如斯。亦犹近者魏司马文王害权臣，黜少帝，坐加九锡，行驾六马。及其殁也，而荀勖犹谓之人臣以终。盖姬之事殷，当比马之臣魏，必称周德之大者，不亦虚为其说乎？[⑥]其疑八也。

按：此条亦提破司马，举昭为例。前操后裕等，皆比于一科。

① 旧脱"序"字。

② 二句序文。

③ 一作"曾"。

④ 书名阙，一讹"其"。

⑤ 朱雀句当有本文，"云云"字误。

⑥ 一作"设也"。

九锡六马　《魏·三少帝纪》：甘露五年，以司马文王封晋公，加九锡。咸熙二年，命晋王建天子旌旗，乘金根车，驾六马，位在燕王上。

荀勖犹谓人臣　《晋书》：荀勖字公曾。晋武受禅，拜中书监。按：谀昭之语，本传不载。《世说·方正》注：王隐《晋书》曰：勖性佞媚，良史当著佞幸传。盖其人媚贾祸晋者也，是其前谄马倾曹可知。

《论语》曰："太伯可谓至德也已。三以天下让，民无得而称焉。"案《吕氏春秋》[①]所载云云，斯则太王钟爱厥孙，将立其父。太伯年居长嫡，地实妨贤。向若强颜苟视，怀疑不去，大则类卫伋之诛，小则同楚建之逐，虽欲勿让，君亲其立诸？且太王之殂，太伯来赴，季历承考遗命，推让厥昆。太伯以形质已残，有辞获免。原夫毁兹玉体，从彼被发者，本以外绝嫌疑，内释[②]猜忌，譬雄鸡自断其尾，用获免于人牺者焉。又案《春秋》，晋士蒍见[③]申生之将废也，曰：为吴太伯，犹有令名。斯则太伯、申生，事如一体。直以出处有异，故成败不同。若夫子之论太伯也，必美其因病成妍，转祸为福，斯则当矣。如云"可谓至德"者，无乃谬为其誉乎？其疑九也。

按：此条独不括《尚书》，盖因西伯条而及之也。太伯之德，三让之指，理学大儒，讫无定解。知幾一以后世情事揣之，讵足与辩。夫亦心恻于隐太子之事乎？

① 书名恐误，当是《吴越春秋》。

② 一作"怀"。

③ 一脱"见"字。

吕氏春秋　按：此句定误。尝取其书所谓十二纪、八览、六论纵观之，曾无一语及太伯事者。试抽《吴越春秋》覆之，乃遇其文，今录于左。

所载云云　《吴越春秋》：古公三子，长曰太伯，次曰仲雍，雍一名虞仲，少曰季历。季历娶妻太任氏，生子昌。昌有圣瑞。古公曰："兴王业者，其在昌乎？"太伯、仲雍望风知指，曰："历者，适也。"知古公欲以国及昌。古公病，二人托名采药于衡山，遂之荆蛮，断发文身，为夷狄之服，示不可用。古公卒，太伯、仲雍归赴，丧毕，还荆蛮，国民君而事之，自号为勾吴。古公将卒，令季历让国于太伯，而三让不受，于是季历莅政。

卫伋　《卫世家》：初，宣公爱夫人夷姜，生子伋，以为太子。为太子娶齐女而自取之，生子寿、子朔。伋母死，夫人与朔共谗太子伋。公乃使伋于齐，而令盗遮界上杀之。按：事见《左》桓十六。"伋"，《左》作"急子"。

楚建　《左》昭十九：楚子生太子建，王为之聘于秦。费无极与逆，劝王取之。城城父而置太子焉。二十年，无极言于楚子曰："建将以方城之外叛。"王信之，使城父司马奋扬杀太子。未至，太子建奔宋。

鸡断尾　《外传·周语》：宾孟适郊，见雄鸡自断其尾。问之侍者，曰："惮其牺也。"

为吴太伯　晋士蔿语，见《左传》闵元年。

《尚书·金縢》篇云："管、蔡流言，公将不利于孺子。"《左传》云："周公杀管叔而放[①]蔡叔，夫岂[②]不爱，王室故也。"[③]案《尚书·君奭》篇《序》云："召公为保，周公为师，相成王，为左右。召公不说。"[④]斯则旦行不臣之礼，挟震主之威，迹居疑似，坐招讪谤。虽奭以亚圣之德，负明允之才，目睹其事，犹怀愤懑。况彼二叔者，才处中人，地居下国，侧闻异议，能不怀猜？原其推戈反噬，事由误我。[⑤]而周公自以不诚，[⑥]遽加显戮，与夫汉代之[⑦]赦淮南，[⑧]宽阜陵，一何远哉！斯则周公于友于之[⑨]义薄矣。而《书》[⑩]之所述，用为美谈者，何哉？其疑十也。

按：此亦与上条为类。刘之不足与语周公，犹其不足语于太伯、文王也。然为此说者，于隐、巢之间喋血之变，或不能不寓于微辞焉。

①《左》作“蔡”。

② 旧误“其”。

③ 昭元。

④ 皆《君奭・序》之文。

⑤ 一作“諓”。

⑥ 当作“咸”，假用《左氏》语。

⑦ 一无“之”字。

⑧ 此下一增“明帝”二字。

⑨ 一作“其”。

⑩ 旧作“诗”。

赦淮南 《汉书》：淮南厉王长，高帝少子也。孝文即位，自以为最亲，骄蹇，数不奉法，上宽赦之。入朝甚横，文帝不治。归国益恣。及谋反事觉，吏杂奏所犯，当弃市。制曰：“其赦长死罪，废勿王。”

宽阜陵 《后汉书》：光武帝子阜陵质王延，封淮阳。性骄奢。有告延作图谶祝诅事，显宗特加恩，徙为阜陵王。延怀怨望。复有告延逆谋者，肃宗诏曰：王前犯大逆，有同管、蔡。先帝屈法，王曾莫悔。今贬为侯。后幸九江，见延，以喜以悲，复为王。

大抵自《春秋》以前，《尚书》之世，其作者述事如此。[①]今取其正经雅言，理有难晓，诸子异说，义或可凭，参而会之，以相研核。[②]如异于此，则无论焉。[③]夫远古之书，与近古之史，非唯繁约不类，固[④]亦向背皆殊。何者？近古之史也，言唯详备，事罕甄择。使夫学者睹一邦之政，则善恶相参；观一主之才，而贤愚殆半。至于远古则不然。夫其所录也，略举纲维，务存褒讳，寻其终始，隐没者多。尝试言之，向使汉、魏、晋、宋之君生于上代，[⑤]尧、舜、禹、汤之主出于中叶，俾史官易地而书，各叙时事，校其得失，固未可量。[⑥]若乃轮扁称其糟粕，孔氏述其传疑，孟子曰：尽信《书》，不如无《书》。《武成》之[⑦]篇，吾取其二三简。[⑧]推此而言，则远古之书，其妄甚矣。岂比夫王沈之不实，沈约之多诈，若斯而已矣。[⑨]

按：此十疑后跋也，不入条数。

此等书，怒其非圣无法，而严为摈者，谊人之辞也。会其读史寄愤，而悬为解者，晓人之辞也。徒骇其拂经横议，而出我巾箱剩语，与之讲是对非，则痴人之辞矣。浮翳障日，日岂陨明，促促焉起而詈骂之，传称"鲁人为敏"，其类是哉！

① 释：十疑皆在《尚书》之世也。此三句点出。

② 一作"覆"。

③ 释：数语缴完。

④ 一作"故"。

⑤ 一作"三代"，非。

⑥ 释：加此一层，明指出后来篡夺诸代互相推勘之旨。大意言远古讳略，犹且异闻错出。况若后代奸雄，纵使上生彼世，其诸逆节，散见丛残，又当何如哉！

⑦ 一脱"之"字。

⑧ 一本此下有"而为累文，与近古同焉"九字，词义未亮。一本无此九字。

⑨ 一作"哉"。释：末段与《内篇》抑马扬班同意。诚著述家无骛荒远也。

卷十四

惑经第四[①]

昔孔宣父以大圣之德，应运而生，生人[②]已来，未之有也。故使三千弟子、七十门人，钻仰不及，请益无倦。然则[③]尺有所短，寸有所长，其间切磋酬对，颇亦互闻得失。何者？睹仲由之不悦，则矢天厌以自明；答言偃之弦歌，则称戏言以释难。斯则圣人[④]设教，其理含弘，或援誓以表心，或称非以受屈。岂与夫庸儒末学，文过饰非，使夫问者缄辞杜口，怀疑不展，若斯而已哉？[⑤]嗟夫！古今世殊，师授路隔，恨不得亲膺洒扫，陪五尺之童；躬奉德音，抚四科之友。而徒以研寻蠹简，穿凿遗文，菁华久谢，糟粕为偶。遂使理有未达，无由质疑。是用握卷踌躇，挥毫悱愤。傥梁木斯坏，魂而有灵，敢效接舆之歌，辄同林放之问。[⑥]但孔氏之立言行事，删《诗》赞《易》，其义既广，难以具论。今惟摭其史文，评之于后。[⑦]

按：此亦序也，但自表作之之由，不参别意，所言圣人胸次，见地高明。

① 题下、篇中，旧皆有注，或作二十条，或作二十二条，皆未允，今并去之。

② 民。

③ 作"然而"用。

④ 旧有"之"字。

⑤ 释：首言至圣不拒人辩难。

⑥ 释：此言愿献疑义。〇已上总统遗经而言。

⑦ 末借《诗》、《易》折归《春秋》。一本连下，非。

案夫子所修之史，是曰《春秋》。窃详《春秋》之义，其所未谕[1]者有十二。[2]

按：《惑经》专主《春秋》。通分二截：曰未谕，曰虚美。此四句为未谕诸条作总挈也。

经何以惑？为传惑也。为传惑，曷为言惑经？传主事，经主义。义，权也；事，物也。有物于此，杂然而集吾衡。吾受而权之，而等者敧焉，变者胶焉。失在物乎？失在权乎？曰：在权。《春秋》事同书异，事异书同，故惑在经矣。曰：惑经是乎？曰：恶乎是！经由圣而作，圣不可知，恶能知经。不知而为之辞，是非圣也。然则奚而不斥也？曰：无庸也。事形何常，义类何尽，惑而辩，圣人弗禁。虽然，传实惑之。圣人笔经不笔例，传者例歧而经歧。[3]曰：欧阳子言之矣："舍君子而从圣人。"舍君子者，舍传也。舍传可乎？曰：吾不夺子以可，吾将穷子以能。子能比十二公之传而舍诸乎？将择而舍诸也？择而舍诸，则子奚择而舍之？非圣不可，舍传不能，十二未谕之云，吾以过而存者存之。

十二未谕，不得与疑古同科。

① "喻"通，后同。

② 旧亦连下。

③ 自传者、注者各以意为例，而《春秋》一经自此多事矣。

何者？赵盂以无辞伐国，贬号为人；杞伯以夷礼[①]来朝，降爵称子。虞班晋上，恶贪贿而先书；楚长晋盟，讥无信而后列。此则人伦臧否，在我笔端，直道而行，夫何所让？奚为齐、郑及楚，[②]国有弑君，各以疾赴，遂皆书卒？襄七年，郑子驷弑其君僖公；昭元年，楚公子围弑其君郏敖；哀公十年，齐人弑其君悼公。而《春秋》但书云：郑伯髡顽卒，楚子麇卒，齐侯阳生卒。[③]夫臣弑其君，子弑其父，凡在含识，皆知耻惧。苟欺而可免，则谁不愿然？且官为正卿，反不讨贼；地居冢嫡，药不亲尝。遂皆被以恶名，播诸来叶。必以彼三逆，方兹二弑。躬为枭獍，则漏网遗名；迹涉瓜李，乃凝脂[④]显录。嫉恶之情，岂其若是？其所未谕一也。

又案齐乞[⑤]野幕之戮，[⑥]事起阳生；楚比[⑦]乾溪之缢，[⑧]祸由观从。[⑨]乞谓齐陈乞，比谓楚公子比也。[⑩]而《春秋》捐其首谋，舍其亲弑，亦何异鲁酒薄而邯郸围，城门火而池鱼及。必如是，则邾之阍者私憾射姑，以其君卞[⑪]急而好洁，可行欺以激怒，遂倾瓶水以[⑫]沃庭，俾废炉而烂卒。斯亦罪之大者，奚[⑬]不书弑乎？宜书云阍弑邾子。其所未谕二也。

按：已上二条皆弑君事，故连类言之。

乞先召寇，比遽称王，皆法所不逭。知幾多此一惑，由墨守杜《注》故。

① 一脱“礼”字。

② 照《春秋》世次，当作郑、楚及齐。

③ 按：旧注三弑与本文经文并皆失次，今依《春秋》世次列之。

④ 或刊作“拟指”，非。

⑤ 一作“荼”。

⑥ 一作“弑”。

⑦ 一作“灵”。

⑧ 一作“弑”。

⑨ 原作“常寿”,误。

⑩ 按:此注旧在“舍其亲弑”之下,今移此。

⑪ 旧脱“卞”字。

⑫ 一脱“以”字。

⑬ 一作“曷”。

赵孟贬为人　宣二《经》:晋人、宋人、卫人、陈人侵郑。杜《注》:晋赵盾兴诸侯之师,畏楚而还,失霸者之义,故贬称人。《传》首孔《疏》:孟、伯,俱长也。《礼纬》云:庶长称孟,然则适子长者称伯,所以别也。如赵氏,赵盾之后,盾为庶长,故子孙恒以孟言之。

杞伯降称子　僖二十七《经》:杞子来朝。《传》:杞桓公来朝,用夷礼,故称子。

虞班晋上　僖二《经》:虞师、晋师灭下阳。《传》:先书虞,贿故也。《注》:虞非倡兵之首,而先书之,恶贪贿也。

楚长晋盟　襄二十七《经》:叔孙豹会晋赵武、楚屈建、蔡公孙归生、卫石恶、陈孔奂、郑良霄、许人、曹人于宋。《传》:将盟,楚人衷甲。伯州犁曰:“合诸侯之师以为不信,是弃所以合诸侯也。”子木曰:“事利而已,苟得志焉,焉用有信?”盟先楚人,书先晋,晋有信也。《注》:盖孔子追正之。

齐郑楚弑以疾赴　哀十《经》:齐侯阳生卒。《注》:以疾赴,故不书弑。襄七《经》:郑伯髡顽卒于鄵。《注》:实为子驷所弑,以疟疾赴,故不书弑。昭元《经》:楚子麇卒。《注》:楚以疟疾赴,故不书弑。

反不讨贼　宣二《经》:晋赵盾弑其君夷皋。《传》:晋侯饮赵盾酒,公嗾夫獒焉。斗且出,遂自亡也。赵穿攻灵公于桃园。宣子未出疆而复。太史书“赵盾弑其君”,以示于朝。宣子曰:“不然。”对曰:“子为正卿,亡不越境，反不讨贼，非子而谁？”

药不亲尝　昭十九《经》：许世子止弑其君买。《传》：许悼公疟，饮太子止之药，卒。太子奔晋。书曰“弑其君”。

凝脂　《中华古今注》：燕脂，以红蓝花汁凝作脂，燕国所生。《旧书·崔仁师传》：凝脂犹密，秋荼尚烦。按：盖谓刑峻。

齐乞楚比　哀六《经》：齐阳生入于齐。齐陈乞弑其君荼。《传》：陈乞与诸大夫以甲入于公宫，公战于庄，败。陈僖子使召公子阳生，立之。悼公使胡姬以安孺子如赖。使朱毛告于陈子曰：君不可以二。僖子不对而泣。公使毛迁孺子于骀，杀诸野幕之下。昭十三《经》：楚公子比自晋归于楚，弑其君虔于乾溪。《传》：楚子次于乾溪。群丧职之族启越大夫常寿过作乱。观起之死也，其子从在蔡，以蔡公之命召子干、子晳，盟于邓，以入楚，杀太子禄及公子罢敌。公子比为王，公子黑肱为令尹，公子弃疾为司马，使观从从师于乾溪。王闻群公子之死也，自投于车下，缢于芋尹申亥氏。《注》：楚比劫立，陈乞流涕，皆疑于免罪。《春秋》明而书之，以为弑主。按：悼公即阳生，安孺子即荼，比即子干，黑肱即子晳，弃疾即蔡公。又按：“观从”作“常寿”，误笔也。

邯郸围池鱼及　《庄子·胠箧》有“鲁酒”句。郭《注》：楚宣王朝诸侯，鲁后至，酒薄。宣王欲辱之，不辞而行。王怒，攻鲁。梁惠王常欲击赵，畏楚救。楚以鲁为事，梁得围邯郸。《清波杂志》张无尽一表，有“鲁酒”、“城门”二句。上句出《庄子》，下句不知所出。《广韵》以池仲鱼为人姓名。白乐天诗：“火发城门鱼水里，救火竭池鱼失水。”不主姓名说。

邾之阍者　定三《经》：邾子穿卒。《传》：邾子在门台，临廷。阍以瓶水沃廷，邾子怒。阍曰：“夷射姑旋焉。”命执之，弗得。滋怒，自投于床，废于炉炭，烂，遂卒。庄公卞急而好洁，故及是。《注》：旋，小便。废，堕也。

盖明镜之照物也，妍媸必露，不以毛嫱之面或有疵瑕，而寝其鉴也；虚空之传响也，清浊必闻，不以绵驹之歌时有误曲,而辍其应也。夫史官执简,宜类于斯。苟爱而知其丑,憎而知其善,善恶必书,斯为实录。观夫子修《春秋》也,多为贤者讳。狄实灭卫,因桓耻[①]而不书;河阳召王,成文美而称狩。斯则情兼向背,志怀彼我。苟书法其如是也,岂不使为人君者,[②]靡惮宪章,虽玷白圭,无惭良史也乎?[③]其所未谕三也。

哀八年及十三年,公再与吴盟,而皆不书。八年《注》云:"不书盟,耻吴夷也。"十三年《注》云:"盟不书,诸侯耻之,故不录也。"桓二年,公及戎盟则书之。[④]戎实豺狼,非我族类。夫非所讳而仍讳,谓当耻而无耻,求之折衷,未见其宜。其所未谕四也。

按:已上二条,《传》、《注》互有为君讳之文,故亦以类举。

① 一脱"耻"字。

② 此四字或作"贤人君子",或作"夫君子"三字,皆误。

③ 一无"也"字,一无"乎"字。

④ 旧无此三字,今补。

灭卫不书　闵二《经》:狄入卫。《穀梁》范《注》:不言灭而言入者,《春秋》为贤者讳。齐桓不能攘夷狄,故为之讳。

召王称狩　僖二十八《经》:天王狩于河阳。《传》:是会也,晋侯召王,以诸侯见,且使王狩。仲尼曰:"以臣召君,不可以训。"故书云云,"言非其地也,且明德也。"《注》:隐其召君之阙,欲明晋之功德。

再与吴盟不书　哀八《经》:吴伐我。《传》:吴人盟而还。又十三《经》:公会晋侯及吴子于黄池。《传》:辛丑,盟。按二《传》注并见节内。

公及戎盟　桓二《经》:公及戎盟于唐。按:《注》无耻戎之文也。

诸国臣子，非卿不书，必以地来奔，则虽贱亦志。斯岂非国之大事，不可限以常流者耶？[①] 如阳虎盗入于讙，拥阳关而外叛，《传》具其事，《经》独无闻，何哉？且弓玉中[②] 亡，犹获显记；城邑失守，反不沾[③] 书。略大存小，理乖惩劝。其所未谕五也。

按：此条因“入讙以叛”之下，杜《注》有略家臣之说，故举“虽贱亦志”为案，以贱例贱，以书剔不书。

① 一作“也”。

② 一作“云”。

③ 一作“具”。

以地来则志　襄二十一：邾庶其以漆、闾丘来奔。昭五：莒牟夷以牟、娄及防、兹来奔。昭三十一：邾黑肱以滥来奔。以滥，《传》：贱而书名，重地故也。以土地出，求食而已，不求其名，贱而必书。

入讙无闻弓玉获记　定八《经》：盗窃宝玉、大弓。《传》：阳虎欲去三桓，戒都车曰：“癸巳至。”公敛处父与孟孙以壬辰为期，与阳氏战于棘下。阳氏败，阳虎说甲如公宫，取宝玉、大弓以出。入于讙，阳关以叛。《注》：叛不书，略家臣。

案诸侯世嫡，嗣业居丧，既未成君，不避其讳。此《春秋》之例也。何为般、野之殁，皆以名书；[①] 而恶、视之殂，直云“子卒”。其所未谕六也。

凡在人伦不得其死者，邦君已上皆谓之弑，卿士已上通谓之杀。此又《春秋》之例也。案桓二年，书曰：“宋督弑其君与夷及其大夫孔父。”僖十年，又曰：“晋里克弑其君卓及其大夫荀息。”“及”宜改为“杀”。夫臣当为杀，而称及，与君弑同科。苟弑、杀不分，则君臣靡别者矣。《公羊传》曰：“及者何？累也。”虽有此释，其义难通。既未释此疑，其编于未谕。他皆仿此也。其所未谕七也。

按：已上二条以子、臣连举。子之卒，从书名不书名起疑；臣之杀，从“及”字混“弑”字起疑。

北平本书“及其大夫”简端云：“文义甚明，不必致疑。”愚谓准之后史，则疑生焉。后史凡于预君难者，必书曰“杀某官某”；否则曰“某官某死之”。未有统臣于君而云“及”者。

①“书”字旧在“以名”之上。

般野以名书　庄三十二《经》：子般卒。《传》：孟任生子般焉。公薨于路寝。子般即位，次于党氏。共仲使圉人荦贼子般于党氏。《注》：先君未葬，不称爵，不书杀，讳之也。襄三十一《经》：子野卒。《传》：公薨于楚宫，立胡女敬归之子子野。癸巳，卒，毁也。《注》：哀毁以致灭性。

恶视云子卒　文十八《经》：子卒。《传》：公薨，襄仲杀恶及视而立宣公。书曰：“子卒，讳之也。”前详《编次》篇。

弑君及大夫　本文已详。

夫臣子所书，君父是党，虽事乖正直，而理合名教。如鲁之隐、桓戕弑，昭、哀放逐，[1]姜氏淫奔，子般夭酷。斯则邦之孔丑，讳之可也。如公送晋葬，公与吴盟，为齐所止，为邾所败，盟而不至，会而后期，并讳而不书，岂非烦碎之甚？且案汲冢竹书[2]《晋春秋》及《纪年》之载事也，如重耳出奔，惠公见获，书其本国，皆无所隐。唯《鲁春秋》之记其国也，则不然。何者？[3]国家[4]事无大小，苟涉嫌疑，动称耻讳，厚诬来世，奚独多乎！其所未谕八也。

按：此条专指为本国讳言。

① 哀公混入。

② 旧衍“与”字。

③ 犹云此何为者，是缴上之词。

④ 一衍“之”字。

隐桓戕弑　隐十一《经》：公薨。《注》：实弑，书薨。又不地者，史策所讳也。桓十八《经》：公会齐侯于泺，公与夫人姜氏遂如齐。公薨于齐。《传》：公及文姜如齐，齐侯通焉。公谪之，以告。使公子彭生乘公，公薨于车。《经》注：不言戕，讳之也。戕例在宣十八年。《经》：邾人戕鄫子于鄫。《传》：凡自虐其君曰“弑”，自外曰“戕”。

昭哀放逐　昭二十五年，公伐季平子，季氏反兵逐公徒，公出奔。《经》：公孙于齐，次于阳州。《注》：讳奔，故曰孙，若自逊让而去位者。哀二十七附《传》：公患三桓之侈也，三桓亦患公之妄也，故君臣多间。公欲以越伐鲁而去三桓，因孙于邾，乃遂如越。按：哀之出，非逐也，且在《经》后。《惑经》不惑无《经》者，盖牵纽属对之病。

姜淫奔般夭酷　庄元《经》：夫人孙于齐。《注》：内讳奔，谓之孙。般夭，即子般卒。

送晋葬与吴盟　成十《经》：晋侯獳卒，公如晋。《传》：公如晋，晋止公，使送葬，诸侯莫在。鲁人辱之，故不书，讳之也。《注》：讳不书，晋葬也。与吴盟，见前。

为齐止为邾败　僖十六《经》：公会齐侯、宋公、陈侯、卫侯、郑伯、许男、邢侯、曹伯于淮。十七《经》：公至自会。《传》：淮之会，齐人止公。九月，公至。书曰"至自会"，犹有诸侯之事焉，且讳之也。《注》：耻见执，故托会以告庙。又二十二《经》：及邾人战于升陉。《传》：我师败绩。邾人获公胄，悬诸鱼门。《注》：深耻之，不言公，又不言师败绩。

盟不至会后期　文十五《经》：诸侯盟于扈。《传》：凡诸侯会，公不与，不书，讳君恶也；与而不书，后也。《注》：不书，谓不国别序诸侯。文七《经》：公会诸侯、晋大夫，盟于扈。《传》：公后至，不书所会。凡会诸侯，不书所会，后也。后至不书其国，辟不敏也。《注》：不书所会，谓不具列公侯及诸大夫。

晋春秋及纪年　二书即竹书中之目，故句内"与"字是衍。详见《春秋》家及《申左》后注。

案昭十二年，齐纳北燕伯于阳。[①]"伯于阳"[②]者何？公子阳生也。《左传》曰："纳北燕伯款于唐。"杜《注》云：阳即唐，燕之别邑。子曰：[③]"我乃知之矣。"在侧者曰："子苟知之，何以不革？"曰："如尔所不知何？"[④]夫如是，[⑤]夫子之修《春秋》，皆遵彼乖僻，习其讹谬，凡所编次，不加刊改者矣。何为其间则一褒一贬，时有弛张；或沿或革，曾无定体。其所未谕九也。

按：此条驳《公羊》也。《惑经》何以驳《公羊》？以其有孔子语，故及之。

① 此句《经》文。

② 古本复此三字，今本并脱。

③ 一多"齐之事"三字。

④ 自《经》文已下至此，并《公羊传》文。

⑤ 一有"则"字。

伯于阳公子阳生　昭三《经》：北燕伯款出奔齐。十二《经》：齐高偃帅师纳北燕伯于阳。《公羊传》："伯于阳"者何云云。《注》：断三字问之孔子。案《史记》，知"公"误为"伯"，"子"误为"于"，"阳"在"生"刊灭，阙。按：《公羊》自创为例，谓犯父命出者夺其国。如哀二，晋纳卫世子蒯聩于戚而不言卫是也。款非犯父命，不当言"于阳"。又谓小国出入不两书。如僖二十五，楚纳顿子于顿，其出奔不书是也。北燕小国，不当两书。遂以"伯于阳"三字为误，而创为说曰，史不可革。可谓臆说者矣。而托之孔子之语，夫岂其然？刘敞云：《公羊》谓孔子作《春秋》，用百二十国宝书。百二十国书悉如是残缺乎？

又书事之法，其理宜明。使读者求一家之废兴，则前后相会；讨一人之出入，则始末可寻。如定六年，书"郑灭许，以许男斯归"。而哀元年，书"许男与楚围蔡"。夫许既灭矣，君执家亡，能重列诸侯，举兵围国者何哉？盖其间行事，必当有说。《经》既不书，《传》又阙载，[①]缺略如此，寻绎难知。其所未谕十也。

按：此条兼《经》、《传》为说。

① 谓定六、哀元之间，其于许事必有阙文。

其间行事不书　郭《评》：《春秋二十国年表》：定六年，郑灭许，以斯归，元公成立。是则斯虽执，许未亡也。哀元围蔡之许男，即元公成也。子玄失考。按：《春秋》阙书，刘摘非过。《年表》之文，当取以补《经》、《传》，不必驳刘。

案晋自鲁闵公已前，未通于上[①]国。至僖二年，灭下阳已降，渐见于《春秋》。盖始命行人自达于鲁也，而《琐语春秋》载鲁国闵公时事，言之甚详。[②]斯则闻事必书，无假相赴者也。盖当时国史，它皆仿此。至于夫子所修也则不然。凡书异国，皆取来告。苟有所告，虽小必书；如无其告，虽大亦阙。故宋飞六鹢，[③]小事也，以有告而书之；晋灭三邦，大事也，谓灭耿、灭魏、灭霍也。以无告而阙之。用使巨细不均，繁省失中，比夫诸国史记，奚事独为疏阔？寻兹例之作也，盖因周礼旧法，鲁策成文。[④]夫子既撰不刊之书，为后王之则，岂可仍其过失，而不中规矩者[⑤]乎？其所未谕十一也。

盖君子以博闻多识为工，良史以实录直书为贵。而《春秋》记它国之事，必凭来者之辞；而来者所言，多非其实。或兵败而不以败告，君弑而不以弑称，或宜以名而不以名，或应以氏而不以氏，或春崩而以夏闻，或秋葬而以冬赴。皆承其所说而书，遂使真伪莫分，是非相乱。其所未谕十二也。

按：已上二条，皆就他国赴告说，亦是连类。

通观十二未谕，除陈乞、楚比外，皆不能无疑。刘氏惑之，焉得为过。然滋之惑者，《传》实为之，《注》又附益之。刘氏护其子而谴其母，是为不知类耳。

① 当作“宗”。

② 谓鲁事详于晋，亦在晋未见《春秋》前。

③ 王本作“鸮”。

④ 郭本自“比夫”至此二十八字，误作小注。

⑤ 一无“者”字。

晋灭三邦 《左》闵元：晋侯作二军，公将上军，太子申生将下军。赵夙御戎，毕万为右，以灭耿、灭魏、灭霍。《注》：三国皆姬姓。

不以败告不以弑称 不以败告者，《左》隐十一：凡诸侯有命，告则书，不然则否。虽及灭国，灭不告败，胜不告克，不书于策也。不以弑称者，即篇首齐、郑、楚弑君而以疾赴之事也。

宜名不名应氏不氏 不名，如隐七《传》：“滕侯卒，不书名，未同盟也。”又如庄二十五《传》：“陈女叔来聘，嘉之，故不名。”又如宣十《经》：“齐崔氏出奔卫。”《传》言“非其罪也，且告以族，不以名”之类是也。不氏，如成十五《经》：“宋杀其大夫山。”《注》云“不书氏”，《传》言“背其族”之类是也。

春崩夏闻秋葬冬赴 按：句不过言赴闻逾期耳，春夏秋冬字不必泥。如僖八《经》：“十有二月丁未，天王崩。”《注》云：“实以前年闰月崩，以今年十二月丁未告。”是即崩闻之不以时也。至诸侯书葬，则但有往会、不会，书、不书，葬缓、葬速、葬阙月之文。而赴不以时，竟无的考。

凡所未谕，其类尤[①]多，静言思之，莫究所以。岂“夫子之墙数仞，不得其门”者欤？将“某也幸，苟有过，人必知之”者欤？如其与夺，请谢不敏。

按：此数语束上之文也，不应入正条之数。旧注有“十三条”字，非。

① 作“犹”。

又世人以夫子固天攸[①]纵，将圣多能，便谓所著《春秋》，善无不备。而审形者少，随声者多，相与雷同，莫之[②]指实。

榷而为论，其虚美者有五焉。[3]

按：此是虚美总挈。

十二未谕皆自出之疑，五虚美则摭旧说以为翻案。未谕犹婉约其辞，而虚美则公然指斥，是直罔知忌惮矣。法当绝之，勿使并进者。

① 一作“所”。

② 一作“知”。

③ 旧本此处连下，非。

案古者国有史官，具列时事，观汲坟出[1]记，皆与鲁史符同。至如周之东迁，其说稍备；隐、桓已上，难得而详。此之[2]烦省，皆与《春秋》不别。又“获君曰止”，“诛臣曰刺”，“杀其大夫曰杀”，[3]“执我行人”，“郑弃其师”，“陨石于宋五”。其事并出《竹书纪年》，唯“郑弃师”出《琐语晋春秋》也。[4]诸如此句，多是古史全文。则知夫子之所修者，但因其成事，就加雕饰，仍旧而已，有何力哉？加以史策有阙文，时月有失次，皆存而不正，无所用心，斯又不可[5]殚说矣。[6]而太史公云：夫子“为《春秋》，笔则笔，削则削，游、[7]夏之徒，不能赞一辞”。其虚美一也。

按：此条摭《太史公书》为谈柄。书有笔削之言，遂寻出冢书同文及存而不正，以为翻案。

① “坟出”一作“冢所”。

② 一作“其”。

③ 一脱“杀”字。

④ 按:“纪年”二字恐误,今其书无此文也。

⑤ 一多“能而”二字。

⑥ 一无“矣”字。

⑦ 一作“子”。

曰止曰刺曰杀　隐十一《传》:与郑人战于狐壤,止焉。又僖十七《传》:齐人以为讨而止公。《注》:内讳执,皆曰止。成十六《经》:刺公子偃。《注》:鲁杀大夫皆言刺,取《周礼》三刺之法。又《公羊》僖二十八《传》曰:内讳杀大夫,谓之刺也。外杀曰杀,多不胜举。

执行人　昭二十三《经》:晋人执我行人叔孙婼。《注》:称行人,讥晋执使人。

郑弃师　闵二《经》:郑弃其师。《传》:郑人恶高克,使帅师次于河上,久而不召。师溃,高克奔陈。《注》:克状其事以告鲁也。

笔削四句　语见《孔子世家》。

又案宋襄公执滕子而诬之以得罪,楚灵王弑郏敖而赴之以疾亡,《春秋》皆承告而书,曾无变革。是则无辜者反加以罪,有罪者得隐其辜,求诸劝戒,其义安在?而左丘明论《春秋》之义云:[①]“或求名而不得,或欲盖而名[②]彰。”“善人劝焉,淫人惧焉。”其虚美二也。

按:此条摭《左氏》邾黑肱《传》为谈柄,《传》有劝惧之言,遂寻出诬罪赴亡,承告无革,以为翻案。

① 一作“也”。

② 一作“弥”。

执滕子　僖十九《经》：宋人执滕子婴齐。《注》：例在成十五年。成十五《传》：凡君不道于其民，诸侯讨而执之，则曰某人执某侯。按：此言罪在被执者，而僖《传》云："一会而虐二国之君。"则所罪实在执者也。时宋襄又执鄫子，故曰二国。

弑郑敖　见篇首。

又案[①]《春秋》之所书，本以褒贬为主。故《国语》晋司马侯对其君悼公曰："以其善行，以其恶戒，可谓德义矣。"公曰："孰能？"对曰："羊舌肸习于《春秋》。"至于董狐书法[②]而不隐，[③]南史执简而累进，[④]又甯殖出君，而卒自忧名在策书。故知当时史臣各怀直笔，斯则有犯必死，书法无舍者矣。自夫子之修《春秋》也，盖他邦之篡贼其君者有三，谓齐、郑、楚，已解于上。本国之弑[⑤]逐其君者有七，[⑥]隐、闵、般、恶、视五君被弑，昭、哀二主被逐也。[⑦]莫不缺而靡录，使其有逃名者。而孟子云："孔子成《春秋》，乱臣贼子惧。"无乃乌有之谈欤？其虚美三也。

按：此条摭孟子乱贼惧之言为谈柄，因寻出弑逐缺录，使有逃名，以为翻案。

① 旧脱"案"字。

② 疑当作"弑"。

③ 宣二。

④ 襄二十五。

⑤ 或作"杀"，非。

⑥ 一作"五"。

⑦ 按“有七”作“有五”者，是视不得当君，哀出非逐，且在《经》后也。

晋司马侯　《晋语》：悼公与司马侯升堂而望曰：“乐夫？”对曰：“临下之乐则乐矣，德义之乐则未也。”公曰：“何谓德义？”对曰：“诸侯之为，日在君侧。”云云。又见《六家·春秋》章。

甯殖出君　襄十四《经》：卫侯出奔齐。《注》：不书逐君之贼，从告。《传》：卫献公戒孙文子、甯惠子食，皆服而朝。日旰不召，而射鸿于圃。二子怒。孙文子曰：“弗先，必死。”遂行，从近关出。公使子蟜、子伯、子皮盟，孙子皆杀之。公出奔齐。又二十《传》：甯惠子疾，召悼子曰：“吾得罪于君，悔而无及也。名藏在诸侯之策，曰孙林父、甯殖出其君。”“若能掩之，则吾子也。”

又案《春秋》之文，虽有成例，或事同书异，理殊画[①]一。故太史公曰：“孔氏[②]著《春秋》，隐、桓之间则彰，至定、哀之际则微，为其切当世之文，而罔[③]褒[④]讳之辞也。”斯则危行言逊，吐刚茹柔，推避以求全，依违以免祸。而孟子云：“孔子曰：‘知我者其惟《春秋》乎，罪我者其惟《春秋》乎。’”其虚美四也。

按：此条两摭论《春秋》之成语为谈柄，而假迁言以翻孟案也。其意以为辞微则非任罪者。

① 一讹作“书”。

②《史记》作“子”。

③ 此二字，一本倒，一本“罔”作“亡”。

④《史记》多“忌”字。

孔氏著春秋五句　《史记·匈奴传赞》之文。

又[①]案赵穿杀君而称宣子之弑，江乙亡布而称令尹所盗。此则春秋之世，有识之士莫不微婉其辞，隐晦其说。斯盖当时之恒事，习俗所常行。而班[②]固云："仲尼殁而微言绝。"观微言之作，岂独宣父者邪？其虚美五矣。[③]

按：此条谈柄，强扯《汉书》"微言"二字以当《左氏》婉晦之旨，遂举晋、楚两事证其未绝，缪甚矣。况两事并与婉晦不伦。似此翻案，尤成诡辩。

① 一脱"又"字。

② 一脱"班"字。

③ 一作"也"。

江乙　《列女传》：江乙为郢大夫，有入王宫盗者，令尹以罪乙，绌之。无何，乙母亡布，言于王曰：令尹盗之。王曰：令尹不知。母曰：昔妾子为盗坐绌，妾子亦岂知之哉？然终坐之。令尹独何为而不以是？王其察之。

微言绝　《汉·艺文志·序》：昔仲尼殁而微言绝，七十子丧而大义乖。按：语本刘歆《移让太常博士书》。

考兹众美，征其本源，良由达者相承，儒教传授，既欲神其事，故谈过其实。语曰："众善之，必察焉。"[①]孟子曰："尧、舜不胜其美，桀、纣不胜其恶。"寻世之言《春秋》者，得非睹众善而不察，同尧、舜之多美者乎？[②]

按：此十余句专束五虚美，悖辞也。

① 一本"之""焉"二字互转。

② 一误作"云"。

孟子语　见《风俗通》。注见《疑古》篇。

昔王充设[1]论，有《问孔》之篇，虽《论语》群言，多见指摘，而《春秋》杂义，曾未发明。是用广彼[2]旧疑，增其新觉，将来学者，幸为详之。

按：此数语总结全篇，与前节俱不入条数。

夫子曰："述而不作。"孟子曰："孔子惧，作《春秋》。"不揣蠢愚，窃奉子言为信。《春秋》者，据鲁史之文直书之，虽孟子云"作"，恐亦得之传闻也。愚又窃以修正诸经之说，出自列御寇，孔安国述之，而寖盛于"七纬"家言，以为有删有定。今一一考之，皆未见其然。夫子惟大《易》有传，推明观象观变之方，而亦非有所作也。夫子所以功在万世者，当是之时，群言争鸣，圣道堙塞，夫子于百千哤杂之中，表举六籍以授七十子之徒，诸不在此科者屏不使进。由是学者得不歧其所往，而经由此正，统由此一焉。夫子举而表授之，即先王之六籍皆一圣人之六籍矣。固不必删之、定之而后为功也。夫子之教，具之《论语》，于《易》曰学，于《诗》、《书》曰雅言，于《礼》曰执、曰约，于《乐》曰知、曰闻。[3]至于《春秋》，且靡有言焉。故又曰："盖有不知而作之者，我无是也。"然则诸言"作云、作云"者，其后起之腾说欤？

又思之，《论语》之言史者亦有二：曰"文胜质则史"，曰"吾犹及史之阙文也"。玩此二言，则《春秋》之不轻改作益明。

① 一作"说"。

② 一讹作"破"。

③ 独有"乐正"一语，亦止整次《诗》篇。

问孔　王充《论衡》，凡三十卷，其第九卷篇曰《问孔》，其言甚悖。

申左第五[①]

古之人言《春秋三传》者多矣。战国之世，其事罕闻。当前汉[②]专用《公羊》，宣皇已降，《穀梁》又立于学。至成帝世，刘歆始重《左氏》，而竟[③]不列学官。[④]大抵自古重两传而轻《左氏》者固非一家，美《左氏》而讥[⑤]两传者亦非一族。互相攻击，各用[⑥]朋党，哤聒[⑦]纷竞，是非莫分。然则儒者之学，苟以专精为主，止[⑧]于治章句、通训释，斯则可矣。[⑨]至[⑩]于论大体，举宏纲，则言罕兼统，理无要害。故使今古疑[⑪]滞莫得而申者焉。[⑫]

必扬榷而论之，言传者固当以《左氏》为首。[⑬]但自古学《左氏》者，[⑭]谈之又不得其情。如贾逵撰《左氏长义》，称在秦者为刘氏，乃汉室所宜推先。但取悦当时，殊无足采。又案桓谭《新论》曰："《左氏》传于《经》，犹衣之表里。"而《东观汉记》陈元奏云："光武兴立《左氏》，而桓谭、卫宏并共诋[⑮]訾，故中道而废。"班固《艺文志》云：丘明与孔子观鲁史记而作《春秋》，有所贬损，事形于《传》，惧罹时难，故隐其书。[⑯]末世口说流行，遂有《公羊》、《穀梁》、《邹氏》、《夹氏》诸传。而于《固集》复有难《左氏》九条三评等科。[⑰]夫以一家之言，一人之说，而参差相背，前后不同。斯又[⑱]不足观也。[⑲]

夫解难者以理为本，如理有所阙，欲令有识心伏，不亦难乎？今聊次其所[⑳]疑，列之于后。[㉑]

按：此是总序。

① 郭本序与文作两片，最合。诸本横分，皆非。

② 当有“之初”二字。

③ 一作“书”。

④ 释：首原《三传》行世，独《左氏》最后。

⑤ 一作“议”。

⑥ 一作“自”。

⑦ 旧作“笼聒”，或作“聒笼”，并讹。

⑧ 旧作“至”，误。

⑨ 一作“也”。

⑩ 一脱“至”字。

⑪ 一作“凝”。

⑫ 释：次述论者之低昂，以引下文。

⑬ 释：此句揭出本指。

⑭ 一无“者”字。

⑮ 一作“毁”。

⑯ 一有“为”字。

⑰ 释：自“但自古”至此，证举诸家评论纷竞如此。

⑱ 或讹“文”。

⑲ 释：缴过评《左》诸说。

⑳ 一无“所”字。

㉑ 释：结到申《左》本旨。

咙聒　《蜀都赋》：喧哗鼎沸，则咙聒宇宙。善《注》：《管子》曰：“杂处则其言咙。”《说文》曰：“聒，欢语也。”

左氏长义　《隋·经籍志》：《春秋左氏长经》二十卷，后汉侍中贾逵章句。又本传：肃宗特好《左氏传》，诏逵出《左氏》大义长于二传者，逵摘出三十事。又云：《五经》皆无证图谶明刘氏为尧后者，而《左氏》独有明文。

在秦为刘氏　按《左》文十三：士会自秦归于晋，秦人归其帑。其处者为刘氏。《汉书·高纪赞》：晋史蔡墨言陶唐氏既衰，其后有刘累，学扰龙，事孔甲，范氏其后也。范氏为晋士师，奔秦归晋。其处者为刘氏。战国时获于魏，秦灭魏，迁大梁，都于丰。由是推之，汉承尧运，德祚已盛。

陈元　《后汉》本传：元字长孙。父钦，习《左氏春秋》。元少传父业，为之训诂。建武初，议欲立《左氏传》。元诣阙上疏曰：建立《左氏》，解释积结，天下幸甚。下其议，诸儒欢哗，《左氏》复废。

盖《左氏》之义有三长，而二传之义有五短。[①]案《春秋》昭[②]二年：韩宣子来聘，观书于太史氏，见《鲁春秋》，曰："周礼尽在鲁矣。吾乃今知周公之德与周之所以王也。"然[③]《春秋》之作，始自姬旦，成于仲尼。丘明之《传》，所有笔削及发凡例，皆得周典，杜预《释例》云：《公羊》、《穀梁》之论《春秋》，皆因事以起问，因问以辩义。义之□者，曲以通□。无他凡例也。左丘明则□周礼以为本，诸称凡以发例者，皆周公之旧制者也。[④]传孔子教，故能成不刊之书，著将来之法。其长一也。[⑤]又案哀三年，鲁司铎火，南宫敬叔命周人出御书，[⑥]其时于鲁文籍最备。丘明既躬为太史，博总群书，至如梼杌、纪年之流，《郑书》、《晋志》之类，凡此诸籍，莫不毕睹。其《传》广包它国，每事皆详。其长二也。[⑦]《论语》子曰："左丘明耻之，某亦耻之。"夫以同圣之才，而膺授经之托，加以达者七十，弟子三千，远自四方，同在一国，于是上询夫子，下访其徒，凡所采摭，实广闻见。其长三也。[⑧]

如穀梁、公羊者，生于异国，长自后来，语地则与鲁产[⑨]相违，论时则与宣尼不接。安得以传闻之说，与亲见者争先者[10]乎？譬犹近世，汉之太史，晋之著作，撰成国典，时号正书。[11]既而《先贤》、《耆旧》、谓《楚国先贤传》、《汝南先贤行状》、《益部耆旧传》、《襄阳耆旧传》等书。《语林》、《世说》，竞造异端，强书它事。夫以传自委巷，而将册府[12]抗衡；访诸古老，而与同时[13]并列。斯则难矣。彼二传之方《左氏》，亦奚异于此哉？其短一也。[14]《左氏》述臧哀伯谏桓纳鼎，周内史美其说言；王子朝告于诸侯，闵马父嘉其[15]辨说。凡如此类，其数实多。斯盖当时发言，形于翰墨；立名不朽，播于他邦。而丘明仍其本语，就加编次。亦犹近代《史记》载乐毅、李斯之文，《汉书》录[16]晁错、贾生之笔。寻其实也，岂是子长稿[17]削，孟坚雌黄所构者哉？观二传所载，有异于此。其录人言也，语乃龃龉，[18]文皆琐碎。夫如是者何哉？盖彼得史官之简书，此传流俗之口说，故使隆促各异，丰俭不同。其短二也。[19]寻《左氏》载诸大夫词令、行人应答，其文典而美，其语博而奥，如僖伯谏君观鱼，富辰谏王纳狄，王孙劳楚而论九鼎，季札观乐而谈国风，其所援引，皆据《礼经》之类是也。述远古则委曲如存，如郯子聘鲁，言少昊以鸟名官；季孙行父称舜举八元、八凯；魏绛答晋悼公，引《虞人之箴》；子革讽楚灵王，诵《祈招之诗》。其事明白，非是厚诬之类是也。征近代则循环可覆。如吕相绝秦，述两国世隙；声子班荆，称楚材晋用；晋士渥浊谏杀荀林父，说文公败楚于城濮，有忧色；子服景伯谓吴云，楚围宋，易子而食，析骸而爨，犹无城下之盟；祝佗称践土盟晋重耳、鲁申、蔡甲午之类是也。必料其功用厚薄，指意[20]深浅，谅非经营草创，出自一时，琢磨润色，独成一手。斯盖当时国史已有成文，丘明但编而次之，配经称传而行[21]也。如二传者，记言载事，失彼菁华；寻源讨本，取诸胸臆。夫自我作故，无所准绳，故理甚迂僻，言多鄙野，比诸

《左氏》，不可同年。其短三也。[22]案二传虽以释《经》为主，其缺漏不可殚论。如《经》云："楚子麇卒。"[23]而《左传》云：公子围所杀。[24]及公、穀[25]作《传》，重[26]述《经》文，无所发明，依违而已。其短四也。[27]《汉书》载成方遂诈称戾太子，至于阙下。隽不疑曰：昔卫蒯聩得罪于先君，将入国，太子辄拒而不纳，[28]《春秋》是之。遂命执以属吏。霍光由是始重儒学。案隽生所引，乃《公羊》正文。如《论语》冉有曰：夫子为卫君乎？子贡曰：夫子不为也。何则？父子争国，枭獍为曹，礼法不容，名教同嫉。而《公羊》释义，反以卫辄为贤，是违夫子之教，失圣人之旨，奖进恶徒，疑误后学。其短五也。[29]若以彼三长，校兹五短，胜负之理，[30]断然可知。[31]

必执二传之文，唯取依《经》[32]为主。而于内则为国隐恶，于外则承赴而书，求其本事，大半失实，已于《疑[33]经》篇载之详矣。[34]寻斯义之作也，盖是周礼之故事，鲁国之遗文，夫子因而修之，亦存旧制而已。至于实录，付之丘明，用使善恶毕[35]彰，真伪尽露。向使孔《经》独用，《左传》不作，则当代行事，安得而详者哉？盖语曰：仲尼修《春秋》，逆臣贼子惧。又曰：《春秋》之义也，欲盖而彰，求名而亡，善人劝焉，淫人惧焉。寻[36]《左传》所录，无愧斯言。此则传之与经，其犹一体，废一不可，相须而成。如谓不然，则何者称为劝戒者哉？杜预《释例》曰：凡诸侯无加民之恶，而称人以贬，皆时之赴告，欲重其罪，以加民为辞。国史承□以书于策，而简牍之记具存。夫子因示虚实，故《左传》随实而著本状，以明其得失也。案杜氏此释实得《经》、《传》之情者也。儒者苟讥左氏作传，多叙《经》外别事。如楚、郑与齐三国之贼弑，[37]隐、桓、昭、哀[38]四君之篡逐。其外则承告如彼，其内则隐讳如此。若无左氏立传，其事无由获知。然设使世人习《春秋》而唯取两传也，则当其时二百四十年行事茫然阙如，俾后来学者兀[39]成聋瞽者矣。[40]

且当秦、汉之世，《左氏》未行，遂使《五经》、杂史、百家诸子，其言河汉，无所遵凭。[41]故其记事也：当晋景行霸，公室方强，而云屠岸[42]攻赵，有程婴、杵臼之事；出《史记·赵世家》。鲁侯御宋，得俊乘丘，而云庄公败绩，有马惊流矢之祸；[43]楚、晋相遇，唯在邲役，而云二国交战，置师于两棠；[44]出贾谊《新书》。子罕相国，宋睦于晋，而云晋将伐宋，觇[45]哭于阳门；[46]出《礼记》。鲁师灭项，晋止僖公，而云项实[47]桓[48]灭，《春秋》为贤者讳；出《公羊传》。襄年再盟，君臣和叶，而云诸侯失政，[49]大夫皆执国权。出《穀梁传》。[50]其记时也：盖秦穆居春秋之始，而云其女为荆平[51]夫人；出《列女传》。韩、魏处战国之时，而云其君陪楚庄[52]葬马；出《史记·滑稽传》。《列子》书论尼父，而云生在郑穆公之[53]年；出刘向《七略》。[54]扁鹊医疗虢公，而云时当赵简子之日；出《史记·扁鹊传》。栾书仕于周子，而云以晋文如猎，犯颜直言；出刘向《新序》。荀息死于奚齐，而云观晋灵作台，累棋申诫。出刘向《说苑》。[55]或以先为后，或以后为先，日月颠倒，上下翻覆。[56]古来君子，曾无所疑。及《左传》既行，而其失自显。语其弘益，不亦多乎？而世之学者，犹未之悟。所谓忘我大德，日用而不知者焉。[57]

然自丘明之后，迄于[58]魏灭，年将千祀，其书寝废。至晋太康年中，汲冢获书，全同《左氏》。汲冢所得书，寻亦亡逸，今惟《纪年》、《琐语》、《师春》在焉。案《纪年》、《琐语》载春秋时事，多与《左氏》同。《师春》多载春秋时筮者繇辞，将《左氏》相校，遂无一字差舛。故束皙云："若使此书出于汉世，刘歆不作五原太守矣。”于是挚虞、束皙引其义以相明，王接、荀颉[59]取其文以相证，杜预申以注释，注谓注解，释谓释例。干宝借为师范。[60]事具干宝《晋纪·叙例》中。由是世称实录，不复言非，其书渐行，物无异议。[61]故孔子曰：吾志在《春秋》，行在《孝经》。于是授《春秋》于丘明，授《孝经》于曾子。《史记》云：孔子西观周室，论史记旧闻，次《春秋》。七十子之徒口授其传旨，有[62]刺讥褒讳之文，不可以书见也。鲁君子左丘明惧弟子人各异端，失其真意，故因孔氏史记，具论其语，成《左氏春秋》。[63]夫学者苟能征此二说以考“三传”，亦足以定是非，明真伪者矣。何必观汲冢而后信者乎？从[64]此而言，则“三传”之优劣见矣。[65]

按：局内两层，前专后广。所征年、事详明，大致皆与二传对勘。故申《左》者，申《左》于高、赤，非申《左》于圣经也，莫误会。

伦莫大于君臣父子，祸莫大于子臣弑夺。《史通》此处最吃紧。故三国贼君而以疾赴，则诘之再三；卫辄拒父而以国据，则衷之《论语》。是持世大闲。

“寻斯义之作”一段，谓左承圣嘱，藏显互彰，则左之功，孔实总之矣。再观“故孔子曰”一段，举出授受证据，归到功由孔《经》，则向之惑今悉解之矣。此知《申左》一篇是《惑经》回向文，并是忏悔文。

是书讹句、脱文、羡字，《外篇》较多，如此篇其尤也。评家、训家居然点句，罔出疑情，几于没文理、懵字数者，可异哉！

① 释：二句提。

② 一有“公”字。

③ 当有“则”字。

④ 按：此条缺三字，诸本皆随文连下，或妄填别字，今并作方空格。后仿此。

⑤ 释：一长，据韩宣聘语，原本《周礼》立说。

⑥ 句下并收《子服景伯命宰人出礼书》十字，文义方足。今脱。

⑦ 释：二长，据鲁备文籍，史官广见立说。

⑧ 释：三长，据圣人称许，亲从膺授立说。

⑨ 旧误作“史”。

⑩ 一无“者”字。

⑪ 旧误作“言”。

⑫ 恐当用此二字，旧作“班、马”，无涉。

⑬ 此二字旧作“子孙”，更谬。此皆版本模糊，后人妄填之过。

⑭ 释：一短，以高、赤之生，时地不如《左氏》为言。按：本节正与三长檃括相对。

⑮ 此二字疑是“加之”二字之讹。

⑯ 一脱“录”字。

⑰ 一作“笔”。

⑱ 一作“齷齪”。

⑲ 释：二短，以二传载语得之传闻，不如《左氏》所载有内史、马父赞评为可征信。

⑳ 一作“措思”。

㉑ 旧作“已”。

㉒ 释：三短，以二传载文出自胸臆，不如《左氏》有源有委。〇已上二节，用意略同，历历相衡，比前已辟出议论矣，犹未征事举义也。

㉓ 此四字旧止一字，又误作“薨”。

㉔ 昭元。

㉕ 旧止作“公羊”，非。

㉖ 一作“不”，非。

㉗ 释：四短，拈出事实以确稽局见为衡，见二传考事之疏略。

㉘ 与《汉书》句稍异。

㉙ 释：五短，括出义例，以后人用《公羊》决事为说，见二传研义之不精。

㉚ 此下有阙文，当补曰。

㉛ 释：此四句是缴上语。

㉜ 此上皆阙文，今补。

㉝ 当作“惑”。

㉞ 释：此层引下。

㉟ 一作“必”。

㊱ 原本此下有“《春秋》所书实乖此义而”九字，肆笔拂《经》，且自害志，削之乃无语病。

㊲ 一脱“弑”字。

㊳ 通《经》后之《传》为言，然“哀”字终属假借，或误作“襄”，益非。

㊴ 一作“代”。

㊵ 释：自“寻斯义”至此，申透三《传》之中专当用《左》之故也，局至此截。

㊶ 释：此又是提笔，更摭他书，合二传博勘，以相证明，总见功高于彼。○下分记事、记时二证。

㊷ 旧误作“韩氏”。

㊸ 按：出《檀弓》，原注失，今补。

㊹ 一讹“堂”。

㊺ 旧衍“其”字。

㊻ 旧衍“介夫乃止”四字。

㊼ 旧衍“齐”字。

㊽ 旧衍“所”字。

㊾ 传作“正”。

㊿ 释：已上六项征记事。

51 旧作“昭”，误。

㊾ 旧衍“王”字。

㊿ 一无“之”字。下同。

㊳ 按：旧作“七录”，非。

㊴ 释：已上六项征记时。〇通记事、记时二扇，扇各六条，皆两两属对。其中衍字，法在必除，非任意裁削也。顺文读去自知。〇论章法，此处当先著四语，檃括记事之淆讹，与下四句配。今缺。

㊵ 此四句只檃括记时之淆讹，可悟上片之缺。

㊶ 释：推《左氏》为功之博，至此缴如。二传之简约，焉能逮此乎？〇以下总对二传作束。

㊷ 一作“及”。

㊸ 疑当作“勖”。

㊹ 一讹作“晋纪”。

㊺ 释：“然自丘明”至此，原《左传》久晦而得显。

㊻ 或作“所”。

㊼《史记》文在《十二诸侯年表》，但与集中史公不见《左传》之说，不相照顾。

㊽ 一作“以”。

㊾ 释：末引孔语、迁文，仍归到圣人传授作结。

司铎火　哀三年：司铎火。火逾公宫，桓、僖灾。救火者皆曰“顾府”。南宫敬叔至，命周人出御书，俟于宫。子服景伯至，命宰人出礼书，以待命。

授经之托　《后汉·陈元传》：《议立左氏》疏曰：“丘明至贤，亲受孔子，公羊、穀梁传闻于后世。”

周内史　桓二年：取郜大鼎于宋，纳于太庙，非礼也。臧哀伯谏云云。周内史闻之曰：“臧孙达其有后于鲁乎！君违，不忘谏之以德。”

闵马父　昭二十二：王子朝作乱。二十六：王子朝奔楚，使告于诸侯云云。闵马父闻子朝之辞，曰：“文辞以行礼也。无礼，文辞何为？”

自我作故　《外传·鲁语》：哀姜至，公使大夫宗妇觌，用币。宗人夏父展曰："非故也。"公曰："君作故。"韦《注》：言君所作则为故事。按：此"故"字所本。集中此语屡见，有作"古"者，传讹也。于最后句补注之。

公穀依违　《左》昭元《经》：楚子麇卒。《传》：楚公子围闻王有疾，入问疾，缢而弑之。葬王于郏，谓之郏敖。《公》、《穀·经》：楚子卷卒。俱无传，不见弑杀之文，故曰依违也。二传《注》：卷音权，《左传》作"麇"。

成方遂　《汉·隽不疑传》：不疑字曼倩。始元五年，有一男子，乘黄犊车，建黄旐，衣黄襜褕，著黄冒，诣北阙，自谓卫太子。诏杂识视。京兆尹不疑叱收缚，曰"昔蒯聩"云云。廷尉验治，竟得奸诈。本姓成名方遂，居湖，以卜筮为事。有故太子舍人尝从卜，谓曰：子状似卫太子。方遂心利其言，即诈自称。坐要斩。

隽引公羊　《公羊》哀二：辄者曷为者也？蒯聩之子也。辄之义可以立乎？曰可。不以父命辞王父命，以王父命辞父命，是父之行乎子也。不以家事辞王事，以王事辞家事，是上之行乎下也。按：其义与夫子"不为""必也正名"相违反。

其言河汉　《庄子·逍遥游》：吾闻言于接舆，吾惊怖其言，犹河汉而无极也。

晋霸屠岸　此言国未失霸，不应有权臣擅攻事也。宣十二：晋荀林父帅师及楚战于邲，败绩，归请死。士贞子曰：林父社稷之卫也，其败何损。晋侯使复其位。杜《注》：言晋景所以不失霸。按：是岁晋景公三年也。《史记·赵世家》：晋景公之三年，大夫屠岸贾不请而擅攻赵氏于下宫，杀赵朔，灭其族。朔妻成公姊走公宫，生男。贾闻之，索于宫中，不得。程婴、公孙杵臼谋匿赵孤。

鲁俊马惊　此言战方获俊，不应有马惊败绩事也。庄十：齐师、宋师次于郎，公子偃曰："宋师不整。"蒙皋比而先犯之。公从之，大败宋师于乘丘。齐师乃还。又十一《传》：凡师得俊曰克。《檀弓》：鲁庄公及宋人战于乘丘，县贲父御，马惊，败绩，遂死之。圉人浴马，有流矢在白肉。

遇邲两棠　此就邲战一事而言，见书地多讹也。遇邲，即前宣十二年晋、楚战事。杜《注》：邲，郑地。按：今开封府郑州东有地名邲城是。《新书·先醒》篇：昔楚庄王即位，自静三年，以讲得失。宋、郑无道，庄王围宋伐郑。郑伯肉袒牵羊，奉簪而献国。庄王曰："非利之也。"弗受。乃南与晋人战于两棠，大克晋人。按：地或有两名者，但晋、郑在北，乃反云南，失之远矣。

睦晋觇哭　此据弭兵修睦之文，见觇伐非情也。襄二十七：宋向戌善于赵文子，又善于令尹子木，欲弭诸侯之兵以为名。如晋，告赵孟。韩宣子曰：兵，民之残也。将或弭之，必许之。按：是时宋子罕方为司城。《礼·檀弓》：阳门之介夫死，司城子罕入而哭之哀。晋人之觇宋者反，报于晋侯曰：民悦，殆不可伐也。

灭项为讳　此则鲁灭、齐灭之异其文。僖十六：会于淮。十七：灭项。淮之会，公有诸侯之事，未归而取项。齐人以为讨而止公。《公羊传》：孰灭之？齐灭之。曷为不言齐灭之？为桓公讳也。《春秋》为贤者讳。此灭人之国，何贤尔？君子之恶恶也疾始，善善也乐终。桓公尝有继绝存亡之功，故君子为之讳也。

再盟失政　此则继霸、失政之歧其说。襄三：夏，盟于长樗。又：单顷公及诸侯盟于鸡泽，陈成公使袁侨如会。诸侯之大夫及陈袁侨盟，陈请服也。按：时则晋悼方继霸为盟主。《穀梁传》：诸侯盟，又大夫相与私盟，是大夫张也。故鸡泽之会，诸侯始失正矣，大夫执国权。

秦穆荆平　此言一前一后，年不相及。僖十三：晋乞籴于秦。十五：晋侯与秦伯战于韩原。文三：秦伯伐晋，遂霸西戎，用孟明也。按：秦穆见《春秋》鲁僖、文之交。《列女传》伯嬴者，秦穆公之女，楚平王之夫人，昭王之母也。昭王时，吴入郢，王亡。吴尽妻其后宫，伯嬴持刀曰：诸侯外淫者绝，卿大夫放，士庶人宫割。妾以死守，欲为乐而妾死，何益！吴王惭，遂退舍。按：秦女，即楚平为太子建取而自取者，事去秦穆时逾百年矣。

韩魏楚庄　此言一后一前，事不相及。按：《左传》尽鲁悼之四年，其文云："知伯贪而愎，韩、魏反而丧之。"是先事究言之文。《滑稽传》：优孟者，故楚之乐人也。楚庄王有所爱马死，欲以大夫礼葬之。优孟曰：薄，请以人君礼葬之，齐、赵陪位于前，韩、魏翼卫其后。裴骃《注》：楚庄时未有韩、魏、赵三国。

列子郑穆　此言列生于尼父后，称郑穆年，非也。哀十六：夏四月己丑，孔某卒。《注》：鲁襄公二十二年至今七十三也。《列子·天瑞》篇：孔子见荣启期行乎郕之野，鹿裘带索，鼓琴而歌。又有仲尼名篇，盖其书举孔子者非一。刘向《诸子略》：所校《列子》，定著八篇，皆杀青书。列子者，郑人也，与郑缪公同时，盖有道者也。按：《左传》，穆公有疾，刈兰而卒，在宣三年。又五十五年始有孔子，岂书称孔子者，人反在前乎？

虢公简子　此言虢亡于赵简前，活太子事妄也。僖五：晋侯复假道于虞以伐虢。十二月丙子朔，晋灭虢。《春秋诸国兴废说》：虞、虢纪不录，俱早亡。《扁鹊传》：赵简子疾，五日不知人，召扁鹊。扁鹊入视病，出曰："血脉治也。"居二日半，简子寤。其后过虢，虢太子死，扁鹊曰：臣能生之。虢君闻之，出曰："幸而举之。"扁鹊厉针砥石，以取外三阳五会，太子苏。按：简子，赵鞅也，春秋定、哀间人，于时虢亡久矣。

栾书晋文　此言本国后世之臣误移前世也。成四：晋栾书将中军。六年：栾书救郑，侵蔡，楚救蔡。赵同、赵括欲战，请于武子。《注》：武子，栾书。按：在晋景年。《新序·杂事》：晋文公逐麋而失之，问于农夫老古。老古曰："一不意人君如此也。""君放不归，人将君之。"文公恐，归遇栾武子。武子曰："猎得兽乎？"曰："得善言。"曰："取人之言而弃其身，盗也。"文公还，载老古与俱归。按：文公，景公之祖。

荀息晋灵　此言本国前代之臣误移后代也。僖九：晋献公使荀息傅奚齐。及公卒，里克杀奚齐于次，又杀公子卓于朝，荀息死之。《文选·西征赋》注：《说苑》云：晋灵公造九层之台，孙息上书求见，曰："臣能累十二博棋，加九鸡子其上。"公曰："危哉！"息曰："复有危于此者。"公即坏九层之台。按：孙息即荀息，避宣帝讳，改孙也。又按：今本《说苑》无此条。史云知幾子贶著《续说苑》，广向所遗而刊落怪妄。今岂其刊本邪？又曾巩《序》更有不全之说，见《杂说》下注。《晋世家》：灵公，献公曾孙。

汲冢书 见《春秋》家。又《晋·束晳传》：太康二年，汲郡人不准盗发魏襄王墓，或言安釐王冢，得竹书数十车。其《纪年》十三篇，记夏以来，至周幽王为犬戎所灭，以事接之。三家分□，仍述魏事，至安釐王之二十年。盖魏国之史书，大略与《春秋》皆多相应。其中经、传大异，则云夏年多殷；益干启位，启杀之；太甲杀伊尹；文丁杀季历；自周受命至穆王百年，非穆王寿百年也；幽王既亡，有共伯和者摄行天子事，非二相共和也。其《易经》二篇，与《周易》上下经同。《易繇·阴阳卦》二篇，与《周易》略同，繇辞则异。《卦下易经》一篇，似《说卦》而异。《公孙段》二篇，公孙段与邵陟论《易》。《国语》三篇，言楚、晋事。《□名》三篇，似《礼记》，又似《尔雅》、《论语》。《师春》一篇，书《左传》诸卜筮，"师春"似是造书者姓名也。《琐语》十一篇，诸国卜梦妖怪相书也。《梁丘藏》一篇，先叙魏之世数，次言丘藏金玉事。《缴书》二篇，论弋射法。《生封》一篇，帝王所封。《大历》二篇，邹子谈天类也。《穆天子传》五篇，言周穆游行四海，见帝台、西王母。《图诗》一篇，画赞之属也。又杂书十九篇：《周食田法》、《周书》、《论楚事》、《周穆王美人盛姬死》。大凡七十五篇，七篇简书折坏，不识名题。冢中又得铜剑一枚，长二尺五寸。漆书科斗字。初发冢者烧策照取宝物，及官收之，多烬简断札。文既残缺，不复诠次。武帝取其书付秘书校缀次第，寻考指归，而以今文写之。晳在著作，得观竹书，随疑分释，皆有义证。

刘歆作五原守 《楚元王传》：歆以为左丘明亲见夫子，而公羊、穀梁在七十子后，传闻之与亲见，详略不同，欲建立《左氏春秋》。哀帝令与《五经》博士讲论，博士不肯置对。歆移书让之，诸儒皆怨讪。歆惧诛，求出补吏，乃守五原。

王接荀颛 《晋·王接传》：接字祖游。时秘书丞卫恒考正汲冢书未讫，束晳述而成之，陈留王庭坚难之。散骑潘滔谓接曰："卿足解二子之纷。"接遂详其得失。挚虞、谢衡皆博物多闻，咸以为允当。又《荀勖传》：勖字公曾，汉司空爽[曾]孙也。时得汲冢中古文竹书，诏勖撰次之，以为《中经》。按：《荀颛传》中无汲冢书语。

志在春秋四句 《公羊》何《序》：昔者孔子有云："吾志在《春秋》，行在

《孝经》。"《疏》：案《孝经·钩命决》云"孔子在庶，德无所施，功无所就，志在"云云。又《疏》：《孝经说》云："孔子曰：《春秋》属商，《孝经》属参。"《困学纪闻》：《中庸》郑《注》云：大经，《春秋》也；大本，《孝经》也。泥于纬书，其说疏矣。

卷十五

点烦第六[①]

夫史之烦文，已于《叙事》篇言之详矣。[②]虽七[③]卷成言，而三隅莫反。盖语曰："百闻不如一见。"是以聚米为谷，贼虏之虚实[④]可知；画地成图，山川之形势[⑤]易悉。[⑥]昔陶隐居《本草》，药有冷热味者，朱墨点其名；阮孝绪《七录》，书有文德殿者，丹笔写其字。由是区分有别，品类可知。[⑦]今辄拟其事，钞自古史传文有烦者，皆以笔点其烦[⑧]上。其点用朱粉、雌黄并得。凡字经点者，尽宜去之。如其间有文句亏缺者，细书侧注于其右。其侧书亦用朱粉、雌黄等，如正行用粉，则侧注者用朱黄，以此为别。或回易数字，或加足片言，俾分布得所，弥缝无阙。庶观者易悟，其失自彰。知[⑨]我摭实而谈，非是[⑩]苟诬前哲。[⑪]

按：河东云：参之太史以著其洁。洁非瘦削之谓也。刘子则以削为宗。然当六朝涂泽之余，从未有此辣手刮世眼者，故是韩、柳辈前驱也。可惜传刻失真，点去文留，譬眺古者，空凭废迹而已。

① "烦"或作"繁"，文内并同。〇小序一，正条十四。

② 旧有"然凡俗难晓，下愚不移"九字，可厌，宜削。

③ 《叙事》篇在六卷，疑当作"六"。

④ 此二字一止作“居”字。

⑤ 一少“势”字。

⑥ 释：揭出丹黄点示之象。

⑦ 释：援出成式可仿。

⑧ 一无“烦”字。

⑨ 一作“如”。

⑩ 一作“是非”。

⑪ 释：结明所以钞明点示之意。

聚米为谷 《后汉·马援传》：援字文渊。屯田上林苑中。帝自西征隗嚣，至漆，召援。援于帝前聚米为山谷，指画形势，开示众军所从道径往来，分析曲折，昭然可晓。帝曰：“虏在吾目中矣。”

画地成图 《汉·张汤传》：汤子安世。安世长子千秋，与霍光子禹随击乌丸。还，谒大将军光，问战斗方略，山川形势。千秋口对兵事，画地成图，无所忘失。禹不能记，曰：“皆有文书。”光由是叹曰：“霍氏世衰，张氏兴矣。”

《孔子家语》曰：鲁公索氏将祭而忘其牲。孔子闻之，曰：“公索氏不及二年[①]矣。”一年而亡。门人问曰：“昔公索氏亡其祭牲，而夫子曰‘不及二年必亡。’今果如期而亡，夫子何以知然？”

右除二十四字。

按：篇内加除标数，旧作小书，系本条大书之下。兹缘增有小注及摘辩语，因移置次行，大书。“除”上加“右”字。

标数必不免有差误，点失无考，惜哉！

① 一有“必亡”二字。

《家语》曰：晋将伐宋，使觇之。宋阳门之介夫死，司城子罕哭之哀。觇者反，言于晋侯曰：“宋阳门之介夫死，而[①]司城子罕哭之哀。民咸悦矣，宋殆未可伐也。”

右除二十一字，加三字。[②]

按：此条亦见《檀弓》。

点烦本点史笔之烦，而首之以《家语》二条者，盖假前古复叠文法，启示其端。随手涉笔偶及之，非有所定主也。已下大概皆就《史记》点之，亦是随笔所至。

① 郭无“而”字。
② “加”一作“移”。

《史记·五帝本纪》曰：诸侯之[①]朝觐者，不之丹朱而之舜；百姓之[②]狱讼者，不之丹朱而之舜；讴歌者，皆[③]不讴歌[④]丹朱而讴歌舜。[⑤]

舜年二十以孝闻，三十而帝尧问可用者云云。

舜年二十以孝闻，年[⑥]三十，[⑦]尧举之。[⑧]

除二十九字，加七字。

按：文内如“百姓之”三字及“之”字“皆”字等，即细书侧注之所加也。传写者混入之。今转嫌混而存者，遗落不全耳。又节内有空格者*，以意起例，别断文也。如“讴歌舜”之下，则尧、舜二纪分章处；“用者云云”之下，则《舜纪》中间节句处也。凡此类，后皆仿是。

舜年二十复出之文见《舜纪》篇尾，刘所点除，正在于此。古本有之，而郭本削之，点安所施？北平本反从郭本，未之思耳。

① 史无“之”字。

② 史无此三字。

③ 古本有“皆”字，史内无“皆”字。

④ 此二字一作“之”字。按：一作“之”字者，当是除前“狱讼”句内“不之”等七字，并入此一句中，故加“皆”字以该之。则其下“讴歌”二字亦当作“之”字也。

⑤ 已上《尧纪》。

⑥ 旧脱“年”字。

⑦ “舜年”以下等字，古本有，俗本削。

⑧ 已上《舜纪》。

《夏本纪》曰：禹之父曰鲧，鲧之父曰帝颛顼，颛顼之父曰昌意，昌意之父曰黄帝。禹者，黄帝之玄孙，而帝[1]颛顼之孙也。禹之曾大父[2]昌意及父鲧皆不得在帝位，为人臣。

除五十七字，加五字。[3]

案《颛顼纪》中已具云“黄帝是颛顼祖矣”，此篇下云“禹是颛顼孙”，则其上不得更言“黄帝之玄孙”。既上云“昌意及鲧不得在帝位”，则于下文不当复云“为人臣”。今就于朱点之中，复有此重复，造次笔削，庸可尽乎？

按：此上四行，旧本与除加标数连下，今离列之，似较清画也。

① “帝”字照史补。

② 旧衍“曰”字。

③ 除数太多，恐有误。

《项羽本纪》曰：项籍者，下相人也，字羽。初[①]起时，年二十四。其季父项梁，梁父即[②]楚将项燕，为秦将王翦所杀[③]者也。项氏世世[④]楚将，封于项，故姓项氏。

除三十二字，加二十四字，厘革其次序。

按：此条皆《史记》原文，不见有加字处。盖其所云细书侧注者，已尽失之矣。抑恐此条所钞，亦当不止于此。若止此三行，亦安得有三十余字之除革乎？况文内殊少烦复，异于他所摘者，亦安所庸其除革乎？更恐此条原本全失，但存“项羽本纪”四字，后人聊写篇头数语以当之耳。

① “初”字照史补。

② “即”字照史补。

③ 史作“戮”。

④ 史有“为”字。

《吕后[①]本纪》曰：吕太后者，高祖微时妃也，生孝惠帝、[②]鲁元公主。及高祖为汉王，得定陶戚姬，爱幸，生赵隐王如意。高祖嫌[③]孝惠为人仁弱，高祖以为不类我，常欲废太子，立戚姬子如意，如意[④]类我。又[⑤]戚姬幸，常独[⑥]从上之关东，日夜啼泣，欲立其子如意，以[⑦]代太子。吕后年长，常留守，希见上，益疏。如意立为赵王后，几代太子者数矣。赖大臣诤[⑧]之，及留侯策，太子得无废。此事见《高》、《惠》二纪及诸王、《叔孙通》、《张良》等传，过为重叠矣。今又见于《吕后纪》，固可略而不言。[⑨]

除七十五字，加十字。[10]

按：此除加一行，旧亦与前注并写，今照例离立。

按：文亦多“高祖嫌”“又”“独”“如意以”等字，欲去烦而烦转滋矣。故知皆侧注所加之文也，而点则失之，盖见加不见除也。

① 郭误作“氏”。

② 史有“女”字。

③ 史无此三字。

④ 郭脱“如意”二字。

⑤ 史无“又”字。

⑥ 史无“独”字。

⑦ 史无此三字。

⑧ 史作“争”。

⑨ 刘意盖谓并可不点矣，而史既有之，姑就其文点之。

⑩ 据文止加八字。

《宋世家》曰：初，元公之孙纠，景公杀之。[1]景公卒，纠之[2]公[3]子特攻杀太子而自立，是为昭公。昭公者，[4]父公孙纠，纠父公子[5]禠秦，[6]即元公少子也。景公杀昭公父纠，故昭公怨，杀太子而自立。[7]

除三十六字，加十三字。[8]

按：诸条间有加字阑入处，而无除去原文之文。独此失“元公曾庶孙”等九字，必是朱黄所点，点或稍重，侵入字里，传写者遂遗去之，实亦应留受点者也。

① 史无此十字，皆细书混入者。

② 此二字史作“宋”。

③ 据上易“纠之”字，则此“公”字亦宜省。

④ 此下史有“元公之曾庶孙也昭公”九字。

⑤ 郭脱此二字。

⑥ 史叠“禚秦”二字。

⑦ 据节首所加，则自“昭公者”以下，大半皆在所点除也。

⑧ 据文止加十二字。

《三王世家》曰：大司马臣去病昧死再拜，上疏皇帝陛下：“陛下过听，使臣去病待罪行间，宜专边塞之思虑。暴骸中野，无以报，乃敢惟他议以干用事者。诚见陛下忧劳天下，哀怜百姓以自忘，亏膳贬乐，损郎员。皇子赖天能胜衣趋拜，至今无号位、师傅官。陛下恭让不恤，群臣私望，不敢越职而言。臣窃不胜犬马之[①]心，昧死愿陛下诏有司，因盛夏吉时，定皇子位。惟陛下幸察。臣去病昧死再拜以闻皇帝陛下。”三月乙亥，御史臣光守尚书令奏未央宫。[②]制曰：“下御史。”六年三月戊申朔，乙亥，御史臣光、守[③]尚书令、丞非下御史，书到，言：“丞相臣青翟、御史大夫臣汤、太常臣充、大行令臣息、太子少傅臣安行宗正事昧死上言：大司马臣去病上疏曰：‘陛下过听，使臣去病待罪行间，宜专边塞之思虑。暴骸中野，无以报，乃敢惟他议以干用事者。诚见陛下忧劳天下，哀怜百姓以自忘，亏膳贬乐，损郎员。皇子赖天能胜衣趋拜，至今无号位、师傅官。陛下恭让不恤，群臣私望，不敢越职而言。臣窃不胜犬马之心，昧死愿陛下诏有司，因盛夏吉时，定皇子位。惟陛下幸察。'制曰：'下御史。'臣谨[4]与中二千石、二千石[5]臣贺等议曰：[6]古者裂地立国，并建诸侯以承天子，所以尊宗庙、重社稷也。今臣去病上疏，不忘其职，因以宣恩，乃道天子卑让自贬以劳天下，虑皇子未有号位。臣青翟、臣汤等宜奉义遵职，愚蠢[7]不逮事。方今盛夏吉时，臣青翟、臣汤等[8]昧死请立皇子臣闳、臣旦、臣胥为诸侯王。昧死请所立国名。"

除一百八十四字，加一字。[9]

已上有言语相重者，今略点废如此。但此一篇所记全宜削除，今辄具列于斯，借为鉴戒者尔。

凡为史者，国有诏诰，十分不当取其一焉。[10]故汉元帝诏曰："盖闻安民之道，本由阴阳。间者，阴阳错谬，风雨不时。朕之不德，庶几群公有敢言朕之过者。今则不然，偷合苟从，未肯极言，朕甚悯焉。永惟蒸庶之饥寒，远离父母妻子，劳于非业之作，卫于不居之宫，恐非所以佐阴阳之道也。其罢甘泉、建章宫卫士，各令就农。百官各省费，条奏毋有所讳。有司勉之，毋犯四时之禁。丞相、御史举天下明阴阳灾异者各三人。"及荀悦撰《汉纪》，略其文曰："朕惟众庶之饥寒，远离父母妻子，劳于非业之作，卫于不居之宫。其罢甘泉、建章宫卫士，各令就农。丞相、御史举天下明阴阳灾异者各三人。"自余钞撮，他皆仿此。近则天朝诸撰史者，凡有制诰，一字不遗，唯去诏首称"门下"，诏尾去[11]"主者施行"而已。时武承嗣监修国史，见之大怒，谓史官曰："公辈是何人，而敢辄减诏书!”自是史官写诏书，虽门下赞诏亦录。后予闻此说，每嗢噱[12]而已。必以《三王世家》相比，其烦碎则又甚于斯。是知史官之愚，其来尚矣。今之作者，何独笑武承嗣而已哉!

按：已上一段是引例语，亦系另文，旧本混作正条，谬甚。今刊置之。

按：御史叙录霍疏，大似近代公移，每转行一番，必全叙一番。所以然者，一以免钝胥之摘句失当也，一以防奸吏之舞文售欺也。乃若垂为史法，安可不知所裁。

① 史无“之”字。下同。
② 郭脱“宫”字。
③ 郭脱“守”字。
④ “谨”字照史补。
⑤ 叠三字照史补。
⑥ 史无“曰”字。
⑦ 史作“憧”，音义同。
⑧ 郭本此上脱二十二字。
⑨ 据文加三字。
⑩ 句意过当，有误。
⑪ 诸本作“云”，误。
⑫ 或作“唱叹”，或作“唱噱”，并误。

《魏公子传》曰：高祖始微少时，数闻公子贤。及即天子位，每过大梁，常祠公子。高祖十二年，从击黥布还，为公子置守冢五家，世世岁以四时奉祠公子。太史公曰：吾过大梁之墟，求问其所谓夷门，以征信陵君故事。说者云：当战国之时，[①]夷门者，城之东门也。天下诸公子亦有喜[②]士者矣，然而信陵君之接岩穴隐者，不耻下交。名冠诸侯，有以也。[③]高祖每过之，奉祠[④]不绝也。[⑤]

除十五字，加二十字。[⑥]

按：此条亦见加不见除之一证。

传赞加字，反觉退味。此其手笔落时处，攻者顾莫之察。要是此书败端也。愚不敢蔽。

① 史无“以征”以下十五字。

② 照史改，旧误作“嘉”。

③ 此七字，史作“有以也，名冠诸侯不虚耳”。

④ 二字照史刊正，郭、王本并倒。

⑤ 旧脱“也”字。

⑥ 加数亦不合。

《鲁仲连传》曰：仲连好奇伟倜[①]傥之画，[②]而不肯仕官[③]任职，好持高节。游于赵。赵[④]孝成王时，而秦王使白起破赵长平之军前后四十余万。秦[⑤]遂东围邯郸。赵王恐，诸侯之救兵莫敢击秦军。[⑥]魏安釐王使将军晋鄙救赵，畏秦，止于荡阴，不进。魏王使客将军新垣衍间入邯郸，因平原君谓赵王曰：“秦所为[⑦]急围赵者，前与齐湣[⑧]王争强为帝，已而复归帝号。[⑨]今齐湣王已益弱，方[⑩]今惟秦雄天下，此非必贪邯郸，其意欲复求为帝。赵诚发使尊秦昭[⑪]王为帝，秦必喜，罢兵[12]去。"平原君犹豫未有所决。此时鲁[13]连适游赵，会秦围赵。闻魏将欲令赵尊秦为帝，乃见平原君曰："事将奈何？"平原君曰："胜也何敢言事！前亡四十万之众于外，今又内围邯郸而不能[14]去。魏王使客将军新垣衍令赵帝秦，今其人在此，[15]胜也何敢言事！"鲁连曰："吾始以君为天下之贤公子也，吾乃今然后知君非天下之贤公子也。梁客新垣衍安在？吾请[16]为君责而归之。"平原君曰："胜请为绍介而见之于先生。"平原君遂见新垣衍曰："东国有鲁连先生者，今其人在此，胜请为绍介，而交之于将军。"新垣衍曰："吾闻鲁连先生，齐[17]之高士也。衍，人臣也，使事有职，吾不愿见鲁连先生。"平原君曰："胜[18]已泄之矣。"新垣衍许诺。鲁仲连见新垣衍而无言。新垣衍曰："吾视居此围城之中者，[19]皆有求平原君者也。今吾观先生之玉貌，非有所求于平原君者也，曷为[20]居此重围[21]之中而不去？"鲁连云云。

"梁未睹秦称帝之害故耳。[22]使梁睹秦称帝之害，则必助赵矣。"新垣衍曰："秦称帝之害奈何？"鲁连曰：云云。

"吾将使秦王烹醢梁王。"新垣衍怏然不悦曰："嘻！[23]亦太[24]甚矣，先生之言也！先生又乌[25]能使秦王烹醢梁王！"鲁连曰："固也，[26]吾将言之"云云。[27]

"今秦万乘之国也，梁亦万乘之国也。俱据万乘之国，交[28]有称王之名，睹其一战而胜，欲从而帝之"云云。

于是新垣衍起，再拜[29]谢曰："始以先生为庸人，吾乃今日知先生为天下之士也。"云云。[30]

适会魏公子无忌夺晋鄙军以救赵，击秦军，秦军[31]遂引而去。于是平原君欲封鲁连，鲁连[32]辞谢者三，[33]终不肯受。平原君乃置[34]酒，酒酣，起前，以千金为鲁连寿云云。

除二百七十五字，加七字。[35]

① 史作"僦"，音义同。

② 史有"策"字。

③ 王讹作"宦"。

④ 照史叠"赵"字。

⑤ 史有"兵"字。

⑥ "军"字照史补，亦作"兵"。

⑦ 或作"以"。

⑧ 史衍，下同。

⑨ 史无"号"字。

⑩ 或脱"方"字。

⑪ 史衍。

⑫ 王衍"而"字。

⑬ 史有"仲"字。下同。

⑭ "能"字照史补。

⑮ 史作"是"。

⑯ 史作"且"。

⑰ 史有"国"字。

⑱ 史有"既"字。

⑲ "者"字照史补。

⑳ 一脱"为"字，史又有"久"字。

㉑ "重围"，史作"围城"。

㉒ 此二字一作"也"。

㉓ 史作"噫嘻"。

㉔ 一脱"太"字。

㉕ 一作"焉"。

㉖ 误作"矣"。

㉗ 依例当有"云云"字,旧脱。

㉘ 史作"各"。

㉙ 旧多"而"字。

㉚ "云云"字亦旧脱。

㉛ 旧脱"秦军"二字。

㉜ 照史叠"鲁连"二字,诸本脱。

㉝ 此四字史作"辞让使者三"。

㉞ 旧讹"致"。

㉟ "二百"一作"三百"。

《屈原贾生[①]传》曰:[②]汉有贾生为长沙王太傅,过湘水,投书以吊屈原。贾生名谊,洛阳人也云云。[③]

谪[④]贾生为长沙王太傅。贾生既辞往,[⑤]闻长沙卑湿,自以为[⑥]寿不得长,又以谪去,意不自得。及渡湘水,为赋以吊屈原,其词曰云云。

贾生为长沙[⑦]傅三年,有鸮飞入贾生舍,止于坐隅,楚人命鸮曰鹏。贾生既以谪居长沙,长沙[⑧]卑湿,自恐[⑨]寿不得长,伤悼之,乃为赋以自广。其词曰云云。

怀王骑,堕马而死,无后。贾生自伤为傅[⑩]无状,哭泣[⑪]岁余,亦死,时年三十三[⑫]矣。

除七十六字,加三字。

① 二字旧脱。

② 依例当有“曰”字，今补。

③ 二字亦依例补。

④ “谪”字，史作“乃以”二字。

⑤ 史有“行”字。

⑥ 史无“为”字。

⑦ 史有“王太”二字。

⑧ 一脱“长沙”叠字。

⑨ “恐”字史作“以为”二字。

⑩ 二字脱，照史补。

⑪ 二字脱，照史补。

⑫ 旧讹“二”。

《扁鹊仓公传》曰：太仓公者，齐太仓长，临淄人也，姓淳于氏，[①]名意。少而喜医方术。高后八年，更受师同郡元里公乘阳庆。庆年七十余，无子，使意尽去其故方，更悉以禁方与之，传黄帝、扁鹊之脉书，五色诊病，知人死生，决嫌疑，定可治，及药论甚精。受之三年，为人治病，决死生[②]多验云云。[③]

诏召[④]问所为治病死生验者几何人？主名为谁？诏问故太仓长臣意方伎所长，及所能治病者，[⑤]有其书无有？皆安受学？受学几何岁？尝有所验，何县里人也？何病？医药已，[⑥]其病之状皆何如？具[⑦]悉而[⑧]对。臣意对曰：自意少时喜医药[⑨]方，试之多不验者。至高皇[⑩]后八年，[⑪]得见师临淄元里公乘阳庆。庆[⑫]年七十余，意得见事之。谓意曰：“尽去而方书，非是也。庆有古先道遗传黄帝、扁鹊之脉书，五色诊病，知人死生，决嫌疑，定可治，及药论[⑬]书甚精。我家给富，心爱公，欲尽以我禁方书悉教公。”臣意即曰：“幸甚，非意之所敢望也。”臣意即避席再拜谒，受其脉书上下经、五色诊、奇[14]咳术、揆度阴阳外变、药论、石神、接阴阳禁书，受读解验之，可一年。[15]明岁即验之，有验，[16]然尚未精也。要事之三年所，即尝[17]以为人[18]诊病，决死生，有验，精良。今庆已死十年。[19]臣意年尽三年，[20]三十九岁[21]也。齐侍御[22]史成自言病头痛，[23]臣意诊其脉，告曰：“君之病恶，不可言也。”已下皆述一生医疗效验事。[24]

除二百九十五字。

按：本节前段先有“决嫌疑”六句二十二字，亦由点重侵字而遗者，古本有之。须悟是篇诸所采摘，文愈复则点烦之意愈显。注家以为此废卷也，竟束史不详，孤负多矣。

① 一脱“氏”字。

② “决嫌疑”以下六句，古本有，俗削。

③ 二字亦依例补。

④ “召”字照史补。

⑤ “者”字照史补。

⑥ 讹作“与”，照史改。

⑦ 一作“其”。

⑧ 一作“以”。

⑨ 史叠“医药”二字。

⑩ “皇”字史脱。

⑪ 旧多“中”字。

⑫ 诸本“庆”字作“已”字。

⑬ “论”字补。

⑭ 史音“羁”。

⑮ 史有“所”字。

⑯ “之有验”三字脱，照史补。

⑰ 诸本脱“即”字，“尝”作“常”。

⑱ 史有“治”字。

⑲ 史有“所”字。

⑳ 二字脱，照史补。

㉑ 一脱“岁”字。

㉒ “御”字脱，照史补。

㉓ “头痛”或误作“也”，或误作“邪”。

㉔ 此十一字，诸本皆与标数并写，愚意移作尾注为是。

《宋世家》初云“襄公嗣立”，[①]后[②]仍谓为宋襄公，不去“宋襄”[③]二字。《吴世家》云阖闾，《越世家》云勾践，每于其号上加“吴王”、“越王”字，句句未尝舍之。《孟尝君传》曰：“冯公形容状貌甚辨。”案形容、状貌同是一说，而敷演重出，分为四言。凡如此流，不可胜载。其《十二诸侯表》曰：“孔子次《春秋》”，“约其辞文，去其烦重。”又《屈原传》曰：“其文约，其辞微。”观子长此言，实有深鉴。及自撰《史记》，榛芜若此，岂所谓非言之难而行之难乎？

按：此一节再就《史记》统摘之，以概其余，亦非《点烦》正条，故亦用亚一格之例。

① 一讹“位”。

② 详文义，当有“后”字，诸本脱。

③ 一多“公”字,非。

《汉书·龚遂传》曰:上遣使者征遂,议曹王生请[1]从。功曹以为王生素[2]嗜酒,亡节度,不可使。[3]遂不听。[4]从至京师,王生日饮酒,不视太守。会遂引入宫,王生醉,从后呼曰:“明府且止,愿有所白。”遂还问其故。王生曰:“天子即问君何以治渤海,君不可有所[5]陈对,宜曰:‘皆圣主之德,非小臣之力也。’”遂受其言。既至前,上果问以治状,遂对如王生。[6]天子悦其有让,笑曰:“君安得长者之言而称之?”遂因前曰:“臣非知此,乃臣议曹教戒臣也”云云。上以议曹王生为水衡丞。

除八十四字。

① 史作“愿”。

② 诸本作“每”,照史改。

③ 诸本作“从”,照史改。

④ “听”字史作“忍逆”二字。

⑤ 郭脱“所”字。

⑥ 史有“言”字。

《新晋书·袁宏传》曰:袁宏有逸才,文章绝美,曾为《咏史诗》,是其风情所寄。少孤贫,以运[1]租自业。谢尚时镇牛渚,秋夜乘月,率尔与左右微服泛江。会宏在舫中讽其所作《咏史诗》,咏声既清会,[2]词又藻丽,[3]遂驻听久之,遣问焉。答云:“是袁临汝郎诵诗。”即其《咏史》之作也。尚倾[4]率有胜致，即迎升舟，与之谈论，申旦不寐。自此名誉日茂云云。从桓温北伐，[5]作《北征赋》，皆[6]其文之高者。尝与王珣、伏滔同在[7]温坐，温令滔读其《北征赋》，至“闻所传于相传，云获麟于此[8]野，诞灵物以瑞德，奚授[9]体于虞者！疚尼父之恸泣，似实恸而非假。岂一性之足伤，乃致伤于天下”。其本至此便改韵。珣云：“此赋方传千载，无容率尔。今于‘天下’之后，[10]移韵徙[11]事，然于写送之致，似为未尽。”滔云：“得益写韵一句，或为小胜。”[12]宏应声答曰：“感不绝于予心，诉流风而独写。”云云。

谢安尝赏其机对辩速，后安为扬州刺史，宏[13]自吏部郎出为东阳郡，乃祖道于冶[14]亭，时贤皆集。谢安欲卒迫试之，临别，执其手，顾[15]就左右取[16]一扇而授之，曰：“聊以赠行。”宏应声答曰：“辄当奉扬仁风，慰彼黎庶。”观者无不叹服。[17]时人叹其率[18]而能要焉。此事出檀道鸾《晋阳秋》及刘义庆《世说》。

除一百一十四字，加十九字。

按：节首云《新晋书》，注又云事出檀、刘，盖是《新晋》采二书之语入史也。但文内两羡句，不类加字细书，亦决非彼书如此。[19]

① 史无此六字，详下文有“即其咏史”句，不应此处先提，恐是羡文。

② “会”字照史补。

③ 史作“拔”。

④ 诸本讹“顷”，照史改。

⑤ 史作“征”。

⑥ “皆”字照史补。

⑦ 旧衍“桓”字。

⑧ 或讹“北”。

⑨ 或讹“受”。

⑩ 诸本衍“便改”二字，不成语。

⑪ 诸本讹“从”，照史改。

⑫ 史有“温曰卿思益之”六字。

⑬ 郭脱“宏”字。

⑭ 旧讹“治”。

⑮ 郭讹“愿”。

⑯ 诸本作“以”，照史改。

⑰ 史无此六字，而“叹”字下复重出，亦恐羡文。

⑱ 或作“卒”。

⑲ 更思之，亦即加字处，其下复句，乃其所点除也。

《十六国春秋》曰：郭瑀有女始笄，妙选良偶，有心于刘昞。遂别设一席于座前，谓诸弟子[①]曰：“吾有一女，年向成长，欲觅一快女婿。[②]谁坐此席者，吾当婚[③]焉。”昞遂奋衣来坐，神志湛[④]然，曰：“向闻先生欲求快女婿，昞[⑤]其人也。”

除二十二字。[⑥]

按：此节文与《魏书·刘昞传》同。

① 郭本作“子弟”，非。凡在坐者皆瑀之及门也。

② 一作“聟”，即古“婿”字。

③ 或作“婿”。

④《魏书》作“肃”，不如“湛”字胜。

⑤ 郭脱“昞”字。

⑥ 文句不多，除数恐不到二十有余，必有误。

总按：《点烦》一篇，点既失传，靡从检核矣。然深心嗜古者，按切史篇，循文审校，亦自理绪可寻。诸家或未暇也，故讹漏尤多云。

《点烦》所列，皆检章句最缭绕者，为条总十有四，而摘迁《史》者乃居其九，盖举正史首部以发凡也。太史公杂取《国语》、《世本》、《国策》之群书而汇为一书，叠见复出，古趣自流。数墨寻行，大家弗屑，虽烦亦复何疵！然刘氏之前，论之者已振振有辞矣。班叔皮曰："一人之身，文重思烦，故其书刊落不尽，尚有盈辞也。"观是书者，切磋究之，固不必为烦者病，亦不得谓点者苛。补按：《史记》内所摘《三王世家》一节，刘氏施点固允，而辨类却疏，何也？事系当日现件，安得预撰世家？其时汉初，作诰录卷式一宗，可备礼书一款。当云题目语尔，何烦不烦之云！又张晏《注》以为篇亡，褚补作也。

卷十六

杂说上第七二十五条。

春秋二条。[①]

案《春秋》之书弑也，称君，君无道；称臣，臣之罪。如齐之简公，未闻[②]失德，陈恒构逆，罪莫大焉。而哀十四年，书"齐人弑其君壬于舒州"。斯则贤君见抑，而贼臣是党，求诸旧例，理独有违。但此是绝笔获麟之后，弟子追书其事。岂由以索续组，不类将圣之能者乎？何其乖刺之甚也。

按：《论语》："陈恒弑其君，请讨之。"圣语森然，斥弑者以名矣。而《春秋》乃书人，刘子摘之，是也。

① 旧本纪条，大书直下。然其中连断多舛，非原文也。今改用侧注。

② 一脱"闻"字。

称君称臣　宣四《左传》：凡弑君，称君，君无道也；称臣，臣之罪也。杜《注》：称君，谓唯书君名，而称国以弑，言众所共绝也。称臣者，谓书弑者之名，以示来世，终为不义。改杀称弑，辟其恶名，取有渐也。

齐人弑　哀十四《经》：六月，齐人弑其君壬于舒州。《传》：齐简公之在鲁也，阚止有宠焉。及即位，使为政。陈成子惮之，骤顾诸朝。子我欲尽逐陈氏，成子兄弟四乘如公。子我在幄，出，逆入。公与妇人饮酒于檀台，成子迁诸寝。子我归，陈氏追之，杀诸郭关。庚辰，陈恒执公于舒州。甲午，陈恒弑其君壬于舒州。孔丘三日齐，而请伐齐三。按：子我即阚止。

案《春秋左氏传》释《经》云：灭而不有其地曰入，如入陈，入卫，入郑，入许，即其义也。至柏举之役，子常之败，庚辰吴入，独书以郢。夫诸侯列爵，并建国都，[①]惟取国名，不称都号。何为郢之见入，遗其楚名，比于他例，一何乖踳！寻二传所载，[②]皆云入楚，岂《左氏》之本，[③]独为谬欤？[④]

按：此条纠《左》也，不以入《左传》条而以入《春秋》，何也？此事《左经》与《公》、《穀》、《经》不同，仍本《经》以为言也。入楚、入郢，若此类，读书略去者何限，可砭心粗者。

① 国谓楚，都谓郢。

② 谓《公》、《穀》所载之《经》。

③ 本亦谓《经》。

④ 谬犹误也。

释经曰入　《左》襄十三《经》：夏，取邿。《传》：凡书取，言易也。用大师焉曰灭，弗地曰入。《注》：谓胜其国邑，不有其地。

入陈卫郑许　《左》宣十一：楚子入陈。闵二：狄入卫。隐十：宋人、卫人入郑。隐十一：公及齐侯、郑伯入许。

吴入书郢　定四《左氏经》：庚辰，吴入郢。《传》：吴从楚师，及清发，败诸雍澨，五战及郢。庚辰，吴入郢，以班处宫。

二传云入楚　定四《穀梁经》：庚辰，吴入楚。《传》：曰入，易无楚也。易无楚者，坏宗庙，徙陈器，挞平王之墓。《公羊经》：庚辰，吴入楚。《传》：吴何以不称子？反夷狄也。其反夷狄奈何？君舍于君室，大夫舍于大夫室。

左氏传二条。

《左氏》之叙事也，述行师则簿领盈视，哤[①]聒沸腾，论备火则区分在目，修饰峻整；言胜捷则收获都尽，记奔败则披靡横前；申盟誓则慷慨有余，称谲诈则欺诬可见；谈恩惠则煦如春日，纪严切则凛若秋霜；叙兴邦则滋味无量，陈亡国则凄凉可悯。或腴辞润简牍，或美句入咏歌，跌宕而不群，纵横而自得。若斯才者，殆将工侔造化，思涉鬼神，著述罕闻，古今[②]卓绝。如二传之叙事也，榛芜溢句，疣赘满行，华多而少实，言拙而寡味。若必方于《左氏》也，非唯不可为鲁、卫之政，差肩雁行，亦有云泥路阻，君臣礼隔者矣。

按：此亦《申左》之余也。《申左》多论载事之合离，此条乃论文字之工拙。

衡二传，太轩轾失平。

① 旧讹作"叱"。

② 一衍"之"字。

哤聒　字本《蜀都赋》，详《申左》注。彼篇旧作"笼聒"，此又作"叱聒"，并"哤聒"之讹也。

《左传》称仲尼曰："鲍庄子之智不如葵，葵犹能卫其足。"夫有生而无识，有质而无性者，其唯草木乎？然自古设比兴，而以草木方人者，皆取其善恶薰莸，荣枯贞脆而已。必言其含灵畜智，隐身违祸，则无其义也。寻葵之向日倾心，本不卫足，由人睹其形似，强为立名。亦由[①]今俗文士，谓鸟鸣为啼，花发为笑。花之与鸟，[②]安有啼笑之情哉？必以人无喜怒，不知哀乐，便云其智不如花，花犹善笑，其智不如鸟，鸟犹善啼，可谓之谠言者[③]哉？如“鲍庄子之智不如葵，葵犹能卫其足”，即其例也。而《左氏》录夫子一时戏言，以为千载笃论。成微婉之深累，玷良直之高范，不其惜乎！

按：旧评谓葵犹卫足，似诗家兴趣，粘皮带骨则笨矣。知幾此条，诚不免是。

知不如葵，舌端浮佻，无关垂训。刘氏如曰此非圣人语，则入理矣。

① 作“犹”。

② 一有“又”字。

③ 一无“者”字。

葵犹卫足　成十七：齐庆克通于声孟子，与妇人蒙衣乘辇而入于闳。鲍牵见之，以告国武子。武子召庆克而谓之。夫人怒，诉之。秋七月，刖鲍牵。仲尼曰：“鲍庄子之智不如葵，葵犹能卫其足。”

公羊传二条。

《公羊》云：“许世子止弑其君。”“曷为加弑？讥子道之不尽也。”其次因言乐正子春之视疾，以明许世子之得罪。寻子春孝道，义感神明，固以[①]方驾曾、闵，连踪丁、[②]郭。[③]苟事亲不逮乐正，便以弑逆加名，斯亦[④]拟失其流，责非其罪。

盖公羊、乐正，俱出孔父门人，思欲更相引重，曲加谈述。所以乐正行事，无理辄书，[5]致使编次不伦，比喻非类，言之可为嗤怪也。

按：弑与孝是善恶两尽头处，故以拟失其伦怪之。

① “已”通。

② 兰。

③ 巨。

④ 一无“亦”字。

⑤ 无理者，拟不于伦之意。

许止弑　昭十九《公羊》：止进药而药杀，曷为加弑焉尔？讥子道之不尽也。乐正子春之视疾也，复加一饭，则脱然愈，复损一饭，则脱然愈，复加一衣，则脱然愈，复损一衣，则脱然愈。止进药而药杀，是以君子加弑焉尔。

丁郭　黄《补注》：《逸士传》：丁兰，河内人。少丧考妣，不及供养，乃刻木为亲形象，事之如生。《氏族笺释》：郭巨，林县人。至孝。生子三岁，母常减食与之。因谓妻曰：贫乏分母之食，盍埋此儿？及掘坑，得黄金一釜。

俱出门人　《曝书亭考》：戴宏论《春秋》曰：“子夏传与公羊高。”梁武帝曰：“公羊禀西河之学。”孔颖达曰：“商授弟子公羊高。”郑康成曰：“乐正子春，曾子弟子。”按：何休亦曰：“乐正子春，曾子弟子，以孝名闻。”

语曰：“彭蠡之滨，以鱼食犬。”斯则地之所富，物不称珍。案齐密迩海隅，鳞介惟错，故上客食肉，中客食鱼，[1]斯即齐之旧俗也。然食鲂鲙鲤，诗人所贵，必施诸他国，是曰珍羞。如《公羊传》云：晋灵公使勇士杀赵盾，见其方食鱼飧。曰：子为晋国重卿而食鱼飧，是子之俭也。吾不忍杀子。盖公羊生自齐邦，不详晋物，以东土所贱，谓西州亦然。遂目彼嘉馔，呼为菲食，著之实录，以为格言，非惟与《左氏》有乖，亦于物理全爽者矣。

按：土物贵贱，讵云一概，然辩亦稚矣，且又无谓。《史通》往往有此。[2]

① 一脱"食肉中客"四字。

② 若晋阳无竹之类。

上客中客　陈氏《学圃萱苏》：《列士传》曰：孟尝君食客三千，厨有三列，上客食肉，中客食鱼，下客食菜。

食鱼飧　宣六《公羊》：赵盾朝而出。灵公使勇士某者往杀之。勇士入其大门，则无人门焉者；入其闺，则无人闺焉者；上其堂，则无人焉。俯而窥其户，方食鱼飧。勇士曰：嘻！子为晋国重卿而食鱼飧，是子之俭也。君使我杀子，吾不忍杀子也。

汲冢纪年一条。

语曰："传闻不如所见。"斯则史之所述，其谬已甚，况乃传写旧记，而违其本录者乎？至如虞、夏、商、周之《书》，《春秋》所记之说，可谓备矣。而《竹书纪年》出于晋代，学者始知后启杀益，太甲杀伊尹，文丁[1]杀季历，共伯名和，[2]郑桓公，厉王之子。[3]则与经典所载，乖刺甚多。又《孟子》曰：晋谓春秋为乘。寻《汲冢琐语》，即乘之流邪？其《晋春秋》篇云："平公疾，梦朱罴窥屏。"《左氏》亦载斯事，而云"梦黄熊入门”。必欲舍传闻而取所见，则《左传》非而《晋》文[④]实矣。[⑤]呜呼！向若二书不出，学者为古所惑，则代成聋瞽，无由觉悟也。[⑥]

按：此亦《疑古》之余也。赘尾数语，尤为害理。观本传，其子贶尝以汲冢诸书皆后人追修，非当时正史，特著《外传》以判之，意亦不直其父说与？《杂说》中凡此类，皆出成卷书之前，盖其平日观书，随手籍记之所存也。若已作《疑古》篇，后岂复缀此耶？唐人遗集，芜章纇句，迭见错出，不自割弃，多似此。

① 旧误作“王”，与《疑古》同。

② 此四字一本无，一本在“文丁”之上。

③ 句有误，“厉王”疑本作“宣王”。

④ 一作“史”。

⑤ 谓《左》书晋事是他国传闻，而竹书《晋》文则出自本国也。

⑥ “呜呼”已下二十四字，王、张诸本多作细书，郭本作大书。详“呜呼”字非注体起法，姑从郭本。

共伯名和　共和见《称谓》篇。《竹书纪年》：厉王十二年，王亡奔彘。十三年，王在彘，共伯和摄行天子事。二十六年，王陟于彘。周定公、召穆公立太子靖为王，共伯和归其国。

郑桓厉王子　按：《史记·郑世家》：郑桓公友者，周厉王少子，宣王庶弟也。宣王立二十二年，友初封于郑。而《史通》之述《纪年》，亦作厉王子，则与旧典正同，不得云乖剌矣。今考《竹书纪年》，宣王二十二年，王锡王子多父命居洛。幽王二年，晋文侯同王子多父伐鄫，克之，乃居郑父之丘，是为郑桓公。八年，王锡司徒郑伯多父命云云。是《纪年》之书，王子在宣王之年，而名又不同，封又在幽王世。故刘氏与诸异闻连举，而以《纪年》之文为桓是宣子，然则“厉”字之本作“宣”字，无疑也。

朱罴　《内、外传》黄能黄熊事，已见《书事》篇。今朱罴事，云在《晋春秋》。王《训故》引《琐语》云：晋平公梦见赤罴而疾，使问子产。子产曰：“昔共工之御曰浮游，既败于颛顼，自没于淮渊。其色赤，其状罴。祭颛顼、共工则瘳。”公如其言而疾间。按：《晋春秋》即《琐语》中篇名，非二书也，见卷首《春秋》家。

史记八条。

夫编年叙事，混杂难辨；纪传成体，区别异观。昔读《太史公书》，每怪其所采多是《周书》、[①]《国语》、《世本》、《战国策》之流。[②]近见皇家所撰《晋史》，其所采亦多是短部小书，省功易阅者，若《语林》、《世说》、《搜神记》、《幽明录》之类[③]是也。如曹、干两氏《纪》，孙、檀二《阳秋》，则皆不之取。故其中所载美事，遗略甚多。刘遗民、曹缵皆于檀氏《春秋》有传，至于今《晋书》，则了无其名。若以古方今，[④]当然[⑤]则知[⑥]史公亦同其失矣。斯则迁之所录，甚为肤浅，而班氏称其勤者，何哉？[⑦]

按：或疑此为八条之序，此中不应有序例也。知幾服膺《左氏内传》，惜司马之未见，故首条及之。

所云亦略见《采撰》篇。

① 谓《逸周书》。

② 独未见《左氏内传》，故云。

③ 一作“徒”。

④ 此处有脱字。

⑤ 诸本并脱“当然”二字。

⑥ 一有“太”字。

⑦ 旧本此下连“孟坚又云”，非是。

所采多小书　按：《困学纪闻》亦取此条之说，而申之以晁子止之语曰：《晋史》丛冗最甚。又按：《唐书·房乔传》亦云：史官多文咏之士，好采碎事，竞为艳体。然则子玄之言，非无据也。

曹干孙檀　《隋·经籍志》：《晋纪》十卷，晋前将军咨议曹嘉之撰。又：《晋纪》二十三卷，干宝撰，讫愍帝。又：《晋阳秋》三十二卷，讫哀帝，孙盛撰。又：《续晋阳秋》二十卷，宋永嘉太守檀道鸾撰。

称其勤　《司马迁传赞》：迁贯穿经传，驰骋古今，上下数千载间，斯以勤矣。

孟坚又云：刘向、扬雄博极群书，皆服[①]其善叙事。[②]岂时无英秀，易为雄霸者乎？不然，何虚誉之甚也。[③]《史记·邓通传》云：“文[④]帝崩，景帝立。”向若但云景帝立，不言文帝崩，斯亦可知矣，何用兼书其事乎？[⑤]又《仓公传》称其“传黄帝、扁鹊之脉书，五色诊病，知人死生，决嫌疑，定可治”。诏[⑥]召问其所长，对曰：“传黄帝、扁鹊之脉书。”以下他文，尽同上说。夫上既有其事，下又载其言，言事虽殊，委曲何别？[⑦]案迁之所述，多有此类，而刘、扬服其善叙事也，何哉？[⑧]

按：此亦简晦《点烦》余论。

凡章节离立，各有定分。即如此条所言，皆属叙事，而首尾呼应，复有刘、扬句眼，其为片段，较然明白。诸本此断彼连，当开反合，皆所谓隙中观斗者也。

① 一作“伏”。

② 释：本条皆论叙事法，起笔提醒。

③ 旧本此处分条，非。

④ 旧脱“文”字。

⑤ 释：摘论叙事一。○诸本此下分条，又非。

⑥ 一脱“诏”字。

⑦ 释：摘论叙事又一。

⑧ 释：应转刘、扬。○一本此处连下条，非。

向雄皆服 《司马迁传赞》：刘向、扬雄博极群书，皆称迁有良史之材，服其善叙事理，辩而不华，质而不俚，其文直，其事核，不虚美，不隐恶，故谓之实录。

文帝崩景帝立 《佞幸·邓通传》：文帝尝病痈，邓通尝为帝唶吮之。太子入问病，文帝使唶痈。唶痈而色难之。已而闻邓通尝为帝唶吮之，心惭，由此怨通矣。及文帝崩，景帝立，邓通免，家居。按：此事连观太子已心怨之文，则知“文帝崩”三字可省。

太史公撰《孔子世家》，多采《论语》旧说，至《管晏列传》，则不取其本书。谓《管子》、《晏子》也。以为时俗所有，故不复更载也。案《论语》行于讲肆，列于学官，[①]重加编勒，只觉烦费。如管、晏者，诸子杂家，经史外事，弃而不录，实杜异闻。夫以可除而不除，宜取而不取，以斯著述，未睹厥义。

按：《论语》从何处节采，刘子能见其大。至史公之传管、晏，论其轶事，意固别有感也。然以史法绳之，毕竟刘言为正。

① 俗讹作“宫”。

列于学官　北平评：作《史记》时，《论语》未尝行于讲肆，列于学官。按：《汉书·艺文志》：《古论语》二十一篇，《齐》二十二篇，《鲁》二十篇。其总论云："汉兴，有齐、鲁之说。"是则汉初师承讲授，固在坏宅发壁之前矣。即以《孔子世家》验之，所采略具，而如传首《伯夷》篇亦屡述之，可见其不绝于时也。再按：《唐书》薛放云：汉时《论语》首列学官，更当有据也。

昔孔子力可翘关，不以力称。何则？大圣之德，具美者众，不可以一介标末，[①]持为百行端首也。至如达者七十，分以四科。而太史公述《儒林》，则不取游、夏之[②]文学；著《循吏》，则不言冉、季之政事；至于《货殖》为传，独以子贡居先。掩恶扬善，既忘此义；成人之美，不其阙如？

按：此段人多误会，细按之，非吝《儒林》、《循吏》之绌四贤，乃嗤子长之以《货殖》累端木也。盖为范、白、猗、卓之间，阑及圣门弟子而发。两层文势侧注，而先以德不称力比例引端，意可知已。

后阅王厚斋《考史》，已得此解。

① 此二字一作"末事"。

② 一无"之"字，下同。

孔子翘关　《列子·说符》：孔子之劲，能招国门之关，而不肯以力闻。《集韵》：招，祁尧切，音翘，举也。

货殖　按：《史记·货殖列传》卷在六十九，次当末篇，亦意所羞称也。传本范蠡居首，子赣第二，《汉书》因之。

司马迁《自[①]序传》云：为太史七年，而遭李陵之祸，幽于缧绁。乃喟然而叹曰：是予之罪也，身亏不用矣。自叙如此，何其略哉！夫云“遭李陵之祸，幽于缧绁”者，乍似同陵陷没，以[②]置于刑；又似为陵所间，[③]获罪于国。遂令读者难得而详。赖班固载其《与任安书》，书中具述被刑所以。傥无此录，何以克明其事者乎？

按：子长以别简白罪由，惧史体之亵也。子玄即以《报书》攻《自叙》，诚史笔之率也。作书读书，各自不苟，学者两有所取法焉。

“七年而遭”句，若刊云“七年而以讼李陵获罪”，则事由便明。

① 一无“自”字。

② 一作“遂”。

③ 一作“陷”。

与任安书　《汉书》迁本传：迁既被刑之后，为中书令，尊宠任职。故人益州刺史任安予迁书，责以古贤臣之义，迁报之云云。按：本传皆采录《史公自序》，特于传末增此一篇，故《史通》表出之。

《汉书》载子长《与任少卿书》，历说自古述作，皆因患而起。末云：“不韦迁蜀，世传《吕览》。”案吕氏之[①]修撰也，广招俊客，比迹春、陵，[②]共集异闻，拟书《荀》、《孟》，[③]思刊一字，购以千金，则当时宣布，为日久矣。岂以迁蜀之后，方始传乎？且必以身既流移，书方见重，则又非关作者本因发愤著书之义也。而辄引以自喻，岂其伦乎？若要多举故事，成其博学，何不云虞卿穷愁，著书八篇？而曰“不韦迁蜀，世传《吕览》”，斯盖识有不该，思之未审耳。

按：从发愤著书得间，此条开宋人说部家言。

① 一少"之"字。

② 此顶招客说。下"陵"一作"秋"，误。

③ 此句才说成书。

不韦　见《六家·春秋》家。

春陵　谓春申、信陵也。班固《西都赋》："节慕原、尝，名亚春、陵。"

虞卿　亦见《春秋》家。

昔春秋之时，齐有夙沙卫者，拒晋殿师，郭最称辱；伐鲁行唁，臧坚抉死。此阉官[①]见鄙，其事尤著者也。而太史公《与任少卿书》，论自古刑余之人为士君子所贱者，唯以弥子瑕为始，何浅近之甚邪？但夙沙出《左氏传》，汉代其书不行，故子长不之见也。夫博考前古，而舍兹不载，至于乘传车，探禹穴，亦何为者哉？

按：此亦惜史公不见《左传》之一证。

① 一作"宦"，《史记》、《汉书》并作"阉官"。

郭最　《左》襄十八：晋伐齐，入平阴，遂从齐师。夙沙卫连大车以塞隧而殿。殖绰、郭最曰："子殿国师，齐之辱也。子姑先乎！"乃代之殿。《注》：奄人殿师，所以为辱。

臧坚　《左》襄十七：齐高厚围臧纥于防，获臧坚。齐侯使夙沙卫唁之，且曰："无死。"坚稽首曰："拜命之辱。抑君赐不终，姑又使其刑臣礼于士。"

以杙抉其伤而死。

《魏世家》太史公曰："说者皆曰魏以不用信陵君，故国削弱至于亡。余以为不然。天方令秦平海内，其业未成，魏虽得阿衡之徒，曷益乎？"[①]夫论成败者，固当以人事为主，必推命而言，则其理悖矣。[②]盖晋之获也，由夷吾之愎谏；秦之灭也，由胡亥之无道；周之季也，由幽王之惑褒姒；鲁之逐也，由稠父之违子家。[③]然则败晋于韩，狐突已志其兆；亡秦者胡，始皇久铭其说；檿弧箕服，彰于宣、厉[④]之年；征褰与襦，显自文、武[⑤]之世。恶名早著，天孽难逃。假使彼四君才若桓、文，德同汤、武，其若之何？[⑥]苟推此理而言，则亡国之君，他皆仿此，安得于魏无讥[⑦]者哉？[⑧]

夫国之将亡也若斯，则其将兴也亦然。[⑨]盖妫后之为公子也，其筮曰：八世莫之与京。毕氏之为大夫也，其占曰：万名其后必大。姬宗之在水浒也，鸑鷟鸣于岐山；刘姓之在中阳也，蛟龙降于丰泽。斯皆瑞表于先，而福居其后。[⑩]向若四君德不半古，才不逮人，终能坐登大宝，自致宸极矣乎？[⑪]必如[⑫]史公之议也，则亦当以其命有必至，理无可辞，不复嗟其智能，颂其神武者矣。

夫推命而论兴灭，委运而忘褒贬，以之垂诫，不其[⑬]惑乎？[⑭]自兹以后，作者著述，往往而然。如鱼豢《魏略议》[⑮]虞世南《帝王论》，或叙辽东公孙之败，鱼豢《魏略议》曰：当青龙、景初之际，有彗星出于箕而上彻，是为扫除辽东而更置也。苟其如此，人不能违，则德教不设而淫滥首施，以取族灭，殆天意也。或述江左陈氏之亡，虞世南《帝王略论》曰：永定元年，有会稽人史溥为扬州从事，梦人著朱衣武冠，自天而下，手执金版，有文字。溥看之，有文曰："陈氏五主，三十四年。"谅知冥数，不独人事。其理并以命而言，可谓与子长同病者也。[16]

按：不信机祥，是知幾识高处，胜《五行错误》诸篇。

诸《杂说》中当推此条为最，论既入理，文复成章，合作可诵。

① 释：已上并《魏世家·赞》语。

② 释：提四句起论。

③ 释：对败而言，历举败象为例，就举例中，先征人事为言。

④ 据《传》在宣王时。

⑤ 旧作"成"。

⑥ 释：将气数纳入人事中。

⑦ 旧衍"责"字。

⑧ 释：兜合《魏·赞》。

⑨ 释：翻转对征。

⑩ 释：征兴运则先征气数，与前局顺逆相乘。

⑪ 释：推人事为气数主。

⑫ 一有"太"字。

⑬ 一作"其不"。

⑭ 释：至此折到《魏·赞》。

⑮ 旧脱"议"字。

⑯ 释：末复引类作余波。

败晋于韩　《左》僖十：晋侯改葬共太子。狐突适下国，遇太子。太子曰："夷吾无礼，余得请于帝矣，将以晋畀秦。""七日，新城西偏，将有巫者而见焉。"遂不见。及期而往，告之曰："帝许我罚有罪矣，敝于韩。"又十三：晋荐饥，秦输粟于晋。十四：秦饥，乞籴于晋，晋人弗与。庆郑曰："背施、幸灾，民所弃也。”弗听。十五：秦伯伐晋，晋侯卜右，庆郑吉，弗使。战于韩原，晋戎马还泞而止。公号庆郑，庆郑曰：“愎谏违卜，固败是求，又何逃焉。”

亡秦者胡 《秦始皇本纪》：燕人卢生使入海还，以鬼神事，因奏录图书曰：“亡秦者胡也。”裴《注》：郑康成曰：“胡，胡亥，秦二世名也。秦见图书，不知此为人名，反备北胡。”

檿弧箕服 周宣王时童谣，《国语》文也，见《书事》篇。盖述褒姒祸周事，《史记》本纪亦载之，其文略同。

征褰与襦 昭二十五：有鸜鹆来巢，书所无也。师己曰：“异哉！吾闻文、武之世，童谣有之。”谣见《言语》篇。九月，公伐季氏。平子请以五乘亡，弗许。子家子曰：“君其许之。政之自出久矣，隐民多取食焉，为之徒者众矣。日入慝作”，“君必悔之。”弗听。孟氏遂伐公徒，公孙于齐，次于阳州。按：“文、武之世”，《史记》作“文、成之世”。贾逵《注》：鲁文公、成公也。但二公非接世者，宜以《左传》为正。

妫后莫京 庄二十二：陈公子完奔齐，齐侯使敬仲为卿。初，懿氏卜妻敬仲，其妻占之，曰：“吉。是谓凤凰于飞，和鸣锵锵。有妫之后，将育于姜。五世其昌。”“八世之后，莫之与京。”

毕万必大 闵元：晋侯赐毕万魏，以为大夫。卜偃曰：“毕万之后必大。万，盈数也。魏，大名也。以是始赏，天启之矣。”初，毕万筮仕于晋，遇屯之比，辛廖占之，曰：“吉。”“公侯之子孙，必复其始。”

水浒鹫鹫 《诗·大雅》：率西水浒，至于岐下。《外传·周语》：周之兴也，鹫鹫鸣于岐山。

中阳蛟龙 《汉·高纪》：高祖，沛丰邑中阳里人。父太公，母刘媪。刘媪尝息大泽之陂，梦与神遇。是时雷电晦冥，太公往视，则见蛟龙于其上。已而有身，遂产高祖。

魏略议 鱼豢《魏略》见《题目》篇。其曰《魏略议》者，犹《史》、《汉》之论赞体也。旧本无“议”字，盖脱文也。按：《三国》裴《注》亦有引《魏略议》之文。

帝王论 《唐·艺文志》：虞世南《帝王略论》五卷。宋《中兴书目》：唐贞观间，太子中书舍人虞世南承诏撰。起太昊讫隋，几帝王事迹，皆略纪载，假公子答问以考订云。

诸汉史十条。

《汉书·孝成纪赞》曰："成帝善修容仪，升车正立，不内顾，不疾言，不亲指。临朝渊嘿，尊严若神，可谓穆穆天子之容貌矣。"①又《五行志》曰：成帝好微行，选期门郎及私奴客②十余人，皆白衣袒帻，自称富平侯家。或乘小车，御者在茵上，或皆③骑，出入远至旁县。故谷永谏曰：陛下昼夜在路，独与小人相随。乱服共坐，混淆无别。④公卿百寮，不知陛下所在，积数年矣。⑤由斯而言，则成帝鱼服嫚游，乌⑥集无度，虽外饰威重，而内肆轻薄，人君之望，不其缺如。观孟坚《纪》、《志》所言，前后自相矛盾者矣。

按：赞与志殊体，有婉辞，有实录，固不相妨。然尝因是有警焉。临朝所接，异彼私奴，色庄者流，时闻堕行。推之而让千乘者勃溪于豆羹，逃空谷者撄情于好爵，皆其类也。故君子慎之。

① 已上皆《赞》语。

② 一讹作"各"。

③ 一作"骏"，非。

④ 此三句参用《疏》语，《志》内无。

⑤ 一作"积有数年"。○已上皆《志》文，见中上。

⑥ 旧作"鸟"。

鱼服　张衡《东京赋》：白龙鱼服，见困豫且。《注》：吴王欲从民饮，伍子胥曰："昔白龙化为鱼，豫且射中其目。白龙不化，豫且不射。君今弃万乘之尊，而从于民，臣恐有豫且之患。"

乌集　按：《国策》有"乌集乌飞"之文，而此处则用"乌集"为合。荀悦《汉纪》：成帝鸿嘉二年，上好微行。谷永言："与小人晨夕相随，乌集醉饱吏民之家。"正指本事也。

观太史公之创表也，于帝王则叙其子孙，于公侯则纪其年月，列行萦纡以相属，编字戢孴而相排。虽燕、越万里，而于径寸之内犬牙可接；虽昭穆九代，而于方尺[①]之中雁行有叙。使读[②]者阅文便睹，举目可详，此其所以为快也。[③]如班氏之《古今人表》者，唯以品藻贤愚，激扬善恶为务尔。既非国家递袭，禄位相承，而亦复界重行，狭书细字，比于他表，殆非其类欤！盖人列古今，本殊表限，必吝而不去，则宜以志名篇。始自上上，终于下下，并当明为标榜，显列科条，以种类为篇章，持优劣为次第。仍每于篇后云，右[④]若干品，凡若干人。亦犹《地理志》肇述京华，末陈边塞，先列州郡，后言户口也。[⑤]

按：《古今人表》之赘，而为酌以志名，例以《地理》，就格言格云尔，非质言也。如前者《载言》一篇及《书志》篇人形、方言等论。拈死句者胥失之。

节首表体一段，与《表历》篇异议，彼按已论之。

① 一作"寸"。

② 一衍"书"字。

③ 释：此统言之也。凡表皆然，不粘《史记》，独《人表》为无当耳。

④ 一脱"右"字。

⑤ 释：所言体状，大似钟嵘《诗品》，设言改为此格差胜，然亦假立之辞。

自汉已降，作者多门，虽新书已行，而旧录仍在，必校其事，[①]可得而言。案刘氏初兴，书唯陆贾而已。子长述楚、汉之事，专据此书。譬夫行不由径，[②]出不由户，未之闻也。然观迁之所载，往往与旧不同。如郦生之初谒沛公，高祖之长歌鸿鹄，非唯文句有别，遂乃事理皆殊。[③]又韩王名信都，而辄去"都"留"信"，[④]用使称其名姓，全与淮阴不别。班氏一准太史，曾无弛张，[⑤]静言思之，深所未了。[⑥]

按：班之袭马实多，有太因仍者，即如后条所论《司马迁传》可见已。至韩王信云云，乃子玄误，非孟坚误也，后注辩之。

① 一有"则"字。

② 作"路"字用。

③ 释：已上言陆《书》本迁《史》所据，然事语往往有不同者。

④ "去都留信"，一作"去都字"。

⑤ 一作"书无更张"。

⑥ 释：谓前所云云，从陆从马皆可。至韩王信都，更不应承讹去"都"字也，然所言却非。

由径由户　《列子说符》：稽度皆明而不道也，譬之出不由门，行不从径也。"径"字作"路"字解。

郦生初谒　按：《史记》本传，初叙沛公略地陈留郊，及郦生先属沛公骑士语。次叙沛公召生入谒，据床洗足，生长揖激沛公语。次叙沛公骂生竖儒，生责沛公倨见长者语。次乃叙沛公辍洗，摄衣延坐事。至卷末朱建附传之后，复取陆贾所叙郦生入谒事并载之，与前文迥别。同事异词，即于一卷中见之。

歌鸿鹄　《留侯世家》：上欲易太子，立戚夫人子赵王如意。上有不能致者四人，太子请以为客，从入朝。上乃大惊。四人为寿已毕，趋去。上目送之，召戚夫人，指示四人者曰："羽翼已成，难动矣。"戚夫人泣，上曰："为我楚舞，吾为楚歌。"歌曰："鸿鹄高飞，一举千里。羽翮已就，横绝四海。横绝四海，当可奈何！虽有矰缴，尚安所施？"《容斋三笔》：陆贾书当时事，多与《史》不合，师古屡辩之。《楚汉春秋》今不复见。按：本条辩语阙。

韩王信　旧注：《归云集》：《汉书·功臣表》，留侯张良以韩申都下韩。师古《注》：韩申都，即韩王信也。《楚汉春秋》作"信都"，古文"信"、"申"通用。刘攽云：韩申都，即韩申徒也。《张良传》云：以韩司徒下韩数城。《史记》作申徒者，司徒之声转也。申都者，又申徒之声转也。良下韩时，乃韩王成，非韩王信。师古注误。按：师古一误，沿及《史通》，然攽言亦欠了了。详《史》、《汉》《留侯世家》《传》，《韩王信传》，《功臣侯表》，或作韩申徒，或作韩司徒，或作韩申都，字虽转，实一官，乃项梁授张良之官，与两韩王无干也。诸人迷本而盲猜，其失直钧。再韩王信，当时直谓韩信。贾谊云："淮阴侯王楚，韩信王韩。"文且叠见，举封举名转用之，此切据也。《滕灌传》可推而概已。又按：《史记》凡其人以官封著者，即以其所著名篇，如萧相国、留侯、绛侯之属皆是。此在藏山之书，原无不可。班氏奉诏勒为国史，既皆以名书，而万石君题独留口号，亦失检也。至若《郊祀》之袭《封禅》，司马迁《货殖》等传之悉仍旧文，更非体矣。

司马迁之《叙传》也，始自初生，及乎行历，事无巨细，莫不备陈，可谓审矣。而竟不书其字者，岂墨生所谓大忘[①]者乎？而班固仍其本传，了无损益，此又韩子所以致守株之说也。如固之为《迁传》也，其初[②]宜云"迁字子长，冯翊阳夏人,其序曰"云云。至于事终,则言"其自叙如此"。[③]著述之体,不当如是耶?[④]

按:此条与下二条,可分为三,可合为一。

① 一有"也"字。

② 一脱"初"字。

③ 此句传后本有之,因论铨叙全法,故兼及之。

④ 一本连下"马卿"条。

大忘　墨生,前已有此语。《鬻子》:文王问于鬻子:"敢问人有大忘乎?"

马卿为《自叙传》,具在其集中。子长因录斯篇,即为列传,班氏仍旧,曾无改夺。[①]寻[②]固于《马、扬传》末,皆云迁、雄之自叙如此。至于《相如》篇下,独无此言。盖止凭太史之书,未见文园之集,故使言无画一,其例不纯。

按:合两条"其序曰"、"其自叙如此"观之,可得纂状为文之体。庐陵碑版多用之。

《困学纪闻》云:《史通》云:相如以自叙为传。今考之本传,未见其为自叙,意者《相如集》载本传,如贾谊《新书》末篇欤?伯厚似未见此节而云然。

① 一作"作"。

② 一无"寻"字。

马卿自叙　更可取隋刘炫语参之，见《序传》篇注。

文园　相如本传：相如从上还，过宜春宫，奏赋以哀二世行失，其辞云云。拜为孝文园令。

《汉书·东方朔传》委琐[①]烦碎，不类诸篇。且不述其亡殁岁时及子孙继嗣，正与《司马相如》、[②]《司马迁》、《扬雄传》相类。寻其传体，必曼倩之自叙也。但班氏脱略，[③]故世莫之知。

按：《东方传》之为自叙更无考，《序传》篇亦未之及。

北平本讥"脱略"、"亡殁"等语，以为见小，不考《洞冥记》者，噫，亦失考矣！《杂述》篇云："郭子横之《洞冥》……全构虚词，用惊愚俗。"其言侃侃，顾意其为未见而小之邪？《史通》凡王乔、左慈辈，皆斥其不经。《洞冥》，荒诞之尤者也。紫海丹浆，大雅不道。夏侯孝若序《东方像赞》曰：谈者以先生"神交造化，灵为星辰，此又奇怪惚恍，不可备论者也"。盖昔人扫弃久矣。

① 一作"曲"。

② 一脱此四字。

③ 脱略者，谓脱去其"自叙如此"一句。

苏子卿父建行事甚寡，韦玄成父贤[①]德业稍多。《汉书》编苏氏之传，则先以苏建标名；列韦相之篇，[②]则不以韦贤[③]冠首，并其失也。

按：此条所论，论篇题也。苏建子武，韦贤子玄成，并父子同传。而父之事简，子之事烦，二传亦同。如此，则宜一例标题矣。今乃苏传以建名篇，韦传则以玄成名篇，传同例异，故为此论。

或笑之曰："子未见《汉书》耶？《汉书》明是《韦贤传》，子何据而言若是？"曰："据《史通》是节也。节之文曰：苏传以建标名，韦篇不以贤冠首。故知题是玄成也。古人诗集、文集篇题，一本作某，一本作某者，不可悉数，史传何独无之？唐代未行版本，随手写录，流传各异，子玄适见是本耳。"曰："是则然矣。其不曰父贤而曰父孟，有说乎？"曰："误耳。自孟至贤五世，故曰其先韦孟家。子玄非懵，岂未见之？此又后人涂窜之咎也。"

① 旧误作"孟"。

② 疑唐本《汉书》以玄成名篇。

③ 误"孟"。

苏建　按本传：苏建，杜陵人也。以校尉从大将军青击匈奴，封平陵侯云云。传止八十三字，故曰"行事甚寡"。

韦贤　按本传：韦贤，字长孺，鲁国邹人也。贤为人质朴少欲，笃志于学，兼通《礼》、《尚书》，以《诗》教授，号称邹、鲁大儒。征为博士、给事中，进授昭帝《诗》云云。宣帝即位，贤以与谋议，安宗庙，赐关内侯，食邑云云。传凡一百七十八字，故曰"德业稍多"。至其述孟之文，止是传前原世系之体，附见事行，不过二十字而已，安得云稍多乎？至所列二诗，则又附中之附也。"孟"字之误，无疑矣。

班固称项羽贼[①]义帝，自取天亡。又云：于公高门以待封，严母扫地以待丧。如固斯言，则深信夫天怨神怒，福善祸淫者矣。至于其赋《幽通》也，复以天命久定，非人理[②]所移，故善恶无征，报施多爽，斯则同理异说，前后自相矛盾者焉。

按：此与孝成帝一条相似。然赞是史论，赋只言怀，固非一概。

① 一作“弑”。

② 一少“理”字。

于公高门　《于定国传》：定国字曼倩，谥安侯。父于公，其闾门坏，父老方共治之。于公谓曰：少高大门闾，令容驷马高盖车。我治狱多阴德，子孙必有兴者。至定国为丞相，子永为御史大夫，封侯传世云。

严母扫地　《酷吏·严延年传》：初，延年母从东海来，欲从延年腊。到洛阳，适见报囚。母大惊，便止都亭，不肯入府。延年出至都亭谒母，母闭阁良久，乃见之。因数责延年，我不意当老见壮子被刑戮也。去女东归，扫除墓地耳。岁余，果败。东海莫不贤知其母。按：荀《纪》，于、严二句本时人语。

赋幽通　《汉书·叙传》：固弱冠而孤，作《幽通赋》以致命遂志。《注》：陈吉凶性命，遂明己之志。

或问：张辅著《班马优劣论》云：迁叙三千年事，五十万言，固叙二百年事，八十万言，是固不如迁也。斯言为是乎？答曰：不然也。案《太史公书》上起黄帝，下尽宗周，年代虽存，事迹殊略。至于战国已下，始有可观。然迁虽叙三千年事，其间详备者，唯汉兴七十余载而已。其省也则如彼，其烦也则如此，求诸折中，未见其宜。班氏《汉书》全取《史记》，仍去其《日者》、《仓公》等传，以为其事烦芜，不足编次故也。若使马迁[①]易地而处，撰成《汉书》，将恐多言费辞，有逾班氏，[②]安得以此而定其优劣邪？

按：此即《内篇·烦省》之说，而其下语则《烦省》篇较平允。以此见《杂说》诸条，非一时所作，亦非作正书了，才作《杂说》。随触随书，或先或后，故异时所见，有合有离。观者平心循理而进退之，则得矣。

此条合马、班言之，故附分论《史》、《汉》之后。

① 旧作“迁固”，后人因“易地”句窜易耳，反使上下不相顾。

② 恐当作“史”。

张辅　字世伟，见《鉴识》、《烦省》二篇。

《汉书》断章，事终新室。如叔皮存殁，时入中兴，而辄引与前书共编者，盖《序传》之恒[①]例者耳。[②]荀悦既删略班史，勒成《汉纪》，而彪《论王命》，列在末篇。[③]夫以规讽隗嚣，翼戴光武，忽以东都之事，擢居西汉之中，必如是，则《宾戏》、《幽通》，亦宜同载者矣。

按：两汉之交，凡所论著，为新莽作者，前纪收之可也；为隗嚣作，即与先汉不相及矣。若叙传家追称厥考，则虽事关来代，而巨制必登，论撰先美，礼所尚也。此种钩画，明晰谛当，珥笔者其知所取衷哉！

此乃纠荀悦《汉纪》也。观已上二条，知前所标“汉诸史”三字，浑成该举，委是原文。至其下所记条数，决非初数耳。

① 或作“常”。

② 释：言在班氏《书》述之则是。

③ 释：在荀氏《纪》越收之则非。

彪论列末篇　荀悦《汉纪》第三十卷之末云：王莽既败，天下云扰。隗嚣据陇拥众，收集英雄，班彪在焉。彪即成帝婕妤之弟之稚子也。嚣问彪曰："往者周亡，天下分裂……纵横之事，复起于今日乎？将乘运迭兴，在一人也。愿先生论之。"论曰云云。嚣曰："愚人习识刘氏，而谓汉家重兴，疏矣。"彪感其论，又闵祸患之不息，乃著《王命论》，以救时难。

宾戏幽通　按：《汉书·叙传》，叙父彪，载《王命论》。固自叙，载《答宾戏》、《幽通赋》二篇。此二篇荀《纪》不收，故借诘之。

卷十七

杂说中第八十六条。

诸晋史六条。[①]

东晋之史，作者多门，何氏《中兴》，实居其最。而为晋学者，曾未之知，倘湮灭不行，良可惜也。王、檀著书，[②]是晋史之尤劣者，方诸前代，其陆贾、褚先生之比欤！道鸾不揆浅才，好出奇语，所谓欲益反损，求妍更媸者矣。

按：《正史》篇云：贞观中，诏以晋史十八家，未能尽善，更加纂录，为百三十二卷。自是言晋史者，弃其旧本焉。吁！自唐初一弃，遂绝于今，洵不能无湮灭可惜之叹，后何从睹其优劣耶？评者谓《玉海》言法盛书窃之郗绍，讥子玄未考。夫何果窃而书果善，固无伤于"居最"一语也，不亦所砭非所病耶？况其事本见《南史》，不待《玉海》。[③]铨才喜卖弄，偏纳败缺也。

① 旧作"七条"，非。

② 一作"者"。

③《南史·徐广传》曰：郗绍作《晋中兴书》，以示法盛。法盛曰："卿名位贵达，不复俟此延誉。我寒士无闻，宜以为惠。"绍不与。书在斋内，后法盛诣绍，绍不在，直入窃之。绍无兼本，世遂行何书。

臧氏《晋书》称苻坚之窃号也，虽疆宇狭于石虎，至于人物则过之。案后石之时，田融《赵史》谓勒为前石，虎为后石也。张据瓜、凉，李专巴、蜀，自辽而左，人[①]属慕容，涉汉[②]而[③]南，地归司马。逮于苻氏，则兼而有之。《禹贡》九州，实得其八。而言地劣于赵，是何言欤？夫识事未精，而轻为著述，此其不知量也。张勔[④]抄撮晋史，不求异同，而备揭[⑤]此言，不从沙汰，罪又甚矣。

按：臧史谓苻疆狭于后石，其言实疏。而刘之所鄙，尤在张勔也。

晚明版行诸书，传刻卤莽，读者触处胶牙。止如此条曰："自辽而左，氏属慕容。""氏"字当由"民"字之讹。唐讳"民"为"人"，亦有信手忘讳者。因"民"作"氏"，岂复成语。又曰："沙漠西南，地归司马。"自晋之东，悬隔朔野，逾二千里。"沙漠"二字，适从何来？细推所自，"涉"脱"止"而成"沙"，"汉"缘"沙"而转"漠"，离而益远，遂失其宗。人苟稍涉史书，宜皆刺眼。自来评者，于此类曾莫之省。方且挦扯冷僻，逞诡臆而炫多知，不疑其所当疑，而强辩其所不必辩。载籍极博，文章无口，书之受诬，独《史通》哉！

① 一作"氏"。

② 旧皆讹作"沙漠"。

③ 一讹作"西"。

④《隋志》作"缅"。

⑤ 一讹作"被褐"。

凉蜀辽汉苻氏兼之　丛书《前凉录》：张天锡十三年，苻坚遣苟苌来伐，天锡拒战赤岸，为秦所败，面缚降秦，凉亡。又《前秦录》：甘露十二年，凉州平，以梁熙持节镇姑臧。按：此苻氏之兼瓜、凉也，而后石时则张重华据之。又《蜀录》：李特起兵，至势，降晋。《晋书》载记：苻坚以王猛为中书令，风化大行。仇池氐杨世以地降于坚。是岁，有赤星见于西南。于占，明年当平蜀。坚命秦、梁密严兵备。晋梁州刺史杨亮退守磬险。坚遣王统、朱彤寇蜀,毛当、徐成率步骑入自剑阁。杨安进据梓潼。当遂陷益州。于是邛、莋、夜郎等皆归之。坚以安为益州牧,镇成都。按:此苻氏之兼巴、蜀也,而石氏则未能有蜀。从书《前燕录》:慕容廆世居辽左。廆子皝迁都龙城,号新宫曰和龙。皝子儁取邺,自蓟迁邺。儁子暐。十一年,秦来伐,拔邺城,徙暐并诸鲜卑四万户于长安。又《前秦录》:坚入邺宫,阅其图籍,凡郡百五十七,县千五百七十九。以王猛为冀州牧,镇邺。按:此苻氏之兼辽左也。而石虎时,慕容方兴,虎尝兵挫辽西,弃甲而遁。《晋》载记:坚遣其尚书令丕率慕容暐等寇襄阳,杨安将樊、邓之众为前锋,石越出鲁阳关,慕容垂、姚苌出南乡,苟池、王显从武当继进,大会汉阳。师次沔北,遣池、越、当屯江陵。太元四年,苻丕陷襄阳。坚以其中垒梁成都督荆州诸军事,领护南蛮校尉,配兵一万,镇襄阳。按:此苻氏之兼汉南也。而石氏虽累寇襄阳,卒未得志。

张勔 《隋·经籍志》:《晋书钞》三十卷,梁豫章内史张缅撰。按:“缅”,《史通》作“勔”,或当时二字通写也。

夫学未该博,鉴非详正,凡所修撰,多聚异闻,[①]其为踳驳,难以觉悟。案应劭《风俗通》载楚有叶君祠,即叶公诸梁庙也。而俗云孝明帝时有河东王乔为叶令,尝飞凫入朝。及干宝《搜神记》,乃隐应氏所通,[②]而收[③]流俗怪说。[④]又刘敬升《异苑》称晋武库失火,汉高祖斩蛇剑穿屋而飞,其言不经。致[⑤]梁武帝令殷芸编诸《小说》,及萧方等撰《三十国史》,乃刊为正言。[⑥]既而宋求汉事,旁取令升之书,谓范晔《后汉书》。唐征晋语,近凭方等之录。谓皇家撰《晋书》。编简一定,胶漆不移。[⑦]故令俗之学者,说凫履登朝,则云《汉书》旧记。[⑧]谈蛇剑穿屋,必曰晋典明文。[⑨]遮[⑩]彼虚词,成兹实录。

语曰："三人成市虎。"斯言其得之者[11]乎！[12]

按：志怪奚必去谐，撰史自宜识大。语有轩轾，意有堤防，非灾非祥，靡劝靡戒。必严诸此，而后史之为体尊，而其为用巨。间尝取后史验之，遇此等事多放活句，子玄教之欤？

《搜神》、《异苑》，收之《杂述》之篇，存小说也，史而掇取则猥。江璧门枢，褒以可称之语，征异兆也，事无关系则讥。不合全书参互，不知出语持平。

可作事始书观，可作注书家法。

① 一作"门"。

② 一讹作"遗"。

③ 旧有"其"字。

④ 释：此原飞凫事所始。然怪则怪矣，节意则谓载在《搜神》，书非正史，犹之可也。

⑤ 误"故"。

⑥ 释：此原剑飞事所始。然节意谓小说不经犹可，撰为正言则非。然《三十国史》，犹非正体国史也。〇已下揭出正史立说。

⑦ 释：节意所严在此正史。

⑧ 释：不复言《搜神记》，更何问《风俗通》矣。

⑨ 释：不复言《三十国春秋》，更何问《异苑》矣。

⑩ 一误作"递"，一作"摭"。

⑪ 一无"者"字。

⑫ 释：小说之迂流，延及正史如此，故作史贵识也。

殷芸小说　《梁书》本传：殷芸字灌蔬。不妄交游，博洽群书。《隋·经籍志》：《小说》十卷，梁武帝敕司徒左长史殷芸撰。陈氏《书录》：《邯郸书目》云：或题刘悚撰，非也。此书首题秦、汉、魏、晋、宋诸帝，注云“殷芸撰”，非刘悚明矣。故其叙事止宋初，盖于诸史传记中抄集。或称商芸者，宣祖庙未祧时避讳也。按：刘悚即知幾子也。征之此条，或题之非，更不待辩矣。

萧方等　《困学纪闻》：萧方等为《三十国春秋》，以晋为主，附列刘渊以下二十九国。《通鉴》晋元兴三年引方等论，《纲目》但云萧方，误削“等”字。按：《梁书》忠壮世子方等，字实相，世祖长子也。贞惠世子方诸字智相，世祖第二子也。愍怀太子方矩字德规，世祖第四子也。方，乃帬弟二名之共字也。世祖，谓元帝。《唐》、《宋·艺文志》亦误削“等”字。又按：《隋·经籍志》作“萧万等”，则又讹“方”为“万”，再误“万”为“萬”。考核之学，良未易言。

市虎　《韩非·内储说》：庞恭谓魏王曰：今一人言市有虎，王不信。二人言，王不信。三人言，王信之。夫市之无虎也，明矣。然三人言而成市虎，愿王察之。

马迁持论，称尧世[①]无许由；应劭著录，云汉代无王乔，其言谠矣。至士安撰《高士传》，具说箕山之迹；令升作《搜神记》，深信叶县之灵。此并向声背实，舍真从伪，知而故为，罪之甚者。[②]近者，[③]宋临川王义庆著《世说新语》，上叙两汉、三国及晋中朝、江左事。刘峻注释，摘其瑕疵，伪迹昭然，理难文饰。而皇家撰《晋史》，多取此书。遂采康王之妄言，违孝标之正说。以此书事，奚其厚颜！

按：与上条同指。

许由之事，史公亦非遽以为无，特设为疑词，借其人挑起夷、齐之见称耳。愚又疑《庄》、《列》寓言，人名有无，顾勿深考。若《家语》所称少正卯，谓其言行伪辟，七日受诛。然究无乱政实事，更未闻请命行刑，曾圣人而为是急切专辄之举乎？亦鄙心之所不安也。[4]再详此条，盖由《新晋书》采用《世说》而发。义庆之书，孝标之摘，正如松之之于陈《志》。何去何从，亦未可执。愚意史氏之文，有传闻异说者，主其所共宗，无废其所别见。疑以传疑，乃成信史。明惠帝实焚，而世传行遁。今史以史宬为征信，仍以逊国为传疑。可以质鬼神、俟百世矣。

① 一误作“舜”。

② 北平本此处截条，非。本条盖论《晋书》，前特引端之词，非泛论杂家也。

③ 一无“者”字。

④《左传》、《国语》皆无其人。

汉吕后以妇人称制，事同王者。班氏次其年月，虽与[1]诸帝同编；而记其事迹，实与后妃齐贯。皇家诸学士撰《晋书》，首发凡例，《序例》一卷，《晋书》之首，故云“首发凡例”。而云班《汉》皇后除王、吕之外，不为作传，并编叙行事，寄出《外戚》篇。[2]所不载者，唯元后[3]耳。[4]安得辄引吕氏以为例乎？盖由读书不精，识事多阙，徒以本纪标目，以编高后之年，遂疑外戚裁篇，辄叙娥姁[5]之事。[6]其为率略，不亦甚邪！

按：此条之驳《晋史》，驳凡例也。但文内似多脱讹，存而不论。

① 一讹“以”。

② 按：凡例语止此，此下疑有阙文。

③ 字政君。

④ 按：今《汉书·外戚传》后，别列《元后传》。此云不载，殊费解。若

云元后事不载《外戚》篇，则正与吕氏同例矣。又与下句抵牾。

⑤ 吕后字。

⑥ 此四句文义亦不可晓。

杨王孙布囊盛尸，[①]裸身而葬。伊籍对吴，以“一拜一起，未足为劳”。求两贤立身，各有此一事而已。而《汉书》、《蜀志》，为其立传。前哲致讥，[②]言之详矣。然杨能反经合义，[③]足矫奢葬之愆。伊以敏辞辨对，可免“使乎”之辱。列诸篇第，犹有可取。[④]近者皇家撰《晋书》，著《刘伶》、《毕卓传》。其叙事也，直载其嗜酒沉湎，悖礼乱德，若斯而已。为传如此，复何所取者哉？《旧晋史》本无《刘》、《毕传》，皇家新撰，以补前史所阙。[⑤]

按：合前所论《搜神》、《异苑》、《世说》及此条《刘》、《毕传》观之，刊除诞放，约勒编摩，皆华士所畏恶者，故《史通》往往召谤。

论者认得刘公是尊严国史，便自意平。《谈苑》、《说铃》之流，原非其所禁绝也。

① 一作“屍”。

② 一作“议”。

③ 虽其事反葬礼之经，而其言合达人之义。

④ 释：此上是引端。

⑤ 一本失此注。释：所纠在此，警荡也。

杨王孙　本传：学黄、老之术，欲裸葬。曰：“死者，终生之化，而物之归者也。归者得至，化者得变，是物各反其真也。反真冥冥，亡形亡声，乃合道情。夫饰外以华众，厚葬以鬲真，使归者不得至，化者不得变，是使物各失其所也。”

伊籍　本传：籍字机伯，随先主入益州。遣使于吴，孙权欲逆折以辞。籍适入拜，权曰：“劳事无道之君乎？”籍即对曰：“一拜一起，未足为劳。”籍之机捷，类皆如此。权甚异之。

刘伶　本传：伶字伯伦。放情肆志，与阮籍、嵇康欣然神解，携手入林。常乘鹿车，携一壶酒，使人荷锸随之，曰：“死便埋我。”尝求酒于其妻，妻捐酒，泣谏。伶曰：“吾不能自禁，当祝鬼神自誓耳。可便具酒肉。”妻从之，伶祝曰：“天生刘伶，以酒为名。一饮一斛，五斗解酲。妇儿之言，切不可听。”仍饮酒御肉，隗然复醉。

毕卓　本传：卓字茂世。为吏部郎，尝饮酒废职。比舍郎酿熟，卓因醉，夜至其瓮间盗饮之，为掌酒者所缚，明旦视之，乃毕吏部也。余文已见《书事》篇。

宋略一条。

裴幾原[①]删略宋史，定为二十篇。芟烦[②]撮要，实有其力。[③]而所录文章，颇伤芜秽。如文帝《除徐[④]傅官诏》、颜延年《元后哀册文》、颜峻[⑤]《讨二凶檄》、孝武《拟李夫人赋》、裴松之《上注[⑥]国志表》、孔熙先《罪许曜[⑦]词》。凡此诸文，是尤不宜载者。[⑧]

何则？羡、亮威权震主，负芒猜忌，将欲取之，必先与之。既而罪名具列，刑书是正，则先所降诏，本非实录。而乃先后双载，坐令矛盾两伤。[⑨]夫国之不造，史有哀册。[⑩]自晋、宋已还，多载于起居注，词皆虚饰，义不足观。必以“略”言之，故宜去也。[⑪]昔汉王数项，袁公檄曹，若不具录其文，难以暴扬其过。至于二凶为恶，不言可知，无俟檄数，[⑫]始明罪状。必刊诸国史，岂益[13]异同。[14]孝武作赋悼亡，钟心内宠，情在儿女，语非军国。[15]松之所论者，其事甚末，[16]兼复文理非工。[17]熙先构逆怀奸，矫言欺众，且所为稿草，[18]本未宣行。[19]斯并同在编次，不加铨[20]择，岂非芜滥者邪？[21]

向若除此数文，别存他说，则宋年美事，遗略盖寡。何乃应取而不取，宜除而不除乎？但近代国史，通多此累，有同自郐，无足致讥。若裴氏者，[22]众作之中，所可与言史者，故遍举其事，以申掎摭云。

按：此条须理会“略”字。正名国史，何妨详载。子野书既以“略”名，而具列芜篇，则名实不相副矣。与《载言》、《载文》两篇，意皆各出。

子玄历诋《三国》裴《注》，为其知博而不知约也。裴《注》征书甚富，而择言不精。富则骛博者尚之，如疏寮称刘孝标注《世说》引晋氏一朝记载，凡一百六十六家，皆出正史外，亦是此意。不精则识大者病之，如朱子论李延寿《南》、《北史》，除司马公《通鉴》所取，其余只是一部好看的小说，亦是此意。

① 子野。

② 一作“繁”。

③ 释：首提“略”字，其意以为略，则烦文宜省。

④ 一作“师”，非。

⑤ 史作“竣”。

⑥ 俗本“注”字作“三”字，非。

⑦ 史作“耀”。

⑧ 释：揭六项作论案。

⑨ 论断一。

⑩ 或作“策”。

⑪ 论断二。

⑫ 一作“书”。

⑬ 一作“宜”,非。

⑭ 论断三。

⑮ 论断四。

⑯ 一作“下”。

⑰ 论断五。

⑱ 一作“草稿”。

⑲ 论断六。释:分论至此毕。

⑳ 一作“诠”。

㉑ 释:似此不得以“略”名矣。

㉒ 一有“是”字。

除徐傅官诏 《徐羡之传》:字宗文。高祖践阼,进号将军,加散骑常侍,封南昌县公。少帝失德,羡之等废之,迁于吴郡,遂加害。太祖即位,进司徒,改封南平郡公。《傅亮传》:字季友。宋国初建,从还寿阳。高祖有受禅意,亮悟旨,曰:“臣暂宜还都。”至都,即征高祖入辅。至于受命,进尚书仆射、中书令。少帝废,亮至江陵迎太祖。既至,太祖问少帝薨废本末,悲号呜咽。亮于是布腹心于到彦之等,深自结纳。太祖登阼,加左光禄大夫、仪同三司,进爵始兴郡公。按:太祖,即文帝也。其二人《除官诏》,沈《书》不载。元嘉三年,二人皆受诛。

元后哀册 《后妃传》:文帝袁皇后讳齐妫,左光禄大夫敬公湛之庶女也。生子劭。上待后恩礼甚笃,后潘淑妃爱倾后宫,因称疾不复见上。元嘉十七年,疾笃,上执手流涕,因引被覆面。崩。上甚悼痛,诏前永嘉太守颜延之为哀策,文甚丽云云。按:延之字延年。

讨二凶檄 二凶本传:元凶劭,文帝长子也。有女巫严道育自言通灵,劭姊东阳公主白上,托言善蚕,召入。劭与始兴王浚敬事之,号曰天师,遂为巫蛊。上后知，惊惋，须检核，废劭，赐浚死。以语浚母潘淑妃，妃以告浚，浚报劭。劭诈上诏，入宫行弑。世祖及南谯王义宣、随王诞举义兵，檄京邑云云。又《颜竣传》：父光禄大夫延之。竣为世祖抚军主簿。世祖镇浔阳，迁记室参军。世祖入讨，任总内外，并造檄书。《南史》：延之为劭光禄大夫，劭以檄文示延之曰："此笔谁造？"延之曰："竣之笔也。"劭曰："何乃至尔？"曰："竣尚不顾老臣，何能为陛下？"

拟李夫人赋　《孝武十四王传》：始平王子鸾，母殷淑仪宠，子鸾爱冠诸子。丁母忧，追进淑仪为贵妃，班亚皇后，谥曰宣。痛爱不已。《拟汉李夫人》赋曰："朕以亡事弃日，阅览前王词苑，见《李夫人赋》，凄其有怀……因感而会焉。"云云。

注国志表　见《补注》篇。

罪许曜词　事附《范晔传》。孔熙先有纵横才志，父默之下廷尉，彭城王义康保持之，得免。义康被黜，熙先密怀报效。素善天文，云太祖必以非道晏驾，江州应出天子，以为义康当之。有法静尼出入义康家，熙先善胗脉，法静尼妹夫许曜领队在台，宿卫殿省。尝病，熙先为合汤一剂，曜疾即损，因成周旋。熙先以曜胆干，因告逆谋，曜许为内应。熙先使晔作义康书与徐湛之，宣示同党。湛之封上。凡所连及，并伏诛。按：《罪许词》，沈《书》亦不载。又按：裴《略》不可得见，而以全史较之，所收浮文反简于裴，故《史通》云尔。

后魏书二条。

《宋书》载佛狸之入寇也，其间胜负，盖皆实录焉。《魏史》所书，谓魏收所撰者。则全出沈本。[①]如事有可耻者，则加减随意，依违饰[②]言。至如刘氏献女请和，太武以师[③]婚不许，此言尤可怪也。[④]何者？江左皇族，水乡庶姓，若司马、刘、萧、韩、王，或出于亡命，或起自俘囚，一诣桑干，皆成禁脔。此皆《魏史》自述，非他国所传。[⑤]然则北之重南，其礼如此。

安有黄旗之主，亲屈己以求婚，而白登之阵，反怀[⑥]疑而不纳。其言河汉，不亦甚哉！[⑦]观休文《宋典》，诚曰不工，必比伯起《魏书》，更为良史。而收每云：“我视沈约，正如[⑧]奴耳。”出《关东风俗传》。[⑨]此可谓饰嫫母而夸西施，持鱼目而笑明月者也。[⑩]

按：刘氏凡涉《魏书》，只是一味斥夸。

① 释：所书用师，宋实不竞，则收《书》仍之。

② 一作“罕”，非。

③ 此二字一改作“求”字，非。

④ 释：揭出《魏书》饰言。

⑤ 释：南士北奔，多为北婿。据此以折拒婚之饰夸也。

⑥ 一作“乃致”。

⑦ 释：驳拒婚止此。

⑧ 或有“一”字。

⑨ 一本失此注。

⑩ 释：统以收书劣于沈书作束笔。

佛狸入寇 《宋书·索虏传》：魏明元帝子焘，字佛狸。自率大众渡河曰：自顷岁成民阜，当东巡吴、会，以尽游豫。临沧海，探禹穴，陟姑苏之台，搜长洲之苑。焘自彭城南出盱眙，至瓜步，伐蒹苇，造箄筏，声欲渡江。遣使饷太祖骆驼名马，求和请婚。上遣奉朝请田奇饷以珍味。焘以手指天，而以孙儿示奇曰：“至此非唯为功名，实是贪结姻援。若能酬酢，自今不复相犯秋毫。”又求嫁女于世祖。《魏书·岛夷刘氏传》：车驾登瓜步，伐苇结筏，示欲渡江。义隆大惧，欲走建业，士女咸荷担而立。义隆遣黄延年朝于行宫，献百牢，并请和，求进女于皇孙。世祖以师婚非礼，许和而不许婚。

按：《宋》云焘，即魏世祖太武帝也。《魏》云义隆，即宋太祖文帝也。

司马刘萧韩王 《魏书》：司马楚之，晋宣帝弟馗之八世孙。刘裕诛夷司马戚属，亡于汝、颍之间。奚斤略地河南，楚之请降。后尚诸王女河内公主，生子金龙。又：刘昶，义隆第九子也。子业立，昏狂肆暴。委母妻，携妾作丈夫服，间行来降，尚武邑公主。岁余主薨，更尚建兴长公主。又：萧宝夤，萧鸾第六子，宝卷母弟也。萧衍克建业，杀其兄弟。其家穿墙夜出宝夤，具小船，着乌布襦，潜赴江畔，蹑屩徒步，脚无全皮。至寿春，戍主推检知实。至京师，世宗礼之。寻尚南阳长公主，赐帛一千匹，并给礼具。又：韩延之，司马德宗平西府录事参军。泰常二年，与司马文思来入国。延之前妻罗氏生子措，随入国。又以淮南王女妻之，生道生。又：王慧龙，司马德宗仆射愉之孙，散骑缉之子也。刘裕微时，愉不为礼。及得志，愉家见诛。慧龙为沙门僧彬所匿，泰常二年归国。崔浩弟恬以女妻之。浩既见，曰："信王家儿也。"王氏世齇鼻，江东谓之齇王。慧龙鼻大，浩曰："真贵种矣。"按：慧龙非婚于魏宗，借用。

桑干 《宋书·索虏传》：索头托跋开字涉珪。王有中州，自称曰魏，号年天赐，治代郡桑干县之平城。

禁脔 《晋·谢安传》：安孙混，字叔源，少有美誉。孝武帝求为晋陵公主婿。未几，帝崩，袁山松欲以女妻之，王珣曰："卿莫近禁脔。"初，元帝始镇建业，公私窘罄，每得一豘，以为珍膳，项上一脔尤美，辄以荐帝，呼为"禁脔"，故珣因以为戏。混竟尚主。

黄旗 《吴志·权传》注曰：《吴书》曰：先哲秘论，紫盖黄旗，运在东南。按：语本《江表传》。又《魏书·李平传》：平子谐为聘使，至石头，梁主客郎范胥当接。胥曰："金陵王气，兆于先代，黄旗紫盖，本出东南。"

白登 《汉·匈奴传》：冒顿围高帝于白登。《注》：白登在平城东南。按：平城地在桑干，即元魏所都也。

近者沈约《晋书》，喜造奇说。称元帝牛金之子，以应"牛继马后"之征。邺中学者王劭、宋孝王言之详矣。而魏收深嫉南国，幸书其短，著《司马睿传》，遂具录休文所言。[①]又崔浩谄事狄君，曲为邪说，称拓跋之祖，本李陵之胄。当时众议抵[②]斥，事遂不行。或有窃其书以渡江者，沈约撰《宋书·索虏传》，仍传伯渊所述。[③]凡此诸妄，其流甚多，傥无迹可寻，则真伪难辨者矣。

按：此段虽系在说魏之条，其实魏、沈并举。刘氏深斥史家淆讹傅会之习，愚甚韪之。

此与上条之说，前者《因习》、《言语》、《叙事》、《曲笔》诸篇，累累言之矣。此复赘言之，故知《杂说》诸条，多半是前书底本，非后来继作也。观开章第一篇便云："自古编述文籍，《外篇》言之备矣。"可验《外篇》非定在《内篇》后也。

① 释：此上纠魏收。

② 一作"相"，误。

③ 释：此上纠沈约。

牛继马后　《魏书》：僭晋司马睿，字景文，晋将牛金子也。初，琅邪王觐妃谯国夏侯氏字铜环，与金奸通，生睿，因冒姓司马。按：王、宋辩语无可考。《旧唐书·元行冲传》：魏明帝时，河西柳谷瑞石，有牛继马后之象。魏收以晋元帝是牛氏子，冒姓司马，以应石文。行冲推寻事迹，以昭成帝名犍，继晋受命，考校谣谶，著论以明之。按：行冲故拓跋之后，自张祖统，其言亦未必得实。但夏侯丑语，"牛后"谰言，《通鉴纲目》皆屏不录。是知大雅正人，操觚纂著，固无取乎黯黕罔据之谈也。

拓跋之祖　《宋书》：索头虏姓托跋氏，其先汉将李陵后也。陵降匈奴，有数百千种，各立名号，索头亦其一也。又见《序传》篇。

北齐诸史三条。①

王劭国史，至于论战争，述纷扰，贾其余勇，弥见所长。至如叙文宣逼孝靖以受魏禅，二王②杀杨、燕以废乾明，虽《左氏》载季氏逐昭公，秦伯纳重耳，栾盈起于曲沃，楚灵败于乾溪，殆可连类也。又叙高祖破宇文于邙③山，周武自晋阳而平邺，虽《左氏》书城濮之役、鄢陵之战、齐败于鞍、④吴师入郢，亦不是过也。

按：知幾称君懋书，不一而足，恨不得见矣。此所论载四事，非止述事，乃论文也。事最巨，而文亦最详练。今观二李、令狐所撰次，大率皆借为蓝本。故引注宜稍尽其曲折，不得与他处节见事略者同例。

① "诸"一作"书"，误。不专论百药《书》，故曰诸史。

② 当作"常山"。

③ 一讹"印"，一讹"卬"，史作"芒"。

④ 传作"鞌"。

文宣逼魏禅 《北史》：帝从容沉雅，有孝文风。渤海王高澄以崔季舒为中书黄门侍郎，令监察动静。澄与季舒书曰："痴人复何似？痴势小差未？"及将禅位于文宣，襄城王昶等入奏事昭阳殿。昶曰："五行递运，有始有终。""愿陛下则尧禅舜。"帝便敛容答曰："此事推挹已久，谨当逊避。"帝下御座，步就东廊，口咏范蔚宗《后汉书・赞》云："献生不辰，身播国屯，终我四百，永作虞宾。"所司奏请发，帝曰："古人念遗簪敝履，与六宫别，可乎？"嫔赵国李氏诵陈思王诗云："王其爱玉体，俱享黄发期。"皇后已下皆哭。及出云龙门，王公百寮衣冠拜辞。帝曰："今日不减常道乡公、汉献帝。"众皆悲怆。

常山废乾明　《北史》：文宣天保十年《纪》云：初，帝改年天保，有识者曰："天保"为"一大人只十"，其不过十乎？又曾问太山道士，得几年为天子？曰："得三十年。"后帝谓李后曰："十年十月十日，得非三十也？人生有死，但怜正道幼，人将夺之耳。"废帝乾明元年《纪》云：二月，常山王演矫诏诛尚书令杨愔、尚书右仆射燕子献等。八月，以太皇太后令废帝为济南王，以常山王演入纂大统。初，文宣命邢邵制帝名殷，字正道。从而尤之，"殷家弟及，正字一止。吾身后，儿不得也。"因谓昭帝曰："夺时但夺，慎勿杀也。"《孝昭纪》云：帝与济南约不相害。及邺，乃密杀之。后有见文宣从杨、燕等西行，言复仇。帝在晋阳亦见焉，乃讲武以厌之。有兔惊马，帝坠而绝肋。太后问济南，曰：杀去邪？死其宜矣。

季逐昭公　昭二十五。事见上卷。

秦纳重耳　僖二十四：秦穆公纳之。

栾盈起　襄二十三：栾盈夜见胥午而告之，午伏之而觞曲沃人。乐作，午言曰："今也得栾孺子何如？"对曰："得主而为之死，犹不死也。"皆叹，有泣者。爵行，又言。皆曰："得主，何贰之有。"盈出，遍拜之。栾盈率以入绛。

乾溪　昭十二：雨雪，楚子皮冠，秦复陶，翠被，豹舄，执鞭以出，右尹子革夕，诵《祈招》之诗。王不自克，以及于难。

高祖破邙山　《北史》：武定元年二月，北豫州刺史高慎据武牢西叛。三月，周文率众援高慎，神武大败之于芒山。明日复战，西师尽锐来攻。神武失马，赫连阳顺下马授神武，苍头冯文洛扶上俱走，从步骑六七人。追骑至，亲信都督尉兴庆曰："王去矣，兴庆腰百箭，足杀百人。"神武曰："事济，以尔为怀州。若死，用尔子。"兴庆曰："儿小，愿用兄。"许之。兴庆斗，矢尽而死。西魏贺拔胜以十三骑逐神武，刘洪徽射中其二。胜槊将中神武，段孝先横射胜，马殪，遂免。豫、洛二州平，神武使刘丰徇地至恒农而还。按：芒山即北邙也。张载《七哀》作"北芒"。

周武平邺　《北史》：周武帝建德五年，冬十一月，帝发京师。十二月，次晋州，置阵东西二十余里。乘常御马，从数人巡阵，所至辄呼主帅姓名慰勉之。将战，所司请换马。帝曰："朕乘良马何之？"齐人填堑南引，帝勒诸军击之。齐主与数十骑走并州，帝率诸军追齐主。诸将请还师，帝曰："卿等若疑，朕将独往。"麾军直进，次并州。齐主走邺。六年春正月，传位于其太子恒，改年承光。帝至邺，率诸军奋击，遂平齐。齐主走青州，遣大将军尉迟勤追之。二月，以齐主至。帝降自阼阶，见以宾主礼。按：劭本齐人，此事叙齐后主，当更有致，语被削必多。

城濮鄢陵　城濮之战在僖二十八，鄢陵之战在成十六。春秋晋、楚三大战之二也。

败于鞌　成二：晋郤克师陈于鞌，齐师败绩，逐之，三周华不注。

吴入郢　事在定四，略见上卷。按：条内援《左》为况，先后凡八事，皆大篇也。事熟，故但举年，从略。

或问曰：王劭《齐志》多记当时鄙言，为是乎？为非乎？

对曰：古往今来，名目各异。区分壤隔，称谓不同。所以晋、楚方言，齐、鲁俗语，"六经"诸子，载之多矣。[①]自汉已降，风俗屡迁，求诸史籍，差睹其事。或君臣之目，施诸朋友；或尊官之称，属诸君父。曲相崇敬，标以处士、王孙；轻加侮辱，号以仆夫、[②]舍长。亦有荆楚训多为夥，庐江目桥为圯。南呼北人曰伧，西谓东胡曰虏。渠、们、底、个，江左彼此之辞；乃、若、君、卿，中朝汝我[③]之义。斯并因地而变，随时而革，布在方册，无假推寻。足以知甿俗之有殊，验土风之不类。[④]

然自二京失守，四夷称制，夷夏相杂，音句尤媸。而彦鸾、伯起，务存隐讳；谓"长"为"藏"，盖为姚苌讳。[⑤]重规、德棻，志在文饰。遂使中国数百年内，其俗无得而言。[⑥]盖语曰："知古而不知今，谓之陆沈。"又曰："一物不知，君子所耻。"是则时无远近，事无巨细，必籍[⑦]多闻以成博识。[⑧]如今之[⑨]所谓者，若中州名汉，关右称羌，易臣以奴，呼母云姊。主上有大家之号，师人致儿郎之说。[10]凡如此例，其流甚多。必寻其本源，莫详所出。阅诸《齐志》，[11]则了然可知。由斯而言，劭之所录，其为弘益[12]多矣。足以开后进之蒙蔽，广来者之耳目。微君懋，吾几面墙于近事矣，而子奈何妄加讥诮者哉！[13]

按：知幾论史，黜饰崇真，偏于里音，不惜纸费，可云有质癖矣。

① 释：首原古俗方言，经籍并载。

② 恐作"役夫"为允。

③ 当作"尔汝"。

④ 释：次言近古史籍亦载俗称。

⑤ 按：偏举讳名，与本义无涉，非原注也。

⑥ 释：自晋失中原，国音迭变。而史氏鄙而讳之，失其真矣。

⑦ 通"藉"。

⑧ 释：数语呼起劭《志》，自居琐细，言有分寸。

⑨ 一无"之"字。

⑩ 六句皆言现在俗传口语。

⑪ 王劭作。

⑫ 一作"益弥"。

⑬ 释：唯王劭能存质语，特深许之。

处士王孙　《后汉·祢衡传》：衡为江夏太守黄祖作书记，各得体宜。祖持其手曰：处士正得祖意。《楚辞·招隐士》：王孙游兮不归，春草生兮萋萋。《汉·韩信传》：吾哀王孙而进食，岂望报乎？《注》：苏林曰："王孙，如言公子也。"

仆夫舍长　《左》襄四：《虞人之箴》曰："兽臣司原，敢告仆夫。"文元：

楚世子商臣享江芊而勿敬。江芊怒曰："呼！役夫。"《史记·扁鹊传》：扁鹊姓秦氏，名越人。少时为人舍长。《注》：守客馆之师，故云舍长也。

多为夥 《史记·陈涉世家》：涉既王，故人入见，曰："夥颐！涉之为王沈沈者。"楚人谓多为夥，故天下传之。

桥为圯 《史记·留侯世家》：良尝间从容步游下邳圯上。《注》：徐广曰：圯，桥也。东楚谓之圯，音怡。

南呼北伧 《晋书·周圯传》：杀我者诸伧子。《宋书·索虏传》：伧人谓换易为博。《世说·雅量》：褚公乘估客船，投钱唐亭住。时县令当送客出，亭吏驱公移牛屋下。令问牛屋下是何物人，吏云：昨一伧父来寄亭中，有尊贵客，权移之。按：所指皆北人也。

西谓东虏 《史记·高祖纪》：项羽伏弩射中汉王，伤胸，乃扪足曰："虏中吾指。"又《娄敬传》：敬谏伐匈奴，上骂曰："齐虏！以口舌得官。"《后汉书》：光武击尤来、大枪，反为所败。笑曰："几为虏嗤。"《北史·僭燕传》：关中谣曰："太岁南行当复虏。"西人呼徒河为白虏。按：所指皆东人也。

渠们底个 郭《注》：《汉书》云："渠有其人乎。"《集韵》：们，莫困切。《正字通》：今填词家言俺们、我们。郭《注》：《隋唐嘉话》：崔湜为中书令，张嘉贞为舍人。湜轻之，常呼为张底。扬子《方言》：个，枚也。《仪礼》三个注：今俗名枚曰个。《左》昭三：二惠竞爽，又弱一个焉。《南史·王弘之传》：若遣一个，有以相存。按：渠们、底个，并可两字连说。渠们，犹言他们。底个，犹言那个。

乃若君卿 《祭统》：卫孔悝之鼎铭曰："若纂乃考服。"郑《注》：若、乃，犹汝也。按：乃亦作"迺"。《张良传》：竖儒几败乃公事。《唐韵古音》：古人读若为汝。《史记》云吾翁即若翁，《汉书》云吾翁即汝翁，可据也。东坡《墨君堂记》：凡人相与称谓，贵之则"公"，贤之则"君"。《韵会》：敌体相卿，隋、唐以来下己则称卿。愚按：隋前已然。《晋·庾峻传》：峻子敳。王衍不与敳交，敳卿之不置。衍曰："君不得为尔。"敳曰："卿自君我，我自卿卿。"

中州名汉 《北齐》帝后传：受汉老妪斟酌。《崔季舒传》：汉儿文官连名总署。按：古来威慑边朔，惟汉最久，遂袭以为华称。

关右称羌　师旷《禽经》：张华杜宇注曰：鳖灵凿巫山，蜀人住江南，羌住江北，号曰“西州”。《北史·儒林传》：李业兴师事徐遵明。鲜于灵馥曰：“李生久逐羌博士，何所得也?”又《北史》：周尉迟迥袭洛阳，齐将段韶曰：“西羌窥逼，膏肓之病。”按：二传言羌，正指关右言。

臣奴　易臣为奴，南、北朝史如《北齐·恩幸传》云：帝家诸奴，叨窃贵幸。《北史·艺术传》云：齐文襄曰：“我家群奴犹极贵。”皆指近习仆役言，非正谓朝臣也。因阅《宋书·鲁爽传》：魏主焘南寇，爽与弟秀从渡河，谋归南。请曰：“奴与南有仇”云云，下自释云：“群下于其主称奴，犹称臣也。”按：此为的据。

母姊　“姊”，本作“姉”。《北齐书》文宣皇后李氏，武成践祚，逼淫，有娠。太原王至阁，不得见。愠曰：“儿岂不知耶，姊姊腹大，故不见。”《康熙字典》：北齐太子称生母曰姊姊。

主上大家　蔡邕《独断》：天子，亲近侍从称为大家。《北齐·神武纪》：何故触大家。又《恩幸传》：大家正作乐。又：大家去，大家去。

师人儿郎　《尔雅·释言》：师，人也。郭《注》：谓人众。《左传》：师人多寒。《旧唐书·封常清传》：高仙芝呼谓所召募兵曰：“我于京中召儿郎辈，得少许物，装束未能足。”按：书传所见上梁文，每发号，必唤“儿郎伟”。

皇家修《五代史》，[①]馆中坠稿仍存，皆因彼旧事，定为新史。观其朱墨所图，[②]铅黄所拂，犹有可识者。或以实为虚，以非为是。[③]其北齐国史，皆称诸帝庙号，及李氏撰《齐书》，其庙号有犯时讳者，谓有“世”字，犯太宗文皇帝讳也。即称谥焉。至如变世宗[④]为文襄，改世祖[⑤]为武成。苟除兹“世”字，而不悟“襄”、“成”有别。[⑥]诸如此谬，不可胜纪。[⑦]又[⑧]其列传之叙事也，或以武定臣佐降在成朝，或以河清事迹擢居襄代。故时日不接而隔越相偶，使读者瞀乱而不测，惊骇而多疑。[⑨]嗟乎！因斯而言，则自古著书，未能精说。书成绝笔，而遽捐旧章。遂令玉石同烬,[10]真伪难寻者,不其痛哉![11]

按:此条纠百药《书》,所言改庙称谥,似非大病,紊时则不可。然亦约举以见失真之概也。至首尾言坠稿涂拂,旧章捐烬,尤增浩叹矣。本来面目,屈受改移。推其用心,不殊于恶害己而去其籍者,恭慎君子戒之哉!

愚综覈此书,有行本互异者,必注一作某;有更定讹谬者,必注旧作某。盖深惧涂拂捐烬之为戾也。

① 梁、陈、北齐、后周、隋。

② 通"涂"。

③ 释:节首统举,以下专纠百药《北齐》。

④ 误作"祖"。

⑤ 误作"宗"。

⑥ 句意未足,恐有脱字。

⑦ 释:因避讳而失者一。

⑧ 旧误"故"。

⑨ 释:紊时代而失者又一。

⑩ 一作"尽"。

⑪ 释:末复总慨。

世宗世祖 《北齐书》:高澄,神武长子。天保初,追尊文襄皇帝,庙号世宗。高湛,神武第九子,谥武成皇帝,庙号世祖。

武定河清 《魏书》:孝武既入关,齐神武迎清河王亶世子立之,是为东魏孝靖帝。天平四年改元武定。《北齐书》:武成帝湛改元河清。

周书一条。

今俗所行周史,是令狐德棻等所撰。其书文而不实,雅而无检，真迹甚寡，客气尤烦。[①]寻宇文初习华风，事由苏绰。至于军国词令，皆准《尚书》。太祖敕朝廷，他[②]文悉准于此。盖史臣所记，皆禀其规。柳虬之徒，从风而靡。[③]案绰文虽去彼淫丽，[④]存兹典实。[⑤]而陷于矫枉过正之失，乖夫适俗随时之义。苟记言若是，则其谬逾多。爰及牛弘，弥尚儒雅。即其[⑥]旧事，因而勒成。务累[⑦]清言，罕逢佳句。[⑧]而令狐不能别求他述，[⑨]用广异闻，唯凭本书，重加润色。案宇文氏事多见于王劭《齐志》、《隋书》及蔡允恭《后梁春秋》。其王褒、庾信等事，又多见于萧韶《太清记》、萧大圜《淮海乱离志》、裴政《太清实录》、杜台卿《齐纪》。而令狐德棻了不兼采，以广其书。盖以其中有鄙言，故致遗略。遂使周氏一代之史，多非实录者焉。[⑩]

按：此条盖纠令狐《周书》也。其中间一片，皆是原注。

关右仿行《周官》，启自苏绰。其人好缘饰经术，以宇文周而貌成周，岂特武夫之与美玉而已。用夏变夷，圣贤所喜，史臣载笔，乌得举其国书尽弁髦之。

① 释：皆就变俚为雅立论。

② 一无“他”字。

③ 释：始于令敕仿古，因而史笔从风。

④ 如南朝北梁诸书。

⑤ 谓规仿《尚书》之体。

⑥ 一有“书”字。

⑦ 上声。

⑧ 据文义，“佳句”恐是“往句”之讹，谓无复原初质语也。释：此层申论上意，而本指所纠，乃在下文。

⑨ 一作“术”，“述”通。

⑩ 释：纠令狐《书》是节主。

客气 《左》定八：公侵齐，门于阳州。士皆坐列，曰：“颜高之弓六钧。”皆取而传观之。师退，冉猛伪伤足而先。又：侵齐，攻廪丘之郛。主人出，师奔。冉猛逐之，顾而无继，伪颠。阳虎曰：“尽客气也。”

苏绰词令 《周书》本传：绰字令绰，历官大行台左丞。自有晋之季，文体浮华。周文因魏帝祭庙，群臣毕至，乃命绰依《尚书》体为《大诰》。自是之后，文笔皆依此体。按：今取其书覆之，颇有类《王莽传》者。后阅王应麟语，亦云苏绰《大诰》近于莽矣。

柳虬 见《史官建置》篇。

牛弘 见《世家》篇。

隋书一条。

昔贾谊上书，晁错对策，皆有益军[①]国，足贻劝戒。而编于汉史，[②]读者犹恨其繁。如《隋书·王劭》、《袁充》两传，唯录其诡辞妄说，遂盈一篇。寻又申以诋诃，尤其谄惑。夫[③]载言示后[④]者，贵于辞理可观。既以无益而书，岂[⑤]若遗而不载。盖学者神识有限，而述者注记无涯。以有限之神识，观无涯之注记，必如是，则阅之心目，视听告劳；书之简编，缮写不给。呜呼！苟自古[⑥]著述其皆若此也，则知李斯之设坑阱，董卓之成帷盖，虽其所行多滥，终亦有可取焉。[⑦]

按：观两传所录诡辞，其人谅不得为纯臣矣。但袁充无别见，若劭则平生著述，实非一种。《隋书》一概抹煞，而独扬其所丑，实于史体有乖。扬雄著书，《美新》最秽，班史不录，独于《法言》、《玄经》，书之甚详。是可识去取之则也。

王劭任北朝史事，大概都辑国书，不为饰说。人尽丑之，令与袁充同传，专载芜篇，意显出于偏抑。知幾力与申理，言又岂无过激。读者参取史与《史通》而持平剂量焉，庶乎两见其情矣。此论愚于《曲笔》篇颇及之。

① 一作“于”。

② 一作“史汉”，非。

③ 一多“史”字，一多“人”字。

④ 一多“世”字。

⑤ 一作“孰”。

⑥ 一脱“古”字。

⑦ 有激之辞。

王劭袁充两传 《隋书》：王劭，齐灭入周。言上有龙颜戴干之表，上表言符命云云。有人于黄凤泉得二白石，颇有文理，遂附致其文为字，又撰《皇隋灵感志》。文献皇后崩，复上言生天之应。按：此所录王劭诡辞也。袁充字德符。陈灭，归国。颇解占候，领太史令。时将废太子，因希旨观象，言当废。复表奏隋兴已后，日景渐长。又言上本命与阴阳律吕合者六十余条。炀帝初，充奏日景逾长，即位与尧受命年合，信所谓“唐哉皇哉，皇哉唐哉”者矣。按：此所录袁充诡辞也。又按：《北史·房彦谦传》：太原王劭、北海高构、蓨县李纲、中山郎茂、郎颖、河东柳彧、薛孺，皆一时知名雅淡之士，彦谦并与为友，门无杂宾。据此，劭固名流所推重也。彦谦，玄龄父，时所称素俭无私者。

李斯坑阱 《史记·秦纪》：丞相斯请史官非秦记皆烧之，非博士官所职，天下敢有藏诸书百家语者，悉诣守尉杂烧之。使御史悉案问诸生，诸生传相告引四百六十余人，皆坑之咸阳。

董卓帷盖 《后汉·儒林传·序》：初，光武迁洛阳，经牒秘书，载之二千余两。及董卓移都，自辟雍、东观、兰台、石室、宣明、鸿都诸藏，竞共割散。其缣帛图书，大则连为帷盖，小乃制为縢囊。王允所收而西，载七十余乘。长安之乱，一时焚荡。

案《隋史》讥王君懋撰齐、隋二史，①叙录烦碎。②至如刘臻还宅，访子方知；王劭思书，为奴所侮。此而毕载，为失更多。可谓尤而效之，罪又甚焉者矣。

按：此复抽论令狐《隋书》之猥杂也。节首讥王君懋等句，止是挑笔。若其脱句不补，几不知此条何指。

① 旧有“其”字。

② 此处当补“及其自编《隋书》，仍复芜辞不剪”云云，方得文义清划。行本缺。

刘臻还宅　《隋书》本传：臻字宣挚。位仪同三司。臻性多忘。有刘讷亦仕仪同，臻欲寻讷，谓从者曰：“汝知刘仪同家乎？”从者不知，谓臻还家，于是引之而去。既扣门，臻尚未悟，据鞍大呼曰：“刘仪同可出矣。”其子迎门。臻惊曰：“汝亦来耶？”其子曰：“此是大人家。”顾盼久之，方悟。

王劭思书　《隋书》本传：劭笃好经史，用思既专，性颇恍惚。每至对食，闭目凝思。盘中之肉，辄为仆从所啖。劭弗之觉，唯责肉少，数罚厨人。厨人以白劭。劭依前闭目，伺而获之。其专固如此。

卷十八

杂说下第九二十五条。

诸史六条。[①]

夫盛服饰者，以珠翠为先；工缋事者，以丹青为主。至若错综乖所，分布失宜，则彩绚虽多，巧妙不足者矣。[②]观班氏《公孙弘传赞》，直言汉之得人，盛于武、宣二代，至于平津善恶，寂蔑[③]无睹。持论如是，其义靡闻。必矜其美辞，爱而不弃，则宜微有改易，列于《百官公卿表》后。庶寻文究理，颇相附会。以兹编录，不犹愈乎？[④]又沈侯《谢灵运传论》，全说文体，备言音律，此正可为《翰林》之补亡，《流别》之总说耳。李充撰《翰林论》，挚虞撰《文章流别集》。如次诸史传，实为乖越。[⑤]陆士衡有云："离之则双美，合之则两伤。"信矣哉！[⑥]

按：类举两传赞论，皆属史家变体，正见作手化裁。用此为讥，太煞印板矣。然设移班《赞》为《公卿表》跋，取沈《论》作《流别》弁言，固自位置得所。道可两行者，多此类。

此条当与《编次》篇尾论汇商。

① 前二篇皆循代分条，此六条错举立说，故统曰诸史。

② 释：数语总为《公孙》、《灵运》两传赞论作挈。王本此处截条，非。

③ "灭"通。

④ 释：此言《公孙传赞》，阑及得人也。○王本此处又截条，非。

⑤ 释：此言《灵运传论》泛谈文体也。

⑥ 释：此所引言，总束两赞论之逾分。○此下旧皆连后条，非。

公孙弘传赞　见《编次》篇。按：彼言宜居《武、宣纪》末，此言宜列《公卿表》后，两论皆通，可见印板之中，亦具化裁之用。

谢灵运传论　其略曰：六义所因，四始攸系。屈、宋导于前，贾、马振于后，王、刘、扬、班、崔、蔡之徒异轨同奔，建安曹氏纬文被质。自汉至魏，文体三变，原其飙流所始，莫不同祖《风》、《骚》。降及元康，潘、陆特秀。自建武暨于义熙，仲文革孙、许之风，叔源变太元之气。爰逮宋代，灵运兴会标举，延年体裁明密。夫五色相宣，八音协畅，若前有浮声，则后须切响。妙达此旨，始可言文。

其有事可书而不书者，不应书而书者。至如班固叙事，微小必书，至高祖破项垓下，斩首八万，曾不涉言。李《齐》[①]于《后主纪》则书幸于侍中穆提婆第，于《孝昭纪》则不言亲戎以伐奚，于边疆小寇无不毕纪，如司马消难拥数州之地以叛，曾不挂言。略大举[②]小，其流非一。[③]

按：此条专论可书不应书者，举小大相反为言。但其中有摘论未允处，详具注内。

① 李百药《北齐书》。

② 一作“存”。

③ 此下旧连后段，非。

垓下斩首八万　《史记·高纪》叙项羽败垓下时云："使骑将灌婴追杀项羽东城，斩首八万，遂略定楚地。"《汉书·高纪》但云："灌婴追斩羽东城，楚地悉定。"按：《汉书》削去"斩首八万"句，于本朝开创杀戮，不尽其辞，非大失也。所惜者，是时淮阴侯先却后乘，出奇决胜，乃其最后一番兵阵妙用。史公不置于本传，而补见于此，班乃并没去之，为阙事耳。

幸提婆第　《北齐·恩幸传》：穆提婆本姓骆，母陆令萱入掖庭，后提婆改姓穆氏。按：《后主纪》但书以领军穆提婆为尚书左仆射，而无幸其第之文，并《穆后》及《提婆传》亦不及幸第事。《史通》所云，未详何据。

亲戎伐奚　按：《孝昭纪》皇建元年，帝亲戎北讨库莫奚，出长城，虏奔遁，分兵致讨，大获牛马。据此，则事已入纪矣，而《史通》以为不言，亦未详何意。

司马消难　《司马子如传》：子消难，尚高祖女，为北豫州刺史，镇武牢。与公主情好不睦，公主诉之，惧罪，遂招延邻敌，走关西。按：消难于齐事尽此。《周书》本传：消难入朝，授大将军，从东伐。隋文辅政，消难以所管九州八镇质于陈，寻归陈。陈以为都督九州八镇、车骑将军。后又还关中。按：消难固反复子，而所云拥数州地，乃入周后事，非在齐事也。其人应列周史，而名挂齐史者，缘父及之也。《史通》以为百药病，亦非。

昔刘勰有云："自卿、渊[①]已前，多役才而不课学；向、雄[②]已后，颇引书以助文。"然近史所载，亦多如是。故虽有王平所识，仅通十字；霍光无学，不知一经。而述其言语，必称典诰。良由才乏天然，故事资虚饰者矣。[③]案《宋书》称武帝入关，以镇恶不伐，远方冯异；于渭滨游览，追思[④]太公。夫以宋祖无学，愚智所委，[⑤]安能援引古事，以酬答群臣者乎？斯不然矣。[⑥]更[⑦]有甚于此者，睹周、齐二国，俱出阴山，必言类互乡，则宇文尤甚。案王劭《齐志》：宇文公呼高祖曰"汉儿"，夫以献武音词未变胡俗，王、宋所载，其鄙甚多矣。周帝仍称之以华夏，则知其言不逮于齐远矣。[⑧]而牛弘、[⑨]王劭,[⑩]并掌策书,其载齐言也,则浅俗如彼;其载周言也,则文雅若此。夫如是,何哉?非两邦有夷夏之殊,由二史有虚实之异故也。[⑪]夫以记宇文之言,而动遵经典,多依《史》、《汉》,《周史》述太祖论梁元帝曰:"萧绎可谓天之所废,谁能兴之者乎?"又宇文测为汾州,或谮之,太祖怒曰:"何为间我骨肉,生此贝锦?"此并《六经》之言也。又曰:"荣权吉士也,寡人与之言无二。"此则《三国志》之辞也。其余言皆如此,岂是宇文之语耶?又案裴政《梁太清实录》称元帝使王琛聘魏,长孙俭谓宇文曰:"王琛眼睛全不转。"公曰:"瞎奴使痴人来,岂得怨我?"此言与王、宋所载相类,可谓真宇文之言,无愧于实录矣。此何异庄子述鲋鱼之对而辩类苏、张,贾生叙鹏鸟之辞而文同屈、宋,施于寓言则可,求诸实录则否矣。[⑫]世称近史编语,谓"言语"之"语"也。唯《周》多美辞。夫以博采古文而聚成今说,是则俗之所传有《鸡九锡》、《酒孝经》、《房中志》、《醉乡记》,或师范《五经》,或规模三《史》,虽文皆雅正,而事悉虚无,岂可便谓南、董之才,宜居班、马之职也?[⑬]

按:此亦《言语》等篇一派话头,即是前卷论《周史》一条注脚。通节之旨,总贯在"引书助文"四字中。唐史訾郑余庆奏议类用古语,人诮其不适时,意正类此。

鲋鱼、鹏鸟,犹前云听雀、闻牛也,颇涉恶道,如柳州《与韦中立书》:"雪与日岂有过哉?顾吠者犬耳。"此种揶揄,鄙心不喜。

① 旧误作"云"。

②《文心》作"雄向"。

③ 释:首层以引书助文领起大意。○一本此四行截附前条,不连下段,非。

④ 一作“想”。

⑤ 一作“悉”。

⑥ 此句一本有重句。〇渭滨熟事，何人不知，以此判宋武，亦失平。释：此层亦引下之文，其所主在《周书》也。

⑦ 一作“又”。

⑧ 按：献武即齐神武也。“音词”旧误作“晋嗣”，“称之”旧作“因之”，亦误。释：四句周、齐并提，意侧在周。

⑨ 作《周史》。

⑩ 作《齐志》。

⑪ 释：此层举《周》、《齐》二史相衡，见《周史》偏多雅句，必非本语矣。

⑫ 释：自此层以下专斥《周史》之多饰。〇一本此处截分，非。

⑬ 释：末就时论之称《周史》者折之。〇旧本此处连下条，非。

卿渊二句　本《文心·才略》篇文。

仅通十字　《蜀志·王平传》：平字子均，生长戎旅，手不能书，其所识不过十字，而口授作书，皆有意理。

霍光无学　《霍光传赞》：光不学亡术，暗于大理。

镇恶方冯异　《南史·王镇恶传》：镇恶，猛之孙也。宋武帝北伐，以镇恶领前锋。及陷长安，于灞上迎武帝，帝劳之。谢曰：“此明公之威，诸将之力，镇恶何功之有焉？”帝曰：“卿欲学冯异耶？”《后汉·冯异传》：每所止舍，诸将并坐论功，异独屏树下，军中号曰大树将军。

渭滨思太公　《南史·郑鲜之传》：帝至渭滨，叹曰：“此地宁复有吕望耶？”郑鲜之曰：“明公以盱食待士，岂患海内无人？”

宋祖无学　《郑鲜之传》：帝少事军旅，不经涉学，时或谈论进难，帝时有惭恧。《裴昭明传》：昭明罢郡，无宅，帝曰：“我不读书，不知古人谁可比之？”

鲋鱼之对　《庄子·外物》篇：庄周顾视车辙中有鲋鱼焉，曰：“我东海之波臣也，君岂有升斗之水而活我哉？”周曰：“我且激西江之水以迎子，可乎?”鲋鱼忿然作色曰:“君乃言此,曾不如索我于枯鱼之肆!”

鹏鸟之辞　贾谊《鹏鸟赋》:鹏鸟叹息,举首奋翼,口不能言,请对以臆。

鸡九锡等　王《训故》:袁淑《俳谐记》有《鸡九锡文》,皇甫松著《酒孝经》、《房中志》,王绩著《醉乡记》。《困学纪闻》:《鸡九锡》封浚稽山子。

自梁室云季,雕虫道长。谓太清已后。平头上尾,尤忌于时;对语俪辞,盛行于俗。始自江外,被于洛中。而史之载言,亦同于此。何之元《梁典》称议纳侯景,高祖曰:“文叔得尹遵之降而隗嚣灭,安世用羊祐之言而孙皓平。”夫汉、晋之君,事殊僭盗,梁主必不舍其谥号,呼以字名,此由须对语俪辞故也。又姚最《梁后略》称高祖曰:“得既在我,失亦在予,不及子孙,知复何恨。”夫变我称予,互文成句,求诸人语,理必不然,此由避平头上尾故也。又萧韶《太清记》曰:“温子升《永安故事》言尔朱世隆之功没建业也,怨痛之响,上彻天阍;酸苦之极,下伤人理。”此皆语非简要,而徒积字成文,并由趋声对之为患也。或声从流靡,或语须偶对,此之为害,其流甚多。①假有辨如郦叟,吃若周昌,子羽修饰而言,仲由率尔而对,莫不拘以文禁,一概而书,必求实录,多见其妄矣。

按:此原平头对语之习,盛于梁代也。然公自言之,乃自袭之,何耶?岂谓施于文则可,施于史不可耶?

我予互句对,推之称人,季汉已肇其端,臧洪书与陈琳曰“足下徼利于境外”,“吾子托身于盟主”是也。辄读而病之。

① “尹遵”或作“王郎”,或作“王遵”,并非。“字名”旧作“姓名”,“皆语”旧作“语皆”,“趋声对”旧作“避声对”,今皆刊正。

平头上尾　《南史·陆厥传》:厥好为文章,沈约、谢朓、王融类相推毂,汝南周颙善识声韵,皆用宫商,将平上去入四声制韵,有平头、上尾、蜂腰、鹤膝。五字之中,音韵悉异;两句之内,角徵不同。世呼为永明体。《诗苑类格》:沈约云:"诗病有八:平头、上尾、蜂腰、鹤膝、大韵、小韵、旁纽、正纽,唯上尾、鹤膝最忌。"

辨如郦叟 《汉·郦食其传赞》:高祖以征伐定天下,而缙绅之徒骋其知辩,并成大业。郦生自匿监门,待主然后出。

吃若周昌 《史记·周昌传》:高帝欲废太子,昌为人吃,又盛怒,曰:臣口不能言,然臣期期知其不可。陛下即欲易太子,然臣期期不奉诏。

夫晋、宋已前,帝王传授,始自锡命,终于登极。其间笺疏款曲,诏策频烦。虽事皆伪迹,言并饰让,犹能备其威仪,陈其文物,俾礼容可识,朝野具瞻。逮于近古,我则不暇。至如梁武之居江陵,齐宣之在晋阳,或文出荆州,假称宣德之令;江陵之去建业,地阔数千余里。宣德皇后下令,旬日必至。以此而言,其伪可见。或书成并部,虚云孝靖之敕。北齐文宣帝将受魏禅,密撰锡让、劝进、断表文诏,入奏请署,一时顿尽。则知无复前后节文,等差降杀也。[①]凡此文诰,本不施行,必也载之起居,编之国史,岂所谓撮其机要,剪截浮辞者哉?但二萧《陈》、《隋》诸史,通多此失,晋、魏及宋,自创业后,称公王,即帝位,皆数十年间事也。夫功德日盛,稍进累迁,足验礼容不欺,揖逊无失。自齐、梁已降,称公王及即帝位,皆不出旬月之中耳。夫以迫促如是,则于礼仪何有者哉?唯王劭所撰《齐志》,独无是焉。[②]

按:此斥南北晚近诸朝,自撰锡禅文诏,月日以几,史皆载之,愈形其伪。王《志》独无,高出诸史也。

① 此注旧编在后注之下,误。

② 旧本此处连下条，非。

文出荆州　《南史·梁武纪》：齐南康王即帝位于江陵，遥废东昏为涪陵王，以帝加征东将军，镇石头。王珍国斩东昏。二年正月，进帝为梁公，备九锡。二月，进爵为王。三月丙辰，齐帝下诏禅位。四月辛酉，宣德皇后令曰：西诏至，宪章前代，敬禅神器于梁，明可临轩，授玺绂。

书成并部　《通鉴》：渤海高德政善图谶，劝高洋受禅。洋还晋阳，令左右陈山提赍事条，并密书与杨愔。山提至邺，愔即召太常卿邢邵等撰仪注，秘书监魏收草九锡、禅让、劝进诸文。洋至邺，孝靖禅位于齐。

夫以暴易暴，[①]古人以为嗤。如彦渊之改魏收也，以非易非，弥见其失矣。而撰《隋[②]史》者，称澹大矫收失者，何哉？且以澹著书方于君懋，岂唯其间可容数人而已，史臣美澹而讥劭者，《隋史》每论皆云"史臣曰"，今故因其成事，呼为"史臣"。岂所谓通鉴乎？语曰："蝉翼为重，千钧为轻。"其斯之谓矣！

按：此所主在《魏书》，而所刺在魏澹，与上条文义不相蒙，王劭特带衡之耳，故分擘宜稳。

详《诸史》诸条，皆有承转语助，本一片文字。后人见头绪纷出，遂离立之，取便循览，未为害事。无如当连反断，当断反连。老杜诗云："海图坼波涛，旧绣移曲折。"阅之令人目迷，细意分张，颇烦裁缉。

① 旧作"以暴易古"，一作"以累易古"。

② 旧衍"文"字。

别传九条。[1]

刘向《列女传》云："夏姬再为夫人，三为王后。"夫为夫人则难以验也，为王后则断可知矣。[2]案其时诸国称王，唯楚而已。如巫臣谏庄将纳姬氏，不言曾入楚宫，则其为后当在周室。盖周德虽衰，犹称秉礼。岂可族称姬氏而妻厥同姓者乎？且鲁娶于吴，谓之孟子。聚麀之诮，起自昭公。未闻其先已有斯事，礼之所载，何其阙如！《杂记》曰：夫人之不命于天子，自鲁昭公始也。又以女子一身，而作嫔三代，求诸人事，理必不然。[3]寻夫春秋之后，国称王者有七。盖由向误以夏姬之生，当夫战国之世，称三为王后者，谓历嫔七国诸王，校以年代，殊为乖刺。[4]至于他篇，兹例甚众。故论楚也，则昭王[5]。与秦穆同时；言齐也，则晏婴居宋景之后。《列女传》曰：齐伤槐女，景公时人，谓晏子曰：昔宋景公时大旱三年。夫谓宋景为昔，即居其后矣。今粗举一二，其流可知。[6]

观刘向对成帝，称武、宣行事，世传失实，事具《风俗通》，其言可谓明鉴者矣。[7]及自造《洪范》、《五行》，及《新序》、《说苑》、《列女》、《神仙》诸传，而皆广陈虚事，多构伪辞。非其识不周而才不足，盖以世人多可欺故也。呜呼！后生可畏，何代无人，而辄轻忽若斯者哉！夫传闻失真，书事失实，盖事有不获已，人所不能免也。至于故为异说，以惑后来，则过之尤甚者矣！[8]案苏秦答燕易王，称有妇人将杀夫，令妾进其药酒，妾佯僵而覆之。又甘茂谓苏代[9]云：贫人女与富人女会绩，曰："无以买烛，而子之光有余，子可分我余光，无损子明。"此并战国之时，游说之士，寓言设理，以相比兴。及向之著书也，乃用[10]苏氏之说，为二妇人立传，定其邦国，加其姓氏，以彼乌有，持为指实，何其妄哉！⑪又有甚于此者，至如伯奇化鸟，对吉甫以哀鸣；宿瘤隐形，干齐王而作后。此则不附于物理者矣。复有怀嬴失节，目为贞女；刘安覆族，定以登仙。立⑫言如是，岂顾丘明之有传，孟坚之有史哉！⑬

按：已上二条，并纠刘向也。前条言年世舛讹，后条言事理傅会。

① 所举皆非国史，故曰别传。

② 释：三为王后，是驳案主句。

③ 释：已上言春秋时无其事。

④ 释：此言战国时无其人。

⑤ 当云平王。

⑥ 释：节尾推类言之。

⑦ 释：首借刘向，自言，挑起议论。

⑧ 释：已上揭一“欺”字，为后文作冒。○旧本此处截条，非是。

⑨ 或讹作“氏”。

⑩ 一作“因”。

⑪ 释：此段摘出二传，以实其欺。

⑫ 一作“夫”。

⑬ 释：末又类举其失。

夏姬 《左传》成二：楚之讨陈夏氏也，庄王欲纳夏姬。申公巫臣曰：“不可。君召诸侯，以讨罪也。今纳夏姬，贪其色也。”“君其图之！”王乃止。

昭王秦穆同时 即《申左》篇秦穆女为荆平夫人事，两引俱误作“昭王”，彼篇已刊正。

晏婴居宋景后 《列女传》：齐伤槐衍之女名婧，景公有所爱槐，令曰：

伤槐者刑！于是衍醉而伤槐，景公且加罪焉。婧惧，乃造晏婴之门曰：昔者宋景公时大旱，卜以人祀。景公曰：必以人祀，寡人请自当之。今杀婧之父，邻国皆谓君爱树而贼人，其可乎？郭《评》：宋景公头曼在齐景公杵臼后三十余年。

世传失实　《风俗通·正失》：成帝问：文帝治天下，孰与孝宣皇帝？刘向曰：世之毁誉，莫能得实，审形者少，随声者多。世间言文帝祭代东门，期日再中，集上书囊为帷，粟一升一钱。凡此皆俗人妄传，言过其实。

进药酒　《战国·燕策》：有远为吏者，其妻私人。其夫且归，私者忧之，其妻曰："勿忧也，吾已为药酒待之矣！"后二日，夫至，妻使妾奉卮酒进之。妾知其为药酒也，进之则杀主父，言之则逐主母，乃阳僵，弃酒。《列女传》：周主忠妾者，周大夫妻之媵妾也。大夫仕于周，其妻淫于邻人。其下文略与《策》同。

分余光　《史记·甘茂传》：贫人女与富人女会绩，曰：子可分我余光云云。《列女传》：齐女徐吾者，东海贫妇人也。与邻妇李吾会烛夜绩，徐吾烛数不属，李吾曰：请无与夜也。徐吾曰云云。

伯奇化鸟　陈思王《令禽恶鸟论》：昔尹吉甫用后妻之谗，杀孝子伯奇。吉甫后悟，追伤伯奇。出见鸟，鸣声嗷然，吉甫动心，曰："伯劳乎！"乃其音尤切。吉甫曰："伯劳乎？是吾子，栖吾舆；非吾子，飞勿居。"鸟寻声而栖于盖。按：《史通》所纠，乃谓刘向书也，而今本《说苑》、《新序》皆不见斯事。曾巩二书序云：《新序》三十篇，隋、唐之世，尚为全书，今可见者，十篇而已。《说苑》二十篇，《崇文总目》存者五篇，又间得者十有三篇。然则所纠，皆在亡篇欤？

宿瘤隐形　郭《注》：宿瘤无隐形事。《列女传》：宿瘤女者，齐东郭采桑之女也，项有大瘤，故号"宿瘤"。闵王出游，百姓尽观，宿瘤采桑如故。王曰：奇女也！遂以为后。黄本《补注》：《新序》云：齐有妇人，极丑无双，号曰无盐女。自诣宣王曰："窃尝喜隐。"王曰："试一行之。"言未卒，忽然不见，宣王大惊。是隐形乃无盐事，非宿瘤也。按：事亦见《列女传》，又谓女号钟离春，无盐乃其邑名。

怀嬴　郭《注》：怀嬴，秦穆公女也。初事晋怀公圉，后事晋文公重耳，故曰失节。按：《列女传》不及妻晋文事。

刘安　按：《汉书》：淮南王安谋反被诛，而以为仙去者，葛洪《神仙传》有之，亦不见刘向书。

扬雄《法言》，好论司马迁而不及左丘明，常称《左氏传》唯有"品藻"二言而已，是其鉴物有所不明者也。且雄哂子长爱奇多杂，[①]又曰不依仲尼之笔，非书也，自序又云不读非圣之书。然其撰《甘泉赋》，[②]则云"鞭宓妃"云云，刘勰《文心》已讥[③]之矣。然则[④]文章小道，无足致嗤。观其《蜀王[⑤]本纪》，称杜魄化而为鹃，荆尸变而为鳖，其言如是，何其鄙哉！所谓非言之难而行之难也。

按：此条折扬子也，即以其言还折之。

赋家夸威饰事，宛虹入轩，元冥困野，何嫌荒诞。著书则不可。

① 一作"新"，非。

② 当云《羽猎赋》。

③ 一作"议"。

④ 作"然而"用。

⑤ 或作"主"。

品藻二言　《法言·重黎》篇：或问《周官》？曰：立事。《左氏》？曰：品藻。太史迁？曰：实录。按：二言者，二字也。

爱奇多杂　《君子》篇：仲尼多爱，爱义也；子长多爱，爱奇也。《问神》篇：或曰："淮南、太史公者其多知欤，曷其杂也？"曰："杂乎杂，人病以多知为杂，唯圣人为不杂。”

鞭宓妃　王《训故》：扬雄《羽猎赋》云：“鞭洛水之宓妃兮，饷屈原与彭胥。”刘勰《文心·夸饰》篇云：子云校猎，鞭宓妃以饷屈原，娈彼洛神，既非罔两，而虚用滥形，不其疏乎？

杜魄荆尸　王《训故》：扬雄《蜀王本纪》云：荆人鳖令死，尸化随江水上至成都，见蜀王杜宇。杜宇立以为相。杜宇号望帝，自以德不如鳖令，以其国禅之。又《说文·成都记》云：望帝死，其魄化为鸟，名曰杜鹃。《路史·余论》：鳖，水名也，亦作鳖县，在牂牁。故知幾以子云之说为妄。

夫十室之邑，必有忠信。欲求不朽，弘之在人。何者？交阯远居南裔，越裳之俗也；[①]敦煌僻处西域，昆戎之乡也。[②]求诸人物，自古阙载。盖由地居下国，路绝上京，史官注记，所不能及也。既而士燮著录，刘昞裁书，则磊落英才，粲然盈瞩者矣。向使两贤不出，二郡无记，彼边隅之君子，何以取闻于后世乎？是知[③]著述之功，其力大矣，岂与夫诗赋小技校其优劣者哉？

按：此条人文互表，士燮、刘昞皆生长偏陲，而人因文显，见著述家功用宏长。

① 士燮所产地。

② 刘昞所产地。

③ 一误作“非”。

士燮　《吴志·士燮传》：燮字彦威，苍梧人。官交阯太守，中国士人往依避难。陈国袁徽与荀彧书曰：交阯士府君学问优博，达于从政。官事小阕,玩习书传。《春秋左氏传》尤有师说,意思甚密,《尚书》兼通古今大义。今欲条《左氏》、《尚书》长义上之。其见称如此。

刘昺 其人见《点烦》篇,其所著书见《论赞》篇。

自战国已下,词人属文,皆伪立客主,假相酬答。至于屈原《离骚》辞,称遇渔[①]父于江渚;宋玉《高唐赋》,云梦神女于阳台。夫言并文章,句结音韵。以兹叙事,足验凭虚。而司马迁、习凿齿之徒,皆采为逸事,编诸史籍,疑误后学,不其甚邪!必如是,则马卿游梁,枚乘谮其好色;曹植至洛,宓妃睹于岩畔。撰汉、[②]魏史者,亦宜编为实录矣。

按:此辟《屈原列传》之采录《渔父辞》,《汉晋春秋》之援证神女事也,《别传》一科,不涉史乘。而此条夹入二史,颇嫌为例不纯,亦缘此下连举寓言,假之起例耳。

① 一讹"汉"。

② 旧脱"汉"字,黄本补。

渔父 王逸《注》序:《渔父》者,屈原之所作也。渔父避俗,时遇屈原,怪而问之,遂相应答。

神女 《高唐赋》:昔者先王尝游高唐,梦一妇人,去而辞曰:"旦为朝云,暮为行雨,朝朝暮暮,阳台之下。"楚襄王使玉赋高唐之事,又作《神女赋》。

马卿好色 相如《美人赋》:相如游梁,梁王悦之。邹阳谮之曰:相如服色妖丽,游王后宫,王察之乎?王问相如:子好色乎?相如曰:臣不好色也。臣气服于内,心正于怀,信誓旦旦,秉志不回。按:枚、邹互异,有误。

曹植至洛　曹植《洛神赋》：余从京域，言归东藩，容与乎阳林，流盼乎洛川。于是精移神骇，忽焉思散，睹一丽人于岩之畔。

宓妃　黄《补注》：《汉书音义》如淳曰："宓妃，宓羲氏之女也，死洛水，为洛神。"

嵇康撰《高士传》，取《庄子》、《楚辞》二渔父事，合成一篇。夫以园吏之寓言，骚人之假说，而定为实录，斯已谬矣。况此二渔父者，较年则前后别时，论地则南北殊壤，而辄并之为一，岂非惑哉？苟如是，则苏代所言双擒蚌鹬，伍胥所遇渡水芦中，斯并渔父善事，亦可同归一录，何止揄袂缁帷之林，濯缨沧浪之水，若斯而已也。①

庄周著书，以寓言为主；嵇康述《高士传》，多引其虚辞。至若神有混沌，编诸首录。苟以此为实，则其流甚多，至如蛙鳖竞长，蚿蛇相邻，鸴②鸠笑而后言，鲋鱼忿以作色。向使康撰《幽明录》、《齐谐记》，③并可引为真事矣。夫识理如此，何为而薄周、孔哉？

按：已上二条，并纠中散书也。旧本联为一通，斗榫未致，前论中垒，亦分条矣。援而例之，可无合糅。

① "苏代"至末四十七字，旧本作细书，其原文别有四十三字，大意略同。盖是两本互异之文，非注也。今按：本书体裁，骈者为称，故转用之，仍录原文于左：苏代所言双擒蚌鹬，此亦渔父之一事，何不同书于传乎？必惟取揄袂缁帷之林，濯缨沧浪之水，弥见其未学也。○旧本此下连后条，郭本此处截。

②《庄子》作"学"。

③ 一衍"怪"字。

二渔父 《庄子·渔父》篇：孔子游于缁帷之林，弦歌鼓琴。奏曲未半，有渔父者下船而来，须眉交白，被发揄袂，行原以上，距陆而止。左手据膝，右手持颐以听，曲终。《楚辞·渔父》篇：渔父莞尔而笑，鼓枻而去，歌曰："沧浪之水清兮，可以濯吾缨；沧浪之水浊兮，可以濯吾足。"遂去，不复与言。

擒鹬蚌 《战国·燕策》：赵且伐燕，苏代为燕谓赵王曰：臣过易水，蚌方出曝，而鹬啄其肉，蚌合而箝其喙。鹬曰："今日不两，明日不两，即有死蚌。"蚌亦曰："今日不出，明日不出，即有死鹬。"不肯相舍，渔者并擒之。《天禄识余》：两谓辟口，或改"两"作"雨"，非。愚谓作"雨"者不惟失义，且失韵。

渡芦中 《吴越春秋》：伍员奔吴，至江，渔父渡之，有饥色，曰："为子取饷。"子胥乃潜身深苇之中。有顷，父来而呼之曰："芦中人，芦中人，岂非穷士乎？"子胥出应，食毕，曰："请丈人姓字。"渔父曰："今日凶凶，两贼相逢……何用姓字为？"

混沌 《庄子·应帝王》：南海之帝为儵，北海之帝为忽，中央之帝为混沌。儵与忽时相遇于混沌之地，混沌待之甚善。儵与忽谋报混沌之德，曰："人皆有七窍，以视听食息，此独无有，尝试凿之。"日凿一窍，七日而混沌死。按：与《言语》篇各意。

其流甚多 《秋水》篇：坎井之蛙谓东海之鳖曰："吾跳梁乎井干之上，入休乎缺甃之崖，此亦至矣，夫子奚不时来观乎？"东海之鳖左足未入，右膝已絷。于是蛙闻之，规规然自失也。又：蚿怜蛇，蛇怜风。蚿谓蛇曰："吾以众足行，而不及子之无足，何也？"蛇曰："夫天机之所动，何可易邪！吾安用足哉！"又：莺鸠见《逍遥游》。又：鲋鱼见前。

薄周孔 嵇康《绝交书》：自惟至熟，有必不堪者七，甚不可者二。每非汤、武而薄周、孔，在人间不止，此事会显，世教所不容。此甚不可一也。

杜元凯撰《列女记》，博采经籍前史，显录古老明言，而事有可疑，犹阙而不载。斯岂非理存雅正，心嫉邪僻者乎？君子哉若人也！长者哉若人也！[①]

按：此借元凯书，指出著书正令，曰显录明言，有疑犹阙。卓哉！当为挽近世掩袭作伪者一提其耳。

① 一本下连《李陵集》，非。

列女记　预本传：撰《女记赞》，当时论者，谓文义质直。《隋·经籍志》：《女记》十卷，杜预撰。在杂传类。

《李陵集》有《与苏武书》，词采壮丽，音句流靡。观其文体，不类西汉人，[①]殆后来[②]所为，假称陵作也。迁《史》[③]缺而不载，良有以焉。编于《李集》[④]中，斯为谬矣。[⑤]

按：决陵此书为假作，具眼在坡老之前，可悟此老非不知文者。

海虞王侍御峻为余言：子瞻疑此书出齐、梁人手，恐亦强坐。江文通《上建平王书》已用“少卿搥心”之语，岂以时流语作典故哉？当是汉季晋初人拟为之。

① 一无“人”字。

② 一脱“来”字。

③ 旧本此二字误入“以焉”之下。

④ 旧误作“传”。

⑤ 一本无此二句。

杂识十条。①

夫自古②学者，谈称③多矣。精于《公羊》者，尤憎《左氏》；习于太史者，④偏嫉孟坚。夫能以彼所长而攻此所短，持此之是而述彼之非，兼善者鲜矣。⑤又⑥观世之学者，或耽玩一经，或专精一史。谈《春秋》者，则不知宗周既陨，而人有六雄；论《史》、《汉》者，则不悟刘氏云亡，而地分三国。亦犹武陵隐士，灭⑦迹桃源，当此晋年，犹谓暴秦之地也。⑧假有学穷千载，书总五车，见良直而不觉其善，逢抵牾而不知其失，葛洪所谓藏书之箱箧，《五经》之主人。而夫子有云：虽多亦安用为？其斯之谓也。⑨

按：此条谓读书专泥一家，局护偏遗，自亦一病。至若博涉群书，而胸迷苍素，又为徒读矣。盖首条泛举之文。

① “识”旧作“说”。按：《杂说》乃篇之总名，岂以科别之名混之？杂识，犹言杂记也，或读作入声，遂以音讹转作“说”字耳。

② 旧有“之”字。

③ 一作“讲”。

④ 一多“则”字。

⑤ 释：此言各是其所是。〇一本此处截条。

⑥ 一无“又”字。

⑦ 一作“遁”。

⑧ 释：此言举一而废百。

⑨ 释：此言徒多者漫无主见。〇一本误合下条。

桃源　《陶靖节集》：晋太元中，武陵人捕鱼为业，缘溪行，忽逢桃花林，夹岸数百步，林尽水源，便得一山。山有小口，便舍舟从口入，初极狭，复行，豁然开朗，屋舍俨然，阡陌交通。其中男女衣着，悉如外人。见渔人，乃大惊，问所从来。具答之。自云先世避秦时乱，率妻子邑人来此绝境。问今是何世，乃不知有汉，无论魏、晋。

夫邹好长缨，齐珍紫服，斯皆一时所尚，非百王不易之道也。至如汉代《公羊》，擅名“三”《传》，晋年《庄子》，高视“六经”。今并挂壁不行，缀[①]旒无绝。[②]岂与夫《春秋左氏》、《古文尚书》，虽暂废于一朝，终独高于千载。校其优劣，可同年而语哉？

按：集内《尚书》、《春秋》往往连举。此条持论庄悫，可证向诸疑惑，果非质言。

① 一作“赘”，非。

② 二句依郭本所定。旧本“挂”误作“蛙”，“旒”误作“缉”。

长缨紫服　《文选》：任彦升《策秀才文》云：紫衣贱服，犹化齐风；长缨鄙好，且变邹俗。善《注》：《韩子》曰：邹君好长缨，左右皆服长缨。甚贵。邹君患之。左右曰：君好服之，百姓亦多服，是故贵。邹君因断其缨而出，国中皆不服。又：齐桓公好服紫，一国尽服紫。当时十素不得一紫。公患之。管仲曰：君欲止之，何不自诫勿衣也？公曰：诺。于是境内莫衣紫也。

夫书名竹帛，物情所竞，虽[①]圣人无私，而君子亦党。盖《易》之作也，本非记事之流，而孔子《系辞》，辄盛述颜子，称其“殆庶”。虽言则无愧，事非虚美，亦由视予犹父，门人日亲，故非所要言，而曲垂编录者矣。[②]既而扬雄寂寞，师心典诰，至于童乌稚子，蜀汉诸贤，谓严、李、郑、司马之徒。[③]《太玄》、[④]《法言》，恣加褒赏，虽内举不避，而情有所偏者焉。[⑤]夫以宣尼睿[⑥]哲，子云参圣，在于著述，不能忘私，则自中庸以降，抑可知矣。如谢承《汉书》偏党吴、越，魏收《代史》，盛夸胡塞，复焉足怪哉？[⑦]

按：此本为谢、魏偏枯而发，多事牵扯烘托，以自取讥。集中授人口实处皆然。

① 旧作“维”。

② 释：一层，兴起后文。

③ 按：“郑”旧作“柳”。

④ 二字带笔。《玄》主数，不衡人。

⑤ 释：又一层，兴起后文。

⑥ 同“睿”。

⑦ 释：所嗤者在此。

童乌 《法言·问神》篇：育而不苗者，吾家之童乌乎？九龄而与我玄文。《注》：童乌，子云之子也。

蜀汉诸贤 《问明》篇：蜀庄沈冥，蜀庄之才之珍也，不作苟见，不治苟得。吾珍庄也，居难为也。按：庄即注之所谓严，即严君平也。《渊骞》篇：或问子蜀人也，请人？曰：有李仲元者，人也。不夷不惠，可否之间也。见其貌者，肃如也；闻其言者，愀如也；观其行者，穆如也。《问神》篇：谷口郑子真，不屈其志，而耕乎岩石之下，名震于京师。按：谷口，汉中地，与所云蜀汉恰合。旧作“柳”，不知何人，雄书亦无，定误。《君子》篇：必也儒乎，文丽用寡，长卿也。

子云参圣　语本陆绩《述玄》,已具《自叙》篇注。

子曰:“汝为君子儒,无为小人儒。”儒诚有之,史亦宜然。盖左丘明、司马迁,君子之史也;吴均、魏收,小人之史也。其薰莸不类,何相去之远哉?

按:史而以君子、小人命之,奇情确品,此岂于文句间求之?向来申左乙马,人或以过分疑之,观此可以融通前说矣。

“礼云礼云,玉帛云乎哉?”史云史云,文饰云乎哉?何则?[①]史者固当以好善为主,嫉恶为次。若司马迁、班叔皮,史之好善者也;晋董狐、齐南史,史之嫉恶者也。必兼此二者,而重之以文饰,其唯左丘明乎!自兹已降,吾未之见也。

按:好善、嫉恶两言,分品亦确。

① 一有“修”字。

夫所谓直笔者,不掩恶,不虚美,书之有益于褒贬,不书无损于劝诫。但举其宏纲,存其大体而已。非谓丝毫必录,琐细无遗者也。如宋孝王、王劭之徒,其所记也,喜论人帷薄[①]不修,言貌鄙事,讦以为直,吾无取焉。[②]

按:宋与王皆刘氏所盛称者,于此仍无恕辞,可知胸中不设封府,异夫党枯护朽辈人。

① “箔”通。

② 王本连下条。

夫故立异端，喜造奇说，汉有刘向，晋有葛洪。近者沈约，又其甚[1]也。后来君子，幸为详焉。

按：向、洪书，杂家也。休文书，正史也。故曰又甚。

① 一作“比”。

昔魏史[1]称朱异[2]有口才，挚虞有笔才。故知喉舌翰墨，其辞本异。而近世作者，撰彼口语，同诸笔文。斯皆以元瑜、孔璋之才，而处丘明、子长之任。文之与史，何相乱之甚乎？

按：此亦史体尚质之旨。

① 二字有疑。

② 二字亦恐误。

口才笔才 《吴志》：朱异字季文。《注》：《文士传》曰：异童少，往见朱据。据曰：为我赋一物，乃坐。异赋弩曰：“南岳之干，钟山之铜，应机命中，获隼高墉。”成而后坐。王《训故》：王隐《晋书》云：挚虞与太叔广，名位略同。广长口才，虞长笔才。广谈，虞不能对；退笔难广，广不能答。按：此见《世说·文学》篇注。而朱异赋物不言自口，其本传亦不称其口才。《史通》所称，或即二书之言而误记耳。

元瑜孔璋　魏世子丕《与吴质书》：元瑜书记翩翩，致足乐也；孔璋表章殊健，微为繁富。按：元瑜，阮瑀字；孔璋，陈琳字。

夫载笔立言，名流今古。如马迁《史记》，能成一家；扬雄《太玄》，可传千载。此则其事尤大，记之于传可也。至于[1]近代则不然。其有雕虫末伎，短才小说，或为集不过数卷，如《陈书·阴铿传》云，有集五卷，其类是也。或著书才至一篇，如《梁书·孝元纪》云，撰《同姓名人录》一卷，其类是也。莫不一一[2]列名，编诸传末。如《梁书·孝元纪》云，撰《研神记》；《陈书·姚察传》云，撰《西征记》、《辨茗酪记》；《后魏书·刘芳传》云，撰《周官音》、《礼记音》；《齐书·祖鸿勋传》云，撰《晋祠记》。凡此，书或一卷、两卷而已。自余人有文集，或四卷或五卷者，不可胜记，故不具列之。[3]事同《七略》，巨细必书，斯亦烦之甚者。

按：书贵持择，有多而不足传者，有少而不可没者，宜勿以卷帙为差次。然如注内所列，除《周官》、《礼记》二音有关经学，余则琐杂居多，其书即可留而传，固可不具载也。

《研神》、《辨茗酪》，检今本《梁》、《陈》纪传原不录，恐姚氏前别本有之。

① 一作“如”。

② 或作“一二”。

③ 按：此注于梁元，复《同姓名录》，去之。

子曰：“齐景公有马千驷，死之日，人无德而称焉。伯夷、叔齐饿于首阳之下，民[1]到于今称之。”若汉代青翟、刘舍，位登丞相，而班史无录；姜诗、赵壹，身止计吏，而谢

《书》[2]有传。即其例也。今之修史者则不然。其有才德阙如，而位宦通显，史臣载笔，必为立传。其所[3]记也，止具其生前历官，殁后赠谥，若斯而已矣。虽其间伸以状迹，粗陈一二，么麽恒[4]事，曾何足观。始自伯起《魏书》，迄乎皇家《五史》，《五史》谓《五代史》。通多此体。流荡忘归，《史》、《汉》之风，忽焉不祀[5]者[6]矣。

按：后来诸史，恐益不免，奈何！假如《汉书》列传，人不盈三百；《宋史》年视西汉稍赢，而列传人至二千四百有奇，又辽、金北人不与焉。何古才之难，而晚秀之蔚，若斯其远耶？

① 一讳一不讳，笔误。

② 谢承《后汉》。

③ 一无"所"字。

④ 一作"常"。

⑤ 一作"嗣"。

⑥ 一无"者"字。

青翟刘舍　《汉书·申屠嘉传》：自嘉死后，开封侯陶青、桃侯刘舍、柏至侯许昌、平棘侯薛泽、武强侯庄青翟、商陵侯赵周，皆龊龊廉谨，为丞相备员而已，无所能发明功名著于世者。

姜诗　按：后汉广汉人。姜诗事母至孝。永平三年，察孝廉，拜中郎，除江阳令。其事，范《书》具诗妻《庞氏传》中。《史通》不征范而征谢，盖谢《书》则诗自有传也。

赵壹　范《书》亦有传，见《载文》篇。

卷十九

汉书五行志错误第十

班氏著志，牴牾者多。在于《五行》，芜累尤甚。今辄条其错缪，定为四科：一曰引书失宜，二曰叙事乖理，三曰释灾多滥，四曰古学不精。又于四科之中，疏为杂目，[①]类聚区分，[②]编之如后。

按：是篇强半检举错误，如所指遗脱、复沓、淆讹、糅杂之类皆是。至第三科带纠傅会，尤为法言。

① 一作"志"，非。
② 一作"别"。

第一科

引书失宜者，其流有四：一曰史记、《左氏》，交错相并，二曰《春秋》、史记，杂乱难别；三曰屡举《春秋》，言无定体，四曰书名去取，所记不同。

其《志》叙言之不从也，先称史记周单襄公告鲁成公曰，晋将有乱。又称宣公六年郑公(孙)[子]曼满与王子伯廖语，欲为卿。[①]案宣公六年，自《左传》所载也。夫上论单襄，则持史记以标首；下列曼满，则遗《左氏》而无言。遂令读者疑此宣公，亦[2]出史记；而不[3]云鲁后，莫定何邦。是非难悟，进退无准。此所谓史记、《左氏》交错相并也。

按：《春秋》以鲁纪年，谁不知宣公为鲁君者。然既先列他书，而踵事续叙，则固当于宣公之上加"春秋鲁"三字，此书法定律也。

① 两引并在《志》中上。○增注所在，用便翻检。后仿此。

② 旧作"上"。

③ 或作"下"，误。

单襄告鲁　《国语·周语》：周单襄公与晋郤锜、郤犨、郤至、齐国佐语，告鲁成公曰："晋将有乱，三郤其当之乎？"

曼满语　《左传》宣六：郑公子曼满与王子伯廖语，欲为卿。伯廖告人曰："无德而贪，其在《周易·丰》之《离》，弗过之矣。"间一岁，郑人杀之。

《志》云：史记成公十六年，公会诸[1]侯于周。[2]案成公者，即鲁侯也。班氏凡说鲁之某公，皆以《春秋》为冠。何则？《春秋》者，鲁史之号。言《春秋》则知公是鲁君。[3]今引史记居先，成公在下，书非鲁史，而公舍鲁名。胶柱不移，守株何甚。此所谓《春秋》、史记杂乱难别也。

按："史记成公"四字如何胶并，判语如谳。然此一事，班《志》之误更不止此，附悉注中。

① 旧讹作"齐"。

② 在《志》中上。

③ 一作“公”。

会于周　本《志》：史记成公十六年，公会诸侯于周。单襄公见晋厉公视远步高，告公曰：“晋将有乱。”鲁侯问，天道人故？对曰：“吾非瞽史，焉知天道。吾见晋君之容，殆必祸者也。”按：此会《史记》周简王纪及鲁、晋二世家皆不载，《左氏》成十六经、传亦不书。其文乃在《外传·周语》下卷。然亦不言成十六年，但曰柯陵之会云云。是则“史记成公”以下十三字，乃班《志》自撰之文。本当云《国语》，而误书“史记”也。又按：柯陵之盟在成十七年。杜《注》：柯陵，郑西地。亦非会于周也。

案班《书》为志，本以汉为主。在于汉时，直记其帝号谥耳。至于它代，则云某书、某国君，此其大例也。至如叙火不炎上，具《春秋》桓公十四年；次叙稼穑不成，直云严公“严公”即“庄公”也。汉避明帝讳，故改曰“严”。①二十八年而已。②夫以火、稼之间，别书汉、莽之事。年代已隔，去鲁尤疏，洎乎改说异端，仍取《春秋》为始，而于严公之上，不复以《春秋》建名。遂使汉帝、鲁公，同归一揆。必为永例，理亦可容。在诸异科，事又不尔。求之画一，其例无恒。③此所谓屡举《春秋》，言无定体也。

按：此所攻在例不画一，故曰屡举无定体。

① 注旧在后，今移置首见处。

② 两引并在《志》之上。

③ 一作“常”。

火稼之间　本《志》前言火失其性，首举其文曰："《春秋》桓公十四年八月壬申，御廪灾。"已下历述火事，至汉平帝末，高祖原庙灾，明年，莽居摄而止。其下更端言稼穑不成，乃举"严公二十八年冬，大水，亡麦禾"之文，中间隔越甚多。其前《春秋》二字管不及此也。

案本《志》叙汉已前事，多略其书名。至于服妖章，初云晋献公使太子率师，佩之金玦。续云郑子臧好为聚鹬之冠。[①]此二事之上，每加《左氏》为首。夫一言可悉，而再列其名。省则都捐，繁则太甚。此所谓书名去取，所记不同也。

按：合前条观之，彼以偶脱《春秋》为轶例，此以连缀《左氏》为冗笔。故云去取不同。本宁李氏曰："古人读书细心，一字不肯放过。观此数条可见。"

① 在《志》中上。

佩金玦　《左》闵二：晋献公使太子申生帅师，公衣之偏衣，佩之金玦。后四年，申生缢。

聚鹬冠　《左》僖二十四：郑子臧好聚鹬冠，郑文公恶之，使盗杀之。

第二科

叙事乖理者，其流有五：一曰徒发首端，不副征验；二曰虚编古语，讨事不终；三曰直引时谈，竟无它述；四曰科条不整，寻绎难知；五曰标举年号，详略无准。

《志》曰：《左氏》昭公十五年，晋籍谈如周葬穆后。既除丧而燕。[①]叔向曰：王其不终乎！吾闻之，所乐必卒焉。

今王一岁而有三年之丧二焉，于是乎与丧宾燕，乐忧甚矣。礼，王之大经也。一动而失二礼，无大经矣，将安用之。[②]案其后七年，王室终如羊舌所说，此即其效也，而班氏了不言之。此所谓徒发首端，不副征验也。

按：前之引言，既征其所料；后之书事，不要其所终。有头无尾，故纠之。

①《传》作"宴"，下同。

② 在《志》中上。

三年之丧二　昭十五：六月，王太子寿卒。秋八月，王穆后崩。叔向曰："王一岁而有三年之丧二焉。"《注》：天子绝期，唯服三年。故后虽期，通谓之三年。顾炎武《日知录》：礼，为长子三年。妻丧虽期年，而传曰"父必三年然后娶，达子之志也"。是亦有三年之义。愚谓天子自绝期，后丧自三年，义本两行耳。

《志》云：《左氏》襄公二十九年，晋女齐语智伯曰：齐高子容、宋司徒皆将不免。子容专，司徒侈，皆亡家之主也。专则速及，侈则将以力毙。九月，高子[①]出奔北燕。[②]所载至此，更无他说。案《左氏》昭公二十年，宋司徒奔陈。而班氏采诸本传，直写片言。阅彼全书，唯征半事。遂令学者疑丘明之说，有是有非；女齐之言，或得或失。此[③]所谓虚编古语，讨事不终也。

按：此条李本宁评最明。评曰："高止、[④]华定[⑤]二人并书，宜双收以足前志。而单征高止，此叙事逗漏处。”

① 一作“止”。

② 在《志》中上。

③ 一多“明”字。

④ 即高子容。

⑤ 即宋司徒。

子容专司徒侈 《传》：高子容与宋司徒见智伯，女齐相礼。宾出，司马侯言于智伯曰：“二子皆将不免，子容专，司徒侈，皆亡家之主也。”“专则速及，侈将以其力毙。专则人实毙之，将及矣。”杜《注》：为此，秋，高止奔燕。昭二十年华定出奔陈，《传》。按：司马侯即女齐。

《志》云：成帝于鸿嘉、永始之载，好为微行，置私田于民间。谷永谏曰：诸侯梦得田，占为失国。而况王者蓄私田财物，为庶人之事乎。[1]已下弗云成帝悛与不悛，谷永言效与不效。谏词虽具，诸[2]事阙如。此所谓直引时谈，竟无它述者也。

按：不书悛，不书效，断章取义之书则可也。班之此志，而文惟半至，几成虚设矣。

① 在《志》中上。

② 一作“而”。

鸿嘉永始 荀悦《汉纪》：成帝鸿嘉二年，行幸云阳。大司马音上言：

“陛下即位十五年，继嗣不立，而日夜出游。外有微行之害，内有疾病之忧。”是时谷永亦上疏谏。按：成帝十三年改元鸿嘉，十七年改元永始。

其述庶征之恒寒也，先云釐[①]公十年冬，大雨雹[②]随载刘向之占，次云《公羊经》曰“大雨雹”，续书董生之解。[③]案《公羊》所说，与上奚殊，而再列其辞，俱云“大雨雹”而已。[④]又[⑤]此科始[⑥]言大雪与雹，继言殒霜杀草，起自春秋，讫[⑦]乎汉代。其事既尽，仍重叙雹灾。[⑧]分散相离，断绝无趣。[⑨]夫同是一类，而限成二条。[⑩]首尾纷挐，而[⑪]章句错糅。[⑫]此所谓科条不整，寻绎难知者也。

按：此条评家丛刺，实未剖疏。剖疏之，须两截看：前一截先举《左氏》釐十年，合《公羊经》所言雨雹以为之的；后一截乃统举全文，谓雪、雹、霜三者，忽彼忽此，文不归类。始于釐十之前，先言桓雪，而随以釐雹间之矣，其下复间之雪事焉，忽又间之霜事焉，后又还而述雹焉，故曰科条不整也。评者但摘“雹”字之讹，局于釐十年之一事，不复从长片章法处加详，是犹睹一指而失肩背也。

《三传》中同《经》异字，如君氏、尹氏、入郢、入楚之类，未易一二数。传写不准，流转靡常。而谓子玄不识雪字、雹字，恐未足以相服也。夫《公羊》雹而《左》雪，亦流转之讹也。则或《左经》雪而《汉志》雹，又或唐本雹而近本雪，钞胥歧迕，事所应有。且刘向阴盛之解，固以解雨雪，即移为雨雹之解，亦岂悖理乎？愚故于釐十年雨雹注云：今作“雪”，疑唐本作“雹”也。

① “釐”即“僖”也，有原注，在《杂驳》篇。

② 今《志》作“雪”，疑唐初本作“雹”。

③ 在《志》中下。

④ 一脱“已”字。释：已上专指《志》中“釐公十年”至“专壹之政”一段而言。

⑤ 一改作“人”，非。

⑥ 一脱“始”字，一作“又”字。

⑦ 一作“终”。

⑧ 并在《志》中下。

⑨ 释：此层统本《志》前后，起自“刘歆以为大雨雪”及“雨雹，殒霜”至“蜚鸟死”一长片千六百字而言。

⑩ 二句指釐十年。

⑪ 旧脱“而”字。

⑫ 此统指全文。

刘占董解 《志》：釐十年，大雨雪。刘向以为阴气盛也。《公羊经》：大雨雹。董仲舒以为有所渐胁。《注》：阴气胁也。按：刘向所举，盖《左经》也。《左》无传。

始言继言 《志》：刘歆以为大雨雪，及未当雪而雪，及大雨雹，陨霜杀草，皆常寒之罚。桓八年十月雪，刘、董皆有占。按：此一段在釐十年《左》雪、《公羊》雹、仲舒占之前。又昭公四年及文帝四、景帝中六、武帝元狩元、元鼎二三、元帝建昭二四、阳朔四等年夹志雪。又定公元、釐公三及武帝元光四、元帝永光元等年夹志霜。又釐公二十九、昭公三及武帝元封三、宣帝地节四等年复志雹。按：此三段并在釐十年《志》文之后。

夫人君改元，肇自刘氏。史官所录，须存凡例。案斯《志》之记异也，[①]首列元封年号，不详汉代何君；次言地节、河平，具述宣、成二帝。宣帝地节四年，成帝河平二年，其纪年号如此。武称元鼎，每岁皆书；始云元鼎二年，又续云元鼎三年。案三年宜除元鼎之号也。哀曰建平，同年必录。始云哀帝建平三年，续复云哀帝建平三年。案同是一年,宜云是岁而已,不当重言其年也。此所谓标举年号,详略无准者也。

按:古人此等处多不甚检点,后世文笔益靡,然而犯此者少矣。

① 下所引并在《志》中下,即前条所述恒寒事内之文。

第三科

释灾多滥者,[①]其流有八:一曰商榷前世,全违故实;二曰影响不接,牵引相会;三曰敷演多端,准的无主;四曰轻持善政,用配妖祸;五曰但伸解释,不显符应;六曰考核虽说,义理非精;七曰妖祥可知,寝默无说;八曰不循经典,自任胸怀。

《志》云:"史记周威烈王二十三年,九鼎震。""是岁,韩、魏、赵篡晋而分其地,威烈王命以为诸侯。天子不恤同姓,而爵其贼臣,天下不附矣。"[②]案周当战国之世,微弱尤甚。故君疑窃斧,台名逃债。正[③]比夫泗上诸侯,附庸小国者耳。至如三晋跋扈,欲为诸侯,虽假王命,实由己出。譬夫近代莽称安汉,匪平帝之至诚;卓号太师,岂献皇之本愿。而作者苟责威烈以妄施爵赏,坐贻妖孽,岂得谓[④]"人之情伪尽知之矣"[⑤]者乎!此所谓商榷前世,全违故实也。

按:揆时势以立言,非奖乱也。

此为《通鉴纲目》之所托始,其文皆曰:"命晋大夫魏斯、赵籍、韩虔为诸侯。"司马氏言,天子自坏其礼也;释书法者言,以正纲常,为万世戒也。皆以病周也。夫国形至纽解之时,天变垂鼎震之警,《汉志》此占,为宋儒发脉,是矣。然耳食者遂不复以世会参之矣。要之,维世、觇世,各具识解。宋人议论揸撑,无救于弱势积痿不起者。妾乘夫,奴制主,且然矣。噫!

① 一脱"者"字。

② 在《志》中上。

③ 一有"可"字。

④ 此三字,一作"谓得"二字。

⑤ 一无"矣"字。

窃斧逃债 《汉书·诸侯王表·叙论》:自幽、平之后,日以陵夷,分为二周。有逃责之台,被窃斧之言。《注》:服虔曰:周赧王负责,主伯责急,乃逃于此台,后人因以名之。师古曰:铁钺,王者以为威也。周衰,政令不行,虽有铁钺,无所用之,是谓私窃隐藏之耳。《陈书》纪:九锡诏云:"窃铁逃责,容身之地无所。"

莽称安汉 《汉书·王莽传》:莽讽益州令塞外蛮夷献白雉。群臣盛称莽功德,致周成白雉之瑞,莽有定国安汉家之功,宜赐号安汉公。

卓号太师 《后汉·董卓传》:卓徙都长安,讽朝廷使光禄勋宣璠持节拜卓为太师,位诸侯王上。

《志》云:昭公十六年九月,大雩。先是,昭母夫人归氏薨,昭不戚而大[①]搜于比蒲。又曰:定公十二年九月,大雩。先是,公自侵郑归而城中城,二大夫围郓。[②]案大[③]搜于比蒲,昭之十一年。城中城、围郓,定之六年也。其二役去雩,皆非一载。夫以国家恒[④]事,而坐延灾眚,岁月既遥,而方闻响[⑤]应。斯岂非乌有成说,扣寂为辞者哉!此所谓影响不接,牵引相会也。

按：傅会征应，是《五行志》真坐病处。是科所陈，比诸科立意稍歧，然仍入肯綮。

《志》言某眚之罚，定作某应，此为真傅会。是科两大雩于年睽罚异之间，纠其缪幽，故可作傅会用，亦仍可作错误用也。

① 一无“大”字，下同。

② 在《志》中上。

③ 旧衍“夫”字。

④ 一作“常”。

⑤ 一作“感”。

《志》云：严公[1]七年秋，大水。董仲舒、刘向以为严母姜与兄齐侯淫，共杀桓公。严释父[2]仇，复娶齐女，未入而先与之淫，一年再出会，于道逆乱，臣下贱之之[3]应也。又云：十一年秋，宋大水。董仲舒以为时鲁、宋比年有[4]乘丘、鄑之战，百姓愁怨，阴气盛，故二国俱水。谓七年鲁大水，今年宋大水也。[5]案此说有三失焉。[6]何者？严公十年、十一年，公败宋师于乘丘及鄑。夫以制胜克敌，策勋命赏，可以欢[7]荣降福，而反愁怨贻灾邪？其失一也。且先是数年，严遭大水，亦谓七年。校其时月，殊在战前。而云与宋交兵，故二国大水，其失二也。[8]况于七年之内，已释水灾，始以齐女为辞，终以宋师为应。前后靡定，向背何依？[9]其失三也。[10]夫以一灾示眚，而三说竞兴，此所谓敷演多端，准的无主[11]也。

按：此亦搜抉傅会之一间。

克敌降福之说，评者非之，以为贪人土地，不得云福。愚谓本文盖据鲁而言，人侵我地而我克之，岂贪耶？刘说非过。

① “严”谓“庄”，原注旧在此。

② 旧讹作“公”。

③ 旧脱一“之”字。

④ 一作“为”。

⑤ 并在《志》之上。

⑥ 释：三失，专指比年战之占。

⑦ 一无“以”字。“欢”，一作“祈”。

⑧ 释：此二失，专就大水占战说。

⑨ 一作“倚”。

⑩ 释：此一失，合母姜与战事对勘说。

⑪ 一有“者”字。

比年有战 《左》庄十《经》：公败宋师于乘丘。又十一《经》：公败宋师于鄑。杜《注》：乘丘、鄑，并鲁地。鄑，子斯反。

其释“厥咎舒，厥罚恒燠”，以为其政弛慢，失在舒缓，故罚之以燠，冬而亡冰。[①]寻其解《春秋》之无冰也，皆主内失黎庶，外失诸侯，不事诛赏，不明善恶，蛮夷猾夏，天子不能讨，大夫擅权，邦君不敢制。[②]若斯而已矣。次至武帝元狩[③]六年冬，亡冰，而云先是遣卫、霍二将军穷追单于，斩首十余万级归，而大行庆赏。上又闵悔[④]勤劳，遣使巡行天下，存赐鳏寡，假[⑤]与乏困，[⑥]举遗逸独行君子诣行在所。郡国有以为便宜者，上丞相、御史以闻。于是天下咸喜。[⑦]案汉帝其武功文德也如彼，其先猛后宽也如此，岂是有懦弱凌迟之失，而无刑罚戡定之功哉！何得苟以无冰示灾，便谓与昔人同罪。矛盾自己，始末相违，岂其甚邪？此所谓轻持善政，用配妖祸也。

按：此讥占者不自关照，解灾罚则然，征事实则不然。以违反为参合，所谓矛盾自己也，似此并穷于傅会矣。昆圃黄氏叔琳谓《五行志》自走拙路，此其是欤？

① 在《志》中下。以下并同。

② 并《志》内释无冰之语。

③ 照《志》改，旧作"元封"。

④ 一作"恤"。

⑤ 一多"贷"字。

⑥ 此二字，或作"之因"。

⑦ 释：述《志》止此。

《志》云：孝昭元凤三年，太山有大石立。眭孟以为当有庶人为天子者。京房《易传》云："太山之石颠而下，圣人受命人君虏。"又曰：石立于山，同姓为天下雄。[①]案此当是孝宣皇帝即位之祥也。夫宣帝出自闾阎，坐登宸极，所谓庶人受命者也。以曾孙血属，上纂皇统，所谓同姓[②]雄者也。昌邑见废，谪居远方，所谓人君虏者也。[③]班《书》载此征祥，虽具有剖析，而求诸后应，曾不缕陈。叙事之宜，岂其若是？苟文有所阙，则何以载[④]言者哉？此所谓但申解释，不显符应也。

按：此条与第二科徒发首端略同。

愚谓志五行者，止记灾祥，不摭符应，并亦不缀凿解，乃是正体。庐陵《司天考》所以识冠前史也。而班《志》则必申解，必征应，至如此志，又类例不全，能逃子玄之驳乎？

① 在《志》中上。

② 一多“之”字。

③ 释：自“案此”以下皆子玄推说之辞，班《志》脱书所应。

④ 一作“成”。

眭孟　《汉书·眭弘传》：弘字孟。从嬴公受《春秋》，为议郎。孝昭元凤三年，泰山莱芜山南有大石自立。孟推《春秋》之意，以石乃阴类，下民之象。泰山乃王者易姓告代之处，此当有从匹夫为天子者。霍光恶之，诛。后五年，孝宣帝兴于民间，征孟子为郎。

《志》云：成帝建始三年，小女陈持弓年九岁，走入未央宫。又云：绥和二年，男子王褒入北司马门，上前殿。[①]班《志》虽已有证据，言多疏阔。今聊演而申之。案女子九岁者，九[②]则阳数之极也。男子王褒者，王则巨君之姓也。入北司马门上前[③]殿者，王莽始为大司马，至哀帝时就国，帝崩后，仍此官，因以篡位。夫人[④]入司马门而上殿，亦由[⑤]从大[⑥]司马而升[⑦]极。灾祥示兆，其事甚明。忽而不书，为略何甚？此所谓解释虽说，义理非精也。

按：班《志》此事证应已具，特“九”字未释，王姓，姓字未点耳。加演二言，无关错误。

① 在《志》下上。

② 一脱“九”字。

③ 一少“前”字。

④ 一无“人”字。

⑤ 作“犹”。

⑥ 一少“大”字。

⑦ 一作“登”。

《志》云：哀帝建平四年，山阳女子田无啬怀妊，[①]未生[②]二[③]月，儿啼腹中。及生，不举，葬之陌上。三日，人过闻啼声。母掘土收养。[④]寻本《志》虽述此妖灾，而了无解释。案人从胞至育，含灵受气，始末有成[⑤]数，前后有定准。[⑥]至于[⑦]在孕甫尔，遽发啼声者，亦由[⑧]物有基业未彰，而形象已兆，即王氏篡国之征。生而不举，葬而不死者，亦由物有期运已定，非诛剪所平，即王氏受命之应也。[⑨]又案班云[⑩]小女陈持弓者，陈即莽之所出；[⑪]如女子田无啬者，田故莽之本宗。[⑫]事既同占，言无一概。岂非唯知其一，而不知其二者乎？此所谓妖祥可知，寝默无说也。

按：此因本《志》田无啬前后数事相比，各著占解，惟此独无，故为摘补云尔。然在班为阙例，在刘为小言。盖亦堕入向、歆窠臼不能解脱也。

上二条可省。

① 二字刘补。

② 二字今依《志》补。

③ 依《志》改。旧作“三”。

④ 在《志》下上。

⑤ 一作“恒”。

⑥ 此何待言，毋乃累笔。

⑦ 一无“于”字。

⑧ 作“犹”，下同。

⑨ 释：此上为本《志》补占，此下合前条比论。

⑩ 一作“志”，下多“以”字。

⑪ 此语班《志》所有。

⑫ 此意班《志》未言。

陈之出田之宗　《莽传》：莽下书曰：予托于皇初祖考黄帝之后，皇始祖考虞帝之苗裔。又曰：“虞帝之先，受姓曰姚。其在陶唐曰妫，在周曰陈，在齐曰田，在济南曰王。”“其令天下，上此五姓名籍于秩宗。”“封陈崇为统睦侯，奉胡王后；田丰为世睦侯，奉敬王后。”《注》：孟康曰：胡王，追王陈胡公。敬王，追王田敬仲。

当春秋之时，诸国贤俊多矣。如沙鹿[①]其坏，梁山云崩，鹢退蜚于宋都，龙交斗于郑水。或伯宗、子产，具述其非妖；或卜偃、史过，[②]盛言其必应。[③]盖于时有识君子以为美谈。故左氏书之不刊，贻厥来裔。既而古今路阻，闻见壤隔，至汉代儒者董仲舒、刘向之徒，始别构异闻，辅申它说。以兹后学，陵彼先贤，盖今谚所谓“季与厥昆，争知嫂讳”者也。[④]今谚曰：“弟与兄，争嫂字。”以其名鄙，故稍文饰之。[⑤]而班《志》尚舍长用短，捐旧习新，苟出异同，自矜魁博，多见其无识者矣。此所谓不循经典，自任胸怀也。

按：意宗《左氏传》为主，而斥群说之支离，所言最直截。然则陈持弓之演义，田无啬之补占，得毋亦蹈自矜魁博之诮乎？

①《传》作“鹿”，《志》作“麓”。

②《传》作“周内史叔兴”。

③ 并在《志》下上。

④ “知嫂”五字，一作“私嫂者”三字，谬。

⑤ 一失此注。

沙鹿梁山鹢蜚龙斗 《左》僖十四：秋八月，沙鹿崩。晋卜偃曰：“期年将有大咎，几亡国。”杜《注》：沙鹿，山名。又成五：梁山崩。晋侯以传召伯宗，伯宗辟重。重，绛人也。问焉，曰：“国主山川，山崩川竭，君为之不举，降服，乘缦，彻乐，出次，祝币，史辞以礼焉，如此而已。”伯宗以告而从之。又僖十六：六鹢退飞，过宋都，风也。周内史叔兴聘于宋，宋襄公问焉，曰：“是何祥也，吉凶焉在？”对曰：“君将得诸侯而不终。”退而告人曰：“君失问。阴阳之事，非吉凶所生也。”又昭十九：郑大水，龙斗于时门之外洧渊，国人请禜焉。子产弗许，曰：“我斗，龙不我觌也。龙斗，我独何觌焉。禳之则彼其室也。吾无求于龙，龙亦无求于我。乃止。”

董刘别构异闻 《志》：沙麓崩。《穀梁》曰：“林属于山曰麓。沙，其名也。”刘向以为背叛散乱之象，齐桓霸道将废。《公羊》以为沙麓，河上邑也。董仲舒说略同。又：梁山崩。《穀梁》曰：壅河三日不流，晋君率臣哭之，乃流。刘向以为山阳，君也。水阴，民也。丧亡象也。董说略同。又：六鹢退蜚，过宋都。刘歆以为风发它所，至宋而高。鹢高蜚而逢之，则退。象宋襄与强楚争盟。后六年，为楚所执，应六之数云。又：龙斗于郑洧渊。刘向以为近龙孽也。郑以小国摄乎晋、楚之间，重以强吴，郑当其冲。子产任政，郑卒无患，能以德消变之效也。按：龙之占，后又见《杂驳》篇。

第四科

古学不精者，其流有三：一曰博引前书，网罗不尽；二曰兼采《左氏》，遗逸甚多；三曰屡举旧事，不知所出。

《志》云：庶征之恒[①]风，刘向以为《春秋》无其应。刘歆以为釐十六年，《左氏传》释六鹢[②]退飞是也。[③]案旧史称刘向学《穀梁》，[④]歆学《左氏》。既祖习各异，而闻见不同，信矣。而周木斯拔，郑车偾济，风之为害，被于《尚书》、《春秋》。向则略而不言，歆则知而不传。[⑤]又详言众怪，历叙群妖。述雨氂为灾，[⑥]而不录赵毛生地；书异鸟相育，[⑦]而不载宋雀生鹯。斯皆见小忘大，举轻略重。盖学有不同，识无通鉴故也。[⑧]且当炎汉之代，厥异尤奇。若景[⑨]帝承平，赤风如血；于公在职，亢阳为旱。惟[⑩]纪与传，各具其详，在于《志》中，独无其说者，何哉？[⑪]此所谓博引前书，网罗不尽也。

按：不尽之款三，而前二款款从它出，后一款款在自边。越追越紧，觉此老于此事真路熟眼明。

① 一作“常”。

② 同“鹢”。

③ 在《志》下上。

④ 一有“刘”字。

⑤ 恐当作“博”。释：此就风占所遗，进难。

⑥ 在《志》中上。

⑦ 在《志》中下。

⑧ 释：此又检出二事之未尽者，进难。

⑨ 当作“武”。

⑩ 一作“在”。

⑪ 释：此更搜出本书所有，彼载此遗，进难。

木拔　见《金縢》。

车偾　《左》隐三：冬，庚戌，郑伯之车偾于济。杜《注》：既盟而遇大风，传记异也。

雨氂　《志》中上：天汉元年，天雨白毛。三年八月，天雨白氂。京房《易传》曰：“前乐后忧，厥妖天雨羽。”

赵毛生地　《风俗通·皇霸》篇：赵王迁信秦反间，杀李牧，遂为所灭。先此童谣曰：“赵为号，秦为笑，以为不信，视地上生毛。”谣亦见《赵世家》。

鸟相育　《志》中下：成帝绥和二年三月，天水平襄有燕生爵，哺食至大，俱飞去。京房《易传》曰：“燕生爵，诸侯销。”一曰：“生非其类，子不嗣世。”

宋雀生鹯　王《训故》：贾谊《新书》曰：宋康王时，有雀生鹯于城之陬。占曰：“吉。小而生大，必霸天下。”康王喜，于是灭滕，伐诸侯，射天，笞地，灭社稷。齐侯伐之，王逃于郳侯之馆而死。按：即宋王偃也。

赤风如血　《汉书·孝武纪》：建元四年夏，有风赤如血。

亢阳为旱　《汉·于定国传》：父于公为郡决曹。东海太守杀孝妇，郡中枯旱三年。后太守至，卜其故。于公曰：“孝妇不当死，前太守强断之，咎傥在是乎？”于是太守祭孝妇冢，表其墓，天立大雨。

《左传》云：宋人逐猘[①]狗，华臣出奔陈。[②]又云：宋公子地[③]有白马，景公夺而朱其尾鬣。地弟辰以萧叛。[④]班《志》书此二事，以为犬马之祸。此二事是班生自释，非引诸儒所言。案《左氏》所载，斯流实繁。如季氏之逆也，由斗鸡而傅介；卫侯之败也，因养鹤以乘轩。曹亡首于获雁，郑弑[⑤]萌于解鼋。郄[⑥]至夺豕而家灭，华元杀[⑦]羊而卒奔。此亦[⑧]白黑之祥，羽毛之孽。何独舍而不论，唯征犬马而已。此所谓兼采《左氏》，遗逸甚多也。

按：狗猰、鬣朱，本非物怪。故条内拾遗，皆同此类。然愚以此段科眼，尚未厌心。不如直折之曰"贪采《左氏》，阑入非妖"，似更快爽也。

①《志》作"猘"。

② 在《志》中上。

③ 旧误作"它"，下同。

④ 在《志》下上。

⑤ 旧作"杀"。

⑥ 传作"郤"。

⑦ 原作"煞"，一作"烹"。

⑧ 一讹"言"。

猰狗 《左》襄十七：国人逐瘈狗。瘈狗入于华臣氏，国人从之。华臣惧，遂奔陈。

朱尾鬣 定十：宋公子地有白马四。景公嬖向魋，魋欲之。公取而朱其尾鬣以予之。地怒，使其徒抶魋而夺之。

鸡傅介 昭二十五：季、郈之鸡斗，季氏介其鸡，郈氏为之金距。平子怒，益宫于郈氏，且让之。故郈昭伯怨平子。

鹤乘轩 闵二：卫懿公好鹤，鹤有乘轩者。狄伐卫，将战，国人受甲者皆曰："使鹤，鹤实有禄位。余焉能战！"

获雁 哀七：曹伯阳好田弋。曹鄙人公孙强好弋，获白雁，献之，使为司城。强言霸说于曹伯，从之，乃背晋而奸宋。宋人伐之，晋人不救，遂灭曹。

解鼋 宣四：楚人献鼋于郑灵公。子公、子家将见，子公之食指动，以示子家，曰："他日我如此，必尝异味。"及入，宰夫将解鼋，相视而笑。公问之，以告。及食，召子公而弗与也。怒，染指于鼎，尝之而出。公怒。子公弑灵公。

夺豕　成十七：晋厉公田，妇人先杀而饫，后使大夫杀。郤至奉豕，寺人孟张夺之。郤至射而杀之。公曰："季子欺予。"谋诛三郤。

杀羊　见《摸拟》篇。

案《太史公书》自《春秋》已前，所有国家灾眚，贤哲占候，皆出于《左氏》、《国语》者也。今班《志》所引，上自周之幽、厉，下终鲁之定、哀。而不云《国语》，唯称《史记》，岂非忘本徇末，逐近弃远者乎？此所谓屡举旧事，不知所出也。

按：数典而忘其祖，注书家亦通多此病。浚仪王氏有云："东坡诗：'黄花后秋节，远自《夏小正》。'盖以《夏小正》有'九月荣鞠'之句也。注者止引《月令》，非也。"愚鉴于此，如《史通》本摘《元魏书》也，注家辄引《北史》当之。本摘沈《宋》、萧《齐书》也，注家辄引《南史》当之。自余杂述，枚举更多。拙注一依文返本，庶免举事不原所出之诮云。附识。

不云国语　按：第一科之二条云"公会诸侯于周"，即是不云《国语》之一也。又其他如"言不从"之征三郤，语"火沴水"之征縠、洛斗，其误亦同。《志》中屡见。

所定多目，凡二十[①]种。但其失既众，不可殚论。故每目之中，或时举一事。庶触类而长，他皆可知。[②]又案斯志之作也，本欲明吉凶，释休咎，惩恶劝善，以戒将来。[③]至如春秋已还，汉代而往，其间日蚀、地震、石陨、山崩、雨雹、雨鱼、大旱、大水，犬[④]豕为祸，桃李冬花，多[⑤]直叙其灾，而不言其应。载《春秋》时日蚀三十六，而二不言其应。汉时日蚀五十三，而四十不言其应。[⑥]又惠帝二年、武帝征和二年、宣帝本始四年、元帝永光三年、绥和二年，皆地震。[⑦]陨石[⑧]凡十一。总不言其应。又高后二年，武都山崩。[⑨]成帝河平二年，楚国雨雹，大如斧，蜚鸟死。[⑩]成帝鸿嘉四年，雨鱼于信都。[⑪]孝景之时，大旱者二。[⑫]昭、成二代，大雨水三。[⑬]河平元年，长安有如人状，被甲持兵弩，击之，皆狗也。[⑭]又鸿嘉中，狗与豕交。[⑮]惠帝五年十月，桃李花，枣实。[⑯]皆不言其应也。[⑰]此乃[⑱]鲁史之《春秋》、《汉书》之帝纪耳，何用复编之于此志哉！昔班叔皮云：司马迁叙相如则举其郡县，著其字。[⑲]萧、曹、陈平之属，[⑳]仲舒并时之人，不记其字，或县而不郡，盖有所未暇也。若孟坚此《志》，错缪殊多，岂亦刊削未周者邪？不然，何脱略之甚也。[㉑]亦有穿凿成文，强生异义。如蜮之为惑，麋之为迷，陨五石者齐五子之征，溃[㉒]七山者汉七国之象，叔服会葬，郕[㉓]伯来奔，亢阳所以成妖，郑易许田，鲁谋莱国，食苗所以为祸。诸如此比，[㉔]其类弘多。徒有解释，无足观采。知音君子，幸为详焉。[㉕]

按：此条束上而又推类言之，脱略穿凿四字分括。

班氏志五行，纠轕曼延，都为五册。虽嗜古之士，擘未盈卷，辄已神惛。今观《史通》之编排错误也，科总以四，流别二十。如铺一箔米，砂、稗、秕、稃，粒中自献。如摊一本律，以、准、皆、各，例里出支。非穿穴烂熟，安从措手。尝窃自料，使我下笔，能为杂驳体，决定不作科别体。非不作也，不能也。后生口滑，嗤点前贤，假有掩去斯篇，第令拟立条目，蚤恐不见水端旋其面目者矣。敢持斯语，箴警嚣謷者。

后史志灾祥，咸知刊落葛藤矣。然篇宗五行，卒相踵不改，何也？门分则有条，纲举则无漏，班仍事祖哉！

① 或讹“一十九”,或讹“二十九”。

② 释:缴过四科。

③ 释:数语提下,言既号《五行》,征应宜核矣。

④ 一作“鸡”,与注不应。

⑤ 一无“多”字。

⑥ 并下下。

⑦ 下上。

⑧ 下下。

⑨ 下上。

⑩ 中下。

⑪ 中下。

⑫ 中上。

⑬ 中上。

⑭ 中上。

⑮ 中上。

⑯ 中下。

⑰ 注字有与行本不同者,皆照史改。

⑱ 一作“皆”,非。

⑲ 此三字照班《传》补,旧脱。

⑳ “陈平之属”四字,亦旧脱,照传补。否则萧、曹亦马迁并时矣。

㉑ 释:已上皆谓《志》应逗漏不齐。

㉒ 旧作“崩”,误。

㉓ 旧作“成”,非。

㉔ 一作“事”。

㉕ 释:此段谓有解有征,而又失之凿也。

司马迁至未暇也　皆《后汉书·班彪传》之文。按:董仲舒,《史记》入《儒林传》。

蜮为惑 《志》下上：庄公十八年秋，有蜮。刘向以为蜮生南越。越地男女同川浴，乱气所生，故名之曰蜮。蜮，犹惑也。

麋为迷 《志》中上：庄公十七年冬，多麋。刘向以为麋色青，近青祥也。麋之为言，迷也。盖牝兽之淫者也。

五石五子 《志》下下：釐公十六年正月，陨石于宋，五。刘歆以为正月日在星纪，厌在玄枵。玄枵，齐分野也。石，山物。齐，太岳后。五石象齐威卒而五公子作乱。

七山七国 《志》下上：文帝元年，齐、楚地山二十九所大发水，溃出。刘向以为水沴土，天戒，勿盛齐、楚之君。后十六年，帝分齐地，立悼惠王庶子六人皆为王。至景帝三年，齐、楚七国起兵，汉皆破之。汉七国众山溃，咸被其害。按：文言溃七山者，七国之山皆水溃也。

叔服郕伯 《志》中上：文公二年，自十二月不雨，至于秋七月。天子使叔服会葬。按：事详《杂驳》首条。又：十三年，自正月不雨，至于秋七月。先是，曹、杞、滕来朝，郕伯来奔，秦使来聘。城诸及郓。二年之间，五国趋之，内城二邑，炕阳失众。

易田谋莱 《志》下上：隐公八年，九月，螟。时郑伯以邴将易许田，有贪利心。京房《易传》曰："贪，厥灾虫。虫食根。"又中下：桓公五年，螽。刘向以为介虫之孽。易邑，兴役。宣公六年，螽。刘向以为宣比再如齐，谋伐莱。

五行志杂驳第十一春秋时事，违误最多，总十五条。[①]

鲁文公二年，不雨。班氏以为自文即位，天子使叔服会葬，毛伯赐命，又会晋侯于戚。上得天子，外得诸侯，沛然自大，故致亢阳之祸。[②]案周之东迁，日以微弱。故郑取温麦，[③]射王中肩。[④]楚绝苞茅，[⑤]观兵问鼎。[⑥]事同列国，变《雅》为《风》。如鲁者，方大邦不足，比小国有余。安有暂降衰周使臣，遽以骄矜自恃，坐招厥罚，亢阳为怪？[7]求诸人事，理必不然。天高听卑，岂其若是也。

按：此条所驳，专主“上得天子”句，“外得诸侯”特带引。从周衰入议，似隔膜。

① 按：此注的是原文，《杂驳》总不越春秋时也。

②《志》中上。

③ 隐三。

④ 桓五。

⑤ 僖四。

⑥ 宣三。

⑦ 一无“为怪”二字。

会葬赐命会戚　本《志》师古《注》：会葬，葬僖公。赐命，赐以命圭为瑞信也。会戚，大夫公孙敖会之。戚，卫地。

变雅为风　《黍离》郑《笺》：幽王之乱，宗周灭。平王东迁，政遂微弱，下列于诸侯。其诗不能复《雅》，而同归于《国风》焉。

《春秋》成公元年，无冰。班氏以为其时王札子[1]杀召伯、毛伯[2]。案今《春秋经》札子杀毛、召，事在宣十五年。而此言成公时，未达其说。下去[3]无冰，凡有三载。

按：此条纠年分之讹，本颜《注》立说。

① 一误作“子札”，下同。

②《志》中下。

③ 一讹作“云”。

今春秋至未达其说　本《志》师古《注》：王札子即王子捷。召伯、毛伯，皆周大夫。其下即“今《春秋》”五句之文。

去无冰三载　按：宣公之年尽于十八。今自宣十五，下距成公之元，凡三年也。

《春秋》昭公九年，陈火。董仲舒以为陈夏征舒弑君，楚严王“严”即“庄”也。皆依本书不改其字。下同。托欲为陈讨贼，陈国辟门而待之，因灭陈。陈之臣子毒恨尤甚，极阴生阳，故致火灾。[①]案楚严王之入陈，乃宣十一年事也。始有蹊田之谤，取愧叔时；[②]终有封国之恩，见贤尼父。毒恨尤甚，其理未闻。又[③]案陈前后为楚所灭者三，始宣十一年为楚严王所灭，次昭八年为楚灵王所灭，后哀十七年为楚惠王所灭。今董生误以陈次[④]亡之役是楚始灭之时，遂妄有占候，虚辨物色。寻昭之上去于宣，鲁易四公；[⑤]严之下至于灵，楚经五代。虽悬隔顿别，而混杂无分。嗟乎！下帷三年，诚则勤矣。差之千里，何其阔哉！

按：旧评谓董误以楚灵之事移于楚庄，是也。又有评云：宣十一年未尝言灭陈，昭公八年乃灭之。以三灭之言为不审。夫既县之矣，非灭而何？其初灭而复封，其继亦灭而复立，至哀十七年之灭，然后亡。子玄此条殊无不审之言也。

宣十一灭陈，本《志》董占及《左传》杜《注》皆有明文。

①《志》之上。

② 一讹作“取讯隗叔”。

③ 一脱“又”字。

④ 一脱“次”字。

⑤ 一作“主”。

蹊田 《左》宣十一：楚子为陈夏氏乱故，伐陈，因县陈。申叔时曰：“人亦有言曰：牵牛以蹊人之田，而夺之牛。牵牛以蹊者，信有罪矣；而夺之牛，罚已重矣。”

见贤尼父 《史记·陈世家》：楚庄王伐陈，因县陈而有之。申叔时谏，庄王乃迎陈灵公太子午于晋而立之，复君陈如故，是为成公。孔子读史记至楚复陈，曰：“贤哉楚庄王！轻千乘之国，而重一言。”按：即如此注，王本全引《左传》，而以“贤哉”一赞贯入之，亦不原所出之一端也。《左传》乌有此赞哉？

陈为楚灭者三 楚始灭陈，即宣十一县陈事。《注》：灭陈以为楚县。昭八：楚公子弃疾帅师奉孙吴围陈，宋戴恶会之。冬十一月，灭陈。晋侯问于史赵曰：“陈其遂亡乎？”对曰：“未也。”“岁在鹑火，卒灭。今在析木之津，犹将复由。”哀十七：楚白公之乱，陈人恃其聚而侵楚。楚既宁，楚子使武城尹帅师取陈麦，遂围陈。秋，灭陈。

楚严至灵五代 《楚世家》：庄王卒，子共王审立。共王卒，子康王招立。康王卒，子员立，是为郏敖。公子围弑之而自立，是为灵王。凡五世。

《春秋》桓公三年，日有蚀之，既。京房《易传》以为后楚严始称王，[①]兼地千里。[②]案楚自武王僭号，邓盟是惧，荆尸久[③]传。[④]历文、成、缪三王，[⑤]方至于庄。是则楚之为王已四世矣，何得言庄始称之者哉？又鲁桓公薨后，历严、闵、釐、文、宣，“釐”即“僖”，皆依本书，不改其字也。下同。凡五公而楚庄始作霸，安有桓三年日蚀而已应之者邪？非唯叙事有违，亦自[⑥]占候失中者矣。

《春秋》釐公二十九年秋，大雨雹。刘向以为釐公末年公子遂专权自恣，至于弑君，阴胁阳之象见。釐公不悟，遂后二年杀公子赤，立宣公。[⑦]案遂之立宣杀子赤也，此乃文公末代。辄谓僖公暮年，世寔[⑧]悬殊，言何倒错？

按：此与上条皆驳《志》中占事年世悬殊之缪。年既缪矣，占复何施？机祥家言，果可依据哉？

①《志》无“始”字。此用师古《注》语。

②《志》下下。

③ 旧讹“又”。

④ 亦用师古《注》语。

⑤ 一作“主”。

⑥ 一无“自”字。

⑦《志》中下。

⑧“世寔”，一作“年世”。

邓盟　桓二：蔡侯、郑伯会于邓，始惧楚也。《注》：楚武始僭号称王，欲害中国。蔡、郑近楚，故惧而会盟。

荆尸　庄四：楚武王荆尸，授师孑焉。《注》尸，陈也。更为楚陈兵之法。扬雄《方言》：孑，戟也。然则楚始于此参用戟为陈。

楚始称王　《楚世家》：楚熊通伐随，随人之周，请尊楚。王室不听。熊通怒曰：“吾先鬻熊，文王之师也。早终。成王令我先公以子男田居楚，蛮夷率服，而王不加位，我自尊耳。”乃自立为武王。按：此楚始称王明文也。评者云：楚先熊渠三子，有句亶王、鄂王、越章王之称，称王非始于武。以此驳刘。夫三号者，非当国本号，乃为子时父名之，不久便除之，复何足算？且事在春秋前百年矣。《杂驳》诸条，皆不越春秋时事，题下之，不久便除之，复何足算？且事在春秋前百年矣。《杂驳》诸条，皆不越春秋时事，题下注又甚明也。视短而喙长，可谓辩乎！

杀赤立宣　见《编次》篇。事在文公十八年。公子遂者，襄仲也。公子赤者，恶也。

《春秋》釐公十二年，日有蚀之。刘向以为是时莒灭杞。[①]案釐[②]十四年，诸侯城缘陵。《公羊传》曰：曷为城？杞灭之。孰灭之？盖徐、莒也。如中垒所释，当以《公羊》为本耳。[③]然则[④]《公羊》所说，不如《左氏》之详。《左氏》襄公二十九年，晋平公时，杞尚在云。[⑤]

按：此等皆《申左》之余。

有据《史记》杞亡在获麟后四十八年，而病刘未审者。不知刘但据《春秋》言《春秋》，持《左氏》已足折《公羊》矣，岂待更要其后乎？此亦失记题下注语者也。

① 《志》下下。

② 一无"案"字，一无"釐"字。

③ 一作"尔"。

④ 作"然而"用。

⑤ "在"，一作"存"。旧赘二"云"字。

杞尚在　《左》襄二十九：晋侯使司马女叔来治杞田，弗尽归也。晋悼夫人愠。叔侯曰：杞，夏余也，而即东夷。鲁，周公之后也，而睦于晋。何必瘠鲁以肥杞。《注》：夫人，杞女也。

《春秋》文公元年，日有蚀之。刘向以为后晋灭江。[1]案本《经》书文四年，楚人灭江。今云晋灭，其说无取。[2]且江居南裔，与楚为邻；晋处北方，去江殊远。称晋所灭，其理难通。

按：此止一字之讹，或传写者误，未可知。

①《志》下下。

② 本《志》师古《注》亦云。

《左氏传》鲁襄公时，宋有生女子赤而毛，弃之堤下。宋平公母共姬之御者见而收之，因名曰弃。长而美好，纳之平公，生子曰佐。后宋臣伊[1]戾谗太子痤[2]而杀之。事在襄二十六年。先是，大夫华元出奔晋，事在成十五年。华合比奔卫。事在昭六年。刘向以为时则有火灾赤眚之明应也。[3]案灾祥之作，将应后来；事迹之彰，用符前兆。如华元奔晋，在成十五年，参诸弃堤，实难符会。又合比奔卫，在昭六年，而与元奔，[4]俱云“先是”。惟前与后，事并相违者焉。

按：前后既不相会，后更不得云先，一志两失。

① 一脱“伊”字。

② 一讹“座”。

③《志》中下。

④ 一作“华元奔晋”。

伊戾谗　《左》襄二十六：宋寺人惠墙伊戾为太子内师而无宠。楚客聘于晋，过宋。太子野享之，伊戾从。至，则欿，用牲，加书，征之，而骋告公，曰："太子将为乱，既与楚客盟矣。"公使视之，信有焉。太子缢。

华元奔晋　成十五：华元曰：吾为右师，公室卑而不能正，吾罪大矣，敢赖宠乎！乃出奔晋。

合比奔卫　昭六：宋寺人柳有宠，太子佐恶之。华合比曰："我杀之。"柳闻之，告公曰："合比将纳亡人之族。"公逐华合比，合比奔卫。

《春秋》成公五年，梁山崩。[①]七年，鼷鼠食郊牛角。[②]襄公十五年，日有蚀之。[③]董仲舒、刘向皆以为自此前[④]后，晋为鸡泽之会，诸侯盟，大夫又盟。后为溴[⑤]梁之会，诸侯[⑥]在而大夫独相与盟，君若缀旒，不得举手。又襄公十六年五月，地震。刘向以为是岁三月，大夫盟于溴梁，而五月地震矣。[⑦]又其二十八年春，无冰。班固以为天下异也。襄公时，天下诸侯之大夫皆执国权，君不能制，渐将日甚。《穀梁》云："诸侯始失政，大夫执国权。"又曰：诸侯失政，大夫盟。政在大夫，大夫之不臣也。[⑧]案春秋诸国，权臣可得言者，如三桓、六卿、田氏而已。如鸡泽之会、溴梁之盟，其臣岂有若向之所说者邪？[⑨]然而《穀梁》谓[⑩]大夫不臣，诸侯失政。[⑪]讥其无礼自擅，在兹一举而已。非是如[⑫]"政由甯氏，祭则寡人"，相承世官，遂移国柄。若斯之失也，若董、刘之徒，不窥《左氏》，直凭二传，遂广为它说，多肆奓[⑬]言。仍云"君若缀旒"，"臣将日甚"，何其妄也？[⑭]

按：所驳总由援《左》起见，亦与《申左》意同。

鸡泽、溴梁二盟，苏黄门辙以为合礼，赵氏鹏飞以为尊卑之分正，及与诸释经之言互证之,亦复往往而合。然至襄十六之盟,在晋平之世,权移之渐,亦自此矣。

①《志》下上。

②《志》中上。

③《志》下下。

④ 一无"前"字。

⑤ 音读如"葛"。

⑥ 一多"不"字。

⑦《志》下上。

⑧《志》中下。释:杂引《志》文止此。眼在"君若缀旒,不得举手","大夫执权,君不能制"等句。

⑨ 释:先折去董、刘之说。

⑩ 一作"为"。

⑪《穀梁传》作"正",前注同。

⑫ 一作"知",非。

⑬ 陟加切。或误作"大多"二字,或改作"侈",并非。

⑭ 释:原出董、刘之说,盖本二传而甚之。

鸡泽之会　《左》襄三:六月,公会单顷公及诸侯,同盟于鸡泽。陈成公使袁侨如会求成。晋侯使和组父告于诸侯。秋,叔孙豹及诸侯之大夫及陈袁侨盟,陈请服也。杜《注》:其君不来,使大夫盟之,匹敌之宜。

溴梁之盟　《左》襄十六:晋平公即位,改服修官,烝于曲沃。警守而下,会于溴梁,命归侵田。晋侯与诸侯宴于温,使诸大夫舞,曰:"歌诗必类。"于是,叔孙豹、晋荀偃、宋向戌、卫甯殖、郑公孙虿、小邾之大夫盟曰:"同讨不庭。"

政由甯氏二句　《左》襄二十六:卫献公自夷求复国,使子鲜与甯喜相要之言也。

二传为说　襄三《穀梁》：会鸡泽，下即注中云云。又十六：会溴梁，下即注中“又曰”云云。又《公羊》：会溴梁，诸侯皆在是。其言大夫盟何？信在大夫也，君若赘旒然。

奓言　字书：奓言，犹夸言也。唐《陆贽传》：奓言无验。

《春秋》昭十七年六月，日有蚀之。董仲舒以为时宿在毕，晋国象也。晋厉公诛四大夫，失众心，以弑死。后莫敢复责[①]大夫，六卿遂相与比周，专晋国。晋君还事之。[②]案[③]晋厉公所尸唯三郤耳，何得云诛四大夫者哉？又州满既死，今《春秋》《左氏》本皆作“州蒲”，误也。当为州满，事具王劭《续书志》。[④]悼公嗣立，选六官者皆获其才，[⑤]逐七人者尽当其罪。以辱及扬干，将诛魏绛，览书后悟，引愆授职。此则生杀在己，宠辱自由。故能申五利以和戎，驰三驾以挫楚。威行夷夏，霸复文、襄。而云不复责大夫，何厚诬之甚也。自昭公[⑥]已降，晋政多门。如以君事臣，居下僭上者，此乃因昭之失，渐至陵夷。匪由惩厉之弑，自取沦辱也。岂可辄持彼后事，用诬先代者乎？

按：节中凡三提句，三驳之。诛四大夫，一驳也；莫敢责大夫，又一驳也；还事其六卿，又一驳也。

细审之，刘为此驳，还似含糊。彼晋厉之事，在鲁成十七、八年间，下距昭十七之蚀，且逾五十载。而董占如是，直缘成十七年亦有书蚀之文，因而误牵及此。年迷远近，言出支离，只从迷处醒之曰：浑将两个十七，并做一番日蚀，桶底脱了也。刘唯勘未尽彻，所以从前《书志》篇小注，反误“昭”为“成”，而辩亦不中窾。会阅者宜取而参校之。

① 一有“其”字。

②《志》下下。

③ 一脱“案”字。

④ 按:“续”疑当作“读”。

⑤ 一作“事”。

⑥ 谓晋昭公。

所尸唯三郤　《左》成十七：晋杀其大夫郤锜、郤犨、郤至。《传》：长鱼矫以戈杀之，皆尸诸朝。胥童以甲劫栾书、中行偃于朝，公曰:“一朝而尸三卿，余不忍益也。”对曰:“人将忍君。”

州满　成十八：晋杀其君州蒲。按：厉公名也。其言州满具王劭书，无考。

六官七人　《左》成十八：春王正月，晋人迎周子于京师而立之，生十四年矣。周子曰:“孤始愿不及此。虽及此，岂非天乎！二三子用我今日，否亦今日。共而从君，神之所福也。”对曰:“敢不唯命。”庚午，盟而入。逐不臣者七人。二月，悼公即位于朝，始命百官。凡六官之长，皆民誉也。举不失职，官不易方，所以复霸也。

魏绛　《左》襄三：会于鸡泽。晋侯之弟扬干乱行于曲梁，魏绛戮其仆。晋侯怒，羊舌赤曰：绛无贰志，其将来辞。言终，魏绛至，授仆人书，将伏剑。士鲂、张老止之。公读书，跣而出曰:“寡人之过也，子无重寡人之过。”晋侯以魏绛能以刑佐民矣。反役，与之礼食，使佐新军。又四：魏庄子请和诸戎，曰：和戎有五利焉，贵货易土，穑人成功，四邻振动，师徒不勤，而用德度。公说，修民事，田以时。

三驾　襄九：同盟于戏。晋人不得志于郑，归谋所以息民。行之期年，国乃有节。三驾而楚不能与争。十年：晋伐郑师于牛首。十一年：四月，伐郑，盟于亳城北。秋七月，伐郑，会于萧鱼。《注》：此三驾也。

哀公十三年十一月，有星孛于[1]东方。董仲舒、刘向以为周之十一月，夏九月，日在氐。出东方者，轸、角、亢也。或曰：角、亢，大国之[②]象，为齐、晋也。其后田氏篡齐，六卿分晋。[③]案星孛之后二年，《春秋》之《经》尽矣。又十一年，《左氏》之《传》尽矣。自《传》尽后八十二年，齐康公为田和所灭。又七年，晋静公为韩、魏、赵所灭。上去星孛之岁，皆出百余年。辰象所缠，氛祲所指，若[④]相感应，何太疏阔者哉？[⑤]且当《春秋》既终之后，《左传》未尽之前，其间卫弑君，越灭吴，鲁逊越，[⑥]贼臣逆子破家亡国多矣。此正得东方之象，大国之征，何故舍而不述，远求他代者乎？[⑦]又范与中行，早从殄灭。智入战国，继踵云亡。辄与三晋连名，总以六卿为目，殊为谬也。[⑧]寻斯失所起，可以意测。何者？二传所引，事终西狩获麟。《左氏》所书，语连赵襄灭智。汉代学者，唯读二传，不观《左氏》。故事有不周，言多脱略。且春秋之后，战国之时，史官阙书，年祀难记。而学者遂疑篡齐分晋，时与鲁史相邻。故轻引灾祥，用相符会。白圭之玷，何其甚欤？[⑨]

按：意亦归于《申左》也。

三卿分晋，而云六卿。师古《注》亦同此误。

亦可证《杂驳》所陈，只管在《春秋》年。

① 一无“于”字。

② 一无“之”字。

③《志》下下。

④ 一作“共”。

⑤ 释：此层为正驳。

⑥ 旧衍“云云”二字。

⑦ 释：此层代考时事，益见彼强附之拙。

⑧ 释：此层为抽驳。

⑨ 释：后以优劣《三传》结。

卫弑君　哀十七：卫侯贞卜，其繇曰：“如鱼竀尾，衡流而方羊裔焉。”公使匠久。公欲逐石圃，石圃因匠氏攻公。公逾于北方而坠，折股。公入于戎州，谓己氏曰：“活我，我与女璧。”己氏曰：“杀女，璧将焉往？”遂弑之。

越灭吴　哀二十二：冬十一月，越灭吴。请使吴王居甬东。辞曰：“孤老矣，焉能事君。”乃缢。

鲁逊越　在哀二十七年。语见《惑经》篇。

《春秋》釐公三十三年十二月，陨霜不杀草。[①]成公五年，梁山崩。[②]七年，鼷鼠食郊牛角。刘向以[③]其后三家逐鲁昭公，卒死于外之象。[④]案乾侯之出，事由季氏。孟、叔二孙，本所不预。况昭子以纳君不遂，发愤而卒。论其义烈，道贯幽明。定为忠臣，犹且无愧；编诸逆党，何乃厚诬？夫以罪由一家，而兼云二族。以此题目，何其滥欤？

按：三《志》见三处，皆有三家逐昭之占，此盖专驳“三家”二字也。本为叔孙昭子洗雪，而笔端少纵，带挈孟孙，不免失出。

釐、成与昭，隔世三五，纠不及此，亦更失拈。

①《志》中下。○其下刘向占牵及三家逐昭公之文。

②《志》下上。○刘向占亦及三家逐鲁昭。

通

之。

《春秋》昭公十五年六月，日有蚀之。董仲舒以为时宿毕，晋国象也。又云：[①]"日比再蚀，其事在《春秋》后，故不于《经》。"[②]案自昭十五[③]年，迄于获麟之岁，其间日蚀复九[④]焉。事列本《经》，披文立验，安得云再蚀而已，又在春秋》之后也？且观班《志》编此九蚀，其八[⑤]皆载董生所。复不得言董以事后《春秋》，故不存编录。再思其语，三所由，斯盖孟坚之误，非仲舒之罪也。

按：此条所驳，主"日比再蚀"等句，故本文当作"又云"。其于"再蚀"三悟得是班文，非董语。擘画最精。所谓彼节有间，而吾刃无厚，观书不如是耶？

① 旧作"云云"，误。

② 《志》下下。

③ 旧作"四"，误。

④ 旧误"七"，下同。

⑤ 旧误"六"。

九蚀八占　按：本《志》志日蚀，自昭十五年之后，于昭又有十七、二十、二十二、二十四、三十一，凡五蚀。于定则有五年、十二、十五，凡三蚀。至哀十四之蚀，而《春秋》尽，总九蚀也。董之占惟哀十四无占，总八也。

《春秋》昭公九年，陈火。刘向以为先是陈侯之弟招杀

③ 似脱“为”字。

④《志》中上。〇单述一占,括上三灾。

昭子发愤　昭二十五:季氏逐昭公,叔孙昭子自
“苟使意如得改事君,所谓生死而肉骨也。”昭子从公于
子自铸归。平子有异志。十月辛酉,昭子斋于其寝,使祝

《左氏传》昭公十九年,龙斗于郑时门之
以为近龙孽也。郑小国摄乎晋、楚之间,重
冲,不能修德,将斗三国,以自危亡。是时,
于民,外善辞令,以交三国,郑卒亡患,此能
也。[1]案昭之十九年,晋、楚连盟,干戈不作。
诸华。郑无外虞,非子产之力也。又吴为远
必略中原,当以楚、宋为始。郑居河、颍,地
冲,殊为乖角。求诸地理,不其爽欤?

按:此专驳“郑当吴冲”一语也,故曰“地匪夷庚”。
合兼顶晋、楚,语欠钩画,太抹煞了。

①《志》下下。

郑居河颍　《外传·郑语》:桓公为司徒,问于史伯
及焉,其何所可以逃死?”史伯对曰:其济、洛、河、颍之
国,君若寄孥与贿焉,不敢不许。

夷庚　《左》成十八:塞夷庚。《注》:吴、晋往来之
地也。《诗序》云:由庚,以庚为道也。束皙《补亡诗》

陈太子偃师，楚因灭陈。《春秋》不与蛮夷灭中国，故复书陈火也。[①]案楚县中国以为邑者多矣，如邑有宜见于《经》者，岂可不以楚为名者哉？盖当斯时，陈虽暂亡，寻复旧国，故仍取陈号，不假楚名。独不见郑禆灶之说乎？禆灶之说[②]斯灾也，曰："五年，陈将复封。封五十二年而遂亡。"此其效也。[③]自斯而后，若颛顼之墟，宛丘之地，如有应书于国史者，[④]岂可复谓之陈乎。

按：此为"陈火"二字申解义，以辟"不与蛮夷"之说也。陈火之义具两解，《史通》从禆说，而杜《注》别为一说，今以注补备之。

①《志》之上。

② 一脱此五字。

③ 一脱此四字。

④ 一无"者"字。

陈火　《左》昭九：夏四月，陈灾。郑禆灶曰："五年，陈将复封。封五十二年而遂亡。""陈，水属也；火，水妃也，而楚所相也。今火出而火陈，逐楚而建陈也。妃以五成，故曰五年。岁五及鹑火，而后陈卒亡，楚克有之，天之道也。故曰五十二年。"杜预《经》注：天火曰灾。陈既为楚县，而书陈灾者，犹晋之梁山、沙鹿崩，不书晋灾，系于所灾，故以所在为名。

招杀偃师　昭八《经》：陈侯之弟招杀陈世子偃师。《传》：陈哀公元妃郑姬生悼太子偃师，二妃生公子留。二妃嬖，留有宠，属诸司徒招。哀公有废疾，招杀偃师而立留。哀公缢。干征师赴于楚。楚灭陈。按：灭陈事见上。

卷二十

暗惑第十二十四条。[①]

夫人识有不烛，神有不明，则真伪莫分，邪正靡别。昔人[②]有以发绕炙误其国君者，有置毒于胙诬其太子者。[③]夫发经炎[④]炭，必致焚灼，毒味经时，无复杀害。而行之者伪成其事，受之者信以为然。故使见咎一时，取怨千载。夫史传叙事，亦多如此。其有道理难凭，欺诬可见，如古来学者，莫觉其非，盖往往有焉。今聊举一二，加以驳难，列之于左。

按：全书纠缪，率皆显迹。兹又摘诸习相传而习不加察者纠之，故以《暗惑》名篇，篇序指明其义。

大致颇似《风俗通·过誉》等篇。

① 前后有序跋。

② 一无“人”字。

③ 一有“矣”字。

④ 一作“炙”。

发绕炙　王《训故》：《韩非子》：文公之时，宰臣上炙而发绕之，文公召宰夫而谯之。宰夫顿首再拜曰：“奉炽炉炭，火尽赤红，炙熟而发不焦，臣之罪也。堂下得微有嫉臣者乎！”公乃召堂下而谯之，果然。

毒胙　《左》僖四：晋太子申生祭于曲沃，归胙于公。公田。置之宫六日。公至，毒而献之。公祭之地，地坟；与犬，犬毙；与小臣，小臣亦毙。姬泣曰："贼由太子！"杜《注》：毒酒经宿辄败，而经六日，明公之惑。

《史记》本纪曰：瞽叟使舜穿井，为匿空旁出。瞽叟与象共下土实井。瞽叟、象喜，以舜为已死。象乃止舜宫。

难曰：夫杳冥不测，变化无恒，兵革所不能伤，网罗所不能制，若左慈易质为羊，刘根窜形入壁是也。时无可移，祸有[①]必至，虽大圣所不能免，若姬伯拘于羑里，孔父厄于陈、蔡是也。然俗之愚者，皆谓彼幻化，是为圣人。岂知圣人智周万物，才兼百行，若斯而已，与夫方内之士有何异哉！如《史记》云重华入于井中，匿空出去。此则其意以舜是左慈、刘根之类，非姬伯、孔父之徒。苟识事如斯，难以语夫圣道矣。且案太史公云：[②]黄帝、尧、舜轶事，时时见于他说，余择其言尤雅者，著为本纪书首。若如向之所述，岂可谓之[③]雅邪？

按：此事由孟子不置深辨，唯借其忧喜之端，指与亲爱之本。史家采取杂说，据谓其事实然。得《史通》刊正，可补孟义。

① 一作"所"。

② 旧脱"云"字。

③ 一无"之"字。

匿空旁出　《本纪》注：《正义》曰："言舜潜匿穿空，旁从他井而出也。"《括地志》云：舜井在妫州怀戎县西外城，其西又有一井。《耆旧传》云并舜井也，舜自中出。按：此等皆出傅会。

左慈易质　见《采撰》篇。

刘根窜形　《后汉·方术传》：刘根隐嵩山，诸好事者就根学道。太守史祈以根为妖妄，收执诣郡。根曰："实无它异，颇能令人见鬼。"祈曰："促召之。"根于是左顾而啸，有顷，祈之亡父祖近亲皆反缚，向根叩头，曰："小儿无状。"祈惊惧悲哀，顿首流血。根默而不应。忽然俱去，不知在所。

又[①]《史记·滑稽传》：孙叔敖为楚相，楚王以霸。病死，居数年，其子穷困负薪。优孟即为孙叔敖衣冠，抵掌谈语。岁余，象孙叔敖，楚王及左右不能别也。庄王置酒，优孟为寿，王大惊，以为孙叔敖复生，欲以为相。

难曰：盖语有之："人心不同，有如其面。"故窊[②]隆异等，修短殊姿，皆禀之自然，得诸造化。非由仿效，俾有迁革。[③]如优孟之象孙叔敖也，衣冠谈说，容或乱真，眉目口鼻，如何取类？而楚王与其左右曾无疑惑者邪？[④]昔陈焦既亡，累年[⑤]而活；秦谍从缢，六日而苏。顾[⑥]使竹帛显书，古今[⑦]称怪。况叔敖之殁，时日已久。楚王必谓其复生也，先当诘其枯骸再肉所由，阖棺重开所以。[⑧]岂有片言不接，一见无疑，遽欲加以宠荣，复其禄位！此乃类梦中行事，岂人伦所为者哉！

按：此滑稽耳。驳语粘埴，可以失笑。然谓子玄错，却不错。覆思叙优孟事，落第二手，决不一直当真，况国史更非游戏事也。

① 旧本自此以下，节首并有"又"字，一本皆无。今从旧本。

② 旧作"窳"。

③ 著想滞。

④ 一作"也"。

⑤《吴志》亦作"六日"。

⑥ 或讹"须",一改"遂"。

⑦ 或作"今古"。

⑧ 又是滞语。

优孟　本传:优孟者,故楚之乐人也。多辩,常以谈笑讽谏。楚相孙叔敖知其贤人也,善待之。病且死云云。按:节首二句,小异其文。

陈焦　《三国·吴志》:孙休永安四年,安吴民陈焦死,埋之。六日更生,穿土中出。

秦谍　《左》宣八:白狄及晋平。夏,会晋伐秦。晋人获秦谍,杀之绛市,六日而苏。

又《史记·田敬仲世家》曰:田常成子以大斗出贷,以小斗收。齐人歌之曰:"妪乎采芑,归乎田成子。"

难曰:夫人既从物故,然后加以易名。田常见存,而遽呼以谥,此之不实,明[1]然可知。又案《左氏传》,石碏曰:"陈桓公方有宠于王。"《论语》,陈司败问孔子:"昭公知礼乎?"[2]《史记》,家令说太上皇曰:"高祖虽子,人主也。"诸如此说,其例皆同。然而事由过误,易为笔削。若《田氏世家》之论成子也,乃结以韵语,纂成歌词,欲加刊正,无可厘革。故独举其失,以为标冠云。

按:民谣或预兆谥成耶?郭《评》云。

陈司败问昭公,时当在定、哀之世,记者举谥,非误也。子玄摘之,非是。余所摘，皆是。此类，秦前汉初多有，李本宁乃谓公子遂生而赐氏，乌知此谥非此类。噢！弄巧成拙，奚自首眼不见《史记》？为一笑。

① 一作“昭”。

② 同《史记》文。

田常成子　《田齐世家》：陈敬仲之如齐，以陈字为田氏。五世孙田釐子乞事齐景公，其收赋税于民，以小斗受之，予民以大斗。由是田氏得齐众心，宗族益强。乞卒，子常代立，是为田成子。齐简公立，田常修釐子之政，齐人歌之云云。常卒，谥为成子。按：《史》缀后句，尤露破绽。

陈桓高祖　“陈桓公”句，见《左传》隐四年。高祖虽子，见《史记·高纪》。

又《史记·仲尼弟子列传》曰：孔子既殁，有若状似孔子，弟子相与共立为师，师[①]之如夫子。他日，弟子进问曰：“昔夫子当[②]行，使弟子持雨具，已而果雨。”“商瞿年[③]长无子，母为[④]取室。孔子曰：‘瞿年四十后，当有五丈夫子。’已而果然。敢问夫子何以知此？”[⑤]有若默然无[⑥]应。弟子起曰：“有子[⑦]避，[⑧]此非子之坐也！”

难曰：孔门弟子七十二人，柴愚参鲁，宰言游学，[⑨]师、商可方，回、赐非[⑩]类。此并圣人品藻，优劣已详，门徒商榷，臧否又定。如有若者，名不隶于四科，誉无偕于十喆。[⑪]逮尼父既殁，方取为师。以不答所问，始令避坐。同称达者，何见事之晚乎？且退老西河，取疑夫子，犹使丧明致罚，投杖谢愆。何肯公然自欺，诈相策[⑫]奉？此乃童儿相戏，非复长老所为。观孟轲著书，首陈此说；马迁裁史，仍习其言。得自委巷，曾无先觉，悲夫！

按：援举四科，品骘有子。刘非讲学家，故应袭此盲语，不须与辩也。乃其嗤是史文，侪诸童戏，龙门有口，此判不移。

有若似圣，几如孔融之坐饮虎贲。学者遇此等语，虽孟子亦不可执。

① 一作“事”。

② 旧作“尝”。

③ 一脱“年”字。

④ 此二字一作“欲更”。

⑤ 旧作“之”。

⑥ 史有“以”字。

⑦ 一作“若”。

⑧ 史有“之”字，断句。

⑨ 俗作“宰我言语”，误。

⑩ 俗误作“之”。

⑪ 同“哲”。

⑫ 一作“承”。

西河取疑　《檀弓》：子夏丧其子而丧其明。曾子吊之曰：“吾与女事夫子于洙、泗之间，退而老于西河之上，使西河之民疑女于夫子……尔何无罪与?”子夏投其杖而拜曰：“吾过矣，吾过矣!”郑《注》：言有师而不称师也。《疏》：使西河疑与夫子相似，皇氏言疑子夏是夫子之身，非也。

又《史记》、《汉书》皆曰：上自[①]洛阳南宫，从复道望见诸将往往相与坐沙中语。[②]上曰：“此何语?”留侯曰：“陛下所封皆故人亲爱，所诛皆平生仇[③]忌。[④]此属畏诛，故相聚谋反尔。”上乃忧曰：“为之奈何？”留侯曰：“上平生所憎，谁最甚者？”上曰：“雍齿。”留侯曰：“今先封雍齿，以示群臣。群臣见雍齿封，则人人自坚矣。”于是上置酒，封雍齿为侯。

难曰：夫公家之事，知无不为，见无礼于君，如鹰鹯之逐鸟雀。案子房之[5]少也，倾家结客，为韩报仇。[6]此则忠义素彰，名节甚著。其事汉也，何为属群小聚[7]谋，将犯其君，遂默然杜口，俟问方对？倘若高祖不问，竟欲无言者邪？且将而必诛，罪在不测。如诸将屯聚，图为祸乱，密言台上，犹惧觉知；群议沙中，何无避忌？为国[8]之道，必不如斯。然则张良虑反侧不安，雍齿以嫌疑受爵，盖当时实有其事也。如复道之望、坐沙而语，是说者敷演，妄溢其端耳。

按：一路说来，两面搏击，理事俱到，皆属蹴下之文。节尾数言，是正指，真晓事人语。玉连环谨以解矣。

涑水氏论此事，亦有帝见方对之疑，因为之说曰：良以帝数任爱憎为诛赏，诸将有自危之心，故因事纳忠，以移帝意，使上下无猜忌也。此又一解，以谋反一语为诡辞谲谏，又一妙会。

①《史记》作“在”，《汉书》作“居”。

②《汉书》作“往往数人偶语”。

③ 一作“仇”。

④《史》、《汉》作“怨”。

⑤ 一无“之”字。

⑥ 一作“仇”。

⑦ 一脱“聚”字。

⑧ 当作“图”。

雍齿　《留侯世家》：雍齿与我故，数尝辱我，我欲杀之，为其功多，故不忍。又：封为什方侯，《注》：《括地志》云益州什邡县。

知无不为　《左》僖九：晋荀息曰："公家之利，知无不为，忠也。"

鹰鹯之逐　《左》文十八：季文子出莒仆之语。

将而必诛　《公羊》庄三十二：公子牙今将尔，辞曷为与亲弑者同？君亲无将，将而诛焉。

又《东观汉记》曰：赤眉降后，积甲与熊耳山齐云云。①

难曰：案盆子既亡，弃甲诚众。必与山比峻，则未之有也。昔《武成》云："前徒倒戈。""血流漂杵。"孔安国曰：盖言之甚也。如"积甲与熊耳山齐"者，抑亦"血流漂杵"之徒欤？

按：此条文简，独无驳句。如古书义疏，于诸条中最为雅饬。

① 所难之指，文中已足。"云云"字疑衍。

赤眉盆子　《后汉书》：刘盆子者，太山式人，城阳景王章之后。琅邪人樊崇起兵于莒，王莽遣廉丹、王匡击之。崇恐其众与莽兵乱，乃皆朱其眉相识别，由是号曰赤眉。赤眉将兵西求刘氏，共尊立之，遂立盆子为帝，自号建世元年。入长安城，更始来降。赤眉贪财物，出大掠。时三辅饥，引而东归。光武要其还路，赤眉惊震乞降，曰："盆子将百万众降，陛下何以待之？"帝曰："待女以不死耳。"樊崇乃将盆子肉袒降。积兵甲宜阳城西，与熊耳山齐。

又《东观汉记》曰：郭伋为并州牧，行部到西河美稷，有童儿数百，各骑竹马，于道次迎拜。伋问：[①]“儿曹何自远来？”对曰：“闻使君始到，喜，故奉迎。”伋辞谢之。事讫，诸儿送至[②]郭外，问：“使君何日当还？”伋使别驾计日告之。既还，先期一日。伋为违信，止于野亭，须期乃入。

难曰：盖此事不可信者三焉。案汉时方伯，仪比诸侯，其行也，前驱竟[③]野，后乘塞路，鼓吹沸喧，旌棨填咽。彼草莱稚子，龆龀童儿，非唯羞赧不见，亦自惊惶失据。安能犯驺驾，凌襜帷，首触威严，自陈襟抱？其不可信一也。又方伯案部，举州振肃。至于墨绶长吏，黄绶群官，率彼吏人，颙然伫候。兼复扫除逆旅，行李有程，严备供具，憩息有所。如弃而不就，居止无恒，[④]必公私阙拟，客主俱窘。凡为良二千石，固当知人所苦，安得轻赴数童之期，坐失百城之望？其不可信二也。夫以晋阳无竹，古今共知，假有传檄它方，盖亦事同大夏，访知[⑤]商贾，不可多得。况在童孺，弥复难求，群戏而乘，如何克办？其不可信三也。凡说此事，总有三科。[⑥]推而论之，了无一实，异哉！[⑦]

按：三科揭辩，殊欠老成。慊从可省也，供顿可断也，竹材可转也。然必如史事，亦岂事理之常？其上文既言所到县邑，老幼相逢迎矣，独美稷曾无父老，尽童稚耶？其有导之使然，屏视隐处者耶？毋乃县令丞喻指里陌，工为媚者耶？将二千石上计史馆，作新语相矜耀，稍增饰之也？千载美谈，一经扑破，顿起人几许疑端矣。

① 一有“曰”字。

② 一作“出”。

③ 一作"蔽"。

④ 一作"常"。

⑤ 一作"诸"。

⑥ 三科属《汉记》言。

⑦ 补注:"传檄"恐当作"转致"。

郭伋 《后汉书》本传:伋字细侯。高祖父解,武帝时,以任侠闻。伋少有志行。世祖建武九年,征拜颍川太守。帝劳之曰:"去帝城不远,河润九里,冀京师并蒙福也。"十一年,省朔方刺史属并州,调伋为并州牧。前在并州,素结恩德,及入界,所到县邑,老幼相携,逢迎道路。其行部到西河。以下与《东观记》同文。

晋阳无竹 《困学记闻》:《史通》云晋阳无竹,事不可信。阎若璩案:唐晋阳童子寺有竹,日报平安,而美稷乃在今汾州府也。按:为竹报平安,则艰植可知。晋阳、汾州,地气亦未必大异。然愚意此事疑辩,总不在此。

大夏不多得 《史记·大宛传》:张骞曰:臣在大夏时,见邛竹杖、蜀布。问曰"安得此?"大夏国人曰:"吾贾人往市之身毒。身毒在大夏东南可数千里。"以骞度之,此其去蜀不远矣。

又《魏志》注:《语林》曰:匈奴遣使人[1]来朝,太祖令崔琰在座,而己握刀侍立。既而,使人问匈奴使者曰:"曹公何如?"对曰:"曹公美则美矣,而侍立者非人臣之相。"太祖乃追杀使者云云。[2]

难曰:昔孟阳卧[3]床,诈称齐后;纪信乘纛,矫号汉王。或主遘屯蒙,或朝罹兵革。故权以取济,事非获已。如崔琰本无此急,何得以臣代君者哉?且凡称人君,皆慎其举措,况魏武经纶霸业,南面受朝,而使臣居君座,君处臣位,将何以使万国具瞻，百寮佥瞩也！又汉代之于匈奴，其为绥抚勤矣。虽复赂以金帛，结以亲姻，犹恐[4]虺毒不悛，狼心易扰。如辄杀其使者，不显罪名，复何以怀四夷于外蕃，建五利于中国？且曹公必以所为过失，惧招物议，故诛彼行人，将以杜滋谤口，而言同纶綍，声遍寰区，欲盖而彰，止益其辱。虽愚暗之主，犹所不为，况英略之君，岂其若是？夫刍荛鄙说，闾巷讕[5]言，凡[6]如此书，通无击难。而裴引《语林》斯事，编入《魏史》注中，持彼虚词，乱兹实录。盖曹公多诈，好立诡谋，流俗相欺，遂为此说。[7]故特申掎摭，辩其疑误者焉。

按：裴《注》固饶博趣，《史通》雅恶谲辞，故往往排之。而此条通节责裴，至末结罪老瞒，正名诈诡，可云廷尉当是也。第嫌“具瞻”、“纶綍”等句，施非其分。又检《魏志》注，不见此段，殊不可晓。

① 一无“人”字。

② 二字亦赘。一本止一“云”字，亦衍。

③ 一作“坐”。

④ 一脱“恐”字。

⑤ 旧作“譋”，或作“闒”，并非。

⑥ 一作“诸”。

⑦ 盖曹公十七字，一本失去，一本缀注节末。细按之，定是正文，应置于此。

崔琰 《魏志》本传：琰字季珪，清河人。为东西曹掾属，迁中尉。琰声姿高畅，眉目疏朗，须长四尺，甚有威重。朝士瞻望，而太祖亦敬惮焉。按：《语林》事亦见《世说·容止》篇。魏武将见匈奴使，自以形陋，使崔季珪代，帝自捉刀立床头云云。匈奴使曰："床头捉刀人，乃英雄也。"

孟阳卧床 《左》庄八：齐侯田于贝丘，坠车，反。徒人费遇贼于门，先入，伏公而出斗，死于门中。遂入，杀孟阳于床，曰："非君也，不类。"

纪信乘纛 《项羽本纪》：汉王食乏，夜出女子荥阳东门。楚兵四面击之，纪信乘黄屋车，傅左纛曰："汉王降。"楚皆呼万岁。汉王与数十骑从西门出。项王见纪信，问："汉王安在？"信曰："已出矣。"项王烧杀纪信。

又魏世诸小书，[①]皆云文鸯侍讲，殿瓦皆飞云云。[②]

难曰：案《汉书》云：项王叱咤，慑伏千人。然则呼声之极大者，不过使人披靡而已。寻文鸯武勇，远惭项籍，况侍君侧，固当屏气徐言，安能[③]檐瓦皆飞，有逾[④]武安鸣鼓！且瓦既飘陨，则人必震惊，而魏帝与其群臣焉得岿然无害也？

按：形容语，与"积甲山齐"同类，而"侍讲瓦飞"语尤过当。故彼为解词，此为诘词。

① 一讹作"事"。

② 二字赘。○此事列《晋阳秋》之前，亦指曹魏时。

③ 一多"使"字。

④ 旧作"喻"。

文鸯 按：文鸯有二：一在魏高贵乡公时，即文钦子；一在西晋末，辽西鲜卑段务勿尘子，匹殚弟也。文乃指魏时者。《通鉴》：高贵正元二年，鸯夜袭司马师营。甘露三年，降于司马昭。《晋书·景纪》：鸯通冠三军。景帝目有瘤，割之。鸯来攻，惊而目出。即其人也。"小书侍讲"事，无考。

武安鸣鼓 《史记·廉蔺传》：秦伐韩，军于阏与。王令赵奢将，救之，兵去邯郸三十里。秦军军武安西，鼓噪勒兵，武安屋瓦尽振。

又《晋阳秋》曰：胡质为荆州刺史，子威自京都[①]省之，见父[②]十余日，告归。质赐绢一匹，为路粮。威曰："大人清高，不审于何得此绢?"质曰："是吾俸禄之余。"

难曰：古人谓方牧为二千石者，以其禄有二千石故也。名以定体，贵实甚焉。设使廉如伯夷，介若黔敖，[③]苟居此职，终不患于贫馁[④]者。如胡威之别其父也，一缣之财，犹且发问，则千石之俸，其费安施？料以牙筹，推以食[⑤]箸，察其厚薄，知不然矣。或曰观诸史所载，兹流非一。如张堪为蜀郡，乘折辕车；吴隐之为广川，货犬侍客。并其类也。[⑥]必以多为证，则足可无疑。然人自有身安弊[⑦]缊，口甘粗粝，而多藏镪帛，无所散用者。故公孙弘位至三公，而卧布被，食脱粟饭。汲黯所谓齐人多诈者是也。安知胡威之徒其俭亦皆如此，而史臣不详厥理，直谓清白当然，[⑧]缪矣哉！

按：流传清节，刻用深文，过矣！然不怪其父而疵其子，人情王道，推隐入微。楚直证羊，齐廉咽李，圣贤不与，正见气象光明。

仲长统论损益曰："君子居位，为士民之长，固宜重肉累帛，朱轮驷马。今反谓薄屋者为高，藿食者为清，既失天地之心，又开虚伪之名。"又张敞饬长吏奏曰："假令京师先行让畔异路，道不拾遗，其实无益廉贪贞淫之行，而以伪先天下，固未可也。即诸侯先行之，而伪声轶于京师，非细事也。"其言与此段相发，故引申录之。

① 一作"师"。

② 史有"停厩中"三字，文当摘一"停"字，乃成句。

③ 恐当作"娄"。

④ 或作"馁"。

⑤ 一作“之借”。

⑥ “张堪”，旧作“张湛”，“货犬”或作“贷米”，并误。

⑦ 古通“敝”。

⑧ 一脱“当然”二字。

胡质并子威　《晋·良吏传》：胡威字伯武。父质，以忠清著称，仕魏至征东将军、荆州刺史。威早厉志尚。质之为荆州也云云，与《晋阳秋》略同。威历徐州刺史，入朝，武帝语平生，曰：“卿孰与父清?”对曰：“臣父清，恐人知；臣清，恐人不知。是臣不及远也。”

介若黔敖　《檀弓》：齐大饥，黔敖为食于路。有饿者贸贸然来，黔敖曰：“嗟，来食!”曰：“予惟不食嗟来之食，以至于斯也。”按：介当属饿者，文似误。恐当作“黔娄”。《法言·重黎》篇：或问贤，曰：“颜渊、黔娄。”皇甫《高士传》：黔娄死，妻以“康”为谥。曾子曰：先生食不充虚，衣不盖形，何乐而为康？妻曰：昔君尝赐粟三千钟，先生辞不受，甘天下之淡味，求仁而得仁，谥为“康”不亦宜乎？亦见《列女传》。

史载非一　原注引张、吴二事。按《后汉·张堪传》：堪在蜀，公孙述破，珍宝足富十世，而堪去职之日，乘折辕车，布被囊而已。《晋书·良吏传》：吴隐之将嫁女，谢石知其贫素，令助厨帐。使至，方见婢牵犬卖之，此外萧然无办。

布被脱粟　《汉·公孙弘传》：汲黯曰：“弘位三公，奉禄甚多，然为布被，此诈也。”又：弘身食一肉，脱粟饭。《西京杂记》：弘故人高贺告人曰：“公孙内服貂蝉，外衣麻枲，内厨五鼎，外膳一肴。云何示天下!”于是朝廷疑其矫焉。弘闻之，叹曰：“宁逢恶宾，勿逢故人。”

又《新晋书·阮籍传》曰：籍至孝。母终，正与人围棋。[①]对者求止，籍留与决。[②]既而饮酒二斗，举声一号，吐血数升。及[③]葬，食一蒸豚，饮二斗酒。[④]然后临穴，[⑤]直言“穷矣"！举声一号，因复吐血数斗。[6]毁瘠骨立，殆致灭性。

难曰：夫人才虽下愚，识虽不肖，始亡天属，必致其哀。但有[7]苴绖未几，悲荒遽辍，如谓本无戚容，则未之有也。况嗣宗当圣善将殁，闵凶所钟，合门惶恐，举族悲咤。居里巷者犹停舂相[8]之音，在邻伍者尚申匍匐之救，而为其子者方对局求决，举杯酣畅。但当此际，曾无感恻，则心同木石，志如枭獍者，安有既临泉穴，始知摧恸者乎？求诸人情，事必不尔。又孝子之丧亲也，朝夕孺慕，盐酪不尝，斯可至于癯瘠矣。如甘旨在念，则筋肉内宽；醉饱自得，[9]则饥肤外博。况乎溺情犹酒，不改平素，虽复时一呕恸，岂能柴毁骨立乎？[10]盖彼阮生者，不修名教，居丧过失，而说者遂言其无礼如彼。又[11]以其志操本[12]异，才识甚高，而谈者遂言其至性如此。惟毁及誉，皆无取焉。

按：无礼如彼，至性如此，猖狂生态，正复跃见楮墨间。愚意刘生此段，宜为训俗摭言，不须作箴史博议。

① 亦作"棋"。

② 史有"赌"字。

③ 史有"将"字。

④ 一本"酒"字在"二斗"上

⑤ 史作"诀"。

⑥ 史亦作"升"。

⑦ 旧误作"以"。

⑧ 一作"杵"。

⑨ 一作"支"。

⑩ 已上两驳，理解皆得，苦其烦絮。

⑪ 旧讹作“人”。

⑫ 一作“尤”。

阮籍　见《史官建置》篇。又本传：“殆致灭性”之下云：裴楷往吊之，籍散发箕踞，醉而直视。楷吊唁毕便去，或问曰：“籍既不哭，君何为礼？”楷曰：阮籍方外之士，我俗中之人。时人叹为两得，愚谓：此一段语，乖诞尤甚。

舂相　《檀弓》：邻有丧，舂不相。《史记·商君传》：赵良曰：“五羖大夫死，秦国男女流涕，童子不歌谣，舂者不相杵。”

又《新晋书·王祥传》曰：祥汉末遭乱，扶母携弟览，避地庐[①]江，隐居三十余年，不应州郡之命。母终，徐州刺史吕虔檄为别驾，年垂耳顺，览劝之，乃应召。于时，寇贼充斥，祥率励兵士，频讨破之。时人歌曰：“海、沂之康，实赖王祥。”年八十五，太始五年薨。[②]

难曰：祥为徐州别驾，寇盗充斥，固是汉建安中[③]徐州未清时事耳。[④]有魏受命凡四十[⑤]五年，[⑥]上去徐州寇贼充斥，下至晋太始[⑦]五年，当六十年已上矣。祥于建安中年垂耳顺，更加六十[⑧]载，至晋太始五年薨，则当年一百二十岁矣。而史云年八十五薨者，何也？如必以终时实年八十五，则为徐州别驾，止可年[⑨]二十五六矣。又云其未从官已前，隐居三十余载者，但其初被檄时，止年二十五六，自此而往，安得复有三十余年乎？必谓祥为别驾在建安后，即徐州清晏，[⑩]何得云“于时，寇贼充斥，祥率励兵士，频讨破之”乎？求其前后，无一符会也。

按：祥应徐州檄时，年垂耳顺。以太始五年年八十五计之，则与建安兵事无预矣。传有从讨毌丘俭之文，正是淮、徐用兵之事，而事在累官光禄勋后。则其先所谓别驾励兵者，又非钦、俭等也。本条疑根，只在"徐州寇盗"四字，愚请此四字活看为得。

篇多专固之言，然所发覆，非无理即不情，功在惩戏遏伪，而貌取之，失子羽矣。

① 一作"卢"，误。

② 补按：《魏志·吕虔传》注：祥始仕，年过五十，以泰始四年，年八十九薨。其文较核。

③ 献帝第三改元。

④ 子玄粘看在此，疑端从此生。

⑤ 一作"三十"，误。

⑥ 自丕至陈留王，全魏之数也。陈留即常道乡公，后谥元帝。

⑦ 武帝初元。

⑧ 一多"六"字。

⑨ "年"字一在"五六"下。

⑩ 易代频仍，么麽窃发，固亦时有，史不悉载耳。胡可臆泥？

王祥　《晋书》本传：祥字休征，琅邪临沂人。继母朱氏不慈，每使扫除牛下，祥愈恭敬。母尝欲生鱼，冰冻忽解，双鲤跃出。母又思黄雀炙，黄雀数十入其幕。乡里称为孝感焉。汉末遭乱云云。

沂徐寇贼　建安初年，则有吕布、袁术之乱，是在魏之初起。至高贵乡公时，则有毌丘俭、文钦、诸葛诞等据淮阳檄讨司马氏事，是在魏之末造。按：《祥传》为徐州别驾，在吕、袁等事后。从讨毌丘俭，是为司隶校尉时，非为别驾时。补按：《虔传》守徐，在魏文、明间，任别驾祥，有讨定利城贼事。"徐寇"当谓此。

凡所驳难，具列如右。盖精《五经》者，讨群儒之别义；练三《史》者，征诸子之异闻。加以探赜索隐，然后辨其纰缪。如向之诸史所载则不然，何者？其叙事也，唯记一途，直论一理，而矛盾自显，表里相乖。非复抵牾，直成狂惑者尔！寻兹失所起，良由作者情多忽略，识惟愚滞。或采彼流言，不加铨[1]择；或传诸缪说，即从编次。用使真伪混淆，是非参错。盖语曰：君子可欺不可罔。至如邪说害正，虚词损实，小人以为信尔，君子知其不然。又[2]语曰：信书不如无书。盖为此也。夫书彼竹帛，事非容易，凡为国史，可不慎诸！

按：此为篇尾，即是全书结尾。书中每以狂惑、愚滞、邪说、小人等字，轻易加人，子玄罪过。"采彼流言"数句，乃《史通》全部通指，凡所为纠前失者，皆以严后式也。吹求病或过正，而铨次犁然就班，合条成章，合章成卷。通部一贯，岂苟作者？

惟史与经相为对待，谈经之书日益充栋，衡史之部邈焉孤行。其为结体严重，宁讵说家等夷。涪翁老眼，乃与《雕龙》并称。所由没其实者，盖已久矣。

① 一作"诠"。

② 一无"又"字。

忤时第十三

孝和皇帝时[1]，韦、武弄权，母媪[2]预政。士有附丽之者，起家而绾朱紫，予以无所傅会，取摈当时。一为中允，四载不迁。会天子还京师，朝廷愿从者众。予求番次，在大驾后发日，[③]因[④]逗留不去，守司东都。杜门却扫，凡经三载。[⑤]或有谮予躬为史臣，不书国事而取乐丘园，私自著述者。由是驿召至京，令专执史笔。于时小人道长，纲纪日坏，仕于其间，忽忽不乐，遂与监修国史萧至忠等诸官书求退，曰：[⑥]

仆幼闻《诗》、《礼》，长涉艺文，至于史传之言，尤所耽悦。寻夫左史、右史，是曰《春秋》、《尚书》；素王、素臣，斯称微婉志晦。两京、三国，班、谢、陈、习阐其谟；中朝、江左，王、陆、干、孙纪其历。刘、石僭号，方策委于和[⑦]、张；[⑧]宋、齐应箓，惇史归于萧、沈。亦有汲冢古篆，禹穴残编。孟坚所亡，葛洪刊其《杂记》；休文所缺，荀[⑨]绰裁其《拾遗》。凡此诸家，其流盖广。莫不赜[⑩]彼泉[⑪]薮，寻其枝叶，原始要终，备知之矣。[⑫]

若乃刘峻作传，自述长于论才；范晔为书，盛言矜其赞体。斯又当仁不让，庶几前哲者焉。[⑬]然自策名仕伍，待罪朝列，三为史臣，再入东观，竟不能勒成国典，[⑭]贻彼后[⑮]来者，何哉？[⑯]静言思之，其不可有五故也。[⑰]

何者？古之国史，皆出自一家，如鲁、汉之丘明、子长，晋、齐之董狐、南史，咸能立言不朽，藏诸名山。未闻借以众功，方云绝笔。唯后汉东观，大集群儒，著述无主，条章靡立。由是伯度讥其不实，公理以为可焚，张[⑱]、蔡[⑲]二子纠之于当代，傅、[⑳]范[㉑]两家嗤之于后叶。今者史司取士，有倍东京。人自以为荀、袁，家自称为政、骏。[㉒]每欲记一事，载一言，皆阁笔相视，含毫不断。故头[㉓]白可期，而汗青无日。其不可一也。[24]

前汉郡国计书，先上太史，副上丞相。后汉公卿所撰，始集公府，乃上兰台。由是史官所修，载事为博。爰自近古，此道不行。史官编录，唯自询采，而左、右二史，阙注起居，衣冠百家，罕通行状。求风俗于州郡，视听不该；讨沿革于台阁，簿籍难见。虽使尼父再出，犹且成于管窥；况仆限以中才，安能遂其博物！其不可二也。[25]

昔董狐之书法也，以示于朝；南史之书弑也，执简以往。而近代史局，皆通籍禁门，深居九重，欲人不见。寻其义者，盖由杜彼颜面，防诸请谒故也。然今馆中作者，多士如林，皆愿长喙，无闻齰[26]舌。倘有五始初成，一字加贬，言未绝口而朝野具知，笔未栖毫而搢绅咸诵。夫孙盛实录，[27]取嫉权门；王劭[28]直书，见仇贵族。人之情也，能无畏乎？其不可三也。[29]

古者刊定一史，纂成一家，体统各殊，指归咸别。夫《尚书》之教也，以疏通知远为主；《春秋》之义也，以惩恶劝善为先。《史记》则退处士而进奸雄，《汉书》则抑忠臣而饰主阙。斯并曩时得失之列，良史是非之准，作者言之详矣。顷史官注记，多取禀监修，杨令公则云"必须直词"，宗尚书则云"宜多隐恶"。十羊九牧，其令难行；一国三公，适从何在？其不可四也。[30]

窃[31]以史置监修，虽古无式，寻其名号，可得而言。夫言监者，盖总领之义耳。如创纪编年，[32]则年有断限；草传叙事，则事有丰约。或可略而不略，或应书而不书，此刊削之务也。属词比事，劳逸宜均；挥铅奋墨，勤惰须等。某帙[33]某篇，付之此职；某传某志，[34]归之彼官。此铨配之理也。斯并宜明立科条，审定区域。傥人思自勉，则书可立成。今监之者既不指授，修之者又无遵奉，用使争学苟且，务相推避，坐变炎凉，徒延岁月。其不可五也。[35]

凡此不可，其流实多，一言以蔽，三隅自反。而时谈物议，安得笑仆编次无闻者哉！[36]比者伏见明公，每汲汲于劝诱，勤勤于课责，或云"坟籍事重，努力用心"。或云"岁序已淹，何时辍手"？切[37]以纲维不举，而督课徒勤，虽威以刺骨之刑，勖以悬金之赏，终不可得也。语曰："陈力就列，不能者止。"所以比者布怀知己，历抵[38]群公，屡辞载笔之官，愿罢记言之职[39]者，正为此尔。[40]

抑又有所未谕，[41]聊复一二言之。比奉高命，令隶名修史，而其职非一。如张尚书、崔、岑二吏部、郑太常等，既迫以吏道，不可拘之史任。以仆曹务多闲，勒令专知下笔。夫以惟寂惟寞，乃使记事记言。苟如其例，则柳常侍、刘秘监、徐礼部等，并[42]门可张罗，府无堆案，何事置之度外，而使各无羁束乎！[43]

必谓诸贤载削非其所长，以仆枪枪铰铰，故推为首最。就如斯理，亦有其说。[44]何者？仆少小从仕，早蹑通班。当皇上初临万邦，未亲庶务，而以守兹介直，不附奸回，遂使官若土牛，弃同刍狗。逮銮舆西幸，百寮毕从，自惟官曹务简，求以留后。居台常谓朝廷不知，国家于我已矣。[45]岂谓一旦忽承恩旨，州司临门，使者结辙。既而驱驷马入函关，排千门谒天子。引贾生于宣室，虽叹其才；召季布于河东，反增其愧。[46]明公既位居端揆，[47]望重台衡，飞沉属其顾盼，[48]荣辱由其俯仰。曾不上祈宸极，申之以宠光；佥议搢绅，縻我以好爵。其相见也，直云“史笔阙书，为日已久；石渠扫第，思子为劳”。今之仰追，唯此而已。[49]

抑明公足下独不闻刘炫蜀王之说乎？昔刘炫仕隋，为蜀王侍读。尚书牛弘尝问之曰：“君王遇子，其礼如何？”曰：“相期高于周、孔，见待下于奴仆。”弘不悟其言，请闻其义。炫曰：“吾王每有所疑，必先见访，是相期高于周、孔。酒食左右皆餍，而我余沥不沾，是见待下于奴仆也。”仆亦窃不自揆，轻[50]敢方于鄙宗。[51]何者？求史才则千里降追，语宦途则十年不进。意者得非相期高于班、马，见待下于兵卒乎！[52]

又人之品藻，贵识其性。明公视仆于名利何如哉？当其坐啸洛城，非隐非吏，惟以守愚自得，宁以充诎撄心。但今者黾勉从事，挛拘就役，朝廷厚用其才，竟不薄加其礼。求诸隗始，其义安施？傥使士有淡雅若严君平，清廉如段干木，与仆易地而处，亦将弹铗告劳，积薪为恨。况仆未能免俗，能不蒂[53]芥于心者乎！[54]

当今朝号得人，国称多士。蓬山之下，良直差肩；芸阁之中，英奇接武。仆既功亏刻鹄，笔未获麟，[55]徒殚太官之膳，虚索长安之米。乞已本职，还其旧居，多谢简书，请避贤路。唯明公足下，哀而许之。[56]

至忠得书大惭，无以酬答，又惜其才，不许解史任。而宗楚客、崔湜、郑愔等，皆恶闻其短，共仇嫉之。俄而萧、宗等相次伏诛，然后获免于难。[57]

按：篇名“忤时”，其实只是与萧至忠等一通简札也。其前作小序用，其后作附跋用，不必连属。

全札所主，只在“五不可”。五层递下，其本指更在后二不可。盖紧对监领非人，多作鄙夷负气语，故号其篇曰“忤时”也。

《忤时》与《自叙》相表里，《自叙》主衡史，《忤时》主职史。衡史本于识定，识定故论定。《史通》作，而识寓焉。职史期于道行，道行故直行。《史通》成，而道存焉。是二篇者，函古砥今，屹然分峙，为《内、外篇》之殿。器鉴风棱，不规不随。

① 中宗初谥孝和。

② 一作“娼”。

③ 此二句“后”字错置，当云“予求番次在后大驾发日”。

④ 古本有“因”字。

⑤ 释：上述《忤时》缘起。

⑥ 释：满肚不合时宜，具在简萧一牍。本篇之作，只欲录存此牍，编入部尾耳。已上当作小序观。

⑦ 苞。

⑧ 未详。

⑨ 当作“谢”。

⑩ 一作“颐”。

⑪ 讳“渊”作“泉”。

⑫ 释：牍首自述性耽史学，搜览靡遗。

⑬ 释：次明素志，本以著述自许。

⑭ 此句当与《正史》篇撰《唐书》八十卷、重修《则天实录》三十卷参互活看。

⑮ 一脱“后”字。

⑯ 释：转到逊避不为，起下。

⑰ 释：提“五不可”，是全篇柱棒。

⑱ 衡。

⑲ 邕。

⑳ 玄。

㉑ 晔。

㉒ 谓刘向、歆。

㉓ 或作“首”。

㉔ 释：第一不可，谓古史成于一手，近世例取多员，遂致观望相延，旷废时日。

㉕ 释：第二不可，谓史馆聚书，汉悬公令。近须史臣自采，能无阙略稽时。

㉖ 同“齚”。

㉗ 一作“纪实”。

㉘ 一作“王韶”。

㉙ 释：第三不可，谓古时良史，秉直公朝；近制禁防，转滋多口，人皆畏缩迟回矣。

㉚ 释：第四不可，谓古人作史，是非进退得自主张，近则例设监修，禀承牵制，无从下笔。

㉛ 一作“切”。

㉜ 一作“创立纪年”，一脱“编”字。

㉝ 一讹“表”。

㉞ 一作“某纪某传”。

㉟ 释：第五不可，从上条来。既设监局，宜定科指，讫无配派，谁独承当，废职奚咎？

㊱ 释：略一束勒。

㊲ 一作“窃”。

㊳ 旧作“诋”。

㊴ 一作“责”。

㊵ 释：针对课督之词，再一束勒。《忤时》正旨，已尽于此。

㊶ 古通“喻”。

㊷ 一脱“並”字，一作“并”。

㊸ 释：自此以下，将言专寄责成，宜隆异数，先以陪员挑起。

㊹ 释：转入自身。

㊺ 释：就本身作甘投闲散一跌，即指番次在后，守司东都时。

㊻ 释：即前所云“驿召至京”，“忽忽不乐”意，正是目前光景。

㊼ 本音上声。

㊽ 一作“眄”。

㊾ 释：此节剖明责有专归，礼无加异之故。

㊿ 一作“辄”。

51 刘炫同姓，故云。

52 释：援古为况，申足上意。

53 读如“虿”。

54 释：此节又拓开上说，自占身分。

55 详此二句，非不草撰者，但未卒业耳。

56 释：牍尾结归辞退。

57 释：此是书后体，其文则配应篇头。小人道长，至此归杜也。

天子还京　《武后纪》：光宅元年，废嗣圣皇帝为庐陵王，迁于房州。改东都为神都，拜洛受图。圣历元年，召庐陵王于房州。长安五年，皇帝复于位。按：其时临朝复辟，并在东都也。《中宗纪》：神龙二年十月，至自东都，赐行从官勋一转。按：是为中宗还京师也。

萧至忠　《唐书》本传：至忠同中书门下平章事，以韦后党出。太平公主用事，附纳丐还，复为中书令。主谋逆，至忠遁入南山，捕诛之。至忠外方直而内无守，因武三思得中丞，附安乐主为宰相。《旧书》：代韦巨源为侍中，仍依旧修史。按：《巨源传》云：仍旧监修国史。则此云修史，即谓监修也。

素王素臣　《家语》：齐太史子余叹美孔子曰：天其素王之乎！又见《庄子》及董子《对策》，贾、郑《序》、《论》。又杜氏《左传序》：说者谓仲尼自卫反鲁，修《春秋》，立素王，丘明为素臣。答曰：异乎余所闻。子路欲使门人为臣，孔子以为欺天。而云仲尼素王、丘明素臣，非通论也。

葛洪杂记　《晋书》本传：洪著述不辍，抄《五经》、《史》、《汉》、百家之言，方技杂事三百一十卷。

荀绰拾遗　按：《隋·经籍志》：《宋拾遗》十卷，梁少府谢绰撰。《书事》篇亦云"谢拾沈遗"，此处作"荀绰"，误。

东观群儒　详《汉书》家及《正史》篇。

伯度讥其不实　《渊鉴》古文本注：杜伯度，汉末人，名操。按：即杜度也。庾肩吾《书品》：杜度，滥觞于草书，取奇于汉帝，品在上之中。然颇疑与讥《汉纪》无涉。及考常璩《华阳士女志》：李法字伯度。桓帝时，为侍中。数表宦官太盛，椒房太重，史官记事，无实录之才，虚相褒述，必为后笑。乃知此处伯度，是李非杜也。注书不可率意如此。

公理以为可焚　《后汉·仲长统传》：统字公理。博涉书记，每论说古今及时俗行事，恒发愤叹息。著论名《昌言》，凡三十四篇。又作诗见志曰："百家杂碎，请用从火。"

史局通籍禁门　见《辨职》篇。

王劭见仇　《困学纪闻》：《文粹》云：王韶直书，见仇贵族。宋王韶之为晋史，叙王珣货殖，王廞作乱。珣子弘、廞子华皆贵，韶之惧为所陷，深附结徐、傅等。当从《文粹》。按：《旧唐书》亦作王韶。然观《史通》于《叙事》、《曲笔》等篇及《杂说》中北齐、隋史等节，累累言王劭直书犯时忌，从本文作"劭"亦合。集内评家，历诋王劭，正缘不悟此旨耳。

杨令公　《唐书·杨再思传》：再思为人佞而智。张昌宗坐事，武后问："昌宗于国有功乎？"再思言："昌宗为陛下治丹，饵而愈，此为有功。"戴令言赋《两脚狐》讥之。中宗立，拜中书令，监修国史。

宗尚书　《唐书·宗楚客传》：楚客字叔敖。武后从姊子，同凤阁鸾台平章事。韦后、安乐公主亲信之，与纪处讷为党，世号"宗、纪"。韦氏败，诛。楚客冒于权利，尝讽陈延禧陈符命以媚帝，曰："陛下承母禅，周、唐一统。"知幾本传：楚客亦领监修。

张尚书　《唐书·张文瓘传》：弟子锡，久视初，为宰相，请还庐陵王。不为张易之所右，流循州。龙朔中，累迁工部尚书，兼修国史。

崔岑二吏部　《唐书·崔仁师传》：其孙湜，字澄澜。少以文词称。附托昭容上官氏，数与宣淫于外。俄检校吏部侍郎。后赐死。湜猜毒诡险，进趣不已，至于败。又《岑文本传》：其孙羲，字伯华。中宗时，迁秘书少监，进吏部[侍郎]。时崔湜、郑愔等分掌选，皆以贿闻。独羲劲廉，为时议嘉仰。但不能抑退，坐豫太平公主谋，诛。

郑太常　疑即后所云郑愔，《新、旧书》皆无传，其名附见《岑羲》等传。

惟寂惟寞　扬雄《解嘲》：惟寂惟漠，守德之宅。

柳常侍刘秘监徐礼部　柳常侍，北平《补注》以柳芳当之，而刘、徐无注。按：芳官非常侍，生亦少后。同时有柳泽者，疏谏斜封官，拜监察御史，进殿中侍御史。然亦未知是否？愚谓此三人官不甚著，本文亦未举其名，不必强求其人以实之。

枪枪铰铰　恐即铁中铮铮、庸中佼佼之义。未详别见。

引贾生　《汉书·贾谊传》：谊为长沙王太傅。后岁余，文帝思谊，征之。至，入见，上方受釐，坐宣室，因问鬼神之本。谊道所以然。夜半，文帝前席，曰："吾久不见贾生，自以为过之，今不及也。"

召季布　《史记》本传：季布为河东守。人有言其贤者，孝文召，欲以为御史大夫。复有言其勇，使酒难近者。见罢。布因进曰："陛下无故召臣，人必有以臣欺陛下者。今罢去，人必有以毁臣者。陛下以一人誉而召臣，一人毁而去臣，臣恐有识闻之，有以窥陛下也。"上默惭。

弹铗积薪　弹铗，见《战国·齐策》。《史记·汲黯传》：黯列为九卿，故黯时丞相史皆与黯同列，或尊用过之。黯褊心，不能无少望。见上，前言曰："陛下用群臣如积薪耳，后来者居上。"

刻鹄　本见《马援传》。然此处语意，乃以积功未究为言。王禹偁诗："收萤秋不倦，刻鹄夜忘疲。"亦此用法也。